SHANGDU YEARBOOK 2017

商都年鉴

（2017）

商都县史志办公室　编

方志出版社
Publishing House of Local Records

图书在版编目（CIP）数据

商都年鉴. 2017 / 商都县史志办公室编 . -- 北京：方志出版社，2018.11

ISBN 978-7-5144-3085-1

Ⅰ. ①商… Ⅱ. ①商… Ⅲ. ①商都县—2017—年鉴 Ⅳ. ① Z522.64

中国版本图书馆 CIP 数据核字（2018）第 109479 号

商都年鉴（2017）

编　　者：商都县史志办公室
责任编辑：李　静

出 版 人：冀祥德
出 版 者：方志出版社
地址　北京市朝阳区潘家园东里 9 号（国家方志馆 4 层）
邮编　100021
网址　http://www.fzph.org
发　　行：方志出版社图书经销中心
电话　（010）67110500
经　　销：各地新华书店
排　　版：北京中文天地文化艺术有限公司
印　　刷：北京中科印刷有限公司

开　　本：889 × 1194　　1/16
印　　张：19.25
字　　数：554 千字
版　　次：2018 年 11 月第 1 版　2018 年 11 月第 1 次印刷

ISBN 978-7-5144-3085-1　　定价：260.00 元

序

贫困问题一直是困扰人类社会发展的重大问题。中国作为世界上最大的发展中国家，为解决贫困问题进行了长期不懈的努力。改革开放以来，特别是党的十八大以来，以习近平同志为核心的党中央把脱贫攻坚作为全面建成小康社会的底线任务和标志性指标，纳入“五位一体”总体布局和“四个全面”战略布局，以前所未有的力度推进精准扶贫、精准脱贫，扶贫开发成就举世瞩目，显著改善了贫困地区和贫困群众生产生活条件，具有重大的现实意义和深远的历史意义。身处中华民族几千年发展历史上将首次整体消除绝对贫困现象的伟大时代，如何更好地发挥地方志的存史、育人、资政的作用，是新时代全国地方志系统必须深入研究和着力解决的重大课题。

党的十八大以来，在党中央国务院的正确领导下，全国地方志系统深入学习贯彻习近平新时代中国特色社会主义思想和党的十九大精神，紧紧围绕党和国家事业发展需要，深入推进地方志改革创新发展，凝心聚力，稳扎稳打，勇于担当，主动作为，全国地方志形势和地方志工作者的精神面貌发生了深刻变化，取得了优异成绩。其中，为贯彻落实《全国地方志事业发展规划纲要（2015—2020年）》，经中国地方志指导小组领导批准，中国地方志指导小组办公室于2015年、2017年先后启动民族地区与贫困地区志书、年鉴出版资助工程（以下简称“志鉴出版资助工程”），对国家级贫困县（区、旗、县级市），中西部地区、少数民族边疆地区面临出版经费困难的志书和综合年鉴给予出版资助。实施志鉴出版资助工程是紧扣时代脉搏、坚持创新发展、传承弘扬中华优秀传统文化的一项创举，不仅有力推动了“两全目标”的实现，而且数十部资助出版的志书、年鉴及时记述了民族地区与贫困地区在全面建成小康社会伟大征程中取得的新成绩和新经验、出现的新情况和新问题、涌现的优秀人物和典型事迹，留住地方文化的“根”和“魂”，为这些地区的经济社会发展、地域文化传播、爱国主义教育、精神文明建设等提供了历史借鉴和智力支持，对全面提升民族地区与贫困地区文化建设水平、确保民族地区与贫困地区和全国其他地区同步全面建成小康社会具有重要意义。

尤为可喜的是，志鉴出版资助工程促成了一批扶贫志书的编纂出版，在文化脱贫攻坚中发挥了独特的作用。例如，《贵州省减贫志》全面系统客观记述了从1978

年至2015年贵州省扶贫、减贫工作的历程及取得的经验，为贵州省实施大扶贫战略提供了有力的资政辅治参考，集中体现了地方志工作因时而动、顺势而为的新作为。前不久，由福建省地方志编委会和人民网共同编纂的《闽宁扶贫协作图志》，是全国首部扶贫协作图志，图文并茂、直观立体、全方位地展现闽宁扶贫协作波澜壮阔的历程，弘扬“闽宁一家亲”“携手奔小康”的深厚情谊和滴水穿石、久久为功的精神，是贯彻落实习近平总书记扶贫工作重要论述精神，服务国家精准扶贫、精准脱贫战略的有力举措。希望各地以此为鉴，编纂出版更多、更好的扶贫志书、年鉴，助力国家精准扶贫、精准脱贫战略的实施，充分展现地方志的独特价值和作用。

当前，我国脱贫攻坚已进入全面决战决胜的关键时期，尚未脱贫的贫困地区集中分布在中西部深山区、极端干旱山区、高寒阴湿地区等，文化建设还比较薄弱，文化产品还不够丰富，文化精品更是少之甚少。同时，这些地区往往是民族文化、历史文化、红色文化、生态文化富集区，具有发展文化旅游、推进文化扶贫的巨大潜在优势，也是繁荣发展地方志事业的巨大文化宝库。要发挥好文化扶贫凝聚人心的优势，善于利用方志文化优势为贫困地区“赋能”，在脱贫攻坚中做出方志人应有的贡献。要发挥好中国名镇志文化工程、中国名村志文化工程的引领作用，大力加强乡镇村志编纂，让百姓记得起乡情、记得住乡愁，凝聚贫困乡镇村庄的强大民心，补齐贫困乡镇村庄的文化短板，以“扶智”的方式“扶志”，践行习近平总书记强调的“扶贫先扶智，扶贫必扶志”的重要理念。

求木之长者，必固其根本；欲流之远者，必浚其泉源。扶贫扶起的是志气骨气，传承的是家国情怀，守护的是绿水青山。扶贫既要富口袋，也要富脑袋。必须坚持文化脱贫和物质脱贫两手抓，筑牢贫困地区文化之基，补足信仰精神之钙，引领脱贫发展之舵。全国地方志系统要围绕中心、服务大局，坚决投入脱贫攻坚这场必须打赢的硬仗，积极参与脱贫攻坚战，发挥优势和特长，深入挖掘文化资源，着力补齐文化短板，努力帮助民族地区与贫困地区的文化建设实现较大的发展提升，在全面建成小康社会、实现中华民族伟大复兴中国梦的征程中贡献方志人的力量。

是为序。

中国社会科学院院长　谢伏瞻
中国地方志指导小组组长

民族地区与贫困地区年鉴出版资助工程领导小组

组　　长：高　翔　中国社会科学院副院长

常务副组长：冀祥德　中国地方志指导小组秘书长

中国地方志指导小组办公室主任

副 组 长：高京斋　中国地方志指导小组办公室党组书记

邱新立　中国地方志指导小组办公室副主任

民族地区与贫困地区年鉴出版资助工程领导小组办公室

主　　任：冀祥德　中国地方志指导小组秘书长

中国地方志指导小组办公室主任

副 主 任：邱新立　中国地方志指导小组办公室副主任

成　　员：于伟平　方志出版社总编辑

刘永强　中国地方志指导小组办公室年鉴处处长

冷晓玲　中国地方志指导小组办公室年鉴处副调研员

李　静　方志出版社地情与专业年鉴编辑部副主任

《商都年鉴（2017）》监审人员

总 监 审：曹凯宏　中共商都县委副书记、县长

副总监审：郭玉广　县委常委、常务副县长
郑　直　商都县人民政府办公室主任

《商都年鉴（2017）》编纂委员会

主　　任：郭玉广

副 主 任：郑　直

成　　员：兰瑞新　郭存富　王　瑞　燕　勇　赵瑞军　于建国
赵亚弼　燕志军　任海清　高　河　闫德民　赵江海
袁海宏　王　利　李德胜　薛银山　贾益顶　赵建军
翁占斌　荆　喜　李　军　王建喜　葛有旺　张　彦
段　英　魏　兆

主　　编：魏　兆

编 辑 说 明

一、《商都年鉴》的编纂坚持以马克思列宁主义、毛泽东思想、邓小平理论、“三个代表”重要思想、科学发展观、习近平新时代中国特色社会主义思想为指导，坚持辩证唯物主义和历史唯物主义的立场、观点和方法。紧紧围绕县委、县政府的中心工作，全面客观地反映全县各部门、各行业取得的重大成就。

二、《商都年鉴》是由商都县人民政府主办、商都县史志办公室编辑的县级综合性年鉴。《商都年鉴（2017）》全面、系统、客观地记述了商都县2016年政治、经济、文化、社会等各个方面的发展情况，反映出全面深化改革的阶段性成果，以资借鉴。

三、《商都年鉴（2017）》分篇目、分目、条目三个层次，条目标题加【 】。

四、《商都年鉴（2017）》所用资料由县直各部门单位、各乡镇提供，并经各部门单位、各乡镇主要领导审查，县史志办整理统编。凡涉及全县数据以县统计部门数据为准，部分内容保留供稿单位数据。

五、为《商都年鉴（2017）》供稿者，均署名于相关篇目末尾的括号内。

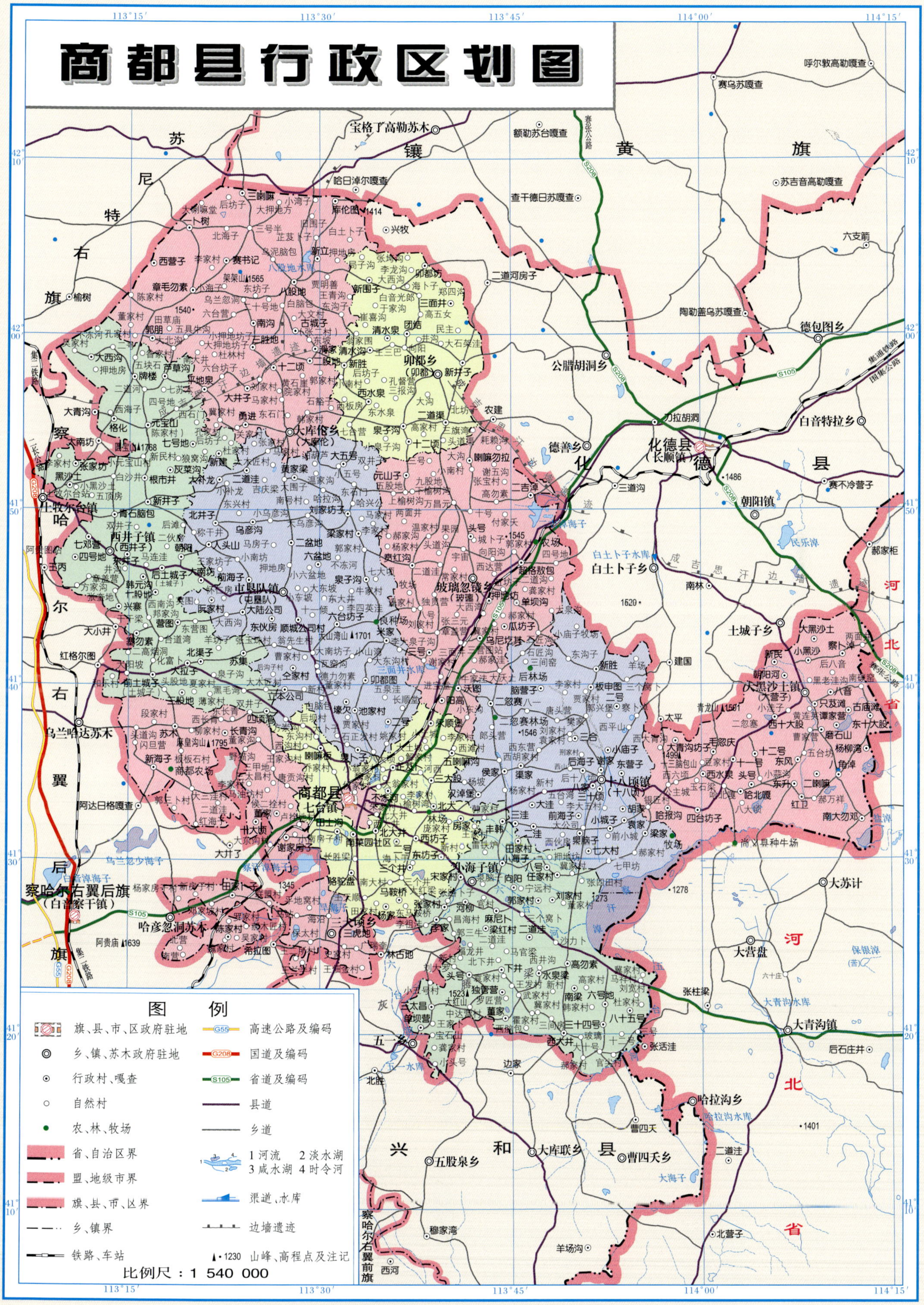

审图号：蒙S（2018）034号　内蒙古自治区地图院编制　二〇一三年十月

2016 数说商都

乡镇 10 个，其中镇 6 个、乡 4 个
村民委员会 213 个、社区居委会 23 个
村民小组 695 个
总户数 149747 户
总人口 332999 人
其中男 170598 人、女 162401 人
非农人口 73164 人
乡村总人口 259835 人
少数民族人口 5958 人
辖地面积 4283.49 平方公里
耕地面积 15735 公顷
人均耕地面积 0.47 公顷
人均粮食产量 245 千克
林地面积 196523 公顷
森林覆盖率 25%
全年平均气温 4.5℃
年降水量 380.3 毫米
年大风日 60 天
无霜期 190 天
地区生产总值 61.2002 亿元
同比增长 6.9%
三次产业比例 20 : 43 : 37
人均地区生产总值 18378.5 元
公共财政预算收入 2.0165 亿元
同比增长 9.9%
公共财政预算支出 24.4214 亿元
同比增长 -12.8%
人均公共财政预算收入 605 元
农作物总播种面积 102158 公顷
粮食总产量 8.15 万吨
同比增长 8.6%
牧业年度牲畜存栏 70.1364 万头（只）
同比增长 -27.9%
规模以上工业企业 35 家
规模以上工业总产值 22.7351 亿元
同比增长 7.6%
规模以上工业产品销售收入 62.8 亿元
同比增长 4.0%
规模以上工业利税总额 3.1 亿元
同比增长 128.8%
工业能源消耗总量 71.27 万吨标准煤
单位 GDP 能耗降低率 5.2%
单位工业增加值能耗降低率 15.13%
社会消费品零售总额 32.6 亿元
同比增长 9.2%
人均社会消费品零售总额 9800 元
金融机构人民币存款余额 60.6574 亿元
金融机构人民币贷款余额 22.8725 亿元

2016 年 1 月 8 日，中共商都县十二届六次全委（扩大）会议召开

2016 年 1 月 18—19 日，商都县第十四届人民代表大会第五次会议召开

2016 年 1 月 17—18 日，中国人民政治协商会议商都县第九届委员会第五次会议召开

2016 年 6 月 8 日，商都县颁发全市首张“五证合一、一照一码”营业执照

2016 年 7 月 6 日，自治区人大常委会副主任李荣禧（前右二）到商都县调研

2016 年 7 月 12 日，市委副书记、市长艾丽华（左二）到商都县调研

2016年7月12日，自治区副主席王玉明（中）到商都县调研

2016 年 8 月 9 日，自治区副主席、公安厅厅长马明（右一）到商都县调研

2016 年 7 月 28—29 日，中国共产党商都县第十三次代表大会召开

中国共产党商都县第十三届委员会组成人员

中国共产党商都县第十三届纪律检查委员会组成人员

2016 年 9 月 30 日，商都县举行烈士纪念日公祭活动

硅藻土绿色生态版生产

不冻河水库大坝

“鑫磊”有机绿色蔬菜产品

现代化奶牛养殖基地

养鸡场管理科学规范

佰惠生公司生产精品包装绵白糖

不冻河水中小岛

民族文化交流

商都县 10 余万亩小麦基地

美丽田园丰收在望

蒙古式摔跤搏克

水漩公园一瞥

南湖湿地生态苑一角

生态广场花坛

商都县七台镇大土城旧貌换新颜

商都县首届“水漩杯”蒙晋冀羽毛球邀请赛

商都县小海子镇向阳村互助幸福院

教师节庆祝暨表彰大会

教育教学改革培训

优质品种甘蓝

机械化收获糖菜

西芹丰收腰包鼓

乐耕公司加工速冻菠菜

马铃薯中耕除草科学田间管理

圈养肉羊繁殖

举行秧歌大赛，欢度元宵佳节

高跷表演

春节联欢晚会

风力发电场

军民义务植树基地

“县长杯”校园足球联赛启动仪式

现代化规模养猪

国防人防知识竞赛活动

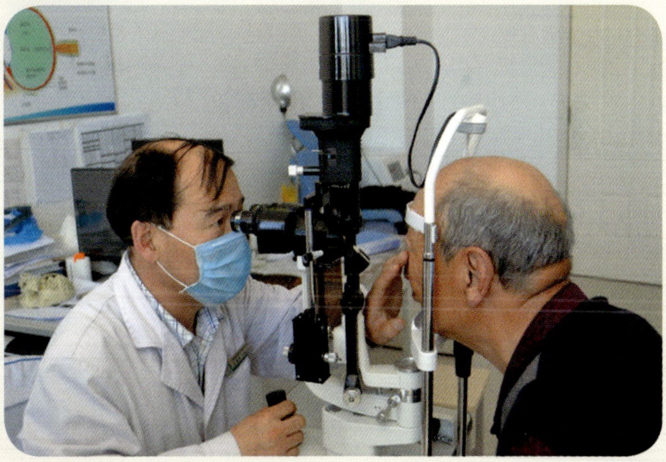

“在远程，复光明”行动

“互联网 +”战略合作签约仪式

招商引资签约仪式

“帮扶助学献爱心”活动

青年志愿者在行动

目 录

特 载

大事记

商都县概况

基本情况

2016年经济社会发展情况

全县机构设置和负责人名录

中国共产党商都县委员会

政研督查

农村牧区工作督导

组织工作

宣传工作

统战工作

纪律检查（监察）

机构编制

老干部管理与服务

法 治

政法委及综治

公 安

检察院

法 院

司法行政

军 事

人民武装

国家统计调查

农 业

农牧业

林 业

园 林

水 利

农牧业机械管理

气 象

工业与交通

信息产业

城乡建设　环境保护

商　贸

2016年商都县规模以上企业简介

附　录

特 载

中国共产党商都县第十三次代表大会上的报告

（2016年7月28日）

靳前斌

一、珍惜来之不易的发展成果，增强全面建成小康社会的信心和决心

县第十二次党代会以来的五年，是我县经济社会发展取得重大成就的五年。在市委、市政府的正确领导下，县委主动适应经济发展新常态，开创了全县经济社会发展的新局面。

过去五年，我们布大局、谋长远，发展思路进一步理清。面对经济下行压力和脱贫攻坚重任，积极推进供给侧结构性改革，落实“三去一降一补”。立足我县纯天然的农畜产品资源、无污染的环境资源和清新洁净的空气资源，顺应市场需求，围绕主攻“农”字号，做强“农”字号，坚持“打绿色牌、走特色路”，有效规避行业产能过剩困境，努力实现差异化竞争、错位化发展，瞄准国内和国际两个市场，打响了“一粒薯、一袋糖、一篮菜、一瓶酒、一头牛、一口猪”的“六个一”绿色农字号品牌。培育出了亚洲最大薯条加工、全国最大甜菜制糖（之一）、全国最大出口速冻蔬菜“三大企业”；获得了中国马铃薯产业示范基地称号，与北京农产品中央批发市场建立了战略合作关系，成功打造了“中央批发市场农产品基地”，有机、绿色和无公害蔬菜生产基地分别达到3600亩、1.9万亩和36.4万亩。“水漩绿韵”“风沙源”“蒙绿娃”“鑫漩”等一批蔬菜、瓜类走俏国内市场，品牌建设为提升特色产业经营水平注入了生机和活力。我县已成为全市重要的绿色农畜产品生产加工输出基地。2015年，全县农牧民人均产业化收入达到6120元，占全县农村居民人均可支配收入的77%。

过去五年，我们建平台、补短板，综合实力明显增强。于2011年底规划建设了长盛工业园，累计投入10亿多元，不断完善园区功能。目前，已升级为市级工业园区，入园企业达到80多家。同时，政府收储土地1.6万亩，有效破解土地供需矛盾，为招商引资和项目建设提供了充足的建设用地。我们坚持把招商引资作为贫困地区加快发展、实现后发赶超的中心战略来抓。五年来，共引进项目161个，累计完成投资93.61亿元，其中亿元以上项目73个。全球顶级农牧业企业美国康家食品集团蓝威斯顿公司并购太美薯业，开创了我县对外开放和招商引资的新局面。2015年，全县地区生产总值完成59.9亿元，是2011年的1.3倍，年均增长10.9%；五年累计完成固定资产投资174.6亿元，年均增长35%；社会消费品零售总额完成30.2亿元，是2011年的1.5倍，年均增长11.5%；2015年，完成公共财政预算收入1.84亿元，是2011年的2.7倍，年均增长32.5%；城乡居民人均可支配收入分别由2011年的16430元和3895元增加到2015年的21975元和7920元，年均分别增长11.2%和15.5%。2013年、2014年全国县级财政管理绩效综合评价全区分别排名第一和第四，连续两年全市排名第一。在全市各旗县县处级领导班子及领导干部考核中，我县由2012年、2013年均排名第五，晋升至2014年排名第一、2015年排名第二，位次大步跃升。

过去五年，我们惠民生、办实事，群众幸福指数不断提高。以彻底消除贫困为目标，突出抓好脱贫攻坚这项最大的民生工程，2014年和2015年，累计脱贫2.53万人，贫困人口减少到2.2万人。以提升宜居宜业水平为目标，全面启动了涉及1.5万户、4万多人的旧城棚户区改造和城中村改造工程。目前，建成回迁安置楼50栋、36.5万平方米，回迁入住率达80%以上；实施了南湖公园、不冻河水利风景区建设工程，提升了水漩公园、府前广场、祥和广场档次，建成了全军首个军民义务植树基地。引进大地天然气公司，建设车用和民用天然气利用工程，进一步方便了居民生活，改善了城镇空气质量。以建设美丽乡村为目标，全面推进“十个全覆盖”（包括农村牧区危房改造、安全饮水、嘎查村街巷硬化、村村通电、村村通广播电视通讯、校舍建设及安全改造、嘎查村标准化卫生室、嘎查村文化活动室、便民连锁超市、农村牧区常住人口养老医疗低保等社会保障）工程建设，三年来，预计投资23.37亿元，实施行政村212个、自然村695个，农村环境面貌实现了历史性改观，农民生产生活方式发生了根本性改变。以提高社会服务功能为目标，五年充实教师队伍155人，新建、改造幼儿园14所，新建了平安小学和通用小学，新建了职业中学实训楼、高级中学综合教学楼和宿舍楼，极大地弥补了教育短板。整合计生、卫生等部门项目资金，新建了县医院与公共卫生服务楼；整合中医院和残联两部门项目资金，建设了残疾人康复中心；建成了城乡居民服务中心，率先在全市组建了县级公共资源交易中心；2015年作为全区第二个、全市第一个旗县启动了“三证合一、一照一码”登记制度改革；2016年又作为全区和全市第一个旗县启动了“五证合一、一照一码”登记制度改革。

过去五年，我们抓班子、带队伍，执政能力显著提升。我们始终注重团结班子、凝聚合力。四大班子领导以上率下，带头树立政治意识、大局意识、核心意识和看齐意识，有权不专权、分工不分家、补台不拆台，切实做到思想上同心、工作上协力、行动上合拍，形成了谋事创业的强大凝聚力和战斗力。我们始终注重在实践中教育历练干部。结合党的群众路线教育实践活动、“三严三实”专题教育和“两学一做”学习教育，建立完善了领导干部“三级示范抓引领”、机关干部包联小区开展“五城联创”、驻村蹲点扶贫、驻村帮户推进“十个全覆盖”工程等联系服务群众机制，广大党员干部在党言党、在党爱党、在党忧党、在党为党，干事创业、主动担当、履职尽责蔚然成风。我们始终注重把纪律和规矩挺在前面。严格落实中央八项规定，接受了自治区党委巡视组的巡视，进一步巩固了“山清水秀”的政治生态。围绕市委“148”大党建工作总体思路，全面落实从严治党“1+3”制度体系，扎实推进“实心工程”密切联系服务群众常态化工作。树立正确的用人导向，提高选人用人公信度，形成公开调干部、廉洁调干部、民主调干部，人大、政协参与调干部的机制，营造了风清气正的用人环境。2014年、2015年，我县干部选拔任用工作总体评价满意度全市均排名第一。

这些成绩的取得，得益于市委、市政府的正

确领导，得益于全县各级党组织、广大党员干部和群众的团结奋斗，得益于历届县委打下的良好基础和社会各方面的支持。在此，我代表中共商都县第十二届委员会，向奋战在各条战线的广大干部群众，向所有关心支持商都事业的社会各界人士，表示衷心的感谢和崇高的敬意！

成绩鼓舞人心，经验弥足珍贵。回顾五年历程，我们深深地体会到：必须坚持立足县情，找准思路谋全局。思路决定出路，格局决定结局。我县是传统的农业大县。实践告诉我们，必须牢牢把握这个最大的优势，坚定不移地发展农业、做强农业，推动农业产业化发展，走以产业发展带动脱贫的路子，努力向富民和富政并重、富民优先的目标迈进。必须坚持全面协调，统筹发展强内力。统筹发展，是全面建设小康社会的内在要求。只有协调推动经济、政治、社会、文化、生态和党的建设“六位一体”全方位发展，才能实现科学发展、全面发展。必须坚持以人为本，改善民生增福祉。民生连着民心，民心凝聚民力，民力成就事业。只有始终关注民生、不断改善民生，始终把群众的冷暖放在心间，才能赢得群众的支持和拥护，形成强大的凝聚力和向心力，才能不断巩固党的执政地位。必须坚持党的领导，凝心聚力促发展。党的领导是经济社会可持续发展的根本政治保证。只有充分发挥好党总揽全局、协调各方的领导核心作用，不懈怠、不折腾，一张蓝图绘到底，一任接着一任干，才能汇聚起推动经济社会发展的强大动力。

在充分肯定成绩的同时，我们也要清醒地看到，在推进全面建成小康社会进程中，还存在不少困难和问题。主要是：在经济下行压力持续加大的背景下，招商引资越来越难；在推进城乡一体化进程中，城乡基础设施建设仍需进一步完善；在融入“三篇文章”战略中，开放合作的能力还不强；在改革发展稳定任务越来越艰巨的情况下，党的引领作用还需进一步加强。这些困难和问题，需要我们认真加以研究解决。

二、抓住用好重要战略机遇期，坚决打赢脱贫攻坚这场不能输的战役

我县属于国家集中连片特困县和燕山—太行山扶贫攻坚片区县。我县要早日实现“两不愁、三保障”目标，就必须牢牢抓住国家实施精准扶贫、自治区实施“十个全覆盖”工程和乌兰察布市实施“五城联创”的重大历史机遇，一鼓作气，迎头赶上。

今后五年是全面建成小康社会的关键时期。全县经济社会发展总体思路是：深入贯彻“四个全面”战略布局，坚持创新、协调、绿色、开放、共享“五大发展理念”，实施脱贫攻坚、“十个全覆盖”工程、五城联创“三大战略”，培育发展陶瓷建材、医疗器械、新能源、文化旅游、商贸流通“五大产业”，延伸丰富“六个一”绿色农字号产业和品牌，确保2016年实现“县摘帽”、2017年实现“人脱贫”，确保如期全面建成小康社会。

主要奋斗目标是：保持经济持续健康增长，综合经济实力明显增强。到2020年，地区生产总值和城乡居民人均可支配收入比2011年翻一番；公共财政预算收入达到2.7亿元，年均增长8%；固定资产投资达到60亿元，年均增长13%；社会消费品零售总额达到52亿元，年均增长11%。

实现上述目标，需要我们统筹做好以下工作：

（一）坚持科技引领和优化提升，加快转变农牧业发展方式

转变农牧业发展方式，关键在于科技创新。以“现代化、规模化、标准化、品牌化”为方向，加大农牧业结构调整和科技创新力度，加快转变农牧业发展方式，大力发展设施农业、绿色农业、有机农业和可追溯农业，努力推动农业大县向农业强县迈进。

进一步壮大农牧业基地。坚持把田间地头打造成企业的“第一车间”，用工业化思维谋划农牧业发展，不断培育和壮大原料基地。围绕马铃薯主粮化战略，依托康家食品集团蓝威斯顿公司，引进美国的新品种、新技术，提高马铃薯单产和品质；依托希森公司，进一步调整马铃薯种植结构。到2020年，全县马铃薯种植面积稳定在40万亩，其中脱毒种薯、专用薯分别增加到10万亩，打造全国种薯供应基地；依托乐耕、绿娃、鑫磊、宏达、昌盛日电等龙头企业和专业合作社，建设冷凉蔬菜标准化园区2万亩。到2020年，全县冷凉蔬菜种植面积增加到20万亩，并基本实现质量可追溯，其中设施蔬菜面积达到3万亩，有机蔬菜基地达到1万亩，打造面向首都的冷凉蔬菜供应基地；依托佰惠生糖业公司，积极推行企业与农户订单生产模式。到2020年，确保甜菜种植面积达到20万亩，打造全国县级最大的甜菜制糖生产基地；依托中地生态牧场，大力发展良种奶牛规模化养殖项目。到2020年，中地生态牧场奶牛存栏达到3万头，打造全区重要的良种奶牛繁育基地；依托雏鹰集团，大力发展规模化生猪养殖。到2020年，年出栏生猪达到100万口，打造全市重要的生猪生产基地。

提高产业化经营水平。继续推进和完善龙头企业与农牧民利益联结机制，通过把资产变成资本，把资金变成股金，让农民变成股民等方式与龙头企业建立起“企业+基地+合作社+支部+农户”的紧密利益联结机制，增强基层党组织的示范引领作用，引导农民抱团发展，提高农牧业生产经营的组织化程度，稳定增加农民收入。结合“十个全覆盖”工程和小村整合，加大土地流转和收储力度，“十三五”期间，流转面积要达到全县耕地面积的一半以上。同时，要引入企业进行公司化运作，推动经营主体向龙头企业带动型转变，促进农牧业适度规模经营，实现集中连片开发，解决土地集约化水平低、劳动力不足等问题，让农民更多地分享来自土地的收益，稳定增加农民收入。

畅通市场“绿色通道”。积极开展农畜产品质量安全认证，加快建设农畜产品质量追溯体系，在创建自治区农畜产品质量安全监管示范县的基础上，积极争取国家级示范县；强化农超、农餐对接，发展壮大农畜产品专业物流，构建覆盖广泛的市场网络，搞好产销衔接；加强马铃薯、蔬菜等绿色农畜产品冷链仓储设施建设，提高鲜活农畜产品冷链物流比重，实现旺季补优、淡季补缺、错峰销售、均衡上市；鼓励和支持乐耕、佰惠生等龙头企业先行先试，尽快实现上市；积极开展以无公害、绿色、有机农畜产品生产基地为主的“三品一标”认证，全面建立农畜产品质量可追溯体系，积极推行蔬菜“身份证”制度，实现农畜产品档案可查询、流向可追踪、产品可召回、责任可界定。大力实施品牌战略，保护好“商都西芹”地理标志商标，积极申报商都白菜、菠菜、甘蓝、南瓜、青豆、马铃薯等地理标志商标，提升农畜产品的市场竞争力。

大力实施科教兴县人才强农战略。牢固树立人才资源是第一资源的理念。不断创新人才引进体制和工作机制，优化人才工作环境，着力建设党政人才、企业经营管理人才、专业技术人才三支队伍，把各类优秀人才积聚到各项事业中来。坚持“以政府为主导，以农民为主体，以市场为导向”，结合我县产业发展实际，加快培育新型职业农牧民，逐步建立常态化的新型职业农牧民培训机制，鼓励和引导有志投身现代农业建设的农村青年、返乡农民工、农技推广人员、农村大中专毕业生和退役军人等加入职业农民队伍，结合国家新型职业农牧民培训试点工程，分层次、分类别开展教育培训。通过“走出去长见识、请回来学技术”，着力培养一支“有文化、懂技术、会经营、善管理”的新型职业农牧民队伍，为现代农业发展提供强有力的人才支撑，有效解决“谁来种地”、“如何种好地”的问题，确保农业发展“后继有人”。

（二）打造特色产业和服务环境，加快工业转型升级

工业转型升级是经济发展的永恒主题，是环境约束倒逼的现实选择。立足我县资源优势和区位优势，加快借力发展，培育特色产业，优化服务环境，着力构建新型工业体系。

延伸丰富“六个一”绿色农字号产业和品牌。立足我县丰富的农畜产品资源，继续做大做强农畜产品加工业，纵向拉长产业链，横向拓展产业面。支持蓝威斯顿公司商都工厂新建20万吨原料贮库和2万吨成品库，进一步扩大产能，加强与肯德基和麦当劳的配送合作；引导希森公司立足马铃薯主粮化战略，加快全粉生产线满负荷生产，并积极推动产品向下游延伸；扶持佰惠生糖业提升加工能力，发展原糖加工，开发单晶糖、酒精、酵母等下游产品，推动企业实现上市；督促乐耕加快二期工程建设和基地建设、申安公司加快智能玻璃温室建设、奥淳酒业退城入园项目尽快完工。鼓励鑫旺通食品公司做大葵花籽加工产业，增加市场份额；支持腾博生态养殖公司申报绿色、有机畜禽产品认证，填补我县绿色、有机畜禽产品空白；支持中地生态牧场公司开发乳业下游产品，实现鲜奶直供北京市场；推动益生元亚麻籽油、溢源醋业、申安果汁等项目尽快达产达效，带动农民提高产业化收益。

培育发展陶瓷建材产业。依托我县高品位的白泥资源，以福建玉瓷公司为龙头，努力克服经济下行压力影响，积极承接京津冀陶瓷产业退出项目，培育发展自生釉陶瓷产业；依托我县丰富的硅藻土资源，以国家“863”计划项目内蒙古东盛硅藻土科技创新产业园为龙头，生产硅藻土装饰板、天花板、涂料等绿色环保产品，积极打造硅藻土系列产品知名品牌；依托我县高纯度的钾长石资源，实施钾长石资源制取钾盐钾肥示范工程，建设国家级钾盐化工产业基地和生态型钾肥制造与农业示范基地；依托我县丰富的石英石资源，督促腾旭石英石提纯项目尽快生产；开发利用工业废渣资源，以迈拓、红阳、宏宇、祥虹等企业为龙头，生产硅酸铝高温隔热材料、建筑保温材料、矿渣棉和免烧砖，发展循环经济，实现资源高效综合利用。积极开发利用我县的地热资源，发展温泉旅游项目。此外，加快全国知名品牌奥克兰防水材料项目建设进度，确保年内达产达效。

培育发展医疗器械产业。抓住国家新医改政策机遇，瞄准国内巨大的医疗器械市场，充分利用赣商医疗器械公司技术、人才优势以及在内蒙古地区的医疗产品配送权优势，支持江西内蒙古商会在我县建设医疗器械产业园，生产手术床、无影灯、心电监测仪等医疗器械及医用纱布、口罩、手套、输液器、注射器等医疗卫生材料。

培育发展新能源产业。借助乌兰察布市风电基地外送北京和锡盟两条通道，加快发展风电产业，到2020年，新增装机容量150万千瓦。加快实施光伏扶贫工程。抓住国家光伏项目指标向国贫县倾斜的机遇，加强与青岛昌盛日电太阳能科技公司和山西晋能清洁能源光伏工程公司的战略合作。按照国家光伏扶贫政策，通过整合“三到村三到户”资金，与昌盛日电太阳能科技公司等企业进行股份合作，同时积极争取国家开发银行和农业银行扶贫贴息贷款，建设光伏扶贫项目，发展特色种养业，形成“光伏+农业+畜牧业”的发展模式，提升土地叠加效益。政府收益部分全部反哺到贫困户，最终实现“滴灌式”精准扶贫。

持续优化服务环境。牢固树立环境就是生产力、环境就是竞争力、环境就是吸引力的理念，充分发挥城乡居民服务中心作用，实现工商注册、项目审批、建设规划、土地供给等一站式服务，努力营造重商、亲商、安商、惠商的浓厚氛围。始终抓住项目这个“牛鼻子”，紧盯京津地区产业转移中“科技含量高、经济效益好、资源消耗低、环境污染少”的优势项目，实现从“招

商引资”到“招商选资”的转变。同时，各部门要全力以赴跑项目、争资金，积极开展“项目消零”行动。

（三）突出商贸物流和文化旅游，加快发展现代服务业

现代服务业既是推进经济转型升级的方向，也是调整优化经济结构的重点。要抓住新技术新需求变迁机遇，推动生产性服务业向专业化和价值链高端延伸，推动生活性服务业向精细化和高品质转变，努力培育服务业新业态、新亮点。

加快发展商贸流通业。按照“围绕首都、依托首都、保障首都、服务首都、得益于首都”的思路，依托商都与张家口的历史渊源，深度融入蒙晋冀（乌大张）长城“金三角”经济合作区域，恢复“张库大道”上“古驿七台”昔日的繁荣。加大各类市场建设力度，确保温州建材城、绿源蔬菜交易市场、腾昕绿色农畜产品现代物流项目和福泰惠民园建成并运营，使城乡商贸流通产业得到综合发展。大力发展现代物流业，坚持同城配送与跨区域物流有机衔接，生产性物流与生活性物流融合发展，大宗商品与散货物流多头兼顾。完善跨区域农产品冷链物流体系，开展冷链标准化示范，实施农畜产品预冷工程，构建上联生产基地、下接零售终端的农产品产销一体化流通链条，努力把现代物流业发展成为县域经济强劲的增长极。

加快发展文化旅游业。进一步完善文化旅游项目前期基础工作，聘请专业团队编制文化旅游发展规划，引进有实力的文化旅游开发企业，加快我县文化旅游产业资源开发。深入挖掘商道历史文化精髓，打造我县文化旅游品牌。借助“中国草原避暑之都·养生福地乌兰察布”品牌，依托北京、张家口联合举办冬奥会和张北草原音乐节，推进旅游线路、旅游活动和旅游要素对接，重点打造大石架冰川石林地质公园、军民义务植树基地、不冻河水利风景区、小庙子民俗风情旅游景区、南湖公园、五台海察汗淖尔、七台湖（田士沟）等特色景点。“十三五”期间，至少创建1个AAAA级景区和2个AAA级景区。同时，结合“十个全覆盖”工程，加强乡村生态环境和文化遗存保护，发展具有历史记忆、地域特点、西部风格、蒙古族风情的欧式村、民族村、特色村；围绕“一村一品”，培育建设一批像八十五号西芹村、东西坊子南瓜村、梁家村甜瓜村、二号西瓜村、海卜子香瓜村、十八顷甘蓝村、三面井家兔村、油坊蛋鸡村、田士沟玛瑙村、小庙子牧家游等特色产业村。积极发挥旅游扶贫带动作用，依托我县入选的8个国家级“乡村旅游富民工程”扶贫重点村，结合“美丽乡村”建设，开发利用农村绿水青山、田园风光、乡土文化等资源，有规划地开发休闲农庄、乡村酒店、特色民宿、自驾露营、户外运动等乡村休闲度假产品。大力发展农业观光、农业采摘、农耕体验、创意农业、乡村手工艺等，使之成为繁荣农村、富裕农民的新兴产业。

大力发展电子商务和“互联网+”。把电子商务作为打通生产和市场连接的关键一环，支持传统流通企业依托线下资源，实现线上线下优势互补和协同应用。引导企业和个人发展面向农村牧区和农牧业的电子商务及配套的印刷、包装、配送等项目，把我县的绿色有机农畜产品卖到全国乃至全世界。依托阿里巴巴实施“万村千乡”计划，借助国家电子商务进农村示范项目，推进电子商务服务业向更高层次运行、向农村延伸。以商都县电子商务发展中心为平台，集中整合全县的快递和电商公司，精心打造电子商务示范集散中心。鼓励和支持携农、绿娃、鑫磊、乐耕、奥淳、鑫旺通等更多农牧业企业开展电子商务与实体销售相结合的营销模式。探索发展互联网医院，打造全新的网络医疗服务平台，提升我县医疗服务水平。积极引进内蒙古中贷金融服务公司及其他互联网金融企业在我县设立分支机构，为

小微企业提供低成本、高效率的网上投融资渠道，努力构建“互联网+物流+农业+医疗+金融”等电子商务市场体系。

（四）统筹新型城镇化和新农村建设，加快城乡一体化建设进程

新型城镇化是经济社会发展的必然趋势，也是现代化的重要标志；新农村建设是解决“三农”问题的有效抓手和统筹城乡发展的战略任务，必须协调推进。

着力抓好“十个全覆盖”工程。要按照自治区党委“三个不漏”和“带着感情、带着责任，把‘十个全覆盖’工程当作一项事业上心去做、努力完成”的要求，认真落实市委“435”工作法，加快小村整合和土地流转进度，打响易地扶贫搬迁“当头炮”，能整合的尽量整合，能拆并的尽量拆并，能搬迁进城的尽量搬迁进城，确保今年全面完成212个行政村、695个自然村的“十个全覆盖”工程总任务，彻底补齐农村基础设施和公共服务短板。同时，要注重积极探索和切实加强工程管护，不断改善农村人居环境，推动农村城镇化发展和社区化管理。

着力抓好“五城联创”活动。“五城联创”是改善民生、提升群众幸福指数的长效普惠工程，是提升城镇形象、推动绿色发展的龙头引领工程。依托上海成瑞等公司，开发利用大黑沙土镇煤炭资源和城市中水，建设热电联产项目，解决城镇集中供暖及园区供热、供电问题，进一步优化城镇宜居环境。按照“五城联创”方案要求，以三年规划创建目标为统领，建立健全创城领导体制和工作机制，加强同先进地区开展创城工作经验交流，强化督促检查和指导工作，营造浓厚的创城工作氛围。要集中精力开展好精神文明建设、绿化提升、市政工程建设、环境整治、市场整治、交通综合治理、好民族和双拥等工作。力争2016年创建自治区园林县城和市级卫生县城，2017年创建自治区卫生县城、自治区民族团结示范县城和自治区双拥模范城，并进入自治区文明县城提名行列。

着力抓好棚户区改造工程。要把棚户区改造作为一项重大的民生工程和发展工程继续全力推进。将棚户区改造与完善住房保障体系结合起来，与房地产“去库存”结合起来，与推进城市转型结合起来，与保护旧址结合起来，与完善城市功能、改善人居环境结合起来，进一步创新思路，明确目标，分期分批对旧城区危旧平房进行改造，力争2020年完成1.5万户改造任务，实现再造一个新城的目标，切实改善旧城居民特别是困难群众的居住条件和生活环境。先行落实安置房源，通过优先消化公租房等保障性住房、招投标插花回购符合条件的存量房等方式，实现边征收边安置，减少过渡期和周转费。要用足用活棚改政策，积极争取上级项目资金扶持，主动对接国开行、农发行，充分发挥融资公司作用，形成稳定的融资渠道。鼓励社会机构和民间资本积极参与棚户区改造，解决资金短缺问题。要强化风险防范，依法依规、有力有序推进棚改工作。同时，认真做好政策宣讲，做实做细群众工作，努力赢得群众的信任和支持，推动棚改工作顺利进行。

（五）加强生态和基础设施建设，继续改善生存和发展环境

生态就是竞争力，环境就是生产力，绿色就是生命力。要树立“既要金山银山，更要绿水青山，绿水青山就是金山银山”的发展理念，用生态思维指导发展战略制定，用生态模式指导产业体系构建，努力把生态要素做成生态产业。

加大生态保护和环境治理力度。继续推进京津风沙源治理二期工程、新一轮退耕还林等国家重点生态工程，进一步巩固军民义务植树基地造林成果，突出抓好绿色长廊示范工程、“十个全覆盖”村庄示范绿化、城镇绿化、厂矿园区绿化，努力建设山川秀美的绿色家园。加大力度争取国家对农产品主产区和重点生态功能区的转移支付，强化激励性生态补偿机制。划定生态红线区，确保重要生态功能区、重要生态系统得到有效保护。全面落实禁牧制度，用最严厉的执法保护生态建设成果。严格执行《环境保护法》，认真落实环境保护基本国策，主要污染物排放总量控制在上级下达的目标任务之内，加大非煤矿山整治力度，严肃查处破坏环境的违法行为，严格落实破坏生态追责制度。

加强重大基础设施建设。围绕提升能力和保障发展，抓住国家支持中西部地区基础设施建设的政策机遇，推动路、水、电、讯等重大基础设施建设齐头并进。全面改造和硬化县域内与其他相邻旗县交界区域的县道、乡道、村道，完成省道223线商都至兴和段二级公路、省际通道改线升级工程、集商公路、商张公路升级改造工程，完成行政村通沥青（水泥）路改建工程，建设对内大循环、对外大流通的交通走廊；加强水利基础设施建设，着力提高水资源综合利用能力。不断优化电网供应、输送、配置体系，全面完成电网提升改造。加快推进信息网络建设和“三网融合”步伐，着力提升经济社会信息化水平。

（六）紧扣富民和强县目标，加快提升民生事业发展水平

“人民对美好生活的向往，就是我们的奋斗目标”。要始终坚持民生优先，多谋利民之策，多解民生之忧，多办为民之事，让改革发展成果更多更公平地惠及全县人民。

全面打赢精准脱贫攻坚战。实现“人脱贫、县摘帽”是县委立下的“军令状”，是头等大事和第一民生工程。要加强脱贫攻坚的组织领导，把责任扛在肩上，任务抓在手上，严格落实“六个精准”要求，以“五个一批”工程为抓手，动员全社会力量参与脱贫攻坚，努力构建“大扶贫”格局。当前，我县脱贫攻坚具备诸多积极因素和有利条件，广大干部群众人心思进、人心思干、人心思富，脱贫攻坚热情高涨；今年雨水足、年景好，农牧民丰收在望，年内1.5万人脱贫信心十足；土地流转和发展产业为贫困户增加了稳定收益，解决了“不愁吃、不愁穿”的问题；各项扶贫富民政策的落实，实现了义务教育和基本医疗两个保障。今年我们完成“十个全覆盖”工程，农村安全住房问题就可以解决，“两不愁、三保障”的目标也就可以实现。同时，依据《内蒙古自治区贫困旗县党政领导班子和领导干部经济社会发展实绩考核办法（试行）》中关于“鼓励贫困旗县提前‘脱贫摘帽’，对于提前‘脱贫摘帽’的贫困旗县，原有扶持政策不变，并给予奖励”的精神，按照贫困发生率、群众满意率和知晓率三项指标考量，我县有充足的条件、十足的底气在2016年实现“县摘帽”。剩余7000人，是贫中之贫、困中之困，要集中力量，全力攻关，确保2017年彻底实现“人脱贫”。

统筹推进民生社会事业。大力实施为民办实事工程，新增财力向民生倾斜。完善城乡社会保障体系建设，让党的各项惠民富民政策“落地有声”。大力倡导“大众创业、万众创新”，借助青岛昌盛日电、温州商会、商都县众创和大众等创客空间，为创业者、投资者搭建交流合作平台，为劳动力就业创造更多条件和机遇。突出教育优先发展战略，继续推进教育“三项改革”，大力推进素质教育，推动义务教育均衡发展。实施全民健康工程，加强城乡社区体育设施建设，广泛开展群众体育、学校体育、竞技体育，不断增强全民身体素质。高标准、高质量地规划建设文体馆，让公共服务的阳光雨露普惠于民。进一步深化医药卫生体制改革，加快建设覆盖城乡、功能完善的疾病预防控制和医疗救治体系。高度重视食品安全问题，强化食品安全监管，从严追究食品安全管理责任，积极争创自治区食品安全县城，确保群众“舌尖上的安全”。积极推进殡葬改革，完善殡葬基础设施。扎实做好计划生育、妇女儿童、残疾人、社会慈善、民族宗教等工作。

切实加强和创新社会管理。坚持守土有责、守土尽责，切实做好安全维稳工作。建立完善利益协调和诉求表达机制，落实诉讼与信访分离制度，强化法律在维护群众权利、化解社会矛盾中的权威地位。积极开展普法宣传教育活动，努力营造办事依法、遇事找法、解决问题用法、化解矛盾靠法的良好法治环境。以基础信息化、警务实战化、执法规范化、队伍正规化为统领，创新立体化社会治安防控体系建设，严密防范和严厉打击各类违法犯罪活动，努力提高人民群众的安全感、满意度和执法机关的公信力。加强政法基础设施、反恐应急训练基地、社会治安视频监控系统和网络安全建设，着力提升联防联控能力。加强社区网格化管理，打通社会治安“神经末梢”。全面落实安全生产责任制，强力推进企业安全质量标准化建设，强化安全生产监督管理，保障人民生命财产安全，努力打造“平安商都、和谐商都”。

三、切实加强和改进党的领导，为全面建成小康社会提供坚强政治保证

党建工作事关全局，事关发展，事关党的兴衰存亡。要以全面落实从严治党“1+3”制度体系、深入开展“三级示范抓引领”工作为重点，按照贯穿“一条主线”、压实“两个责任”、抓好“三个关键”、突出“四个重点”的思路，加强和改善党的领导。

贯穿“一条主线”。把党要管党、从严治党这条主线始终贯穿到党建工作的全过程、各方面。坚持把党建工作和经济工作同谋划、同部署、同考核，努力构建“党委抓、书记抓、各有关部门抓、一级抓一级、层层抓落实”的党建工作格局。要抓好班子、带好队伍、用好干部，努力打造一支忠诚干净、担当有为、干事创业的干部队伍。认真贯彻落实《中国共产党地方委员会工作条例》和《中国共产党党组工作条例（试行）》，严守党的政治纪律、政治规矩，切实增强党性修养。

压实“两个责任”。坚持思想建党和制度治党相结合，压实压牢党委主体责任和纪委监督责任。各级基层党组织要从选好用好干部、纠正损害群众利益行为、从源头上防治腐败、支持执纪执法机关工作、主要负责人当好廉洁从政表率等五个方面落实好主体责任。各级领导干部要实行“一岗双责”，抓好权力清单制度落实，促进权力规范运行，严格执行《中国共产党廉洁自律准则》和《中国共产党纪律处分条例》，践行党的纪律要求和纪律底线。各级纪委、纪检组要明确职责定位，聚焦主业，转职能、转方式、转作风，切实履行好监督执纪问责的职责。

抓好“三个关键”。第一个关键是“谁来抓”的问题。各级基层党组织书记作为“班长”和“第一责任人”，必须始终把抓好基层党建工作作为重要职责，突出书记责任、班子成员职能、党员党性、党组织堡垒“四种意识”，切实把党的基层组织建设抓紧抓实。第二个关键是“抓什么”的问题。扎实推进“五个全面”，即全面建立基层党组织，全面联系人民群众，全面建立健全评价考核机制，全面加强基层党组织阵地建设，全面发挥基层党组织领导核心作用。第三个关键是“怎么抓”的问题。围绕维护好、代表好、实践好人民群众的合法权益抓基层党建，围绕化解人民群众内部矛盾抓基层党建，围绕叫得响、站得住的主导品牌抓基层党建，围绕配齐、配强基层党组织抓基层党建，围绕强化廉政制度建设抓基层党建。

突出“四个重点”。将2016年确定为“基层党组织规范化建设年”，努力构建农村、社区、机关事业单位、非公企业和社会组织“五位一体”抓党建格局。在农村，坚持以党建“实心工程”为抓手，三级示范引领工作为载体，全面加强“四支队伍”建设，提档升级党组织活动阵地，提高基层组织引领群众发展生产、实施“十个全覆盖”工程和推进脱贫攻坚的能力；在社区，努力创新“十苑十梦十支队”社区服务品牌，把社区打造成服务群众的“六园一港”，提高社区党组织引领群众开展“五城联创”的能力；在机关事业单位，以“六型十好”为目标，提高机关事业单位党组织立足本职、围绕中心、服务大局的能力；在非公企业和社会组织，努力创建“双强六好”非公企业和社会组织党建品牌，提高开展招商引资、促进经济发展的能力。

各位代表，大任在肩，方显担当；决胜关头，更需实干。让我们以改革创新的精神、攻坚克难的勇气、真抓实干的举措、脚踏实地的作风，精诚团结，合力奋进，为打赢脱贫攻坚战，全面建成小康社会而努力奋斗！

抢抓战略机遇　致力脱贫攻坚为全面建成小康社会而努力奋斗

——在中共商都县十三届二次全委（扩大）会议上的报告

（2017 年 1 月 23 日）

靳前斌

一、总结发展成绩，珍惜发展成果，切实增强全面建成小康社会的坚定信念

2016 年，我县积极融入国家、自治区和乌兰察布市重大战略，围绕县第十三次党代会提出的目标要求，狠抓重点工作、重大项目和重要举措，实现了“十三五”精彩开局，经济社会发展又上了一个新的台阶。全年预计完成地区生产总值 61.3 亿元，增长 6.8%；规模以上工业增加值增长 6.3%；固定资产投资预计完成 37 亿元，增长 14.9%；社会消费品零售总额预计达到 32.7 亿元，增长 9%；一般公共预算收入完成 2.02 亿元，增长 9.9%；城乡居民人均可支配收入预计分别达到 23733 元和 8633 元，增长 8% 和 9%。

一年来，在统筹推进全局工作的同时，集中精力突出抓了以下几个方面的工作：

全力打好精准扶贫和精准脱贫攻坚战。以脱贫攻坚统揽经济社会发展全局，把脱贫攻坚作为全面建成小康社会的重中之重，汇聚全县之力，聚焦贫困人口，紧盯减贫成效，严格落实“六个精准”要求，将“五个一批”工程进行细化量化，统筹实施产业扶贫、教育扶贫、健康扶贫、金融保险、“三到村三到户”、美丽乡村、易地搬迁、生态补偿、土地流转、劳务输出、社会保障和社会扶贫 12 项精准扶贫工程，成功打出了一套精准扶贫组合拳，脱贫攻坚战役取得了阶段性成果。全年实施“菜单式”产业帮扶 1.2 万人；落实“三到村三到户”项目资金 3500 万元，覆盖贫困人口 6567 人；易地搬迁贫困人口 1600 人，结合小村整合政府流转土地 5.1 万亩，全县流转土地面积累计达到 46.2 万亩，占耕地总面积的 30%，其中涉及建档立卡贫困户 6939 户，户均增收 1500 元；贫困人口免费健康体检、大病商业保险政策落实到位；发放金融扶贫贷款 26702 万元，发放低保家庭和贫困家庭大学生就学补助、低收入农户暖心煤补贴、困难残疾人生活补贴和重度残疾人护理补贴共 2450 多万元，发放贫困户公益林、贫困人口护林员和保洁员补贴 2158 万元；新增贫困人口低保、五保和现金直补三类社会保障 6604 人；新增城镇就业 1270 人，农村劳动力转移就业 4 万人，贫困人口劳务输出就业 1699 人；

积极发动社会力量参与扶贫，共筹集各类帮扶资金910多万元。2016年，我县脱贫攻坚首战告捷，3549人实现稳定脱贫，28个重点贫困村退出贫困序列，贫困发生率由8.48%下降到7.11%。

统筹抓好“五城联创”和美丽乡村建设。坚持“城市让生活更美好，乡村让城市更向往”的理念，统筹推进城乡一体化协调发展。自治区文明县城、自治区园林县城、自治区卫生县城、自治区民族团结示范县城和自治区双拥模范城“五城联创”工作取得重要阶段性成果，建成区绿化覆盖率达到35.23%。累计完成3300户、2万多人的旧城棚户区改造工程，城镇发展空间有效释放，城镇功能和品位大幅提升。投资2.5亿元、实施11项市政基础设施建设工程；总长15.2公里的外环路全线贯通，完成城区内所有主干道和部分小街巷沥青踏铺；中水回用厂投入使用，城区新建道路全部实现雨污水分流排放；所有路灯统一更换为LED节能灯，建成13个进出城卡口、8个电子警察、96个治安采集点和25座水冲式厕所。在212个行政村、694个自然村开展了美丽乡村建设，完成危房改造17865户，其中改造贫困户危房2200户，全面实施了一批打基础、补短板、增后劲、利长远的基础设施建设工程，农村水、电、路、讯、卫生、超市、文化建设和村容村貌得到彻底改观，农民生产生活条件得到根本改善，发展后劲得到进一步增强。

努力提升商都的知名度和美誉度。自治区园林县城、自治区农畜产品质量安全县“两顶桂冠”齐落商都；康家食品集团蓝威斯顿公司成功通过了麦当劳和肯德基的认证；青岛昌盛东方实业集团华盛绿能农业科技有限公司总部迁入商都，为实现IPO奠定了基础，与我县的战略合作又开辟了新的空间；佰惠生糖业公司扩能提效实现多赢，甜菜收购量达到75万吨，产值可达8亿元，年可实现利税1亿元，拉动农民增收4亿元，带动2800多名贫困人口稳定增收，成为自治区农企利益联结实效突出龙头企业；乐耕食品公司成为全区第一家获得菠菜出口日本质量免检资格认证；国家“863”项目东盛硅藻土装饰板加工生产线建成投产；长盛工业园成功升级为市级工业园，北京内蒙古企业商会商都分会挂牌成立，承接产业转移能力进一步提升；不冻河水利风景区被评为国家AAA级景区；国家级电子商务进农村综合示范县成功获批，阿里巴巴正式入驻商都，电子商务服务中心建成运营，全年通过电商平台销售农畜产品7万单，销售额实现1100多万元；县医院升级为二级甲等医院；商都县城乡居民服务中心投入使用，“放管服”改革向更宽领域、更深层次迈进。

深入推进党的建设和反腐倡廉建设。坚持“党要管党、从严治党”，党的建设全面加强。以“三级示范引领”为抓手，认真落实从严治党“1+3”制度体系，党的思想建设、组织建设、作风建设、制度建设、反腐倡廉建设显著加强。深入开展“两学一做”学习教育，严格落实中央八项规定和区、市、县配套规定，压实“两个责任”，推动管党治党从“宽松软”走向“严紧硬”。顺利完成了县乡两级党委换届，进一步规范党内政治生活，强化党内监督，增强了党员干部的纪律意识和规矩意识。持续开展信念教育和党性教育，运用“四种形态”，始终挺纪在前，形成了以优良的党风促政风带民风的新风尚，汇聚起了万众一心谋发展、团结一致促跨越的磅礴力量和强大气势。

在肯定成绩的同时，也必须清醒地认识到，在打赢脱贫攻坚、全面建成小康社会的道路上，我们还存在许多困难和问题。主要表现在：稳增长、调结构压力较大，经济增长方式仍较粗放，经济总量偏小；开放意识和创新能力不强，人才队伍建设滞后；城乡居民收入依然偏低，打赢脱贫攻坚战、全面建成小康社会任务十分艰巨；干部队伍中不同程度存在精神不振、作风不实、能力不足、担当不够的问题；等等。对于这些问题，我们不能遮遮掩掩、含含糊糊，必须高度重视，进一步认真加以研究解决。

二、抓住关键时期，突破关键环节，奋力夺取全面建成小康社会决胜阶段伟大胜利

2017 年，是全面建成小康社会的关键之年，也是自治区成立 70 周年献礼工程建设攻坚年，做好今年的工作至关重要。全县经济社会发展的总体思路是：深入贯彻习近平总书记系列重要讲话精神和治国理政新理念新思想新战略，深入贯彻自治区党委和市委的新决策新部署新要求，准确把握经济发展新常态，坚持稳中求进工作总基调，积极推进供给侧结构性改革，强化投资拉动和项目带动，用好用活政策，做优做美环境，打好绿色、资源、区位“三张牌”，延伸丰富“六个一”绿色农字号产业和品牌，培育发展陶瓷建材、医疗器械、新能源、文化旅游、商贸流通“五大产业”，坚决打赢脱贫和五城联创“两个攻坚战”，确保与全区全市同步全面建成小康社会。

为完成上述目标任务，必须脚踏实地做好以下几个方面的工作。

（一）坚决打赢精准脱贫攻坚战，决不让一个贫困群众在全面小康路上掉队

把脱贫攻坚作为头等大事和第一民生工程，认真落实精准扶贫精准脱贫基本方略，坚持不懈地在精准施策上出实招，在精准推进上下实功，在精准落地上见实效，必保年内 5510 名贫困人口实现精准脱贫，并继续巩固好 2014 年、2015 年和 2016 年的脱贫成果。

一是统筹推进易地搬迁、小村整合、土地流转三项工作，打响脱贫攻坚“当头炮”。对散小远自然村，采取在乡镇政府所在地、行政村、基础资源条件较好的中心村新建安置房进行集中搬迁安置；对年龄偏低、有一定文化基础和技能并自愿迁入县城居住的农民，通过整合扶贫和发改部门的移民房进行安置；对 60 岁以上基本丧失劳动能力，以及鳏寡孤独、身体残疾的搬迁户，鼓励其就近入住幸福院。2017 年确保完成 4867 人的易地搬迁任务，其中贫困人口 3200 人；确保完成 187 个 30 户以下的小村整合任务。要用好“三权分置”政策，创新土地草牧场承包经营权流转方式，将撤并自然村的土地集中流转给龙头企业、合作社等新型农牧业经营主体，实现土地集约经营，2017 年力争综合流转面积达到 60 万亩，占耕地总面积的 40%。让广大贫困人口流转土地赚租金、资产入股分股金、就近打工挣薪金，确保他们搬得出、稳得住、能致富。

二是着力织牢教育扶贫、健康扶贫、社会兜底三张“脱贫保障网”。加快实施教育扶贫工程。要把教育作为阻断贫困代际传递、帮助贫困人口改变命运的治本之策。全面落实好国家和自治区在教育扶贫方面的政策措施，加大对贫困家庭学生的帮扶力度。深入实施“雨露计划”“扶贫济困 · 圆梦学子”等助学行动，落实所有建档立卡家庭大学生每人每年 1 万元教育资助政策，不让一个学生因贫失学、不让一个家庭因学返贫。要继续大力改善办学条件，深入实施“全面改薄”“农村牧区学前教育推进”“义务教育标准化建设”等专项工程，提高学前教育普惠水平，推动义务教育向高位优质均衡发展，切实办好人民满意的教育。大力推进健康扶贫工程。精准实施“一降四提五救助”，决不让贫困人口“辛辛苦苦奔小康、得场大病全泡汤”。认真落实全国、全区卫生与健康大会精神，努力构建医疗保险、医疗救助、医疗报销相衔接的医疗服务保障网。全面提升基层医疗卫生服务能力，充分发挥村级卫生室的作用，通过“竞争上岗、择优录用”的方式招聘村医，解决村级卫生室医生短缺的问题，同时，探索社会力量和民营医院承办卫生室。积极推行药品统一集中招标采购制度，减少药品流通环节，破解村级卫生室药品价格偏高的问题。简化新农合报销程序，加快实现合管办和医疗机构联网，实现信息互联共享，切实解决医疗费用报销速度慢的问题。树立“大健康”理念，推广主动医疗服务模式，实施好建档立卡贫困人口每年一次全面体检，做到疾病早发现、早预防、早治疗，努力推动卫生与健康工作从“以治病为中心”向“以健康为中心”转变。积极落实社会保障制度。将符合条件的贫困家庭全部精准纳入低保范围，做到应保尽保。加大其他形式的社会救助力度，搞好低保、现金直补、五保供养、城乡居民养老保险等社会救助制度的统筹衔接，构建覆盖贫困人口的多层次社会保障体系。

三是综合强化产业、就业创业、金融保险三种扶持。着眼于增强贫困人口脱贫的内生动力和“造血功能”，要抓好产业扶持。坚持用工业化思维、产业化理念谋划和发展现代农牧业，按照乌兰察布市发展“四个农牧业优势产业”“打造面向首都的绿色农畜产品生产供应基地”的思路，以“现代化、规模化、标准化、品牌化”为方向，紧紧围绕“一粒薯、一袋糖、一篮菜、一瓶酒、一头牛、一口猪”的“六个一”绿色农字号产业，把家庭分散经营的土地和种植大户、合作社、企业流转的土地变成规模经营的基地，把基地变成企业的“第一生产车间”，把企业变成带动农民增收致富的龙头，让更多的农民变成服务于企业、得益于企业的产业工人，努力构建“企业 + 基地 + 合作社 + 支部 + 农户”的紧密利益联结机制，协调佰惠生糖业公司将贫困户甜菜收购补贴提高到 20 元 / 吨，协调希森公司、蓝威斯顿公司优先将轮作倒茬的基地反租倒包给贫困户，并给予 30 元 / 亩的价格优惠。在引导贫困户用好每人 1500 元产业发展扶贫资金的基础上，对有意愿发展设施农业和舍饲圈养的贫困户，政府通过按标准给予基础母畜、棚圈、塑料大棚补贴的方式，积极开展“菜单式”扶贫。同时，大力推广运用“PPP+ 产业 + 小城镇”模式，促进“以产兴城、产城融合”。要抓好就业创业扶持。加大劳务输出培训力度，紧盯市场需求，开展有针对性的订单式培训、定向式培训，使每个贫困家庭的劳动力有技能、能就业，实现“培训一人、就业一人、脱贫一户”。充分利用京蒙扶贫协作平台，对接北京用工岗位，实现贫困劳动力精准就业。做好贫困户大学生推荐就业指导服务工作，让他们全部找到工作。大力倡导“大众创业、万众创新”，借助青岛昌盛日电商都县农业创客空间、巨弘建材城创业园和商都县农创园等众创平台，为劳动力就业创造更多条件和机遇。此外，要通过提供农村保洁员和护林员等就业岗位促进一部分贫困人口就地就业。要抓好金融保险扶持。积极引进内蒙古中贷金融服务公司、内蒙古银行及其他互联网金融企业在我县设立分支机构；加强与农业银行、中和农信和农村信用社等金融部门的合作，在继续做好企业“强农贷”的基础上，进一步创新金融服务模式，采取“龙头企业 + 农户”的形式向符合条件的贫困户发放“富农贷”，贫困户将贷款投入龙头企业作为流动资金，为企业提供低成本、高效率的融资渠道，让贫困户享受企业返利收益，从而实现企业发展、农民致富的双赢目标。抓住“IPO 扶贫”政策机遇，引进一批有上市基础和愿望的企业，积极培育本土企业，重点推动创新型龙头型农牧业企业首发上市。同时，进一步健全和完善农业保险制度，在实施好冷凉蔬菜、马铃薯、甜菜等物化成本保险的基础上，探索开展农产品目标价格指数保险，增强农业抗风险能力。

四是充分利用省级领导联系贫困县、京蒙对口帮扶、机关单位定点帮扶、“万企帮万村”四大帮扶力量。脱贫攻坚是全社会的事，要更加广泛、更加有效地动员和凝聚各方面力量参与扶贫，让“精准扶贫你我他，众手浇开幸福花”的观念深入人心。力争把我县更多的项目列入自治区发改委和有关厅局项目库，积极争取自治区领导给予大力支持。继续深化京蒙帮扶协作，加大对口帮扶、定点帮扶力度，加强与中国通用技术（集团）公司和北京平谷区的帮扶合作，充分发挥7个区级帮扶部门和18个市级帮扶部门在开展产业合作、市场对接、项目引进、人才支援、资金支持等方面的独特优势，努力提高脱贫成效。大力开展“万企帮万村”活动，引导和支持非公企业通过产业帮扶、就业帮扶、技能帮扶、公益帮扶等渠道主动参与精准扶贫，积极履行社会责任，努力构建“大扶贫”格局。各单位、各乡镇从现在开始要对照检查内容和标准，认真做好今年四月份盟市交叉检查的迎检工作，并提前做好第三方评估的各项准备工作。条管单位也要牢固树立“一盘棋”思想，主动发挥部门职能，服从和服务全县扶贫工作大局，切实做到“守土有责、守土负责、守土尽责”。

（二）大力实施投资拉动和项目带动战略，加快经济转型升级

坚持延伸与发展同步、升级与集聚并重，发挥优势和补齐短板一起做、盘活存量和做优做大增量同步抓，打好“绿色、资源和区位”这三张牌，全面提升产业综合竞争力，着力推动我县产业向高端化、智能化、绿色化、服务化方向发展。

注重发挥投资关键作用。今天的投入就是明天的产出，今天的项目就是明天的后劲。新常态下，投资仍将是拉动我县经济增长的主要动力。我们要牢牢把握可以大有作为的重要战略机遇期，深入落实国家和自治区以转型升级为重点的一系列支持政策，切实把投资作为拉动经济增长的第一引擎，作为欠发达地区摆脱贫困的必由之路；切实把项目作为经济建设的核心任务，作为促进经济社会快速发展的重中之重。要始终保持大干快干苦干实干的精神，坚定不移、不遗余力、一以贯之地抓招商引资、抓项目落地，走以招商引资实现企业落地、以企业拉动产业、以产业发展带动就业、实现脱贫的路子。立足我县地上地下无污染的气候环境资源、纯天然的农畜产品资源、比较丰富的矿产资源、风光资源和充足的土地储备、低廉的电价和劳动力优势，充分发挥招商部门和全县各部门的积极性，借助北京内蒙古企业商会商都分会和华盛绿能农业科技有限公司在承接产业转移和招商引资中的作用，推动以情招商、以商招商、定向招商。加快实施企业“走出去”战略，充分利用两个市场、两种资源，努力提升我县对外开放水平、拓宽经济发展空间。各部门要抓紧编制项目，积极向上争取资金，确保完成“项目消零”任务。实行项目建设量化管理考核机制。要把项目建设作为领导干部执行能力的实战检验，以招商引资和项目建设的新成效推动经济新发展。

延伸丰富“六个一”绿色农字号产业和品牌。大力实施马铃薯种子工程，加快建设智能温室育苗中心，积极引进美国和荷兰的马铃薯新品种、新技术，提高马铃薯单产和品质，降低马铃薯种植成本；加快希森公司马铃薯新品种研发和龙珠生物科技公司马铃薯良种繁育基地建设，推动马铃薯内部结构调整。支持康家食品集团蓝威斯顿公司商都工厂进一步扩大产能、增加品种，加强与肯德基和麦当劳的配送合作；引导希森公司立足马铃薯主粮化战略，加快全粉生产线满负荷生产，推动产品向下游延伸，并加快马铃薯博物馆建设；支持科都薯业、天船薯业、溢源醋业达产达效；确保年产50万吨马铃薯食用酒精、醇素项目落地开工，努力把小土豆做成大产业，把土豆做成“金豆”“银豆”；扶持佰惠生糖业公司提升加工能力，新增1条日处理甜菜1500吨生产线，日处理甜菜能力达到6000吨，年加工能力达到80万吨，并推动原糖生产线提早投产，尽快实现主板上市；督促乐耕二期、申安公司智能温室、奥淳酒业退城入园项目建成投产。支持中地生态牧场公司扩建1万头奶牛和1万头肉牛项目加快建设，努力开发乳业下游产品，尽快实现

IPO；支持雏鹰集团年出栏百万口生猪产业基地建成投产；支持腾博生态养殖公司打响绿色、有机畜禽产品品牌；支持益生元亚麻籽油、申安果汁、格丰元酱菜、鑫旺通葵花籽、东友果脯和蒙都、天纯、苍狼肉食品以及嘉利滴灌设备、鑫都惠农生物菌肥等项目做大产业提升效益。同时，积极鼓励私营作坊做大白源原字号酱醋、石磨莜面、荞面和炒米、燕麦等杂粮杂豆及豆制品加工、奶制品加工、牛羊肉分割产业，让大企业顶天立地、小企业铺天盖地发展起来，让商都的绿色食品走出乌兰察布、走出内蒙古、走向世界。

培育发展陶瓷建材产业。依托我县高品位的白泥资源，以福建玉瓷公司和内蒙古华建非金属材料公司为龙头，积极承接京津冀陶瓷产业退出项目，培育发展自生釉陶瓷和装饰陶瓷产业；依托我县丰富的硅藻土资源，以国家“863”项目内蒙古东盛硅藻土科技创新产业园为龙头，生产硅藻土装饰板、天花板、涂料等绿色环保产品；依托我县高纯度的钾长石资源，实施钾长石资源制取钾盐钾肥项目；依托我县丰富的石英石资源，督促腾旭石英石提纯项目尽快生产；开发利用工业镍铁废渣资源，以迈拓、红阳、红宇、祥虹等企业为龙头，生产硅酸铝高温隔热材料、矿渣棉建筑保温材料和免烧砖等，发展循环经济。此外，确保奥克兰防水材料项目达产达效，并积极创建全国知名品牌。

培育发展医疗器械产业。抓住国家新医改政策机遇，瞄准国内巨大的医疗器械市场，充分利用赣商医疗器械公司技术、人才优势以及在内蒙古地区的医疗产品配送权优势，支持江西内蒙古商会在我县建设医疗器械产业园，生产手术床、无影灯、雾化器、心电监测仪、轮椅车、制氧机、防褥床垫等医疗器械和家庭医用护理器械及医用纱布、口罩、手套、输液器、注射器等医疗卫生材料。

培育发展新能源产业。借助乌兰察布市风电基地外送北京和锡盟两条通道，推动发展风电产业，规划风电装机容量达到700万千瓦。抓住国家光伏项目指标向国贫县倾斜的机遇，规划光电装机容量达到200万千瓦。大力实施“光伏领跑者计划”，加强与青岛昌盛东方实业集团华盛绿能农业科技有限公司的战略合作，通过扶贫绿色通道实现IPO，并建设商都光伏产业园，推广光伏小镇、“光伏＋农牧业”的发展模式，提升土地叠加效益，发展规模种养业，带动农户增收致富。

培育发展文化旅游业。深度挖掘和弘扬商道文化，积极培育富有地方特色的文化品牌，推动文化与旅游融合发展，努力把文化资源优势转化为文化产业优势。立足我县距离北京较近、历史上属于坝上草原的区位优势，围绕乌兰察布市构建“一心两翼一路一带”、打造草原茶驼古道的旅游发展格局，依托北京、张家口联合举办冬奥会和张北草原音乐节，借助“中国草原避暑之都·养生福地乌兰察布”品牌，搭乘奥运快车、分享奥运经济，建好“点”、连起“线”、形成“面”，推进旅游线路、旅游活动和旅游要素对接。重点推进不冻河水利风景区建设，不断完善南湖公园配套设施，增添吸引游客的要素和看点；升级改造小庙子民俗风情旅游景区；开发察汗淖尔云丹嘉措原始部落、七彩湖旅游风景区和自治区级地质公园大石架冰川石林；依托军民义务植树基地建设“八一”森林公园。同时，要规划建设景点之间联结的环路，打造县境内串联一体、回环闭合的旅游观光线路。

培育发展商贸流通业。大力发展现代物流业。要率先在马铃薯仓储上寻求突破，引资建设马铃薯仓储交易物流中心，打造区域性马铃薯交易市场，提升马铃薯产业话语权。积极寻求与大型农产品物流企业的合作，开展冷链物流标准化示范化建设，实施特色农产品产区预冷工程，实现农产品鲜活上市。加大市场建设力度，确保巨弘建材城、商业步行街、绿源蔬菜交易市场、腾昕绿色农畜产品物流、西都惠民园等项目建成并运营。大力发展“互联网+”。在“互联网+电商”上，依托阿里巴巴实施“万村千乡”计划，借助国家电子商务进农村示范项目和我县被列为京东电商扶贫重点县的优势，积极开展电商扶贫，通过电商平台让更多的优质绿色农畜产品卖得出、卖得快、卖得好；在“互联网+政务服务”上，推行网上受理、网上办理、网上反馈，做到政务服务事项“应上尽上、全程在线”。特别是要整合组织和社区等部门的社会服务网络，简化优化办事流程，推进信息和数据线上线下融合共享，打造整体联动、部门协同、一网办理的现代化政务服务体系，降低制度性交易成本，让企业和群众少跑腿、好办事、不添堵；在“互联网+快递”上，以商都县电子商务发展中心为平台，集中整合全县的快递和电商公司，精心打造电子商务示范集散中心；加快实施零公里智能快递服务平台建设，实现乡镇快递网点全覆盖。引入配套企业生产泡沫包装箱，降低快递物流成本；在“互联网+特色农牧业”上，鼓励和支持携农、绿娃、鑫磊、乐耕、奥淳、鑫旺通等更多农牧业企业开展电子商务与实体销售相结合的营销模式；在“互联网+医疗”上，打造全新的网络医疗服务平台，扩大与首都医疗机构在远程医疗、专家会诊、人员培训、转院就诊等方面的合作，把北京的高端医疗资源引进来，从而带动提升我县医疗服务水平。加快建设大数据公共服务平台。发展“政务云”“教育云”“医疗云”“环保云”“智慧社区”“智慧城管”“智慧交通”等，让群众尽享信息化带来的便利。大力发展养老服务业。充分利用我县环境空气好、房价低、交通便利等有利条件，加快创办养老护理院、日间照料中心、居家养老服务中心、家庭养老院，扶持福利性和非福利性民办养老服务机构，打造满足当地人、吸引外地人的养老产业。

（三）牢固树立可持续发展理念，努力打造推动跨越发展的良好环境

环境就是生产力，环境就是竞争力，环境就是吸引力。良好的环境是经济发展的强力“助推器”，要把改善发展环境摆在更加突出的位置，努力增强发展的后劲和活力。

着力营造宜业高效的服务环境。要把“围绕首都、依托首都、保障首都、服务首都、得益于首都”作为发展定位，积极对接乌兰察布市“三大开放合作战略”，不断创新招商引资方式，建立健全重大项目行政审批“绿色通道”和服务企业“直通车”制度，努力打造一流的政务服务环境，着力构建“亲”“清”新型政商关系，真情真意、全心全力地帮助企业解决生产中遇到的困难和问题。特别是要进一步优化金融生态环境，加强企业征信体系建设，引导企业树立良好的信誉，完善金融监管机制，努力构建规范有序健康的金融服务新秩序，切实解决企业融资难、贷款难问题。继续完善园区基础设施建设，努力打造自治区级园区，促进产业集中集聚发展。

全面提升城镇建设水平。围绕打造人文城市、智慧城市、海绵城市、森林城市，加强综合管廊、市政道路、垃圾污水处理、绿化亮化美化等生活性、生产性公益设施和服务设施建设，高标准、高质量地规划建设文体馆，进一步完善城市功能。用更大的气力实施棚户区改造工程，2017年力争完成1500户改造任务。继续开展“五城联创”攻坚战，2017年确保自治区卫生县城、自治区民族团结示范县城和自治区双拥模范城创建成功，并进入自治区文明县城提名行列，打造生产集约高效、生活宜居适度、生态山清水秀的现代城市。加强与中国城市科学规划设计研究院的战略合作，借助国家层面专家顾问技术力量，高水平实施好新型城镇化、特色村镇等领域的规划设计和运营管理，让城镇更具品位，让农村更有韵味。

大力推进美丽乡村建设。继续实施好危房改造工程，2017年完成所有建档立卡贫困户的危房改造。结合“美丽乡村旅游扶贫工程”重点村项目，加大对历史文化名镇、历史文化名村和历史文化街区的保护力度，实现“在保护中开发，在开发中保护”。同时，按照“一镇一特色，一镇一风情”的思路，加强特色小镇、特色产业和特色景观培育，大力开发八十五号西芹村、东西坊子和瓜坊子南瓜村、梁家村甜瓜村、二号西瓜村、海卜子香瓜村、十八顷甘蓝村、三面井家兔村、油坊蛋鸡村、田士沟玛瑙村、小庙子牧家游等一批特色小镇及特色庄园，让“民族风、乡土气、家乡味”成为农民的生财之道、就业之路、脱贫之法。

加强城乡精细化管理。综合运用教育、经济、法律、行政手段，实现全天候、全方位管理，让城市更加清洁有序、安全和谐、充满活力，把各族人民共同生活的家园建设得更加美好靓丽。下大力气整治车辆乱停乱靠、超速超载，店铺乱堆乱放、占道经营以及乱贴乱挂、私搭乱建现象。维护和巩固好“美丽乡村”建设成果，建立精细化、常态化的管理机制，确保农村环境卫生有人管、有人做，管得住、管得好，不反弹、能持续。宣传、教育、公安等部门和工、青、妇等社会团体要积极发挥职能，坚持不懈地把中国梦和社会主义核心价值观融入群众性精神文明创建活动中，加强舆论监管，抓好正面宣传，净化意识形态，高扬主旋律，激发正能量，切实增强文化自信，守好精神家园。

补齐生态和基础设施建设短板。绿色是我们的底色和价值，生态是我们的责任和潜力，要像保护眼睛一样保护生态环境，像对待生命一样对待生态环境，真正走绿色发展、美丽发展的道路。继续推进国家重点生态工程，巩固军民义务植树基地造林成果，突出抓好绿色长廊示范工程、村庄绿化、城镇绿化、厂矿园区绿化，力争列入国家重点生态功能区，努力建设山川秀美的绿色家园。落实最严格的环境保护制度，主要污染物排放总量控制在上级下达的目标任务之内，加大非煤矿山整治力度，严肃查处破坏环境的违法行为，严格落实破坏生态追责制度，坚决守住生态底线。

加快重大基础设施建设步伐。围绕提升能力和保障发展，抓住国家支持中西部地区基础设施建设的政策机遇，按照自治区构建“七大网络体系”的思路，推动路、水、电、讯等重大基础设施建设齐头并进。争取将商都至张北高速、商都至集宁两条二级公路列入市级升级高速公路规划范围，推动基础设施互联互通；加强水利基础设施建设，启动城镇防洪工程建设，着力提高水资源综合利用能力；加快长盛工业园和小海子农牧业产业园2处污水处理厂建设，推动污水处理厂实现托管运营。不断优化电网供应、输送、配置体系，全面完成电网提升改造。加快推进信息网络建设和“三网融合”步伐，着力提升经济社会信息化水平。

全力打造“平安商都”。加大食品药品安全监管力度，健全从田间地头到厨房餐桌无缝衔接的安全监管体制，以铁的措施落实“四个最严”要求，保障群众“舌尖上的安全”。牢固树立法治观念，扎实推进严格执法、公正司法、全社会普法、全民守法各项工作，努力建设法治商都。牢牢抓住稳定第一责任，扎实开展矛盾排查化解工作，不断完善以科技信息化为支撑的立体化社会治安防控体系，确保社会长治久安。妥善解决信访突出问题，坚持“属地管理”、“谁主管谁负责”和“事要解决”的原则，落实“三到位一处理”要求，提升信访工作服务大局的能力。“天大地大安全生产为大”，“企业不消灭事故，事故就消灭企业”，要全面严格落实安全生产责任制，严格执行党政同责、“一岗双责”、失职追责，推动安全生产大检查实现常态化，坚决防止重特大安全事故发生，切实保障人民群众的生命财产安全。

三、坚持党要管党，全面从严治党，为全面建成小康社会提供坚强政治保证

党的领导是事业成功的根本保证。围绕“融入扶贫抓党建、抓好党建促扶贫”的总体思路，深入开展“三级示范抓引领”，按照贯穿“一条主线”、压实“两个责任”、抓好“三个关键”、突出“四个重点”的思路，全面推进党的建设新的伟大工程。

贯穿“一条主线”。把党要管党、从严治党这条主线始终贯穿到党建工作的全过程、各方面。坚持把党建工作和中心工作同谋划、同部署、同考核，引导基层党组织树立高度重视党建、自觉抓好党建的正确导向。要抓好班子、带好队伍、用好干部，坚持“好干部”标准，健全完善选人用人机制、考核评价机制和奖惩机制，把“想干事、能干事、干成事、不出事”干部选拔上来，努力打造一支忠诚干净、担当有为、干事创业的高素质干部队伍。加强党性修养，强化“四个自信”、增强“四个意识”，教育广大干部净化工作圈、生活圈和社交圈，自觉在思想上、行动上与中央、自治区党委、市委和县委保持高度一致，决不能“当面不说，背后乱说”、“会上不说，会后乱说”、“台上不说，台下乱说”。认真贯彻落实党的地方委员会工作条例，充分发挥党委总揽全局、协调各方的领导核心作用，把方向、管大局、作决策、保落实，全面加强党对各项事业的领导。同时，要积极支持人大、政府、政协和司法机关开展好工作，建立健全沟通协调机制，努力形成广泛协商、增进共识、凝聚合力的工作局面。

压实“两个责任”。坚持思想建党和制度治党相结合，压实压牢党委主体责任和纪委监督责任，全面履行抓党建第一责任人的职责，确保全县基层党组织书记用更多的时间和精力研究党建工作。深入推进反腐倡廉建设，拓展从源头上防止腐败工作的领域。巩固拓展“两学一做”学习教育成果，深化“四风”整治，推动落实中央八项规定和区、市、县配套规定精神常态化、长效化。严格执行“两准则、三条例”，把2017年作为“全县加强和规范党内政治生活推进年”，努力营造既有民主，又有集中，既有统一意志，又有个人心情舒畅的良好氛围。

抓好“三个关键”。第一个关键是“谁来抓”问题。突出书记责任意识，建立书记责任制，明确党委书记为抓党建工作的第一责任人、分管副书记为直接责任人、基层党支部书记为具体责任人，努力构建“党委抓、书记抓、一级抓一级、层层抓落实”的党建工作格局。第二个关键是“抓什么”问题。以“评星定级”为总抓手，抓贯彻落实、抓责任落实、抓学习、抓思想、抓班子、抓队伍、抓制度和抓阵地等八个方面工作，扎实推进基层党组织建设。第三个关键是“怎么抓”问题。突出分层归类抓督促指导，突出结合实际抓作用发挥，突出特色抓联系服务，找准党建工作与中心工作的“结合点”，发挥党组织和党员推进主体工作的战斗堡垒和先锋模范作用。

突出“四个重点”。大力实施“北疆先锋”工程，树立大抓基层鲜明导向，扎实推进农村、社区、机关事业单位、非公企业和社会组织等领域党建工作。在农村，扎实推进以面对面倾听呼声、心贴心接触交谈、实打实解决诉求为主要内容的党建“实心工程”，通过开展“三联两解五在村”，即县级领导干部联乡、县直部门单位联村、县直机关干部联户，解决群众生产生活问题、化解社会矛盾，实现政策在村落地、资源在村整合、组织在村建强、干部在村成长、成效在村体现的目标，提高基层组织引领群众发展生产和推进脱贫攻坚的能力；在社区，努力创新社区服务品牌，按照“一居一品”目标，全面实现“六园一港”建设的要求，提高社区党组织引领群众开展“五城联创”的能力；在机关事业单位，以“六型十好”为目标，提高机关事业单位党组织立足本职、围绕中心、服务大局的能力；在非公企业和社会组织，努力创建“双强六好”非公企业和社会组织党建品牌，提高开展招商引资、助力脱贫攻坚、促进经济发展的能力。

同志们，“功崇惟志，业广惟勤”。打赢脱贫攻坚战，夺取全面建成小康社会决胜阶段伟大胜利，是时代赋予我们的崇高使命，是全县各族人民的共同梦想，是县委、县政府立下的“军令状”。让我们团结带领全县各族人民，坚定信心、抢抓机遇，驰而不息、一往无前，以事业发展的丰碑赢得群众的口碑，以广大党员干部的辛苦换取群众的幸福，以认真负责的态度干好每一天，干好每一月，干好每一年，不断开创决胜全面小康的新局面，以优异的成绩庆祝自治区成立70周年、迎接党的十九大胜利召开。

政府工作报告

——在县第十四届人民代表大会第六次会议上

（2017年2月7日）

曹凯宏

一、2016年工作回顾

2016年，在市委、市政府和县委的坚强领导下，在县人大和政协的监督支持下，县政府认真践行“五大发展理念”，着力推进供给侧结构性改革，坚定不移地抓产业、抓项目、抓投资，攻坚克难，开拓进取，经济社会持续健康发展，较好地完成了全年主要目标任务，实现了“十三五”良好开局。预计地区生产总值完成61.3亿元，增长6.8%；规模以上工业增加值增长6.3%；一般公共预算收入2.02亿元，增长9.9%；全社会固定资产投资完成37亿元，增长14.9%；社会消费品零售总额完成32.7亿元，增长9%；城乡居民人均可支配收入分别达到23733元和8633元，增长8%和9%。

改革开放向纵深推进，活力商都建设有了新突破。积极推进经济体制和生态文明体制改革，194项改革任务除需顶层设计外，已形成142项改革成果。“放管服”改革扎实有效。非行政许可审批事项全部取消，行政权力责任清单向社会公开。县乡村三级政务服务网络实现互联互通。全市首张“五证合一、一照一码”营业执照在我县颁发，商事制度改革走在全市乃至全区前列，县工商质监局被评为“全国商事制度改革先进窗口单位”。全年新登记各类市场主体1666户，同比增长13.5%。推行了“双随机一公开”监管，行政执法更加透明高效。不动产登记全面实施，实现“发新停旧”。“三去一降一补”取得阶段性成果。改造淘汰“去产能”，退出东昊特钢60万吨粗钢产能；棚改安置“去库存”，消化商品房库存1851套；金融推动“去杠杆”，为8家企业协调贷款1.56亿元，为5家企业发放助保贷1630万元，为重点扶持企业申请专项补贴445.1万元；落实政策“降成本”，行政事业性收费项目由35项减少到30项，精简率14%；“营改增”全面推行，为企业减轻税负2000多万元；精准发力“补短板”，全年实施3大类46项重点工程，城镇农村公共服务及基础设施等薄弱领域得到加强。招商引资取得新成效。在北京发展的商都籍各界人士组建了北京内蒙古企业商会商都分会，为全方位对接京津冀产业转移，开展招商引资搭建了新平台。依托小分队招商、以商招商和集中招商推介、定点招商等方式，全年新签约项目22个，协议总投资53亿元。新开工建设项目10个，完成投资2.9亿元。

三次产业协调发展，实力商都建设取得新进展。我县成功获批自治区农畜产品质量安全县。全县“一薯两菜”种植面积达到72万亩，占总播面积的48%，同比增长9个百分点，主导地位更加凸显。认证无公害、绿色和有机基地面积39.76万亩，占优势特色产业种植面积的55%。认证有机和绿色农产品18个、地理标识产品1个；新增著名商标和知名商标4个。鑫磊专业合作社的农产品追溯体系建设项目在全区“中国创翼”暨“喜桂图杯”大赛上获得第二名；乐耕公司成为全区第一家出口日本菠菜质量免检企业。预计第一产业增加值完成13.2亿元，同比增长2.1%。鑫旺通、申安农业、鑫盛太阳能等9个投资3000万元以上重点项目相继建成投产。全县农畜产品加工企业发展到78家，年营业收入500万元以上27家，规模以上企业7家，农畜产品加工转化率达到58%，基本形成集群化、规模化发展态势。长盛工业园正式升级为市级工业园区。预计第二产业增加值完成25.4亿元，同比增长6.9%。现代服务业资源整合升级加快，组建了商都县旅游文化投资公司；不冻河西苑生态旅游景区被评为国家AAA级景区，实现了AAA级景区的零突破；大石架石林被评为自治区级地质公园。巨弘温州建材城、福泰惠民园等一批重点项目相继建成，西都惠民园农贸市场和巨弘商业步行街、3D影城、宾馆、儿童乐园等项目扎实推进。国家电子商务进农村综合示范县获批，阿里巴巴“万村千乡”项目在我县顺利实施，新建的电子商务发展中心入驻电商企业8家、快递公司5家，建成1200平方米农村快递物流集散中心和21个农村电商服务站，给广大农民群众直接提供最方便快捷的网购等服务，解决了“网货”进农村和农产品外销的“最后一公里”难题。绿娃、鑫磊、携农等12家电商和县级电子商务服务中心持续健康运行，全年网上农产品销售额达1100多万元。预计第三产业增加值完成22.7亿元，同比增长9.7%。

城乡环境持续改善，美丽商都建设迈出新步伐。“五城联创”打响了新一轮城镇提档升级攻坚战，成功创建为“自治区园林县城”和“市级卫生旗县”。全年完成投资2.5亿元，实施市政基础设施工程11项。城区内所有主干道和部分小街巷进行了沥青踏铺，新建道路全部实现雨污分流排放，所有路灯统一更换为LED节能灯，建成区绿化覆盖率达到35.23%，水冲式厕所建成25座，中水回用厂投入使用。城镇精细化管理水平进一步提升，在城镇重点主干道设立了严管街，对非法营运三轮车等开展了专项治理整顿工作，将零散摊点集中到福泰惠民园和3处临时市场集中管理。完成了大拉子—城北35千伏变电站输电线路工程，全县10千伏以下工程全部完工，涉及线路改造245公里。新修农村公路264.6公里，街巷硬化560公里，基本实现行政村沥青水泥路全覆盖，美丽乡村建设任务基本完成，农村面貌发生了历史性改变。完成国家重点生态工程10.5万亩、重点区域绿化工程1.16万亩，小流域治理面积15平方公里，全县森林覆盖率达到25%。执行最严格的水资源保护制度，及时关闭存在环保隐患的旧水源，规划集中式饮用水水源地保护区5个，水源地保护面积达到8.78平方公里。淘汰10蒸吨以下燃煤锅炉10台，8家热力公司全部安装并启用了脱硫除尘设备，建成储煤大棚抑制煤尘。严守耕地红线，全县基本农田保护面积195万亩；完成165万亩全域永久基本农田划定工作。

民生社会事业全面发展，幸福商都建设实现新提升。全年财政用于民生支出达到15亿元，增长7.1%。按照“六个精准”和“五个一批”要求，打出产业扶贫、易地搬迁、教育扶贫、健康扶贫、生态补偿、社会兜底扶贫等一套精准到户到人扶贫的组合拳，全县3549名贫困人口实现稳定脱贫，28个重点贫困村退出贫困序列，贫困发生率由8.48%下降到7.11%。新增城镇就业1352人，发放小额担保贷款1117万元；农村劳动力转移就业4万人。为390名低保家庭大学生一次性发放就学补助1340万元，为30925户低收入农牧户每户发放暖心煤补贴600元，为5380名符合低保条件的建档立卡贫困人口办理低保，为2083户城镇低保无房户发放住房补贴355.7万元，为困难残疾人和重度残疾人发放补贴225.2万元。完成农村危房改造17860户；涉及200户的棚户区改造三期工程接近尾声，棚改工程实施三年来，累计3300户、2万多名旧城居民从中受益。朱家村幼儿园、京蒙幼儿园和通用小学相继投入使用；薄弱学校办学条件全面改善，通过国家义务教育均衡发展验收。深入推进公立医院改革，县医院评为二级甲等医院，公共卫生服务中心大楼基本建成，残疾人康复中心投入使用，行政村卫生室实现全覆盖，三级医疗卫生条件进一步改善。落实“全面二孩”政策，人口出生率为4.4‰，自然增长率为0.6‰。建成村民健身广场和居民体育活动场地31处，新建和配套村民文化活动室43个，农村广播电视实现全覆盖，广大群众的文化生活不断丰富。

夯实社会管理各项职责，平安商都建设深入推进。着力解决群众反映强烈的信访突出问题，社会矛盾得到有序化解；县城进出卡口、重点部位全部安装了视频监控设备，立体化社会治安防控体系日益完善。强化安全生产工作，开展了“安全生产大检查百日专项行动”，排查消除安全隐患1028起，关闭不符合安全生产要求的矿山5家、企业4家。加强食品药品三级监管体系建设，严厉打击各类食品药品违法经营行为。国防建设持续加强，承办了全市人民防空建设现场推进会；妇女儿童、红十字、老龄和残疾人事业健康发展；消防、地震、气象、档案史志等工作取得新进步；民族宗教工作得到新加强，和谐稳定局面得到进一步巩固。

一年来，我们在推进经济社会快速发展的同时，更加注重政府自身建设。扎实开展“两学一做”学习教育，全面落实中央八项规定，持续改进工作作风。自觉接受县人大及其常委会的法律监督、政协民主监督和社会舆论监督；人大代表建议和政协委员提案办复率达到100%。进一步提高行政效能，与广大群众息息相关的15个职能部门搬入城乡居民服务中心集中办公，行政许可类、服务类项目全部进驻政务服务中心大厅集中办理。扎实推进公车改革，封存超编超配车辆55台，公车拍卖款将全部用于偿还政府债务。加强公共资源交易监管，全年公共资源交易项目125项，节约资金2947万元。强化审计监督，审计政府投资项目23个，节约支出1543万元。

各位代表，回顾2016年工作，成绩来之不易。这得益于市委、市政府和县委的正确领导，得益于县人大、政协的有效监督和鼎力支持，得益于全县各族干部群众的守望相助、团结奋斗。在此，我代表县人民政府，向在座的各位人大代表、政协委员，向所有关心、支持、参与商都建设与发展的干部群众和各界人士，表示衷心的感谢和崇高的敬意！

在肯定成绩的同时，我们也清醒地认识到，发展中的深层次矛盾依然不少。主要表现在：“五化”发展不够均衡。信息化基础薄弱，农牧业产业化、城镇化、新型工业化所面临的结构调整、转型升级任重道远，绿色化仍需长期不懈努力；自身财税支撑能力有限，财政收支矛盾日益加剧，“十个全覆盖”工程后续资金支出等预期财政支出压力较大；实现人脱贫、县摘帽精准脱贫任务艰巨，与产业结合扶贫脱贫刚刚破题；干部队伍当中的庸懒散慢拖以及不敢为、不善为、不愿为等现象仍不同程度存在，机关作风及办事效率仍需长抓不懈、久久为功，等等。对于这些问题，需要我们在今后工作中认真研究，切实加以解决。

二、2017年工作安排

2017年，是全面贯彻落实自治区第十次党代会和乌兰察布市第四次党代会精神的第一年，也是打赢脱贫攻坚战的关键之年。这一年，我们还将迎来党的十九大胜利召开、自治区成立70周年。做好今年政府的各项工作意义重大，任务艰巨。我们必须深入贯彻习近平总书记系列重要讲话和治国理政新理念新思想新战略，深入贯彻自治区党委、市委和县委的新决策新部署新要求，准确把握经济发展新常态，坚持稳中求进工作总基调，积极推进供给侧结构性改革，强化投资和项目带动，用好用活政策，做优做美环境，打好绿色、资源、区位“三张牌”，延伸丰富“六个一”绿色农字号产业和品牌，培育发展陶瓷建材、医疗器械、新能源、文化旅游、商贸流通“五大产业”，坚决打赢脱贫和五城联创“两个攻坚战”，确保与全区全市同步全面建成小康社会。

主要预期目标是：地区生产总值增长8%；全社会固定资产投资增长12%；社会消费品零售总额增长10%；一般公共预算收入按同比口径增长10%；城乡居民可支配收入分别增长8%和9%。确定这些目标，充分考虑了我县面临的形势任务和基础条件，并与全面建成小康社会和“十三五”规划目标相衔接，与自治区、市两级下达的任务目标紧密联系，是立足实际、综合权衡后确定的，同时也是一个需要“跳起来”才能“够得着”的目标。为此，我们要重点抓好以下五大方面工作。

（一）以精准施策为关键，全面打赢脱贫攻坚战

实现“人脱贫、县摘帽”是县委、县政府立下的“军令状”，也是当前压倒一切的政治任务和第一民生工程。按照“六个精准”、“五个一批”要求，大力实施产业扶贫、金融保险、“三到村三到户”、教育扶贫、健康扶贫、美丽乡村、易地搬迁、生态补偿、土地流转、劳务输出、社会保障和社会扶贫12项重点扶贫工程。年内财政用于扶贫资金达到1.06亿元，比上年同期增长30%。确保稳定脱贫5510人，重点贫困村退出25个，贫困发生率由7.11%下降到5%。

围绕增强贫困户自我发展能力，聚焦产业精准发力，统筹推进金融保险、“三到村三到户”扶贫工程。在产业扶贫方面，大力推行“菜单式”和“龙头企业（合作社）+农户”扶贫模式。要在引导贫困户用好每人1500元产业发展扶贫资金的基础上，对有意愿发展设施农业和舍饲圈养的贫困户，政府通过按标准给予基础母畜、棚圈、塑料大棚补贴的方式，支持发展高效种养业，增强自我发展能力。要进一步建立和完善龙头企业与农户利益联结机制，激发龙头企业和专业合作社参与扶贫的积极性，协调佰惠生糖业公司将贫困户甜菜收购补贴提高到20元/吨，协调希森公司、蓝威斯顿公司优先将轮作倒茬的基地反租倒包给贫困户，并给予30元/亩的价格优惠。落实光伏扶贫政策措施，实施好涉及2200户无劳动能力和残疾人贫困户的5.5万千瓦光伏项目，把每户每年3000元补贴及时足额兑现到位。在金融保险扶贫方面，加强与农业银行、中和农信和农村信用社等金融部门的合作，进一步创新金融服务模式，把每个贫困户5万元扶贫贷款注入农牧业龙头企业或示范合作社，由企业还本付息并给贫困户分红，从而实现企业发展、农民致富的双赢目标。要进一步健全和完善农业保险制度，在实施好冷凉蔬菜、马铃薯、甜菜等物化成本保险的基础上，支持县财产保险公司探索开展农产品目标价格指数保险，增强抗风险能力。在“三到村三到户”扶贫方面，落实好70个重点贫困村的规划、项目、干部到村到户工作，用好每个贫困村50万元的扶贫引导资金，集中整合涉农项目资金，因地制宜支持贫困户发展特色产业。

围绕挪“穷窝”、换“穷业”、拔“穷根”，

着力推进易地搬迁、土地流转、劳务输出扶贫工程。在易地搬迁扶贫方面，对“一方水土难养活一方人”的贫困人口，坚持小村整合和土地流转相结合，通过“中心村集中安置、进城安置、入住幸福院”三种途径进行移民搬迁，安置就业。年内搬迁贫困人口3200人；完成187个30户以下村的整合任务。因村因户选择好脱贫致富产业，确保搬得出、稳得住。在土地流转扶贫方面，将撤并自然村的土地集中流转给县农业开发公司或引导流转到龙头企业、合作社等新型农牧业经营主体，让广大贫困户从土地流转中收益脱贫。年内土地流转面积达到13.8万亩，累计达到60万亩。在劳动输出扶贫方面，劳动就业部门要畅通劳务输出渠道，及时发布就业信息，实现贫困劳动力精准就业。加大培训力度，利用农闲时节，通过驻村科技特派员、送技术上门、在职业学校开展技能培训等多种形式，用实用管用的农业科学技术武装头脑，从根本上增强贫困户自我发展的能力，确保每户有个“明白人”，实现“培训一人、就业一人、脱贫一户”。

围绕“两不愁、三保障”，重点推进教育扶贫、健康扶贫、美丽乡村扶贫工程。在发展教育扶贫方面，坚持治贫先治愚、扶贫先扶智，阻断贫困代际传递。深入实施“雨露计划”、“扶贫济困·圆梦学子”助学行动，做好农村幼儿园免费入园工作，在落实好义务教育阶段学生减免政策基础上，及时兑现建档立卡贫困家庭义务教育阶段中小学生各项就学补助及大学生每人每年1万元助学金。在健康扶贫方面，精准实施“一降四提五救助”，确保因病致贫户稳定脱贫。免费为贫困人口进行体检；全部贫困人口实现大病商业保险全覆盖；简化门诊报销手续，乡镇卫生院门诊报销手续简化为四种，即“一方、一票、两证、一卡”；因病致贫户在县级两所公立医院和乡镇中心卫生院及一般卫生院住院取消押金，入住县医院和中医院按报销起付线交200元，入住乡镇卫生院按报销起付线交75元。出院办理手续后，医疗费具体由医院分别与医保局、民政局、扶贫办结算。通过设立家庭病床、签约家庭医生、送药上门等措施，彻底解决贫困群众看病难和看病贵等问题。在美丽乡村扶贫方面，以建档立卡贫困户危房改造工程为重点，提高农村基本公共服务能力与水平，确保“住有所居、居有所安、安有所乐”，年内完成2300户贫困户危房改造任务。

围绕决不让一个贫困群众在全面小康路上掉队，落实好各项社会保障政策，动员全社会力量参与扶贫，汇聚脱贫攻坚合力。在生态补偿扶贫方面，充分发挥国家退耕还林、京津风沙源和公益林补贴政策效应，优先聘用贫困人口1429名为护林员、1105名为保洁员。在社会保障兜底扶贫方面，将符合低保条件的扶贫兜底保障对象全部纳入农村最低生活保障范围，其余纳入现金直补范围。对符合缴费条件的建档立卡贫困人口，养老保险每人每年补助100元。在社会扶贫方面，深入开展与平谷区为主的京蒙对口帮扶，加强与国家工信部、通用集团和23家自治区、市级帮扶部门沟通对接；积极推进“万企帮村”行动，整合各类帮扶资源和资金，集中发力，精准施策，形成全社会共同参与的大扶贫格局。同时，落实好“万名干部遍访回访贫困村贫困户”活动，加强商都县精准扶贫大数据信息平台建设，强化脱贫动态管理。完善脱贫退出机制，做好脱贫攻坚考核评估工作。

（二）以“五城联创”为抓手，全面推进美丽特色小（城）镇建设

坚决打赢“五城联创”攻坚战。今年是“五城联创”的攻坚之年。按照“五城联创”总体安排和部署，要集中精力打好“六个攻坚战”，力争年内争创自治区卫生县城、自治区民族团结示范县城和自治区双拥模范城，并进入自治区文明县城提名行列；同步创建国家农产品质量安全县。在机关企事业单位加强自身创建文明单位、文明企业的同时，坚持以创促建，要按照适度超前、综合配套、集约利用的原则，加强道路、供水、供电、交通、污水垃圾处理等基础设施。围绕人的城镇化统筹生产、生活、生态空间布局，完善城镇功能，补齐城镇基础设施、公共服务、生态环境短板，打造宜居宜业环境，提高人民群众获得感和幸福感，防止形象工程。

全面提升城镇品位。以宜居宜业新型城镇化理念规划城镇，尽快完成城区停车场规划，通过科学划定停车位和集中建设停车场，解决停车难问题。实施建材类商铺集中搬迁工程，改善城镇居住环境。坚持地上地下同规划同建设，计划投资4.28亿元，硬化道路18条20万平方米，人行道10万平方米，街巷踏铺沥青20万平方米；铺设排污排雨及供水管线管道5.4万延长米；新建水冲式公厕20座；完成西干渠4000米河道治理景观工程。实施房建工程12项，建筑面积13.54万平方米。积极探索环卫工作外包运营和购买第三方服务等模式，高效率配置资源，高水平提供服务。坚持以管促创，进一步加大规划、城管、土地部门综合执法力度，探索成立城市综合管理执法局，加大对私搭乱建等违章建筑的拆除整治力度。利用网络信息平台强化城管网格化管理绩效，通过与社区辖区社会化管理有机结合，实现与社区管理的共通共管共享机制，畅通民意参与城镇管理的渠道，重点整治群众反映集中的乱停乱放、乱摆乱设、乱排乱倒、乱贴乱画、乱拉（线）乱挂等现象。要聚焦居民日常需求，切实提升社区服务功能，加快构建便捷的“生活圈”、完善“服务圈”和繁荣“商业圈”。

加快建设美丽乡村。按照“一镇一特色，一镇一风情”的思路，加大特色小镇、特色产业和特色景观培育，大力开发八十五号西芹村、东西坊子和瓜坊子南瓜村、梁家村甜瓜村、二号西瓜村、海卜子香瓜村、十八顷甘蓝村、三面井家兔村、油坊蛋鸡村、田士沟玛瑙村、小庙子牧家游等一批特色小镇及特色庄园。坚持“在保护中开发，在开发中保护”，加大对历史文化名镇、历史文化名村和历史文化街区的保护力度，力争年内七台、十八顷、西井子3个历史文化名镇和小庙子、公主城、北渠村、东坊子、大土城子、土城子6个历史文化名村申报成功。要巩固农村基础设施和环境建设成果，建立精细化、常态化的管理机制，确保农村环境卫生有人管、有人做，管得住、管得好，不反弹、能持续。

（三）以投资和项目为带动，坚决守住发展底线

要始终把投资和项目建设作为我县稳增长、保发展的重要抓手，坚持以项目带投资、以投资促增量，全力推进51个1000万元以上重点项目顺利实施，形成我县新的经济增长点。

大力推进农业供给侧结构性改革。紧紧围绕“六个一”产业，进一步加大绿色农畜产品基地建设力度。加快希森公司马铃薯新品种研发和龙珠生物科技公司马铃薯良种繁育基地建设，从源头提升马铃薯品质。扩大优质农畜产品有效供给，确保全县脱毒种薯和专用薯扩大到10万亩和12万亩，甜菜稳定在14万亩，冷凉蔬菜发展到14万亩。积极开展“三品一标”认证，大力推行二维码“身份证”制度，实现农畜产品档案可查询、流向可追踪、产品可召回、责任可界定，提升市场竞争力。延伸丰富“六个一”农业产业，大力推进蓝威斯顿法式薯条裹涂生产线、佰惠生甜菜扩规及原糖生产线、申安果蔬汁系列产品、益生源亚麻籽油、溢源马铃薯健康醋等13个绿色农畜产品加工重点项目，力争年内达产达效。发展“特色农牧业+互联网”，加快电商运营中心、物流中心、农村电商服务站的建设进度，力争年内新建农村电商服务站突破120个，乡村辐射覆盖率达到70%以上；着力培育1—2家具有一定影响力的国家知名第三方网络平台，打造3—5

家自治区级电商示范企业和电商服务企业；推进阿里巴巴与乐村淘旗下物流服务进村入户，让农牧业产业插上信息化翅膀。与清华一九一一文化传播公司合作打造农创示范项目，大力发展“特色农牧业＋众创空间”、“特色农牧业＋旅游”、“特色农牧业＋国家生态文化教育基地”和“特色农牧业＋科技孵化”，打造国家级涉农众创标杆项目。

突出新兴产业促进转型升级。新能源产业要借助我县列入国家光伏扶贫工程重点县和“光伏领跑者计划”的契机，在加快总面积12平方公里的西山矿山环境综合治理步伐的基础上，尽快实施光伏项目。加强与华盛绿能农业科技公司的战略合作，加快建设商都光伏产业园，推广光伏小镇和“光伏＋农牧业”模式，提升土地叠加效益。抓好集美新碳公司年产1.2万吨锂电池负极材料项目，力争年内建成投产。陶瓷建材产业要加快建设内蒙古玉瓷发展公司自生釉陶瓷产品综合加工项目；跟踪落实内蒙古华建公司60万吨陶瓷原料加工及300万平方米装饰陶瓷项目。加快建设内蒙古东盛公司年产1500万平方米硅藻土系列产品项目，力促祥虹公司年产2200万块免烧砖项目年内建成投产。医疗器械产业要加快推进内蒙古赣商医疗产业园项目建设，确保年内六栋生产厂房具备进驻企业的能力；力促深圳美格尔医疗设备公司尽快入园建设全自动手术床、自动病床、护理设备生产线。

力争年内长盛工业园升级为自治区级工业园区，促进园区转型升级。要淘汰一批，彻底淘汰不符合国家产业及环保政策标准的矿热炉；转产一批，将符合节能环保新要求的矿热炉企业转为生产市场前景好的铬铁、硅锰及高钛渣等项目；转型一批，支持紫鑫公司利用现有厂区转型生产铁路、公路安防器材及铁轨线上产品；引进一批，以原高耗能企业闲置土地清理整顿契机，引导企业“腾笼换鸟”、“筑巢引凤”，在改造旧有废弃设备厂房基础上，大力引进自治区鼓励的蓝宝石等产业，充分利用园区闲置电力负荷，实现传统产业的升级换代和改头换面。开工建设并力争完成长盛工业园区日处理5000吨、小海子产业园1万吨污水处理厂工程、加气及卸气站各1座，进一步完善园区基本公共服务功能和配套设施。

全面提升服务业发展水平。围绕文化旅游、商贸物流、电子商务和养老产业，打好现代服务业发展“组合拳”。一是培育发展文化旅游业。借助乌兰察布“京郊草原·避暑之都”品牌，依托北京与张家口联合举办冬奥会和张北坝上草原音乐节，立足我县距离北京较近的区位优势，推进旅游线路、旅游活动和旅游要素对接，重点推进不冻河水利风景区建设，完善南湖公园配套设施；升级改造小庙子民俗风情旅游景区；开发察汗淖尔云丹嘉措出生地民俗景区、七彩湖旅游风景区和自治区级地质公园大石架石林；依托军民义务植树基地建设“八一”森林公园；尽快研究落实小海子—大石架一线有关地热开发项目。力争打造出1个国家AAA级旅游景区和1条精品旅游线路。依托我县入选的21个国家级“乡村旅游富民工程”扶贫重点村，结合“美丽乡村”建设，开展“农业＋全域旅游”文化主题活动，通过“一月一主题”分别进行商都首届行摄之旅、国际土豆节、冰雪嘉年华和观民俗、办年货等活动，打响我县独具特色的旅游名片，塑造我县商道文化的新品牌。逐步开发“接地气”的休闲农庄、乡村酒店、特色民宿、自驾露营、户外运动等乡村休闲度假旅游产品，深入挖掘剪纸、打铁、捏泥人、地毯编织等传统乡村手工艺，力争打造出1—2个特色民俗乡村。二是培育发展商贸流通业。加大各类市场建设力度，确保巨弘建材城及商业步行街、绿源蔬菜交易市场、腾昕绿色农畜产品物流、西都惠民园等项目建成并运营。依托英国内蒙古商会建设马铃薯期货交易平台，提升马铃薯产业话语权。加快蔬菜等绿色农畜产品冷链仓储设施建设，实现错峰销售、均衡上市；引进第三方与蓝威斯顿扩产提质相配套，新建5万吨仓储气调库和1000吨冷冻成品库。三是培育发展“金融+”。要积极引进内蒙古银行、中贷金融服务公司及其他互联网金融企业在我县设立分支机构。所有涉及政府负债的投资项目都参照PPP项目模式进行融资建设。要充分利用证监会对贫困地区企业上市、发行债券等开辟绿色通道的政策利好，积极推进华盛绿能、佰惠生、东盛硅藻土等企业上市工作。依托我市针对国贫县专门制定的有关扶持企业上市的一揽子优惠政策，广拓渠道，广纳贤企，力争年内在推进我县企业上市方面取得实质性进展，储备拟上市企业达到3—5家。四是培育发展养老服务业。充分利用我县空气质量好、房价低、交通便利等有利条件，加快创办养老护理院、日间照料中心、居家养老服务中心、家庭养老院，扶持福利性和非福利性民办养老服务机构，打造满足当地人、吸引外地人的养老产业。年内确保老年养护院和南湖星光养老院如期投入使用。

（四）以绿色化为引领，坚决守住生态底线

加强生态建设与保护。牢固树立“绿水青山就是金山银山”理念，坚持走生态优先、绿色发展之路。实施国家生态工程2.37万亩、重点区域绿化工程1.37万亩、西山义务植树基地工程1000亩；实施水土保持重点工程，完成小流域治理工程1.8万亩，进一步巩固军民义务植树基地造林成果，对南湖公园及七台大街南端实施绿化升级工程，结合西干渠疏浚改造工程建设旧城生态休闲公园。争取将我县列入国家重点生态功能区，确保国家有关生态项目和资金落地实施。全面落实禁牧制度，加强林木后期管护，用最严厉的执法保护生态建设成果。

狠抓环境综合整治。做好大气、水、土壤污染防治工作，保护好商都的蓝天、绿水、青山。力争启动恒汇热电有限公司投资4亿元的热电联产项目，现有供热企业整合改造为换热站，减少城镇大气污染源点。加大环境监测监管力度，强化重点行业脱硫脱硝治理。继续开展环境整治专项行动，加大非煤矿山整治力度，严肃查处破坏环境违法行为。全面贯彻落实新《环保法》，严格执行建设项目环境影响评价审批制度，确保环评及“三同时”执行率达到100%。加强生活环境治理，巩固七台镇污水处理厂和垃圾填埋场运行成果，扩大管网覆盖面，提高城镇污水收集率。统筹农村改水改厕、垃圾处理，促进种养业废弃物资源化利用、无害化处理。

加强重大基础设施建设。全面改造提升县域公路网，新建农村公路90公里，建设三大顷乡客运站；推动省道223线商都至兴和段一级一幅公路开工建设；配合做好省际大通道高速公路工程开工前期工作；积极争取商张路和商集路高速公路改建项目早日立项开工建设。着力提高水资源综合利用能力，新增节水灌溉农田1.3万亩；加强水利与电力部门相互配合，依法打击制止违法取水行为，新上项目原则上不再批准开采地下水资源。搞好自治区农业水价改革试点县各项工作，完善计量设施和各项配套制度，实行阶梯式水价收费。切实加强城镇防洪治理工程建设，完成河道城防干渠治理15公里。继续实施抗旱应急水源工程和农村安全饮水维修改造工程。实施好两批中心村改造升级工程、机井通电工程和配电网建设工程，完成投资1.56亿元；新建110千伏变电站一座，力争长盛工业园110千伏变电站5月份建成，保证园区企业供电。

（五）以增进人民福祉为根本，坚决守住民生底线

做好就业和社会保障工作。借助青岛昌盛日电商都县农业创客空间、巨弘建材城创业园和商都县农创园等平台，为创业者、投资者搭建交流合作平台，为农村劳动力、高校毕业生等重点群体就业创造更多条件和机遇。新增城镇就业1300多人，发放小额担保贷款1500万元，城镇登记失业率控制在4.2%以内。农村劳动力转移就业3.9万余人。推行施工过程结算、工资专户管理和银行代发制度，加快构建确保农民工拿到“辛苦钱”的长效机制。实施全民参保计划，不断完善和落实社会保险衔接转续政策和制度，继续提升经办机构管理服务水平，年内全县参加城镇职工基本养老保险达到1.7万人，城镇职工基本医疗保险1.8万人；城乡居民医疗保险参保26万人。稳步提高城乡低保、五保对象待遇水平。大力推进保障性住房工程建设，改造农村危房8000户；棚户区改造1500户，与房地产“去库存”相结合，消化库存商品房1200套。

统筹推进各项社会事业。优先发展教育，深入实施“全面改薄”“农村牧区学前教育推进”“义务教育标准化建设”等专项工程，提高学前教育普惠水平，推动义务教育高位优质均衡发展。年内确保京蒙、朱家村和小清华3所幼儿园和世纪、育苗、实验、一中、二中5所中小学在建工程投入使用，争取新建春明小学分校、平安小学和实验小学操场、大黑沙土镇中心校教师周转宿舍楼。实施全民健康工程，加强城乡社区体育设施建设，开工建设大型文体馆项目。进一步加大县乡村三级医疗服务体系建设，尤其针对乡镇（社区）卫生院和村（居委会）卫生室缺医少药、看门诊难等问题进行专题研究解决，通过“竞争上岗、择优录用”的方式招聘村医，解决村级卫生室医生短缺问题，同时探索社会力量和民营医院承办卫生室。确保县医院上半年实现整体搬迁，推进中医院康复中心中医标准化建设；逐步推行分级治疗，通过内引外联，与三级甲等医院建立“医疗联合体”，提升医疗服务能力和技术水平。大力实施文化惠民工程，积极开展“情系古驿道·共筑中国梦”主题活动，广泛开展群众性精神文明创建活动，不断提高公民文明素质和社会文明程度。扎实推进妇女儿童、残疾人、红十字和老龄等事业发展。

切实加强和创新社会管理。着力推动“法治信访、阳光信访、责任信访”，从源头上预防信访问题的发生，通过领导带头包联解决信访积案等措施，推动信访问题及时化解。积极开展“七五”普法活动，提高全民法制意识，努力营造办事依法、遇事找法、解决问题用法、化解矛盾靠法的良好法治环境。严格落实“党政同责、一岗双责、齐抓共管、失职追责”安全生产责任制，继续深入开展安全生产大检查百日专项行动，确保不发生重特大安全事故。落实“四个最严”要求，强化食品药品安全源头治理和全程监管，重点开展校园周边及小作坊、小摊贩、小餐饮综合治理，确保人民群众“舌尖上的安全”。加强应急管理，提高突发公共事件应急处置能力。加强社区网格化管理，提高社区服务水平。强化社会治安防控体系“六张网”建设，严密防范和严厉打击各类违法犯罪活动。抓好民族政策落实，深入开展民族团结进步创建活动，全面提高依法管理民族事务的能力。抓好国防教育和双拥工作，巩固发展军政军民团结。加强人防、消防、地震等防灾减灾工作，努力打造平安商都、和谐商都。

各位代表，实现今年政府既定的工作目标，需要我们继续加强自身建设，牢固树立“四个意识”，坚决维护以习近平同志为核心的党中央权威，与自治区党委、市委、县委保持高度一致。认真贯彻执行《准则》和《条例》，坚持问题导向，以较真精神抓早抓小，以务实行动维护好党内政治生态。要发扬抓铁有痕、踏石留印的精神，聚焦隐形、变异的“四风”问题，把作风建设抓得更细更实。要依法接受人大及其常委会的监督，自觉接受政协民主监督，接受社会舆论监督。要坚持“以公开为常态，不公开为例外”，全面推行政务公开，大力推行“互联网+政务服务”，让企业和群众办事更方便，确保权力在阳光下运行。始终牢记“空谈误国，实干兴邦”，发扬“马上就办”“钉钉子”和“蒙古马”精神，大力提高政府执行力和行政效率。加强行政监察和审计监督，重点整治扶贫、涉农涉牧领域不正之风。大力整治基层“雁过拔毛”式腐败，严查欺上瞒下冒领、巧立名目索要、优亲厚友偏袒等群众身边的腐败。坚决整治行政不作为、乱作为，同时为敢担当的干部担当、为敢负责的干部负责，让干部的能力和潜力得到最大限度释放。

各位代表，展望新的征程，我们任重道远；肩负新的使命，我们志当奋发。让我们在县委的坚强领导下，团结带领全县各族干部群众，凝心聚力谋发展，撸起袖子加油干，全力做好政府各项工作，以优异的成绩迎接党的十九大胜利召开和自治区成立70周年！

商都县2016年度经济社会发展概述

2016年，在市委、市政府的正确领导下，商都县全面贯彻落实中央、自治区和乌兰察布市一系列重大决策部署，认真践行“创新、协调、绿色、开放、共享”五大发展理念，协调推进农牧业现代化、新型工业化、新型城镇化、信息化、绿色化“五化”同步，团结带领全县广大党员干部和各族群众，砥砺奋进、开拓创新，圆满完成年初既定的各项目标任务，实现“十三五”精彩开局。

一、坚定不移谋发展，产业结构明显改善

发展是永恒不变的主题。坚持稳中求进工作总基调，主动适应经济发展新常态，积极推进供给侧结构性改革，全县综合经济实力明显提升。2016年，全县地区生产总值完成61.2亿元，增长6.9%；规模以上工业增加值增长7.6%；一般公共预算收入完成2亿元，增长9.9%；全社会固定资产投资完成36.1亿元，增长11.9%；社会消费品零售总额完成32.6亿元，增长9.2%；城乡居民人均可支配收入分别达到23769元和8549元，增长8.2%和7.9%。

（一）打绿色牌，现代农牧业加快崛起

立足纯天然的农畜产品资源和地上地下无污染的环境资源优势，顺应市场需求，打“绿色牌”、走特色路，锲而不舍做大做强“一粒薯、一袋糖、一篮菜、一瓶酒、一头牛、一口猪”“六个一”绿色农字号产业和品牌，努力打造面向首都的绿色农畜产品生产供应基地，推动农业大县向农业强县迈进。

围绕马铃薯主粮化战略，依托康家食品集团蓝威斯顿公司商都工厂、希森公司，进一步调整马铃薯种植结构，2016年，全县脱毒种薯基地种植面积扩大到9万亩，加工专用薯种植面积扩大到21万亩。依托佰惠生糖业公司，积极推行企业与农户订单生产模式，2016年，全县甜菜种植面积达到14万亩，甜菜收购量达到75万吨，超出设计的年加工甜菜50万吨的能力，年产值达6亿元；带动2800人实现稳定增收，其中建档立卡贫困户658户、2500人。此外公司出台差别化的甜菜收购价格，为建档立卡贫困户每吨增加10元补贴。据初步统计，2016年，全县10.3万名常住人口人均来自农牧业产业化收入可达6200元。依托乐耕、绿娃、鑫磊、宏达、昌盛日电等龙头企业和专业合作社，建设冷凉蔬菜标准化园区2万亩，2016年，全县冷凉蔬菜种植面积达到

13万亩。依托中地生态牧场，大力发展良种奶牛标准化养殖项目。中地生态牧场奶牛存栏1万头，到2018年达到3万头，通过扶贫绿色通道实现IPO。

农牧业产业化水平进一步提升。全县认证无公害、绿色和有机农产品基地面积39.76万亩，占优势特色产业面积的55%；认证有机和绿色农产品18个、地理标识产品1个；新增“风沙源”“水漩绿韵”2个著名商标，新增“科都”“蒙绿娃”2个知名商标，2016年，商都县获评自治区农畜产品质量安全县。美国康家食品集团蓝威斯顿公司商都工厂成功通过麦当劳和肯德基的认证；希森薯业生产的马铃薯全粉获“内蒙古名牌产品”称号；乐耕食品公司成为全区第一家获得菠菜出口日本质量免检资格认证企业；奥淳酒业被评为内蒙古标准化良好行为企业；中地生态牧场公司、雏鹰集团生猪养殖等一批农牧业产业化龙头企业进一步发展壮大，形成年产5万吨法式薯条、1.75万吨马铃薯全粉、9万吨白糖、3.5万吨糖蜜、3.8万吨颗粒粕、20万吨出口速冻蔬菜、0.5万吨奥淳白酒、3.2万吨鲜奶的能力。

在“六个一”延伸丰富上，鑫旺通葵花籽深加工、益生源冷榨亚麻籽油、溢源马铃薯营养醋、申安果汁、申安智能温室、格丰元酱菜、东友果脯、腾博生态养殖以及嘉利滴灌设备、鑫都惠农生物菌肥等农牧业产业化龙头企业陆续达产达效，大白源原字号酱醋、石磨莜面、荞面和炒米、燕麦等杂粮杂豆及豆制品、奶制品加工、牛羊肉分割产业等私营作坊逐步壮大。全年第一产业增加值完成12.5亿元，同比增长1.9%。

（二）打资源牌，新型工业化提质增效

商都县矿产资源富足，全县已探明的矿产资源有20多种。金、银、铅、锌等金属矿产和白泥、硅藻土、钾长石、萤石、石英石、石灰石、二氧化碳等非金属矿藏储量大。实施有效保护与合理利用相结合战略，努力让资源优势转化为经济优势。

开发利用非金属资源。依托高品位的白泥、钾长石等资源，以福建玉瓷公司为龙头，积极承接京津冀陶瓷产业退出项目，培育发展自生釉陶瓷产业；依托丰富的硅藻土资源，以国家“863”计划项目内蒙古东盛硅藻土科技创新产业园为龙头，生产硅藻土装饰板、天花板、涂料等绿色环保产品，积极打造硅藻土系列产品知名品牌；依托丰富的石英石资源，实施腾旭石英石提纯项目；开发利用高载能企业的工业废渣资源，以迈拓、红阳、宏宇、祥虹等企业为龙头，生产硅酸铝高温隔热材料、建筑保温材料、矿渣棉和免烧砖，发展循环经济，实现资源高效综合利用；加快全国知名品牌奥克兰防水材料项目建设进度。

培育发展新能源产业。商都县风光资源充足，借助乌兰察布市风电基地外送北京和锡盟两条通道，大力推动发展风电产业，规划风电装机容量700万千瓦；抓住国家光伏项目指标向国贫县倾斜的机遇，规划光电装机容量200万千瓦。全县风电、光伏发电和余热发电装机容量分别达到35万千瓦、14万千瓦和1万千瓦，8家规模以上新能源企业全年累计发电量达93279万千瓦时。特别是在光伏产业发展上，引进青岛昌盛日电太阳能科技公司，在十八顷镇建设光伏小镇，2万千瓦光伏发电项目成功并网发电。同时，进一步加强与青岛昌盛日电太阳能科技公司的战略合作，促成青岛昌盛东方实业集团华盛绿能农业科技有限公司总部在2016年12月26日迁入商都，通过扶贫绿色通道实现IPO，并建设光伏产业园，推广光伏小镇、“光伏+农牧业”的发展模式，提升土地叠加效益，带动贫困户增收致富。

与此同时，大力宣传国家证监会“IPO扶贫”政策。这一政策的内容是对注册地和主要生产经营地均在贫困地区且开展生产经营满三

年、缴纳所得税满三年的企业，或者注册地在贫困地区、最近一年在贫困地区缴纳所得税不低于2000万元且承诺上市后三年内不变更注册地的企业，申请首次公开发行股票并上市的，适用“即报即审、审过即发”。商都县抓住这一契机，积极利用“IPO扶贫”政策，在昌盛东方实业集团华盛绿能农业科技有限公司、中地生态牧场实现IPO的基础上，大力培育本土企业，努力引进有上市基础和愿望的企业，推动创新型龙头企业首发上市，助力全县产业扶贫。2016年，全县新引进项目22个，协议总投资53亿元。扶持企业申请专项补贴445万元，为8家企业协调贷款1.56亿元，为5家企业发放助保贷1630万元。全年第二产业增加值完成26.1亿元，同比增长6.8%。

（三）打区位牌，现代服务业加速发展

商都县距北京较近，历史上属坝上五县，与京津冀渊源很深，有着天然的联系，围绕乌兰察布市构建“一心两翼一路一带”、打造草原茶驼古道的旅游发展格局，依托北京、张家口联合举办冬奥会和张北草原音乐节，借助“中国草原避暑之都·养生福地乌兰察布”品牌，搭乘奥运快车、分享奥运经济，推进旅游线路、旅游活动和旅游要素对接。以“东路二人台之乡”为载体，融入地方文化旅游特色，为旅游业充实文化内涵。重点打造一批具有地域特色的旅游线路和旅游产品，推动实现全域旅游、四季旅游。不冻河生态旅游景区被评为国家AAA级景区，升级改造小庙子民俗风情旅游景区，完善南湖公园，着手开发察汗淖尔原始部落、七彩湖旅游风景区和大石架地质公园，依托军民共建绿化基地打造“八一”森林公园。大力推进“旅游+农业”“旅游+扶贫”，依托八十五号西芹村、东西坊子南瓜村、梁家村甜瓜村、二号西瓜村、海卜子香瓜村、十八顷甘蓝村、三面井家兔村、油坊蛋鸡村、田士沟玛瑙村、小庙子牧家游等特色产业村大力发展农业采摘园、农家乐和牧家游等避暑休闲旅游业，带动贫困人口增收脱贫。

电子商务业快速发展，获批国家电子商务进农村综合示范县，依托阿里巴巴、京东、乐村淘等电商知名企业，建成电子商务服务中心1处，吸引本地52家合作社和13家农产品加工企业进驻网上平台；建成电子商务发展中心1处，集聚8家电商和5家快递物流企业以门店形式入驻，建成农村快递物流集散中心1处和村级电商服务站21个。2016年，通过互联网平台销售农产品1100多万元。全年第三产业增加值完成22.6亿元，同比增长9.9%。

二、坚持不懈强基础，城乡宜居宜业环境大为改观

坚持“城市让生活更美好，乡村让城市更向往”的理念，统筹推进城乡一体化协调发展。自治区文明县城、自治区园林县城、自治区卫生县城、自治区民族团结示范县城和自治区双拥模范城“五城联创”工作取得阶段性成果，建成区绿化覆盖率达到35.23%。2016年，商都县被评为自治区园林县城、市级卫生县城。

大力加强市政基础设施建设工程。2016年，投资2.5亿元，实施工程项目11项。总长15.2公里的外环路全线贯通；完成城区内所有主干道和部分小街巷沥青踏铺；中水回用厂投入使用，城区新建道路全部实现雨污水分流排放；所有路灯统一更换为LED节能灯，建成13个进出城卡口、8个电子警察、96个治安采集点、25座水冲式厕所，城镇功能进一步完善。积极稳妥开展房地产去库存和棚户区改造工作，2016年，全县商住房去库存1851套，完成全年任务的115%；棚户区累计完成改造3622户，回迁安置居民2万多人。

全面开展美丽乡村建设。2016年，完成危房改造17865户，其中改造贫困户危房2200户。同时，实施一批打基础、补短板、增后劲、利长远的基础设施建设工程，村容村貌大为改观，农民生产生活条件有了根本性改善，发展后劲得到进一步加强。

三、千方百计惠民生，人民生活质量明显提升

坚持把保障和改善民生作为一切工作的出发点和落脚点，让改革发展成果更多地惠及老百姓。2016年，全县民生投入达到15亿元，同比增长7.1%，占财政支出的54%。把脱贫攻坚作为头等大事和第一民生工程来抓，严格落实“六个精准”要求，将“五个一批”工程进行细化量化，精准发力、精准施策，打好12套精准扶贫组合拳，全年3549人实现稳定脱贫，28个重点贫困行政村退出贫困序列，贫困发生率由8.48%下降到7.11%。

突出教育优先发展战略。建成朱家村、京蒙2所公立幼儿园，全县公立幼儿园累计达到7所，学前教育得到进一步夯实；通用集团投资1000多万元，在西大井村援建1座可容纳12个班、480名学生就读的通用小学，解决城中村适龄儿童入学难的问题。义务教育得到均衡发展，2016年10月，顺利通过国家义务教育均衡发展认定。高度重视足球事业，建设3所市级足球示范学校，打造职工足球场和青少年足球训练基地。

进一步优化基本医疗和公共卫生服务。县医院升级为二级甲等医院，县公共卫生服务中心、残疾人康复中心、疾控中心、妇幼保健计划生育服务中心、卫生监督所、都山街社区卫生服务中心等一批卫生基础设施投入运行，村委会卫生室实现全覆盖。

建成占地14600平方米的城乡居民服务中心。49个单位入驻集中办公，进厅项目184项，进一步提升政务服务水平。全市首张“五证合一、一照一码”营业执照在商都县颁布，企业登记注册窗口被国家工商总局评为全国商事制度改革先进窗口单位，商事制度改革走在全市乃至全区前列。

大力推动大众创业、万众创新。绿娃农业科技创业园、大东街大学生创业孵化基地和电子商务创业基地吸引42个创业团队入驻，创业人员达265人，吸纳就业1160多人。

统筹推进安全生产、综治维稳、民族宗教工作。高度重视安全生产和食品药品安全监管工作，加大隐患排查治理和专项整治力度，切实维护人民群众生命和财产安全。坚持用群众工作统揽综治维稳工作，解决一批涉及群众切身利益的热点难点问题。民族宗教工作扎实推进，各民族和谐共建的局面进一步巩固完善。

四、大力优化发展环境，招商引资平台持续夯实

绿色是内蒙古的底色和价值，生态是内蒙古的责任和潜力。以“绿色、生态”两大优势为根本，全力以赴优化发展硬环境。2016年，完成京津风沙源治理、巩固退耕还林、人工造林、封山育林等国家重点生态工程10.5万亩，完成城镇周边、村屯主要公路等重点区域绿化面积1.15万亩，巩固军民义务植树基地造林成果，全县森林覆盖率达到25%。加强道路建设，完成总长15.2公里的外环路建设任务，建成农村公路24条、264.6公里，乡镇公路通达率达100%，村委会公路通达率达90%以上，对内大循环、对外大流通的交通走廊业已形成。加强电力网络建设，完成大拉子至县城北35千伏、全长18公里的输电线路工程，改造10千伏、0.4千伏线路86公里和172公里。加强水利基础设施建设，实施3处抗旱应急水源工程及不冻河综合治理工程，新增治理水土流失面积20平方公里，小流域治理面积15平方公里，实施安全饮水工程148处。水、电、路等基础设施建设持续改善，长盛工业园正式升级为市级工业园区，招商引资硬环境得到不断夯实，平台建设日趋完善。

五、持之以恒抓党建，从严治党全面加强

认真履行管党治党这一最根本的政治责任。按照贯穿党要管党、从严治党“一条主线”，压实党委主体和纪委监督“两个责任”，突出谁来抓、抓什么、怎么抓“三个关键”，把握农村、社区、机关事业单位、非公企业和社会组织“四个重点”的思路，切实加强和改善党的领导。

持续深化党内教育，带领全县党组织、全体党员，扎实开展“两学一做”学习教育。积极开展评星定级工作，10406名党员参加评星，占党员总数的80%。深入学习贯彻十八届六中全会、自治区第十次党代会、市第四次党代会精神，组建宣讲团巡回全县，原原本本地层层进行宣讲。坚持把意识形态领域作为党政领导班子履行党建责任制的重要内容，把握主动权，弘扬主旋律。

围绕“融入扶贫抓党建、抓好党建促扶贫”的总体思路，扎实推进以面对面倾听呼声、心贴心接触交谈、实打实解决诉求为主要内容的党建“实心工程”，通过“三联两解五在村”，即县级领导干部联乡、县直部门单位联村、县直机关干部联户，解决群众生产生活问题、化解社会矛盾，实现政策在村落地、资源在村整合、组织在村建强、干部在村成长、成效在村体现的工作目标，搭起党员干部与群众的“连心桥”，形成党员群众活动有场所，诉求有人听，难事有人帮，问题有人管的良好局面。2016年，集中整顿软弱涣散村级党组织10个，对54个村委会办公活动场所进行改扩建，全县212个村和21个社区活动场所均达到300平方米以上；在为每个村委会足额拨付5万元活动经费、每个自然村拨付2000元办公经费的基础上，为每个村委会拨付“美丽乡村建设”后续管理费，各类经费总计达到10万元以上。同时，制定《专项考核评价办法》和《组织纪律双保障实施方案》，进一步完善抓党建促脱贫工作管理体系。

认真落实党委主体责任和纪委监督责任，2016年，先后召开5次常委会、8次党建专题会、2次落实党风廉政建设“两个责任”会议。严格执行《党政领导干部选拔任用工作条例》，建立健全“联考制”、“联审制”和“任前谈话制度”，年内轮岗交流副科以上干部45人，免职8人，提拔任用28人，完成消化超配科级干部任务的92%。严肃换届纪律，把“九个严禁、九个一律”作为换届监督重点，圆满完成县、乡党委换届选举工作。

稳步推进纪律检查体制改革，制定出台《乡案县审工作办法》，组建联审组和审理委员会，成功举办全市学习贯彻十八届六中全会精神暨“两级联审”“乡案县审”现场观摩会。始终把纪律和规矩挺在前面，2016年，全县督导检查147批（次），组织处理90人，党政纪处分2人，追责干部2人。认真践行“四种形态”，全年咬耳扯袖101人，谈话函询44件，落实抓早抓小，作出组织处理90人，给予党纪轻处分和组织调整12人，给予党纪重处分和重大职务调整6人，移送司法机关1人，用纪律的戒尺管住大多数，巩固风清气正的政治生态。对巡视整改任务，立行立改，做到件件有落实，事事有回音，得到自治区党委巡视组的肯定。

大事记

1月

5日 商都县第十四届人大常委会第二十一次会议召开，表决任免县人民政府提请的人事任免案，审议通过县人民政府提请的华苑新城住宅小区规划建设用地议案和县人民政府关于2015年本级财政预算调整方案的报告，审议通过商都县第十四届人民代表大会第五次会议的相关事项。

8日 中共商都县十二届六次全委（扩大）会议召开。会议主要任务是全面贯彻党的十八届三中、四中、五中全会、自治区党委九届十四次全委会、市委三届六次全委（扩大）会议精神，总结“十二五”时期发展成就，研究“十三五”时期发展思路和目标任务，部署2016年主要工作，动员全县各级党组织和广大党员干部群众，提振信心、再鼓干劲，为全面建成小康社会而努力奋斗。县委书记靳前斌代表县委常委会报告工作并作重要讲话。县委副书记、县长曹凯宏主持会议并作总结讲话

△ 在县党政大楼七楼会议室召开全县招商引资工作座谈会。主要任务是回顾2015年招商引资工作，安排部署2016年度招商引资工作。

17—18日 中国人民政治协商会议商都县第九届委员会第五次会议召开。县政协主席吕生金代表政协商都县第九届委员会常务委员会向大会作工作报告。受政协九届常务委员会委托，县政协副主席张占英作政协商都县第九届常务委员会关于政协九届四次会议以来提案工作情况的报告。听取县委常委、组织部长米树云代表县委的讲话。并讨论政协商都县第九届委员会常务委员会工作报告、讨论政协商都县第九届委员会常务委员会关于政协九届四次会议以来提案工作情况的报告、讨论县委领导讲话。会议表彰优秀提案者、提案承办先进单位和公益事业突出贡献委员；审议通过政协商都县第九届委员会第五次会议政治决议（草案）、关于政协商都县第九届委员会常务委员会工作报告的决议（草案）、政协商都县第九届委员会常务委员会关于政协九届四次会议以来提案工作情况报告的决议（草案）、政协商都县第九届委员会第五次会议提案审查情况报告（草案）。

18—19日 商都县第十四届人民代表大会第五次会议召开。会议听取县长曹凯宏作的政府工作报告、县人大常委会主任叶旺作的人大常委会工作报告、县人民法院院长郭永国作的法院工作报告、县人民检察院检察长吴德霖作的检察院工作报告；审议《商都县国民经济和社会发展第十三个五年规划纲要（草案）》、商都县人民政府关于2015年国民经济和社会发展计划执行情况与2016年国民经济和社会发展计划草案的报告、商都县人民政府关于2015年财政预算执行情况和2016年财政预算草案的报告。大会表决通过《关

于政府工作报告的决议》《关于商都县国民经济和社会发展第十三个五年规划纲要的决议》《关于商都县2015年国民经济和社会发展计划执行情况与2016年国民经济和社会发展计划的决议》《关于商都县2015年财政预算执行情况和2016年财政预算的决议》《关于人大常委会工作报告的决议》《关于人民法院工作报告的决议》《关于人民检察院工作报告的决议》。

20日　县委副书记、县长曹凯宏深入幸福院、贫困户、老复员军人、优秀教师、离退休老干部、优秀科技人员、企业下岗职工家中走访慰问，为他们送去新春的祝福和慰问金。

△　全县离休干部迎新春座谈会在县委老干部局会议室召开。县委书记靳前斌，县委副书记、县长曹凯宏，县委常委及县委老干部局全体成员与20多位离休干部欢聚一堂，共叙友谊，喜迎新春。会议首先向离休干部通报全县2015年及“十二五”期间经济社会事业所取得的成绩和2016年主要工作及“十三五”发展规划。参会的离休干部畅所欲言，踊跃发言，充分肯定商都县委和政府带领全县34万各族人民在全县经济社会建设中所取得的喜人成绩，同时，就镇内交通、城镇管理、就医及其他方面存在的问题提出建设性意见和建议。

26日　为做好春节期间食品药品监管工作，消除食品药品安全隐患，切实保障人民群众饮食用药安全，先后深入到农牧业局质检站、中医院药房、平李堂大药房、三中食堂、客都超市以及福星屠宰场实地检查指导工作。

2月

19日　在县财政局召开“十个全覆盖”工程及“攻坚扶贫”调度会。县四大班子及有关科局、乡镇负责人参加会议。会议主要目的是安排部署下一步全县“十个全覆盖”工程及“攻坚扶贫”工作，进一步统一思想，明确任务，强化责任，确保按时完成目标任务。副县长冀飞对危房改造工作中的决算、抽查、资金核对、审计等工作进行安排部署，住建局负责人汇报危房改造工作。

△　县纪委十二届六次全体会议召开。会议主要任务是深入贯彻落实中共十八大、十八届三中、四中、五中全会以及中纪委十八届六次全会、自治区纪委九届七次全会和市纪委三届六次全会精神，回顾总结2015年全县党风廉政建设和反腐败工作，研究部署2016年工作任务。县委常委、纪委书记格宝日主持会议并作工作报告，县委书记靳前斌出席会议并作重要讲话。

21日　商都县“佰惠生糖业杯”全县秧歌大赛在祥和广场举行。来自全县的11支秧歌代表队，涉及26个单位现场竞技。

22日　市委书记王学丰到商都县调研指导“十个全覆盖”工程建设和精准扶贫工作。

24日　县长曹凯宏主持召开第一次政府常务会议，听取县财政局关于2016年政府拟融资项目和各分管副县长关于近期重点工作情况的汇报，安排部署近期重点工作。

26日　商都县召开“十个全覆盖”工程和精准扶贫工作推进会。会议传达自治区脱贫攻坚工作会及农村牧区工作会议精神，安排部署当前及今后一个时期重点工作，动员全县上下进一步统一思想、凝聚力量、奋发进取，按时完成“十个全覆盖”工程和如期实现脱贫攻坚目标。

△　商都县第十四届人大常委会第二十二次会议召开，会议向县人民政府集中交办十四届人大五次会议期间收到的代表建议和意见，表决任免县人民政府提请的人事任免案，审议通过县人民政府关于2016年度政府融资项目的议案。

3月

1日　为进一步推进全区足球运动改革发展

试点工作，加强青少年校园足球工作，商都县在高级中学操场举行内蒙古“青少年足球日”校园公益活动暨2016年“县长杯”校园足球联赛启动仪式。活动主题是“阳光体育，快乐足球”。

8日　全县纪念“三八”国际劳动妇女节106周年暨妇女儿童工作会议召开，会议表彰“十全美丽庭院”先进集体、“三八红旗手”、“美丽家庭”。

11日　全县组织宣传统战政法工作会议召开。会议主要是贯彻落实自治区、市有关会议精神，总结2015年全县组织、宣传、统战、政法工作，研究部署2016年工作任务。

14日　全县教育科技体育工作会议召开。会议主要任务是贯彻落实全市教育科技体育工作会议以及县委十二届六次全委（扩大）会议精神，总结2015年全县教育科技体育工作，部署2016年各项工作。

15日　商都县工商质监、农牧、文化等部门联合举办“新消费，我做主”主题宣传活动，吸引社区居民和农牧民争相咨询和传阅宣传材料。活动现场，工作人员耐心向群众讲解识别假货和维护自身权益的知识，让老百姓受益匪浅。

17日　市委常委、副市长韩军到商都县调研指导“十个全覆盖”工程。

18日　市委副书记斯琴毕力格一行到商都县调研精准扶贫工作。

22日　商都县举办第二十四届“世界水日”和第二十九届“中国水周”宣传活动，宣传主题分别为“水与就业”“落实五大发展理念，推进最严格水资源管理”。活动现场出动宣传车，设置宣传展板，发放宣传材料3000多份。

23日　为深入贯彻落实全区、全市食品药品监督管理工作会议精神，全县食品药品监管工作会议召开，回顾总结2015年全县食品药品监管工作，安排部署2016年工作任务。副县长张云出席会议并讲话，与各乡镇长、食药所所长、食安委成员单位负责人、食药监局班子成员、科室队所负责人签订《2016年度食药安全工作责任状》。

24日　第二十一个世界防治结核病日之际，商都县开展主题为“社会共同努力，消除结核危害”的防治结核病宣传活动，副县长张丽霞参加活动。活动中，医务人员走上街头，通过发放宣传资料、悬挂横幅、摆放展板、赠送印有结核病防治知识的多种宣传品以及现场义诊服务等活动。

29日　全县信访工作会议召开，县委副书记刘晓俊，县委常委、常务副县长郭玉广，县委常委、政法委书记张美，信访联席会议负责人，各乡镇、各部门主要负责人、分管信访工作负责人、网络受理管理人员和专职信访工作人员及信访局全体干部参加，刘晓俊主持会议并提出意见，郭玉广就信访工作讲话，信访局负责人传达2016年国家、自治区信访局长会议和全市信访工作会议精神，通报全县信访工作情况并安排2016年工作任务。

30日　全县2016年禁毒暨消防工作会议召开。会议主要目的是贯彻落实全市禁毒和消防工作会议精神，总结回顾2015年工作，安排部署2016年任务。

31日　内蒙古科学技术协会党组书记、副主席马强带领调研组到商都县对“十百千万”工程的落实情况进行调研。

4月

1日　全县妇女儿童规划工作推进会召开。会议主要目的是贯彻落实全市《妇女儿童发展纲要（2011—2020年）》工作推进会精神，安排部署全县妇女儿童发展规划的实施工作，按时完成两个纲要指标的统计监测任务，迎接2016年4—6月国务院妇女儿童工作委员会的评估验收。

7日　全县乡镇党委换届工作会议召开，传

达自治区党委和市委换届工作会议精神，安排部署全县乡镇党委换届工作。市委第十指导督查组组长王玉林一行，县四大班子领导出席。县委副书记、县长曹凯宏从全面贯彻落实从严治党、努力开创经济社会发展新局面和着眼促进干部队伍建设取得新成效的高度提出意见和要求，王玉林就换届工作提出明确要求，县委副书记刘晓俊主持会议并讲了意见，县委常委、组织部长米树云安排乡镇党委换届工作。

11日　在县党政大楼七楼会议室召开全县卫生计生暨民政工作会议。会议主要任务是传达贯彻中央、区、市卫生计生民政工作会议精神，回顾总结2015年卫生计生民政工作，安排部署2016年工作任务。

15日　为深入贯彻全市道路交通安全工作会议和县委全委扩大会议精神，在县党政大楼七楼会议室召开2016年全县道路交通安全工作会议。会议主要回顾总结2015年工作，安排部署2016年全县道路交通安全工作。副县长、公安局局长王晓东出席会议并讲话，代表县人民政府与各乡镇签订2016年交通安全工作责任状。县交警队负责人通报2015年道路交通安全工作并对2016年工作进行安排。

17日　市委常委、组织部长蔺建军带领全市基层党建考评现场会观摩团一行60多人到商都县第二中学考察观摩。

18日　商都县在北京举行招商引资推介会，在京流动党支部书记、党员和企业界人士40多人参加。

20日　商都县举行2016年干部职工义务植树启动仪式。县四大班子领导及县直各单位和条管单位全体干部职工参加义务植树活动。

22日　为推进“互联网+”战略深入发展，县人民政府与中国移动内蒙古公司乌兰察布市分公司举行“互联网+”战略合作签约仪式。

25日　全县“两学一做”学习教育推进会召开。会议主要任务是学习贯彻习近平总书记关于“两学一做”学习教育的重要指示精神以及中央、自治区党委和市委“两学一做”学习教育工作座谈会精神，安排全县“两学一做”学习教育工作。县委副书记刘晓俊就如何推进学习教育活动作了讲话。县委常委、组织部长米树云主持会议并从传达学习会议精神、增强做好学习教育的主动性、确保学习教育取得实效三个方面讲了具体意见。

26日　以中组部公务员管理办公室副巡视员潘海峰为组长的调研组一行到商都县，就领导班子和领导干部年度考核工作深入调研。

27日　为迎接国务院“两纲”中期评估，全面了解商都县“两规划”工作实施情况，市政府“两纲”中期评估督导组到商都县督导妇女儿童发展纲要实施情况。

29日　商都县第十四届人大常委会第二十三次会议召开，听取审议县人民政府关于全县中小学校园安全工作情况的报告、关于2015年本级财政决算情况的报告、关于2016年分部门预算情况的报告，县人大常委会调研组关于对全县城乡居民养老保险工作情况的报告。还进行个别人事任免。

△　县委中心组开展集中学习活动，听取县委党校教师史丽萍做的《用务实的作风托底的政策　吹响2016年改革号角》专题讲座。

△　全县深化改革和依法治县领导小组工作会议召开，贯彻落实市委会议精神，安排部署全县工作任务。

5月

11日　县政府召开第三次廉政工作会议，即政府系统党风廉政建设和反腐败工作的部署会、动员会。会议主要任务是贯彻落实国务院、自治区政府第四次廉政工作会议精神和市政府第三次廉政工作会议精神，以及县纪委十二届六次全会的部署要求，回顾总结2015年全县政府系统廉政建设和反腐败工作，安排部署2016年全县政府系统廉政建设和反腐败工作。

△　全县干部大会在党政七楼会议室召开，县四大班子领导，各乡镇党委书记、乡镇长、县直（驻县）部门负责人参加会议。会议主要安排和部署近期的重点工作，查找工作中存在的突出问题，进一步统一思想，压实责任，强化措施，确保高质量完成全年各项目标任务。县委书记靳前斌在会上就抓好近期“十个全覆盖”工程、“五城联创”、“两学一做”学习教育、单位用人机制和信访接待工作几项重点工作作重要讲话。县委副书记、政府县长曹凯宏主持会议并就落实好会议精神提出要求，就开展“两学一做”教育和党委换届工作、“十个全覆盖”工程、“五城联创”、“扶贫攻坚”等工作讲了意见。

13日　商都县在祥和广场举行“弘扬工匠精神　打造技能强国”为主题的“职业教育活动周”启动仪式。县委常委、副县长王平出席启动仪式并讲话。

15日　按照全市统一安排，本月的“月月3·15”宣传咨询活动在商都县小海子镇向阳村举行。宣传活动的主题是“倡导绿色、共享健康”，旨在普及热点商品和服务的消费安全知识，揭露不良经营行为和消费陷阱，提升企业的社会责任意识，努力营造经营者守信、消费者理性、社会诚信的公平正义的消费环境。

18日　希森全粉产品质量研讨会暨“内蒙古名牌产品”授牌仪式在商都县希森公司举办，会上为内蒙古希森马铃薯全粉有限责任公司授牌“内蒙古名牌产品”，并颁发证书。

22日　以自治区驻市调研督导组常务副组长、自治区财政厅常务副厅长郑宜平和副市长张军分别任组长，自治区驻市调研督导组副组长、自治区农牧业厅党组成员、总农艺师王雨锋和市委常委、秘书长霍照良分别任副组长，市人大常委会副主任郭素萍、张智，市政协副主席付涌泉、范凌华，以及市直部门相关负责人为成员的全市“十个全覆盖”工程现场观摩考评组莅临商都县，对“十个全覆盖”工程建设情况进行现场观摩考评。县委书记靳前斌，县委副书记、县长曹凯宏等领导陪同观摩考评。观摩考评组分AB两组，分别深入十八顷镇、小海子镇、七台镇、玻璃忽镜乡、三大顷乡的30个项目点现场观摩考评。

25日　内蒙古电力集团有限责任公司总经理贾振国一行到商都县就变电站新建工程及电力保障工作进行调研。先后深入商都电力小海子镇供电所、商都东110千伏变电站新建工程施工基地、“十个全覆盖”工程示范村七台镇大土城进行调研。

27日　市委常委、副市长曾萍就全市政务服务和公共资源交易工作到商都县调研，先后深入商都县政务服务中心、携农电子商务有限公司、城乡居民服务中心、不冻河水源地保护区综合治理工程、冀家村便民服务站、南湖公园、东盛硅藻土科技创新产业园有限公司和医疗科技产业园调研。

△　县委副书记、县长曹凯宏就帮扶脱贫工作深入七台镇西坊子村走访贫困户，详细了解每户帮扶情况、目前的生活状况以及预计脱贫年度。

28日　自治区住建厅厅长秦义一行深入商都县就房地产去库存和棚户区改造进展情况进行调研。调研组一行在县委书记靳前斌等相关人员陪同下，先后到巨弘华府、城乡居民服务中心、体育科技文化综合馆项目现场、南湖公园实地参观和调研。

6月

1日　众邦志愿者商都分会携手包商银行走进商都县实验小学开展“心手相牵　欢庆六一”捐资助学活动，为30名贫困学生送去助学金、学习用具、蛋糕等节日礼物，和孩子们欢度“六一”儿童节。

3日　全县重点工作推进会召开，安排部署“十个全覆盖”工程、精准扶贫和“五城联创”工作，县四大班子领导，各乡镇党委书记、乡镇长，县直单位负责人，驻村第一书记参加。县委书记靳前斌就各项重点工作提出总体要求，县委副书记、县长曹凯宏主持会议并讲了意见。

4日　内蒙古能源发电投资集团有限公司的爱心人士带着深情、关爱和希望来到七台镇骆驼盘村进行爱心捐助。本次捐资助学活动有58名学生、7户贫困家庭和1户患病家庭受助，捐款65000元。

6日　自治区、市两级巡视组在县委常委、副县长王平及教育局主要负责人陪同下深入商都高级中学、商都县第一中学实地查看考前准备情况和考场布置情况，同时听取关于2016年高考考前准备工作的汇报。

8日　市工商局局长安军，县委副书记、县长曹凯宏共同在商都县城乡居民服务大厅为“内蒙古孙记素食餐饮文化传播有限公司”颁发“五证合一、一照一码”营业执照，标志着商都县企业“五证合一、一照一码”工作正式启动实施。

县委副书记、县长曹凯宏先后深入七台镇茫茂卜村、简家村、小翁家村、郭家村调研“十个全覆盖”工程推进情况，并就下一步工作提出具体指导意见。

11日　为进一步规范全县客运市场秩序，打击非法营运，扼制不正当竞争行为，维护城区良好的交通秩序，切实保障人民群众的出行安全和合法经营者的正当权益，县委、县政府研究，决定从2016年6月11日开始，在城区内开展联合整治非法营运和道路交通安全专项工作，重点整治城区内非法从事载客业务的机动三轮车和电瓶车；无营运手续在城区内非法从事出租车业务的私家车；乱停乱放、占道经营等违法违规车辆。

13日　商都县在祥和广场举行食品安全月启动仪式。宣传主题是：尚德守法，共治共享食品安全。

13日下午　商都县卯都乡骤降大雨，短时间内降雨量达50毫米，洪水造成525间大小房屋被冲毁，325头（只）大小牲畜死亡，15000多亩农田被淹。乡党委、政府立即组织力量抢险救灾，同时向县里报告灾情。接到灾情后，县委书记靳前斌及四大班子领导立即率领民政、水利、交通、应急、公安、卫生、消防等部门负责人第一时间赶赴卯都乡，了解灾情，指导救灾。

14日　市政协主席常永福一行到商都县调研全市创建食品安全城市工作情况。

15日　商都县2016年中学生田径运动会在县第一中学开幕。本届运动会历时两天，设28个比赛项目，来自全县各中学6支代表队171名运动员，将进行168块奖牌的角逐。

△　河北尚义县县委书记冀晓东到商都县调研。冀晓东一行先后调研蓝威斯顿公司、军民共建绿化基地、七台镇海卜子村“十个全覆盖”工程、南湖湿地公园、七台镇鹿王街社区、“古驿七台”楼牌、城乡居民服务中心、县医院及公共卫生服务大楼、基层党组织建设展厅、不冻河水利风景区、七台镇棚户区改造工程并详细了解运作及建设情况。

16日　全县“安全生产月”咨询日活动在祥和广场举行。县委常委、副县长王平出席活动并讲话。县安监局、公安局、国土局、住建局、交通局以及交警、消防等部门领导和有关企业负责人参加。

17日　市民政局局长尉常青一行到商都县就民政工作业务的开展情况和卯都乡受灾救灾情况进行调研。先后深入光荣院、城乡居民服务中心、卯都乡实地查看调研。

20日　商都县第十四届人大常委会第二十四次会议召开，听取审议县人民政府关于全县精准扶贫工作情况的报告，县人民法院关于执行案件工作情况的报告，县人民检察院关于规范化建设工作情况的报告，县人大常委会调研组关于对全县城镇供水及水源地保护工作情况的报告，审议通过商都县人民政府《关于提请变更新风东路北原进修学校、卫生局用地性质的议案》和《关于提请变更建设西路两侧用地性质的议案》，还表决个别人事任免。

21日　乌兰察布市副市长、市公安局局长宝音德力格尔深入商都县调研精准扶贫工作。先后到内蒙古申安农业开发有限公司、交警大队，屯垦队顺成公司自然村贫困户等地，实地查看精准扶贫工作。

22日　县长曹凯宏深入城区各地，就自治区园林城市创建工作开展调研。七台镇及城管局、林业局、规划局、教育科技体育局等相关部门负责人参加调研。

24日　自治区义务教育均衡发展评估验收组一行，由自治区教育厅督导室主任张润厚带队，在市教育局和相关部门负责人陪同下莅临商都县，对义务教育均衡发展工作进行评估验收。县委副书记、县长曹凯宏出席汇报会，县委常委、副县长王平作关于全县义务教育均衡发展的工作汇报。评估组组织召开人大代表、学生家长代表和校长教师代表三个座谈会，查阅全县义务教育均衡发展的档案资料。分6个组先后深入育苗小学、第五中学、小海子镇中心校、十八顷镇中心校、中小学生实践基地、世纪小学、平安小学、实验小学、第三中学等地，实地检查验收学校的餐厅、宿舍、教学楼、舞蹈室、实验室、图书室、阅览室、书法室、美术活动室等功能室。

26日　商都县开展“6·26”国际禁毒日宣传活动暨“商都禁毒”微信平台启动仪式。

29日　中国通用技术集团直属党委副书记、党群部主任钱新荣一行到商都县就扶贫开发工作进行调研，并召开座谈会。县委书记靳前斌，县委副书记、县长曹凯宏，县委常委、县委办公室主任王再华，副县长冀飞，政协副主席、财政局局长金建民以及相关部门负责人参加座谈会。靳前斌主持会议并详细介绍商都县贫困状况和扶贫工作成效，及下一步脱贫思路、措施和工作开展情况。曹凯宏就下一步商都县与通用集团在帮扶等方面的对接提出意见和建议。冀飞就商都县脱贫政策和通用集团公司帮扶情况作了汇报。调研组一行先后深入西大井通用小学、南湖湿地公园、不冻河水源治理区等地参观调研。

30日　商都县纪念建党95周年暨“四优一先”表彰大会在青少年活动中心举行。县委书记靳前斌围绕“两学一做”，结合传达学习王学丰在全市纪念建党95周年暨表彰大会上的讲话精神作了重要讲话。县委副书记、县长曹凯宏主持会议并就落实好会议精神讲了意见。县委副书记刘晓俊宣读表彰决定；县领导分别为30名优秀共产党员、19名优秀党务工作者、10名优秀嘎查村（社区）党组书记、11名优秀驻嘎查村干部和20个优秀基层党组织颁奖；优秀共产党员、党务工作者、社区书记、驻村干部、基层党组织代表在会上分别作典型发言。

△　副市长王国相，市政协副主席曹兴率市环保、安监、经信、林业、国土等部门负责人到商都县督查环保、工业经济和安全生产工作，县委书记靳前斌，县委副书记、县长曹凯宏，县委常委、常务副县长郭玉广，政协副主席任笑春陪同督查和座谈。

7月

1日　为进一步弘扬爱党爱国精神，推动“两学一做”学习教育活动深入开展，商都县在美术馆举行为期3个月的纪念中国共产党建党95周年书画展，以书画艺术献礼党的生日。展览展出全县书画爱好者们创作的书法绘画作品300余幅，其中书法作品210幅，美术作品100幅。

5日　县长曹凯宏，政协主席吕生金，县委常委、宣传部部长熊威，副县长刘瑞一行深入七台镇居民住宅小区对“五城联创”工作推进情况及包联单位与小区共建工作进行调研，实地查看小区基础设施、环境卫生、管理水平、宣传氛围等情况，并就下一步“五城联创”工作进行现场指导。县林业局、住建局、园林局、规划局等有关部门负责人陪同调研。

6日　全县城镇社会综合管理服务平台项目建设动员培训会召开。会议主要目的是深化细化《商都县城镇社会综合管理及服务平台项目》建设内容，进一步统一思想，压实责任，强化措施，确保统筹推进城镇社会综合管理及服务体系建设水平。

△　市委组织部常务副部长闫煜东一行到商都县宣布部分县级领导调整任免决定。县四大班子领导及新任命的县级领导干部参加会议。会上，市委组织部人才科科长冀芳宣读《中共乌兰察布市委员会组织部关于张丰生等职务任免的通知》。经市委研究决定，张丰生任商都县委委员、常委、副书记兼统战部部长；刘晓俊不再担任商都县委委员、常委、副书记兼统战部部长职务；提名张美任商都县副县长，不再担任商都县委政法委书记职务；王平不再担任商都县委委员、常委，提名免去商都县副县长职务；李震任商都县委委员、常委、纪委书记；格宝日不再担任商都县委委员、常委、纪委书记职务；王倩影任商都县委委员、常委、组织部部长职务；米树云不再担任商都县委委员、常委、组织部长职务；闫军任商都县委委员、常委、政法委书记；刘志敏任商都县委委员、常委；陈玺不再担任商都县委委员、常委职务；郭守玉任商都县政协党组书记。

△　自治区人大常委会副主任李荣禧带领调研组一行13人，到商都县调研土地流转工作及耕地保护工作情况，市人大常委会副主任郭素萍，商都县委书记靳前斌，县委副书记、县长曹凯宏陪同。

7日　市教育局副局长王哲一行在副县长张云的陪同下，先后深入到商都县第四中学、四中附属幼儿园、小博士幼儿园、育苗小学及第一中学进行食品卫生安全专项督察。

10日　副市长于海宇携市卫计委、工商局、体育局、食药局、文化新闻广播局相关负责人到商都县调研，县委副书记、县长曹凯宏，副县长张丽霞以及相关单位负责人陪同。于海宇先后深入田士沟村、中医院、新建县医院、体育馆、携农电子商务公司、医疗卫生园区、小海子镇、南湖公园就商务流通、卫生计生、文化体育、食品药品、工商质监等方面工作进行详细调研。

△　商都县在第四中学操场举行首届幼儿才艺大赛。大赛主题是“展示才能、发挥特长、培养兴趣、开启智慧、规范办园、提高效率”。有4所公办幼儿园及18所纳入管理的民办幼儿园、2000多名幼儿参加个人项目与集体项目2个大项，语言类、运动类、表演类、美工类等7个小项，团体操表演、小常识问答、歌伴舞等18种形式的比赛。此次比赛为期三天，其中个人项目每项活动取一等奖2名，二等奖6名，三等奖12名，优秀奖18名；集体项目设一等奖1名，二等奖3名，三等奖7名，优秀奖11名。

11日　县卫生计生局、妇联、计生协会在祥和广场联合举行以“关心女性幸福、关爱妇幼健康”为主题的纪念第二十七个世界人口日宣传活动。副县长张丽霞出席并讲话。

12日　市委副书记、市长艾丽华就“十个全覆盖”工程、脱贫攻坚、农牧业产业化、小村整合和土地流转等工作进行实地调研。

△　自治区副主席王玉明率自治区农牧业厅、扶贫办、财政厅、政府办公厅等部门负责人，深入商都县就企业与农民利益联结机制和精

准扶贫等工作进行实地调研。

13日　全县干部大会在党政大楼七楼会议室召开，县四大班子领导成员，法检两长、公安局政委，县纪委常委，乡镇党政主要领导，县直机关单位及群众团体主要负责人参加。会议由县委书记靳前斌主持。会议主要有两项任务，一是全额定向差额推荐“两委”班子组成人员，二是对《中国共产党地方委员会工作条例》和《中国共产党党组工作条例（试行）》进行解读。县委常委、组织部长王倩影对“两个条例”学习贯彻工作进行安排部署，并从学习条例的重要性、两个条例的新观点、近期工作重点等方面对“两个条例”进行解读。会上，对县委委员、候补委员，纪委委员进行全额定向推荐。

15日　县委、县政府组织召开东部乡镇“十个全覆盖”工程推进会，县政协党组书记郭守玉，县委副书记张丰生，副县长冀飞出席，东部片区各乡镇党委书记、乡镇长，县直有关部门负责人及东部片区包村干部，驻村第一书记参加。

18日　副市长张翔到商都县调研棚户区改造及房地产去库存工作。县长曹凯宏、副县长刘瑞及相关部门负责人陪同调研。

19日　北京市经信委史爱东处长率北京科泰兴达高新技术有限公司、北京科瑞生物科技有限公司、金风科技股份有限公司、中电科电子装备集团有限责任公司等企业负责人及奇虎360、敦煌网、苏宁易购、京东商城等电商平台负责人一行到商都县就电子商务、绿色农畜产品种植销售等项目进行前期考察。

△　市委常委、统战部长李建平到商都县视察环境保护和安全生产工作。

22日　在县高级中学举行张德明老将军及爱心企业家捐资助学仪式。书记靳前斌、县委常委陈耀及教育科技体育局主要负责人参加仪式。仪式上，教育科技体育局主要负责人汇报张德明基金使用情况并现场捐助5名高考、中考状元。受助学生代表发言。张将军在讲话中希望孩子们不断克服困难，磨炼意志，努力学习，早日成为国家栋梁之材。2008年设立张德明教育基金以后，共注入资金97万元，其中捐助85万元，县配套12万元。从2009年开始，奖励高考、中考状元累计发放资金19万元，受奖学生38人。2015年，从该基金中拨款10.4万元，用于奖励全县课改先进个人、教学质量先进个人78人。

28—29日　中国共产党商都县第十三次代表大会召开。靳前斌代表中国共产党商都县第十二届委员会向大会作题为《坚决打赢脱贫攻坚战　为全面建成小康社会而努力奋斗》的报告。李震代表中共商都县第十二届纪律检查委员会向大会作题为《深入推进党风廉政建设和反腐败工作为全面建成小康社会提供坚强的纪律保证》的工作报告。王倩影受中共商都县第十二届委员会委托，向大会作《关于党费收缴、使用和管理情况的报告》。按照会议议程和日程，审议通过《关于中国共产党商都县第十二届委员会工作报告的决议》和《关于中共商都县第十二届纪律检查委员会工作报告的决议》，选举产生中国共产党商都县第十三届委员会和中国共产党商都县第十三届纪律检查委员会，选举产生出席市第四次党代会代表。

29日　“八一”建军节来临之际，副县长张丽霞走访县武装部、消防中队、武警中队、电话站进行慰问，县民政局相关负责人陪同慰问。

△　中国科学院科技促进发展局副局长段子渊一行在县委常委陈耀等相关领导陪同下现场观摩中科院在商都县的“肥料、农药双减技术示范区”和“旱区绿色集约现代农业科技示范区”。

8月

3日　在武装部召开全县征兵工作会议，主要任务是贯彻落实区、市征兵工作会议精神，安排部署2016年全县征兵工作任务，进一步动员全县上下统一思想，积极行动，全力做好征兵各项工作。

4日　全市科技创新驱动冷凉蔬菜产业现场观摩会在商都县召开。中国农业科学院研究生院院长陆庆光以及内蒙古、山西、甘肃、湖北、陕西等多个省（自治区）有关专家、市科技特派员代表、旗县市区科技局负责人以及部分科技型企业代表参加。市科技局局长宿守业，县委书记靳前斌、县委常委陈耀参加现场观摩会。调研组先后深入希森薯业公司、蓝威斯顿公司、七台镇东坊子村马铃薯“双减”技术万亩示范区、小海子镇麻尼卜村中科院成果示范田和绿娃公司观摩。

5日　荣宝斋·马海方国画培训班采风团走进商都县暨马海方、王永鑫工作室揭牌仪式在县美术馆举行，副县长张云出席仪式，并与教授马海方、院长王永鑫一起为工作室揭牌。

△　自治区残联理事长杨瑞平一行到商都县调研“两学一做”及扶贫工作。

6日　商都县首届“水漩杯”蒙晋冀羽毛球邀请赛在商都县体育馆举行。本次邀请赛有来自蒙、晋、冀三地的21支代表队参加比赛，比赛设男双、女双、混双三个项目，东道主商都县派出3支代表队，参加本次邀请赛所有项目的角逐。

8日　由商都县教育科技体育局主办的第八届“全民健身日”暨全县百城千村健身气功交流活动在祥和广场举行，来自全县14个社区、33个代表队参加活动。县委常委、副县长陈耀出席启动仪式。

9日　自治区副主席、公安厅厅长马明一行就经济社会发展和脱贫攻坚工作到商都县调研。

10日　自治区副主席、公安厅厅长马明召集乌兰察布市、商都县及自治区有关部门负责人，召开自治区厅局单位帮扶商都县联席工作会议，协调推进商都县扶贫工作。

12日　全县“十个全覆盖”工程推进会召开。会议旨在查找、分析工作中存在的突出问题，安排部署当前重点工作，确保高质量完成既定的各项目标任务。参加会议的有县四大班子领导，各乡镇党委书记、乡镇长，县直（垂管）单位负责人，驻村第一书记。县委书记靳前斌出席会议并作重要讲话。县委副书记、县长曹凯宏主持会议并作总结讲话。县委副书记张丰生通报近期“十个全覆盖”工程建设存在的问题；政协党组书记郭守玉通报小村整合和土地流转工作开展情况。住建局主要负责人就全县“十个全覆盖”工程建设进度和下一步工作作了重点发言。

17日　市委常委、军分区司令员侯英慧到商都县检查指导征兵工作。

24日　市妇联在商都县作“幸福草原　巾帼梦——树优良家风　建清廉家庭”专题巡讲。

26日　商都县第十四届人大常委会第二十五次会议召开，听取审议县人民政府关于2016年国民经济和社会发展计划上半年执行情况的报告、关于2016年财政预算上半年执行情况的报告和2016年上半年财政预算调整方案的报告、关于2015年财政预算执行及其他财政财务收支情况的审计工作报告，县人大常委会执法检查组关于对《中华人民共和国药品管理法》在全县贯彻实施情况的执法检查报告，县人大常委会调研组关于对全县医疗机构运行情况的专题调研报告。还进行人事任免，新任职人员供职发言和表态发言，向宪法集体宣誓。

30—31日　包头医学院第一附属医院组织心内科、神经内科、普外科、儿科、骨科、中医科专家到县医院开展为期两日的巡回医疗活动，重点以门诊坐诊、临床查房、手术示教，疑难病例会诊等形式开展，共接诊患者100余人次，还赠送价值5万余元的便携式全数字超声诊断系统及数字式心电图机各1台。

9月

7日　商都县反腐败协调小组工作会议在纪检委会议室召开，会议宣读《关于调整全县反腐败协调领导小组成员的通知》和《关于调整重大案件协调领导小组成员的通知》；通报2016年全县纪检监察机关纪律审查情况。李震就全县当前反腐败形势提出几点意见。

8日　自治区金融工作专项督查组吉日格拉一行到商都县调研，重点对金融重点工作和金融政策落实情况督查调研。自治区金融办、证券局有关负责人及县委书记靳前斌，县委常委、常务副县长郭玉广，政协副主席金建民出席座谈会。市金融办主任、县各银行、部分中小企业、县国税局、地税局、扶贫办等部门负责人参加座谈会。

9日　商都县在青少年活动中心召开2016年教师节庆祝暨表彰大会，对30名优秀教师、10名优秀教育工作者、10名优秀班主任、10名十佳师德标兵和31名课堂教学改革先进个人进行表彰。

18日　商都县党政联席会议召开，总结全县“十个全覆盖”工程和精准扶贫拼工作，安排下一阶段工作任务，县四大班子领导，各乡镇党委书记、乡镇长，县直相关部门负责人出席参加。县委书记靳前斌，县委副书记、县长曹凯宏，县委副书记张丰生，副县长冀飞分别讲话，提出工作部署和要求。

20日　市人大常委会副主任孟甫甬、王增强带领三级人大代表到商都县视察，先后到七台湖、东盛硅藻土科技创新产业园有限公司、申安农业开发有限公司、金阳光小区、七台镇棚户区改造工程、温州建材城、中地生态牧场有限公司等19个视察点，实地视察现代农牧业发展、精准扶贫、新型工业化进程、现代服务业、“五城联创”、城镇化建设、民生保障和改善、生态和基础设施建设、社会事业发展、精神文明和民主法治建设等情况。县委书记靳前斌，县委副书记张丰生，人大常委会主任叶旺，副县长张美陪同。

21日　市蒙汉文并用督查组杨玉莲一行在副县长张云的陪同下，在商都县就奥淳酒业公司、县主要街道两旁牌匾、政务服务大厅及机关事业单位公章、财务章蒙汉文并用的规范性、准确率、大小比例及覆盖率进行督查。

22日　乌兰察布市军分区帮建平安小学举行捐赠仪式。乌兰察布市军分区捐赠平安小学价值十万元的电脑、书籍和阅览座椅。

23日　根据《自治区财政厅关于建立玉米生产者补贴制度的实施方案》和乌兰察布市财政局农牧业局关于印发《建立玉米生产者补贴制度的实施方案》的通知精神，商都县召开会议，专门对该项工作进行布置。

△　商都县妇联带领爱心企业的代表到商都县留守儿童比较集中的学校宗申小学，为留守儿童发放救助物品。该学校有400多名学生，大多数为留守儿童。商都县妇联多次争取爱心人士、爱心企业的支持，这是第四次到宗申小学为留守儿童发放救助物品。出席此次活动的领导有市妇联副主席李玲、副县长张丽霞。

28日　自治区财政厅党组成员、副厅长赵兵一行到商都县就2016年玉米生产者补贴制度落实情况进行督导。会上，县农牧业局负责人汇报关于建立2016年玉米生产者补贴制度落实情况。

28—29日　自治区住建厅城建处处长韩志刚及创建园林县城专家组一行对商都县创建自治区园林城市工作检查验收。就城镇园林绿化建设及供热、供水、污水处理、垃圾处理等市政基础设施建设等方面进行检查验收。

30日　为了深切缅怀革命先烈的丰功伟业，弘扬先烈的崇高精神，寄托后代哀思，告慰先辈英灵，县四人班子领导，县直部门主要负责人，部分县直机关单位和学生代表在县烈士陵园举行2016年烈士纪念日公祭活动。

10月

1日　“喜迎国庆暨纪念红军长征胜利80周年”书画展在商都县美术馆展出，130余幅作品全部由商都县书法爱好者创作。

6日　全县干部大会召开，针对国务院扶贫开发领导小组关于开展2016年度脱贫攻坚督查巡查工作进行安排部署，分析存在问题，研究弥补措施，确保扶贫各项工作经得起检验。县四大班子领导，县直单位负责人，各乡镇党委书记、乡镇长、分管副乡镇长，扶贫助理，驻村工作队队长，驻村第一书记，进村入户工作人员参加。县委书记靳前斌在讲话中提出明确要求，县委副书记、县长曹凯宏主持会议并讲了具体意见，县委副书记张丰生宣读国务院督查巡查工作的通知，县扶贫办针对督查巡查进行现场培训。

8日　重阳节来临之际，为大力弘扬中华民族尊老敬老的传统美德，进一步倡导敬老、爱老、助老的新风尚，县委书记靳前斌，县长曹凯宏，县委常委、常务副县长郭玉广，县委常委、县委办公室主任王再华为社区高龄老人送去节日的祝福与慰问。县民政局有关负责人陪同慰问。

10—13日　为学习兄弟地区先进的发展经验，用以指导全县经济社会发展实践，切实做好精准扶贫工作，如期实现稳定脱贫，促进全县经济社会跨越式发展，县委书记靳前斌，县委常委、县委办公室主任王再华，县委常委、常务副县长郭玉广，县委常委、组织部部长王倩影，以及组织部、招商局、民政局负责人前往河南省登封市、柘城县和山东省烟台市福山区进行考察。

12日　县委中心组（扩大）专题学习会在县青少年活动中心举办。会议邀请国防大学训练部副教育长、国防大学战略及战役学教授、研究生导师、少将纪明葵就“一带一路与中国外交转型”作专题辅导。县四大班子领导，乡镇、科局副科以上领导和部分教师代表参加学习会。

17日　自治区“扶贫济困、圆梦学子”助学项目启动仪式在商都县高级中学举行。自治区副主席王玉明出席启动仪式并讲话，自治区扶贫办主任刘忠诚，自治区教育厅副厅长王惠忠，市委副书记张琛，副市长张军出席启动仪式。启动仪式上向受助学生代表颁发助学金，向捐赠单位颁发荣誉奖牌。

△　为筑牢县纪检监察干部拒腐防变的思想防线，强化“预防为主”的理念，增强反腐倡廉教育的影响力，深化“两学一做”学习教育，商都县纪委组织纪检监察干部赴市警示教育基地参观学习并接受教育。

18日　商都县举行“肩并肩保护生态环境、手拉手共建美好家园”主题教育活动启动仪式。县委常委、副县长陈耀出席仪式并讲话。

20日　为进一步增强全县中小学生国防观念和人防意识，加强防空防灾知识教育，提高自救互救能力，第二届全县中小学生“中国梦、强国梦”国防人防知识竞赛活动在商都县第一中学举行。县委常委、人武部部长刘志敏，县委常委、副县长陈耀出席活动，市人防办有关负责人、县教育科技体育局相关负责人参加活动。活动由县人民防空办公室、县教育科技体育局、县国防教育委员会联合主办。竞赛活动由中学组和小学组共24支代表队组成，通过紧张激烈角逐，小学组和中学组各有6支代表队进入决赛。

21日　商都县第十四届人大常委会第二十六次会议召开，听取审议县人民政府《关于2015年财政决算情况的报告》《关于2013年以来财政融资及使用情况的报告》，县公安局《关于网络安全管理工作情况的报告》，县人大执法检查组《关于对〈中华人民共和国禁毒法〉在我县贯彻实施情况的执法检查报告》，县人民政府《关于提请审议商都县2015年地方政府债务限额的议案》。

24日　全县扶贫工作汇报会召开，主要是总结经验，弥补不足，进一步做好精准扶贫工作，县委书记靳前斌主持会议并讲话。

25日　北京市支援合作办副处长张志深一行到商都县调研对口支援医疗健康精准扶贫工作。调研组先后深入到县医院、中医院、新县医院、小海子镇卫生院和向阳村卫生室实地查看，并与医院及卫生院的负责人详细询问卫生院医生人数、设备配备情况、药品种类、进药渠道、群众就诊情况，查看群众健康管理档案，了解乡镇卫生院的经营现状。

△　政协商都县第九届委员会组织开展委员视察、培训活动，上午，全体政协委员到屯垦队镇壕欠村整村合并项目点、瓦窑沟村圣御肉牛育肥公司、大南坊宏昌淀粉厂、顺城公司"十个全覆盖"项目村、屯垦对养猪场、屯垦对移民搬迁项目村、屯垦对幸福院视察，下午，听取市政协民族宗教文史委主任杨源关于精准扶贫中如何履职尽责的专题讲座。

27日　以国家督学、江西电子信息工程学校校长杨乐文为组长的督导组一行到商都县就国家义务教育均衡发展工作督导检查。检查督导组以听取汇报会、召开座谈会、实地督查等形式对义务教育均衡发展工作开展情况进行全面检查。

11月

1日　全县领导干部大会召开，传达学习中共十八届六中全会精神，安排部署当前重点工作。县委书记靳前斌作重要讲话，县委副书记、县长曹凯宏主持会议。

8日　在县城乡居民便民服务中心举行商都县不动产权证书首证颁发仪式。

上旬　为纪念红军长征胜利80周年，商都县各机关单位、乡村广泛开展"让红色记忆永存，让长征精神永传"主题教育纪念活动。通过重温入党誓词、书画展览、党史知识竞赛等活动，让广大党员干部接受红色教育，激发爱党、爱国激情，创建美好家园。

9日　县委书记靳前斌，县委副书记、县长曹凯宏，县委常委、县委办公室主任王再华，县委常委、副县长张美，县委常委、纪委书记李震，副县长张云、冀飞等率发改局、经信商务局、供电局、扶贫办、文广新局、安监局等相关部门负责人深入部分企业和乡村实地调研。主要是落实县领导跟踪重点项目，协助企业发展壮大，了解乡村精准扶贫进展情况和帮扶单位、帮扶责任人及"驻村第一书记"到岗情况。

11日　经自治区档案局授权，由乌兰察布市档案局副调研员康利华一行4人组成的市档案工作目标管理考评专家组，对商都县纪委监察局申报自治区机关档案一级单位进行审核验收。通过现场严格考核、细致打分、评审认定，以95分顺利通过。

12日　中国通用技术集团党组书记、董事长许宪平，党组副书记、副总经理刘大山，直属党委副书记、党群工作部主任钱新荣，党群工作部党建研究部经理许学银一行到商都县考察扶贫。县委书记靳前斌，县委副书记、县长曹凯宏，县委常委、县委办公室主任王再华，县委常委、副县长陈耀，副县长冀飞、七台镇西大井村"驻村第一书记"都吉波等参加考察。许宪平一行依次深入到十八顷镇小庙子嘎查、泉脑子村，佰惠生糖厂、通用小学、七台镇田士沟村贫困户刘金美家等处实地考察。

15日　全县重点工作推进会召开，会议主要任务是听取当前扶贫、信访、维稳等重点工作情况，分析存在问题和困难，安排部署近期各项重点工作。四大班子领导，各乡镇、县直（条管）各单位副科以上领导干部，驻村第一书记，教育、卫生系统所属事业单位负责人参加会议。

16日　自治区政府第二督查组组长、自治区工商局总会会计师吕新生一行到商都县考察商事制度改革加强事中事后监督政策措施落实情况。

市政府副秘书长宋志峰、市工商局副局长董建平出席会议，副县长张云汇报。

17日　全市纪检监察机关学习贯彻六中全会精神动员会暨“两级联审”“乡案县审”现场观摩会在商都县召开。自治区纪委常委、监察厅副厅长朱俐萍，自治区纪委申诉复查处副处长姜志恒，乌兰察布市委常委、纪委书记徐志明，市纪委常委、纪委副书记赵师军，市纪委常委、纪委、秘书长、办公厅主任刘暐等一行，对商都县纪检监察机关基层基础建设和“乡案县审”工作运行情况现场观摩。各旗县市区纪委书记、分管审理工作的副书记、审理室案管室主任、市纪委有关厅室负责人60余人参加观摩会。

22日　商都县举办全县行政执法人员资格认证（换证）培训班，邀请集宁师范学院教授武勇和乌兰察布广播电视大学副教授白吉玮授课。

24日上午　中共十八届六中全会精神乌兰察布市宣讲团副组长、讲师团团长徐浩杰、市委党校党史党建教研室主任、副教授凌宏波一行到商都县开展宣讲活动。县四大班子领导，各乡镇各部门副科以上干部，党校全体教师参加报告会。

24日下午　县委副书记、县长曹凯宏主持召开电子商务进农村工作推进会。县委常委、副县长张美，政协副主席、财政局局长金建民出席会议。会议听取阿里巴巴集团农村事业部相关负责人关于农村淘宝发展模式及商都县农村淘宝项目有关情况和县经信商务局负责人关于电子商务进农村工作推进情况汇报。县政府办、经信商务、农牧业、工商质监、食药、扶贫、供销社、团委等相关部门及各乡镇负责人参加会议。

28日　为贯彻落实市政府安全生产工作紧急电视电话会议精神，商都县召开全县安全生产工作会议。县长曹凯宏出席并作重要讲话。会议的主要内容是传达中央、自治区、乌兰察布市各级领导关于当前安全生产工作批示精神，安排部署全县春节前安全生产大检查工作。县委常委、副县长张美，副县长张云，安委会全体成员、各乡镇主要负责人参加会议。县委常委、副县长陈耀主持会议。

29日　全县干部大会召开，传达自治区党委九届十九次全体会议、第十次党代会及自治区党委十届一次全会精神，安排部署全县贯彻落实工作。

30日　由县委宣传部、县文化旅游新闻出版局主办，内蒙古温宁房地产开发有限公司协办的2017年“巨弘杯”“我要上春晚”颁奖晚会在青少活动中心精彩上演。

12月

1日　中共十八届六中全会精神乌兰察布市纪委宣讲团成员市纪委常委、组织部部长张文华，市预防腐败局副局长、第五纪检监察室主任冯泽凯一行到商都县开展宣讲活动。各乡镇纪委、县纪委监察局各派驻纪检组（纪委）和县纪委监察局机关全体干部100多人参加报告会。

△　第二十九个“世界艾滋病日”之际，为深入贯彻全国、自治区卫生与健康大会精神，落实《国务院关于进一步加强艾滋病防治工作的通知》和自治区、市防艾办《关于做好2016年“世界艾滋病日”宣传活动的通知》精神，全面完成第三轮自治区艾滋病综合防治示范区各项工作，商都县围绕“携手抗艾　重在预防”这一主题开展“世界艾滋病日”宣传活动。

2日　2016年全县今冬明春火灾防控暨道路交通安全会议召开。副县长、公安局局长王晓东出席会议并作重要讲话。全县道路交通安全工作领导小组成员，全县防火委成员，各乡镇分管道路交通安全、消防工作的领导，各乡镇派出所所长，以及交警队部分民警和部分重点消防单位负责人参加会议。

6日　商都县召开西山—大石架矿山区域生态环境综合治理项目联审会。该项目对保持全县生态系统、维护生态平衡、减少水土流失、防治洪水灾害、振兴县域经济具有重要作用。

12 日 在县高级中学图书馆阶梯教室召开全县企业安全生产工作会议。会议主要任务是深入贯彻落实近期召开的三级安全生产工作视频会议精神，扎实开展企业安全生产工作，确保全县安全生产形势持续稳定向好。

13 日 青岛昌盛东方实业集团战略投资考察座谈会在商都县召开，并邀请乌兰察布市国源公司总经理徐聪敏出席会议。昌盛集团轮值 CEO、华盛绿能农业科技有限公司总经理周绍辉，昌盛集团副总裁、董事会秘书孔磊，昌盛集团副总裁、创客板块总经理隋海周等 20 多位相关负责人组成的考察团参加座谈会。会上，双方就 20 兆瓦光伏园区规划、农业科技大棚的研发运营、优质瓜果蔬菜的种植生产、绿色有机蔬菜配送、农业电商发展等领域进行深入交流。

14 日上午 商都县召开自治区第十次党代会精神乌兰察布市宣讲团报告会，市文明办专职副主任郭经纬作专题报告。

14 日下午 自治区公安厅副厅长赵云辉、厅指挥中心主任赵公跃、治安总队总队长闫广林、食药总队总队长赵世勇、科信总队总队长唐国清一行在乌兰察布市副市长、公安局长宝音德力格尔，市局政治部主任王海英和市局相关科室支队领导陪同下，深入商都县公安局基层所队、消防重点管理单位、人员密集场所及大型企业等内部安全管理重点单位督导检查工作。

15 日 以市人大常委会主任张志强为组长，副市长张军为副组长的全市安全生产集中督查组第三督查组深入商都县就安全生产情况进行检查。

16 日 商都县与中关村数字文化产业联盟召开文体中心项目合作洽谈会，初步达成共识，双方签订项目合作框架协议。

20 日 在县党政大楼七楼会议室召开县委常委扩大会议。会议主要研究讨论县第十三次党代会报告重点项目的任务分解事宜，安排当前和今后一个时期信访维稳工作、安全生产、扶贫验收和“十个全覆盖”工程决算问题，传达全市推进“两学一做”学习教育调度会议精神，安排部署全县的“两学一做”学习教育活动。县委书记靳前斌主持会议并作重要讲话。县委常委、副县长郭玉广就商都县第十三次党代会报告重点项目任务分解及全县信访维稳工作进行汇报，县委常委、副县长张美就当前安全生产工作作了具体安排，副县长冀飞就全县扶贫验收和“十个全覆盖”工程情况进行具体安排，县委常委、组织部长王倩影传达全市“两学一做”学习教育调度会议精神并安排部署全县“两学一做”学习教育活动。

△ 商都县第十四届人大常委会第二十七次会议召开，听取审议县人民政府关于小区物业管理工作情况的报告、关于城镇交通管理工作情况的报告、关于十四届人大五次会议代表建议和意见办理情况的报告、《关于深入开展法治宣传教育推进法治商都建设的第七个五年规划（2016—2020 年）（草案）》，审议通过县人大常委会 2017 年工作要点及工作安排。

22 日 商都县召开检察机关、扶贫部门扶贫领域专题警示宣传教育宣讲大会。副县长冀飞出席会议并讲话。会上，参会人员观看市检察院检察长孙建民作的《全市检察机关办理典型职务案件警示教育报告》以及市扶贫部门和市检察院人员宣讲专题片。县检察院、扶贫办全体成员，县直有关单位负责人、各乡镇党委书记（乡镇长）、各行政村支部书记参加会议。

23 日 在县党政大楼七楼会议室召开全县普法依法治理暨第七个五年普法规划实施启动大会。副县长、公安局长王晓东就全县“六五”普法依法治理的情况进行总结并对“七五”普法依法治理工作安排部署。

26 日 副市长王国相率市环保安全督导组

一行到商都县督导检查。督导组先后深入县汽车站及佰惠生糖业等地，通过召开座谈会，实地检查，查阅软件资料等方式，了解全县环保安全工作情况，并及时提出存在的问题和整改意见。

28 日 2016 年北京内蒙古企业商会年会暨内蒙古自治区高层次人才北京工作站年会，北京赤峰企业商会成为团体会员单位揭牌仪式，北京内蒙古商会旅游分会、商都分会、丰镇分会、宁城分会、敕勒川分会成立大会在北京国际饭店举行。

31 日 为传达贯彻落实全市脱贫攻坚推进会精神，分析全县扶贫脱贫工作中存在的问题，研究安排全县扶贫工作，召开全县扶贫攻坚推进会。

（魏　兆）

商都县概况

基本情况

【地理区位】 商都县位于内蒙古自治区中部、乌兰察布市东北部，地理坐标为北纬 41° 18′—42° 09′，东经 113° 08′—114° 15′。东与内蒙古化德县和河北省康保县、张北县、尚义县连接，南与兴和县接壤，西与察右后旗交错，北与锡林郭勒盟的苏尼特右旗、镶黄旗毗邻。商都县境东西宽约 50 千米，南北长约 90 千米，总面积为 4283.49 平方千米。

商都县人民政府所在地七台镇是“张库大道”（张家口—蒙古乌兰巴托）的第七个驿站，地处集二线边缘，集通铁路、呼满省际大通道纵贯全境，商张公路与呼满省际大通道呈丁字相交，东南距张家口市 180 千米，距北京市 380 千米，西南 75 千米至乌兰察布市与京包铁路、京藏高速、110 国道、乌兰察布机场、乌兰察布高铁站相连，距呼和浩特市 220 千米，西北与 208 国道、二广高速衔接，距二连浩特市 280 千米，商都县七台镇是北接蒙古、东连京津冀地区的重要交通枢纽，也是塞外高原通往东北三省的一个节点重镇。

【历史沿革】 商都县建县时间较晚，从商朝起历经西周、东周、秦、汉、三国、西晋、南北朝、唐、宋、元、明直至清朝，一直是大漠草原。清末放荒招垦“垂三十年”后，开始步入农耕文明，先后于民国 4 年（1915 年）、民国 5 年（1916 年）设置垦务行局兼设治局和招垦设治局，以催生农业开发。到民国 7 年（1918 年），随着草场的不断开发，商都人口迅速增长，经济社会日益发展，经中华民国政府批准，正式建县。

民国 14 年（1925 年），商都县被划为察哈尔特别区之五警区，民国 17 年（1928 年）察哈尔特别区改为察哈尔省，商都县直接隶属于察哈尔省管辖，次年，商都实行区域自治。民国 23 年（1934 年）取消区域自治，改行县制。民国 25 年（1936 年），商都被日本侵略军占领。其间，由于民国时期军阀混战、日军侵华和国民党专制统治等诸多政治因素的影响，这片刚刚开发的土地很快陷入社会混乱、经济萎缩、民生凋敝的泥潭，从而迟滞了前进的步伐。

为了争取民族独立和人民解放，商都县的各族人民在中国共产党的领导下，同各种邪恶势力进行英勇的抗争，民国 34 年（1945 年）8 月，商都县获得第一次解放。民国 34 年（1945 年）6 月，中共商都县工委、商都县政府成立，民国 35 年（1946 年）1 月，中共商都县工委改为中共商都县委。民国 36 年（1947 年），为适应敌后斗争形势，中国共产党分别于同年 1 月和 9 月成立商化联合县和商化康联合县，12 月，联合县建制撤销。经过解放战争数年艰苦卓绝的斗争，1949 年 1 月，商都县获得第二次解放，中国共产党商都县委员会暨商都县政府成立，商都县延续县级建制划归察哈尔省，隶属察北地区管辖。

中华人民共和国成立后，1950年7月1日，商都县政府改为商都县人民政府。1952年11月，察哈尔省撤销，商都县划归河北省张家口专区管辖。1958年10月，坝上五县即商都、张北、尚义、康保、沽源合并成立张北县；1960年1月，商都和尚义从张北县划出，并为商都县；1961年5月，尚义从商都县划出，商都恢复原建制。1962年7月，商都县划归内蒙古自治区，属乌兰察布盟管辖。2004年8月，乌兰察布盟改称乌兰察布市，商都县隶属乌兰察布市管辖。

【人　口】 商都县辖6个镇4个乡：七台镇、十八顷镇、大黑沙土镇、小海子镇、屯垦队镇、西井子镇、大库伦乡、玻璃忽镜乡、卯都乡、三大顷乡，211个村委会、22个社区居委会、695个自然村。2016年全县149747户，总人口332999人，其中男170598人，女162401人。其中城镇人口73164人，乡村人口259835人。县境内有汉族、蒙古族、回族、满族、藏族等10多个民族。其中蒙古族人口4939人，汉族人口327041人，其他少数民族人口1019人。全县人口密度为77.7每平方千米。

【自然环境】 商都县地处内蒙古高原中部之南缘，循阴山东端之余脉落座。商都县地势自西北向东南逐渐倾斜，呈不规则图形；地貌以低山丘陵为主，间布山间盆地、丘间宽谷、波状高原和冲积平原，海拔在1300米—1600米之间。全县海拔最高点麻黄山1795米，最低点察汗诺尔1273米。较高山脉有麻黄山、青石脑包山、马鬃山、公鸡山、黄龙洞山、元宝山、铜顶山等，较大季节性河流有不冻河、五台河、十八顷河、六台河、铜钴辘河等，相对规整的平原有十八顷平原、小海子平原、八十五号平原、大黑沙土平原、玻璃忽镜平原等，较大湖淖有察汗诺尔、田士沟海、二吉淖，较小湖淖39处，有八股地中型水库1座，三面井和不冻河小型水库2座，较小型水库10余座。

商都县属中温带半干旱大陆性季风气候，2016年，全年平均气温4.50C，最高气温（极值）33.20C（8月6日），最低气温（极值）–32.40C（1月23日），平均最高气温11.1℃，平均最低气温–1.5℃；年降水日150天，年降水量380.3毫米，日最大降水量63.1毫米（8月18日）；年日照2803.2小时，年蒸发量约2020毫米；年大风日数60天，最大风速17.1米/秒（4月1日），年平均风速约2.6米/秒；年无霜期190天，初霜日9月28日，终霜日3月21日。

【耕地作物】 全县实有耕地面积157350公顷，其中水浇地26280公顷，农作物主栽品种为马铃薯、玉米、小麦、豆类、杂粮和蔬菜，2016年农作物总播面积102158公顷，其中粮食作物59840公顷，总产量81515吨；油料作物19829公顷，总产量37268吨；甜菜种植面积10003公顷，总产量462446吨；蔬菜瓜果种植面积19156公顷，总产量310533吨。全县每年马铃薯种植面积稳定在3.33万公顷，其中315套喷灌圈面积1万公顷，膜下滴灌0.33万公顷，旱作覆膜1.33万公顷，年总产鲜薯70万吨。得天独厚的自然条件使全县马铃薯保持良好的品质，表现特征为牙眼浅、薯性好、表皮光滑、还原糖低、干物质高、无污染无公害。鲜薯销往全国各地，发展马铃薯相关产业有着广阔的市场前景和资源保障。

【草原家畜】 全县实有草原面积20.4万公顷，其中可利用草场面积9万公顷。养殖业以奶牛、肉羊、生猪为主，年家畜饲养量200多万头（只）。

【林　地】 全县林地面积19.65万公顷，其中森林面积10.73万公顷，各类活立木总蓄积量为76.98万立方米，森林覆盖率为25%。

【水资源】 全县淡水总面积0.77万公顷，可养殖水面面积0.55万公顷。地下水总储量5.8亿立方米，主要分布在盆地及丘间宽谷地带。大气入渗补给量 2.62 亿立方米 / 年，可开采量 1.22 亿立方米。

【矿产资源】 全县已探明的矿产资源有 20 多种。其中，二氧化碳气体开采范围 500 平方千米，储量约 50 亿立方米，二氧化碳含量 97.5%；石英石在全县 80% 的区域不同程度地裸体外露，储量 11.35 亿吨，二氧化硅含量在 96% 以上，部分矿体达到 99.9%；石灰石储量 1.82 亿吨，氧化钙含量在 52% 以上；硅藻土储量 650.95 万吨，二氧化硅含量 61.29%—70%；白泥储量 11.02 万吨，三氧化二铝含量 17.4%，氧化硅含量 52.5%；高岭土储量约 30 万吨；长石储量约 1000 万吨，氧化钾、氧化钙含量在 10%—13%。铁矿储量 1248.4 万吨。

【风能资源】 全县风能资源极为丰富，境内规划有吉庆和常胜梁两大风场。吉庆百万千瓦级风场位于县境北部，距县城 35 千米，海拔高度 1346 米—1508 米，规划面积 777 平方千米，规划装机容量 240 万千瓦，风场 70 米高年平均风速在 8.56 米 / 秒左右，风功率密度 572.6 瓦 / 平方米。常胜梁风场位于县境南部，距县城 12 千米，海拔高度 1332 米—1497 米，规划面积 20 平方千米，规划最高装机容量为 10 万千瓦，风场 70 米高年平均风速在 7.04 米 / 秒左右，风功率密度 369.9 瓦 / 平方米。吉庆和常胜梁两大风场风资源丰富，地势平坦，林木及建筑物少且不易产生风的紊流现象，破坏性风速几乎没有。风场内已安装测风塔 22 座，其中 70 米高测风塔 21 座，40 米高测风塔 1 座，为规模建设风电场奠定了良好的基础。全县风场接入系统靠近蒙西电网，入网条件优越。规划风电装机容量已达到 700 万千瓦。

【光能资源】 商都县光照能源充足，为光伏发电提供优越条件，通过国家光伏项目向国贫县倾斜的机遇，借助扶贫绿色通道实现 IPO，建设商都光伏产业园，规划光电装机容量已达到 200 万千瓦。

【植　物】 全县植物种类较多，药用植物有：甘草、黄芪、麻黄、黄芩、防风、知母、苍术、柴胡、桔梗、秦艽、远志、车前子、玉竹、王不留行、芦根、漏芦、白茅根、苦甘草、百合、地榆、地黄、狼毒、苦参、山大黄、板蓝根、党参、枸杞、牛蒡子、天仙子、牵牛子、葶苈子、苍耳子、地肤子、刺蒺藜、沙棘、杏仁、红花、野菊花、洋金花、旋复花、山川柳、艾叶、荆芥、茵陈、青蒿、薄荷、蒲公英、小蓟、大蓟、扁蓄、败酱草、益母草、仙鹤草、卷柏、石苇、画眉草、石竹、多叶棘豆、鸡冠花、马兰等。

纤维植物有：芨芨草、芦苇、猪鬃草、马兰、野麻子等。

淀粉植物有：灰菜、沙蓬、野麦子、野荞麦、野豌豆、山葱葱、扁株株（方言）等。

食用菌及副食植物有：蘑菇、发菜、地皮菜、山韭菜。

牧草植物有：营草、冰草、羊草、冷蒿、针茅、隐子草、小叶锦鸡儿、百里香、禾草、苔草、柄扁桃、山榆、苜蓿、盐爪爪、白刺、杂草类等。

用材植物有：杨树、柳树、榆树、松树、山杏树。

【动　物】 由于区域面积小、环境单调、气候寒凉的自然条件，天然上不能为动物的生存和生活提供优越的环境。因此，全县动物数量、种类都很少。

从类别上分，有兽类、鸟类、爬行类、两栖类、昆虫、鼠类等。主要动物有：狼、狐狸、獾、黄鼬、沙狐、黄羊、野兔、黄鼠、跳土、蛇、青蛙、蜥蜴、天鹅、丹顶鹤、石鸡、地甫、沙鸡、鹌鹑、白灵子、画眉、山雀、黄鹂、麻雀、鸽子、燕子、喜鹊、布谷鸟、山燕、啄木鸟、蓝靛、大雁、半翅、水鸭、乌鸦、杜鹃、雕、小翠鸟、蜻蜓、水蛭、萤火虫、蜈蚣、虻、蟋蟀、壁虎、蜘蛛、蝗虫、蝴蝶、蜜蜂、苍蝇、蚊子、蚰蜒、蝼蛄、斑蝥、蚯蚓等。

2016年经济社会发展情况

【概　况】 2016年，“十三五”开局之年，中共商都县委、县人民政府领导全县各族人民，认真贯彻落实中共十八大、十八届三中、四中、五中、六中全会精神和习近平总书记系列重要讲话精神，深入贯彻“四个全面”战略布局，坚持“五大发展理念”，按照县委十二届六次全委（扩大）会议确定的发展思路和工作方略，主动适应新常态，统筹推进稳增长、调结构、促改革、惠民生各项工作，经济建设总体呈现“稳中向好、稳中有升、稳中有进”的良好态势，实现了经济社会持续稳定发展，县域经济综合实力进一步增强。

全年实现地区生产总值61.2亿元，同比增长6.9%，其中第一产业增加值12.49亿元，同比增长1.9%；第二产业增加值26.06亿元，同比增长6.8%；第三产业增加值22.65亿元，同比增长9.9%。

三次产业对经济增长的贡献率：第一产业对经济增长的贡献率5.9%，拉动GDP增长0.4个百分点；第二产业对经济增长的贡献率42.0%，拉动GDP增长2.9个百分点；第三产业对经济增长的贡献率51.7%，拉动GDP增长3.6个百分点。人均地区生产总值达到18378.5元，同比增长2.2%。三次产业比例为20∶43∶37。

【农　业】 全年农作物播种面积102158公顷，其中，粮食作物播种面积59840公顷，同比增长7.3%，粮食总产量8.15万吨，同比增长8.5%；经济作物播种面积42318公顷，同比增长22.1%，油料产量3.73万吨，同比增长47.09%，甜菜产量46.24万吨，同比增长3.1%，蔬菜产量30.8万吨，同比增长61.8%。全县马铃薯播种面积27334公顷，同比增长9.8%，总产量4.46万吨，同比增长5.4%。

全县牧业年度牲畜存栏头数701364头（只），全年肉类总产量2.27万吨。

全年完成营造林面积2800公顷，其中人工造林面积2133公顷。年末全县森林面积10.76万公顷，森林覆盖率25%。

【工业　建筑业　固定资产　能耗】 全部工业增加值达到22.74亿元，同比增长7.5%，其中规模以上工业增加值同比增长7.6%。全县规模以上工业总产值64.81亿元，同比增长2.13%。在35家规模以上工业企业中，按登记注册类型分：内资企业34家，实现工业总产值62.35亿元；港澳台商投资企业1家，实现工业总产值2.46亿元；按行业分类：采矿业4家，实现工业总产值5.96亿元；制造业22家（农副产品加工业6家，酒、饮料和精制茶制造业1家，非金属矿物制造业3家，黑色金属冶炼和压延加工业12家），实现工业总产值53.13亿元；电力、热力、燃气及水生产和供应业9家，实现工业总产值5.72亿元。

从主要工业产品产量看：全县白酒产量达8220千升；发电量达91133.35万千瓦时，其中风力发电量72571.06万千瓦时，太阳能发电量18562.29万千瓦时；成品糖产量达到5.668万吨；铁矿石原矿量459.3454万吨；铁合金产量31.1117万吨；石墨碳素制品6148吨；水泥熟料产量162.3502万吨；鲜冷藏肉8165吨。

全年建筑业增加值实现3.33亿元，同比增长2.3%。全县具有建筑业资质等级的建筑企业4家，施工企业完成房屋建筑施工面积34.5万平方米。

全县500万元以上项目固定资产投资完成36.1亿元，同比增长11.9%。从行业看，房地产完成投资1.05亿元，农林牧水完成投资6.02亿元，城市建设完成投资6.27亿元，工业完成投资16.62亿元，其他项目完成投资6.14亿元。

全县能源消耗总量为74.58万吨标准煤，单位GDP能耗下降0.79%，单位工业增加值能耗下降0.65%，全社会用电量为155391.99万千瓦时。

【交通　邮电】 全年新修农村公路264.6千米，街巷路面硬化560千米，基本实现行政村路面硬化全覆盖。邮政业务总量1430.2万元，电信业务总量9447万元，互联网宽带接入年末用户21900户，移动电话年末用户167500户，固定电话年末用户3700户。

【社会消费品零售总额】 全年社会消费品零售总额32.6亿元，同比增长9.2%。其中：批发、零售、住宿、餐饮分别完成12.6亿元、16.8亿元、0.4亿元、2.8亿元，同比增长8.9%、4.7%、33.3%、27.2%。

【财政　金融】 全年完成公共财政预算收入2.0亿元，同比增长9.9%；完成财政公共预算支出24.4亿元，同比增长–12.8%。

年末全县金融机构人民币存款余额606574万元，其中单位存款余额138009万元，财政性存款636万元，个人存款余额467927万元。年末全县金融机构人民币贷款余额228725万元，其中短期贷款184011万元，中长期贷款44715万元。人寿保险承保人数51098人，保险总额7115.58万元，意外险给付金额592.29万元，退保金额245.91万元；财产保险总额744.67万元，意外险给付金额446.80万元；农业保险总额2952.8万元。

【教育　文化　卫生　体育】 全县有普通中学5所（其中普通高中1所），职业技术高中1所，小学16所，年末在校学生17227人，教职工1788人，其中专任教师1519人。公办幼儿园8所，入园儿童1213人，教职工90人，其中专任教师72人；民办幼儿园24所，入园儿童2315人，教职工232人，其中专任教师156人。通过国家义务教育均衡发展验收。

全县有文化馆1座，美术馆1座，图书馆1座，文物管理所1座，民俗博物馆1座，文化市场综合执法大队1个，乌兰牧骑1个。从事文化事业工作人员47人。

全县有广播电视台1座，发射台及转播塔3座，有线电视网络节目204套。从事广播电视工作人员94人。

全县卫生机构23个，其中县直医院2个，乡镇卫生院18个，疾控中心1个，卫生监督所1个，妇幼保健计划生育技术服务中心1个，有病床808张，有卫生医务工作人员777人，其中卫生医疗技术人员625人。深入推进公立医院改革，县医院被评为二级甲等医院，公共卫生服务中心大楼建成，残疾人康复中心投入使用，行政村卫生室实现全覆盖，三级医疗卫生条件进一步改善。

落实“全面二孩”政策，全县人口出生率4.4‰，人口自然增长率0.6‰。

全年建成村民健身广场和居民体育活动场地31处，新建和配套村民文化活动室43个。

【人民生活　社会保障】 全年财政用于民生支出达15亿元，同比增长7.1%。按照“六个精准”和“五个一批”要求，实施产业扶贫、易地搬迁、教育扶贫、健康扶贫、生态补偿、社会兜底扶贫等一系列措施，全县贫困人口3549人实现稳定脱贫，28个重点贫困村退出贫困序列，贫困发生率由8.48%下降到7.11%。新增城镇就业1352人，发放小额担保贷款1117万元；农村劳动力转移就业4万人。为低保家庭大学生390人一次性发放就学补助1340万元，为低收入农牧户30925户每户发放暖心煤补贴600元，为建档立卡贫困人口5380人办理低保，为城镇低保无房户2083户发放住房补贴355.7万元，为困难残疾人和重度残疾人发放补贴225.2万元。完成农村危房改造17860户，棚户区改造三期工程累计3300户，旧城居民2万多人受益。

年末全部单位从业人员9129人，同比下降4.9%，全部单位在岗职工平均工资71463元，同比增长6.8%；年末国有单位从业人员7786人，同比下降4.9%，国有单位在岗职工平均工资72889元，同比增长8.5%；集体单位从业人员581人，同比下降2.7%，集体单位在岗职工平均工资82785元，同比增长1.6%；其他单位从业人员762人，同比下降5.9%，其他单位在岗职工平均工资47886元，同比下降12.2%。

全年全体居民人均可支配收入13645元，同比增长8.3%，城镇居民人均可支配收入23769元，同比增长8.2%。全县农牧民人均可支配收入8549元，同比增长7.9%。

年末参加城镇职工基本养老保险人数10159人，参加城乡居民社会养老保险人数145620人。参加失业保险职工人数8804人。参加城镇基本医疗保险人数42280人，参加农村新型合作医疗保险人数237402人。

全县有社会福利收养性单位3个，床位380张。城镇居民最低生活保障人数9264人，农村居民最低生活保障人数35975人，农村五保户供养人数3266人。

全县机构设置和负责人名录

中国共产党商都县委员会

书　记：靳前斌（2013.1—　）

副书记、县长：曹凯宏（2013.1—　）

副书记：刘晓俊（2015.12—2016.6）

　　　　张卡生（2016.6　　）

常委、县委办公室主任：王再华（2015.12—　）

常委、常务副县长：郭玉广（2015.12—　）

常委、副县长：张　美（2016.6—　）

常委、纪检书记：格宝日（2011.5—2016.6）蒙古族

　　　　李　震（2016.6—　）

常委、宣传部长：熊　威（2013.5—　）

常委、组织部长：米树云（2011.12—2016.6）

　　　　王倩影（2016.6—）女

常委、副县长：王　平（2013.5—2016.6）

常委、政法委书记：张　美（2011.12—2016.6）

　　　　闫　军（2016.6—　）

常委、人武部政委：陈　玺（2016.7 免去常委）

常委、人武部部长：刘志敏（2016.7—　）

常委、副县长：吴亚军（2015.3—2016.11）挂职

　　　　陈　耀（2016.8—　）挂职

　　　　李　军（2016.8—　）挂职

中共商都县委办公室

主　任：王再华（2015.12—　）

副主任：王　瑞（2013.9—　）

　　　　马晓强（2013.9—　）

　　　　王　健（2012.6—　）

　　　　肖建忠（2016.1—　）

商都县接待办

主　任：付　军（2015.3—　）

副主任：宋　强（2016.12 离任）

　　　　郝治安（2014.11—　）

　　　　韩亚囡（2016.12—　）女

商都县机要局

县委办副主任、机要局局长：马晓强（2013.9—　）

机要局副局长：赵宇飞（2007.6—　）

商都县保密局

县委办副主任、保密局局长：王　瑞（2013.9—　）

商都县全面深化改革领导小组办公室

主　任：王再华（2015.12 兼）

常务副主任：杨玉山（2015.3— ）
专职副主任：肖建忠（2015.3—2016.1）
副主任：燕志军（2015.12— ）

商都县委政研督查室

政研督查室副主任：高立宁（2012.6— ）
燕　勇（2012.9— ）

商都县农村牧区工作领导小组办公室

办公室主任：冀　飞（2016.6兼任）
副主任：吴东清（2016.9— ）
郎富才（2016.6— ）
唐贵仁（2016.6— ）
卞海容（2016.8— ）
郭伟东（2016.6— ）

中共商都县委组织部

县委常委、组织部长：米树云（2016.6调走）
王倩影（2016.6任职）女
常务副部长、编办主任：刘志宏
（2004.10— ）
副部长：盛韶军（2009.12— ）
副部长、机关党委书记：宋美军
（2013.9— ）
副部长：郭剑峰（2014.1— ）
冀小兰（2008.7— ）女
赵亚弼（2013.9— ）
非公企业和社会组织党工委副书记：韩亚囡
（2016.12离任）女
陈丽霞（2016.12— ）女
支部书记、正科级组织员、考核办主任：
刘建忠（2014.1— ）
副科级组织员、办公室主任　郭志远
（2014.1— ）
副科级组织员、干部组组长　袁飞宇
（2012.6— ）

办公室副主任（副科）：张　清
（2016.1— ）

中共商都县委宣传部

县委常委、部长：熊　威（2013.5— ）
副部长：葛　海（2014.11—2016.11）
郭冬羽（2001.8— ）
副部长、文明办主任：刘　忠
（2006.4—2016.6）
张　祥（2016.6— ）
副部长：郭玉宽（2016.11— ）
网信办主任：张志芳（2012.3— ）女
外宣科长：王显涛（2012.9— ）
新闻科长：李志伟（2012.9—2015.3）

中共商都县委统战部

部　长：任笑春（2012.10—2015.8）女
马凤英（2015.8—2015.12）女，
蒙古族（兼）
刘晓俊（2015.12—2016.7）（兼）
张丰生（2016.7— ）（兼）
常务副部长：任笑春（2015.8— ）女
副部长：范伟成（2009.12— ）
田俊楼（2009.12— ）

中国共产党商都县纪律检查委员会（监察局）

县委常委、纪委书记：格宝日（2016.6离任）
蒙古族
李　震（2016.7任职）
县纪委副书记、监察局局长：董建新
（2016.7离任）
高　鸿
（2016.8.任职）
县纪委副书记：郭冬云（2014.11— ）
县纪委常委、监察局副局长：邢喜云
（2014.11— ）女

县纪委常委、审理室主任：曹　琳（2012.6—　）女

县纪委常委、信访室主任：罗莉亚（2014.11—　）女，蒙古族

县纪委常委、办公室主任：董红兵（2016.7—　）

监察局副局长：侯学平（2012.6—　）女

中共商都县委政法委

县委常委、政法委书记：张　美（2016.6 离任）

闫　军（2016.6—　）

副书记、综治办主任：徐建源（2009.12—　）

副书记、防范办主任：徐金兰（2013.6—　）女，回族

副书记、维稳办主任：黄建军（2013.6—　）

综治办副主任：王永春（2008.6—　）

防范办副主任：项　燕（2012.6—　）女

维稳办副主任：王素荣（2009.12—　）女

政治办主任：乔秀娟（2012.6—　）女

商都县机构编制委员会办公室

主　任　刘志宏（2013.9—　）

组织部常务副部长兼副主任：王辉宇（2013.6—　）

事业单位登记管理局局长：宁　河（2012.6—　）

电子政务中心主任：郭建丽（2015.3—　）女

商都县老干部局

局　长：冀小兰（2016.12 离任）女，组织部副部长兼

姚淑芳（2016.12 任职）女

副局长：李玲芳（2014.11—　）女

商都县关心下一代工作委员会

常务副主任：马文亮（2004.7—　）

副主任：康　宝（2002.7—　）

刘义仁（2002.7—　）

办公室主任：赵　平（2012.5—　）

中共商都县委党校

常务副校长：郝　文（2015.12—　）

副校长：张志平（2006.4—　）

吴宏利（2015.3—　）女，蒙古族

商都县档案管理局

局　长：薛银山（2013.9—　）

副局长：燕　军（2013.12—　）

门正达（2015.4—　）

中共商都县委党史领导小组办公室

主　任：魏　兆（2007.7 兼）

商都县人民代表大会常务委员会

党组书记、主任：叶　旺（2012.11—　）

党组副书记、副主任：高加林（2012.11—　）

党组成员、副主任：李生智（2012.11—　）

罗　宏（2012.11—　）

副主任：刘瑞明（2016.3—　）

人大办公室（内设规范性文件备案审查服务中心和计划预算审查服务中心）

主　任：兰瑞新（2013.9—　）

副主任：赵丽霞（2016.5—　）女

财政经济工作委员会

主　任：忻船飞（2007.9—　）

副主任：苏布登花（2007.9—　）女，蒙古族

教育科技文化卫生工作委员会

主　任：张瑞峙（2007.9—　）女
副主任：张晓红（2015.3—　）女

法制工作委员会

主　任：朱　根（2009.11—　）
副主任：吴晓霞（2008.7—　）女

选举任免代表联络工作委员会

主　任：薛　美（2013.9—　）
副主任：姚　斌（2016.6—　）

联合纪检二组

组　长：何　荣（2015.3—　）女
干　事：翟利忠（2015.4—　）

商都县人民政府

县委副书记、县长：曹凯宏（2013.1—　）
县委常委、常务副县长：郭玉广（2015.12—　）
县委常委、副县长：王　平
（2013.5—2016.6）
张　美（2016.6—　）
副县长：薛　岭（2014.6—2016.6）挂职
吴亚军（2015.3—2016.11）挂职
张　赫（2015.2—2016.2）挂职
陈　耀（2016.5—　）挂职
李　军（2016.8—　）挂职
张丽霞（2007.11—　）女
张　云（2012.4—　）
刘　瑞（2011.12—　）
冀　飞（2015.12—　）
王晓东（2014.11—　）

商都县人民政府办公室

主　任：郑　直（2013.9—　）
副主任：张　朝（2007.6 兼）
张飞鹏（2013.9 兼）
王继永（2013.9 兼）
姚淑芳（2012.2 兼）女
杜霄鹰（2009.12—　）
赵瑞军（2009.12—　）
李雅东（2012.6—2015.3 兼）
张树彬（2016.11 兼法制办主任）
联合纪检监察四组组长：许增强（2015.3—　）
外事办主任：于建国（2009.12—　）
应急办主任：张树彬（2012.6—2016.11）

商都县政务服务中心

主　任：张飞鹏（2013.9—　）
副主任：任效栋（2007.6—　）女

商都县公共资源交易中心

主　任：刘建萍（2014.11—　）女

商都县政府信息化工作办公室

主　任：张　朝（2011.6—　）

商都县信访局

局　长：姚淑芳（2012.2—2016.12）女
王小平（2016.12—　）
副局长兼正科级信访督查专员：王小平
（2013.9—2016.12）

商都县人防办

县政府办副主任兼人防办主任：赵瑞军
（2015.4—　）

商都县地方志编纂委员会办公室

主　任：魏　兆（2004.7 兼）

中国人民政治协商会议商都县委员会

主　席：吕生金（2012.11—　）
党组书记：郭守玉（2016.7—　）
副主席：任笑春（2012.11—　）女
　　　　张占英（2012.11—　）
　　　　张晓玲（2012.11—　）女
　　　　金建民（2012.11—　）
秘书长：郭存富（2014.2—　）

办公室

主　任：郭存富（2013.9—　）
副主任：郭晓雯（2012.6—　）女

提案委

主　任：黄学文（2015.12—　）
副主任：王建峰（2015.12—　）

社会事务委

主　任：刘蓉晖（2015.12—　）女
副主任：王雪萍（2015.12—　）女

经济委

主　任：王若筠（2015.12—　）女
主　任：武玉军（2015.12—　）

民族宗教和文史委

主　任：穆　锴（2015.12—　）
副主任：李占建（2015.12—　）

商都县总工会

主　席：曹利和（2014.11—　）
副主席：赵亚琼（2013.4—　）女，满族
　　　　边淑芳（2015.4—　）

共青团商都县委员会

书　记：杨雪林（2010.10—　）
副书记：李志伟（2015.3—　）
　　　　古　洋（2013.4—　）

商都县妇女联合会

主　席：常利琴（2004.6—　）女
副主席：郭　晏（2004.10—　）女
　　　　李海东（2004.10—　）女

商都县科学技术协会

主　席：姚学云（2006.4—　）女
副主席：尚兴业（2004.6—　）

商都县红十字会

常务副会长：杨德福（2013.9—　）
副会长：任春玲（2005.6—　）女
办公室主任：武　霞（2010.5—　）女

商都县文学艺术界联合会

主　席：王爱贤（2007.6—　）

商都县残疾人联合会

理事长：郑　荣（2008.6—　）
副理事长：张少华（2006.4—　）
　　　　　王素文（2010.2—　）

商都县工商业者联合会

主　席：张建国（2013.9—　）
副主席：翁立新（2004.10—　）

商都县计划生育协会

常务副会长：王誉芳（2008.7—　）女

商都县人民法院

党组书记、院长：郭永国（2014.11— ）
党组副书记、常务副院长：李建军（2012.9— ）
党组成员、副院长：孙国平（2008.6— ）
张怀宇（2013.5— ）
党组成员、纪检组长：刘祥云（2011.6— ）女
党组成员：张亚军（2016.6— ）
张　石（2016.6— ）女
孙　科（2016.6— ）

商都县人民检察院

检察长：吴德霖（2012.3—）
副检察长：谢　力（2007.6—）
师占军（2010.7—）
赵云宙（2010.7—）
纪检组长：韩　清（2010.7—）
反渎局局长：张彦飞（2014.1—）
反贪局局长：周海龙（2010.7—）
政工科科长：张　展（2014.1—）

商都县公安局

局　长：王晓东（2014.11— ）
政　委：闫　佩（2012.3— ）
副书记：李林祥（2002.8— ）
副政委：霍高俊（2007.6— ）
副局长：逯志远（2007.6— ）
景秀平（2007.6— ）
刘占斌（2008.7— ）
纪检书记：康杰峰（2005.11— ）
副局长　郭　震（2012.7— ）
索占坡（2013.9— ）

商都县交警大队

大队长：韩慧春（2016.3 离任）
杜永旺（2016.3—）
教导员：宋元明（2016.3 离任）
冀　刚（2016.4—）
副大队长：冀　刚（2016.3 离任）
樊　强（2016.4—）
刘荣国（2016.3 离任）
孟庆滨（2016.4—）
张存有（2016.3 离任）
李　娟（2016.4—）女

商都县司法局

局　长：薛丙文（2013.9— ）
副局长：张亚军（2006.6— ）
徐艳霞（2010.1—）女

商都县人民武装部

部　长：刘志敏（2015.4— ）
政　委：陈　玺（2016.4 转业）
副部长：胡邦贵（2016.4 转业）
政工科长：段　英（2014.4— ）
后勤科长：张文广（2012.4— ）

武警商都县中队

中队长：胡适其（2016.1—2016.12）
指导员：刘金键（2016.5—2016.12）

商都县公安消防大队

（一）消防大队
教导员：银　春（2014.12— ）
大队长：田小金（2014.12—2016.12）
（二）消防中队
指导员：崔　勐（2015.12— ）
中队长：郝志远（2014.12— ）

商都县人力资源和社会保障局

局　长：赵亚弼（2013.4—　）满族
纪检组长：王雪亮（2013.6—　）
副局长兼医保局局长：王　权
（2009.12—　）
就业局局长：简立峰（2016.5—　）
人社局副局长：王建彬（2008.7—　）
庞建平（2004.10—　）
乔瑞平（2007.6—　）女
仲裁办主任：邵志峰（2010.1—　）女

商都县社会保险事业管理局

局　长：张连江（2009.11—　）
副局长：郭和平（2004.6—　）
孙志强（2007.6—　）

商都县劳动就业服务局

局　长：许　海（2016.4 离任）
简立峰（2016.5—　）

商都县医疗保险管理局

局　长：王　权（2009.12—　）
副局长：张润珍（2009.12—　）女
张莲珍（2012.8—　）女

商都县扶贫开发办公室

主　任：李雅东（2015.3—　）
副主任：王一鸣（2013.9—　）
任明科（2013.9—　）

商都县民政局

局　长：吴东清（2013.9—2016.6）
任海清（2016.7—　）
副局长：张义军（1999.6—　）蒙古族
刘宏斌（2008.6—　）
武　勇（2008.6—　）
纪检组长：乔志兵（2013.6—　）
双拥办专职副主任：赵琰璞
（2011.6—）女
副主任科员：冯宪珍（2006.3—　）女

商都县民族宗教事务局

局　长：高　河（2013.9—　）蒙古族
副局长：胡利芳（2006.3—　）女
马登芳（2002.8—　）女，回族

商都县发展和改革局

党委书记、局长：燕志军（2015.12—　）
副局长：王素英（2013.10—）女
刘利新（2013.10—　）
霍会元（2015.3—　）
纪检书记：朱　勇（2014.5—　）
生态办副主任：郭志远（2004.9—　）
项目办副主任：孙　涛（2013.4—　）女
粮食局副局长：李　英（2004.6—　）

商都县国土资源局

党组书记、局长：逯吉元（2011.2—　）
党组成员　副局长：张世平（2014.5—　）
张建民（2003.8—　）
王彦祥（2003.11—　）
李晓东（2011.1—　）
纪检组长：张春曦（2010.1—　）
监察大队长：燕　辉（2012.10—　）
监察大队教导员：王志军（2012.10—　）

商都县工商质监局

局　长：李德胜（2015.3—　）
副局长：郝业安（2007.3—　）
闫　志（2008.3—　）
刘向海（2011.11—　）

纪检组长：张　箭（2015.3—　）

商都县安全生产监督管理局

局　长：陈亚明（2016.1 离任）
　　　　何　军（2016.1—　）
副局长：周树根（2004.10—　）
　　　　曹　敏（2004.10—　）

商都县食品药品监督管理局

局　长：武　举（2014.11—　）
副局长：赵存爱（2012.10—　）
　　　　马晓宇（2002.4—　）
　　　　周　冰（2014.6—　）
稽查队长：杜建平（2014.11—　）

商都县招商局

局　长：霍会元（2012.4—　）
副局长：安永光（2012.4—　）
　　　　王旭东（2012.4—　）

商都县审计局

局　长：赵江海（2009.5—　）
副局长：李　凯（2006.4—　）
　　　　李重阳（2007.7）女
　　　　田宏斌（2012.5—　）
纪检组长：刘贵荣（2013.6—　）
总审计师：鲍　有（2011.6—　）

商都县统计局

局　长：闫德民（2013.9—　）
副局长：张葆琳（2010.10—　）女
　　　　李宝兵（2015.4—　）

国家统计局商都调查队

队　长：李永杰（2014.9—　）

商都县农牧业局

党委书记、局长：李　军（2013.9—　）
副局长：赵凤仙（1996.6—　）女
　　　　安秀丽（2006.3—　）女
　　　　田玉林（2012.6—　）
　　　　刘　忠（2016.6—　）
纪检书记：侯　飞（2013.4—　）
总畜牧师、兽医局局长：王　平
（2009.12—　）
总农艺师：郝步珍（2012.6—　）蒙古族

商都县林业局

局长、党委书记、森林公安局政委：王建喜
（2012.6—　）
副局长：翁　河（2013.4—）
　　　　高春利（2015.3—）女
纪检书记：翁治军（2016.10—　）
总工程师：李　全（2012.6—　）
森林公安局局长：李　广（2014.11—　）
园林局局长：张晔宇（2016.1—）
森林公安局副局长、禁牧办主任：王少兵
（2013.6—　）
森林公安局副政委：裴卫东（2016.6—　）

商都县园林局

局　长：张晔宇（2016.1—　）
副局长：曹淑平（2016.1—　）
　　　　郝　凯（2016.1—　）
书　记：田　虎（2016.1—　）

商都县水利局

局　长：葛有旺（2006.3—　）
副局长：许　铎（2006.6—　）
　　　　赵保平（2006.8—　）
纪检组长：王　政（2013.5—）

商都县农牧业机械管理局

局　长：庞学峰（2002.8—　）
副局长：陈存金（2010.2—　）
　　　　赵宏广（2010.2—　）

商都县气象局

局　长：杨自强（2016.7—　）
副局长：王轶博（2015.5—　）
　　　　2016.6 主持工作

商都县经济信息商务局

局长、党委副书记：袁海宏（2015.3—2016.6）
局长、党委书记：袁海宏（2016.6—　）
副局长、党委书记：田振钢（2015.3—2016.6）
副局长：张燕飞（2015.3—　）
　　　　霍高云（2015.3—　）
　　　　高　瑾（2015.3—　）
　　　　韩润平（2015.3—　）

商都县工业园区管理委员会

主　任：李　智（2013.4—　）
副主任：赵海军（2012.6—　）
　　　　张晓霞（2011.7—　）女，蒙古族

乌兰察布电业局商都供电分局

局长、党总支副书记：张　耀（2016.9 离任）
　　　　郑宏才（2016.9 任职）
党总支书记、副局长：郑宏才（2016.9 离任）
　　　　邓建忠（2016.9 任职）
副局长：张爱星（2016.9 离任）
　　　　任志刚（2011.3—　）
　　　　张国飞（2015.5—　）
　　　　管　峰（2016.9 任职）
纪检书记、工会主席：管　峰（2016.9 离任）
　　　　肖东晔（2016.9 任职）

企协会会长：夏　彪（2011.3—　）

商都县交通运输局

局　长：荆　喜（2012.6—　）
副局长：达林太（2014.1—　）蒙古族
　　　　张梓雨（2014.11—　）
纪检组长：苏玉宝（2015.3—　）
总工程师：张志亮（2012.6—　）
交通战备办副主任：赵振发（2012.6—　）

商都邮政分公司

经　理：庄鸿斌（2013.2—　）
副经理：温旭升（2011.10—　）

中国移动商都县分公司

总经理：赵　丽（2015.9—　）女
副总经理：齐春雷（2015.2—　）

中国联通商都公司

党支部副书记、总经理：陈永刚（2014.6—　）
党支部书记、副总经理：艾仁俊（2014.6—　）
副总经理：温俊杰（2013.9—　）
　　　　冯　珅（2015.12—　）

中国电信商都分公司

党支部书记、经理：刘发才（2010.9—　）

中国铁通商都分公司

经　理：石中达（2010.10—　）

商都县城乡建设局

党总支书记、局长：翁占斌（2009.11—　）
党总支副书记、总工程师：纪忠义
　　　　（2013.7—　）
党总支委员、纪检组长：王尚一（2013.6—　）

党总支委员、机关党支部书记、副局长：
杨亮山（2004.10— ）
党总支委员、副局长：宋海军（2012.6— ）
党总支委员、副总工程师：刘 全
（2012.5— ）
副总工程师：王志坚（2011.5— ）

商都县房地产管理局

党支部书记、局长：李佃峰（2006.3— ）
副局长：张永红（2012.6— ）

商都县城镇管理局

局 长：王继永（2013.9—）
副局长：韩 杰（2013.5— ）
胡建文（2013.6— ）

商都县土地储备中心

主 任、党支部书记：张世平（2012.4— ）
国土资源局副局长：张世平（2014.5— ）
副主任：范晓静（2012.7— ）

商都县规划局

局 长：李军光（2012.5— ）
副局长：薛岩江（2012.5— ）
兼征补办主任
朱旭升（2012.5— ）

商都县房屋征收与补偿管理办公室

主 任：薛岩江（2014.3— ）
2012.5 任规划局副局长
副主任：郭登龙（2013.6— ）

商都县住房公积金管理部

主 任：李文亮（2008.6— ）

商都县环境保护局

局 长：叶世海（2016.1 离任）
王雪海（2016.1— ）
副局长：谷建军（2005.4— ）
丁凤武（2006.4— ）

商都县供销合作社

主 任：吴全喜（2006.3— ）
副主任：张庆利（2008.2— ）
崔利芳（2008.2— ）女

内蒙古自治区商都县烟草专卖局乌兰察布市烟草公司商都县卷烟营销部

局长（经理）：邢世彪（2012.5— ）
副局长：张 忠（2006.5— ）
副经理：张建忠（2006.5— ）

中国石油内蒙古乌兰察布销售分公司商都经营部

经理兼书记：王城和（2015.12— ）

商都县盐业配送中心

经 理：刘体平（2011.1— ）

商都县财政局

政协副主席、财政局局长：金建民
（2012.2— ）
副局长兼金融工作办主任：张 彦
（2013.5— ）
副局长兼农业综合开发办主任：黄利程
（2013.9— ）
纪检组长：冯彦军（2013.6— ）
副局长兼政府采购办主任：曹建军
（2007.6— ）
政府采购办副主任：张志新（2008.6— ）

农村综合改革办主任：卢雅娟
（2012.7— ）女
副局长：高秀枝（2005.6—2016.1）女

商都县国家税务局

党组书记、局长：王国卿（2016.5 离任）
王　栋（2016.5— ）
党组成员、副局长：李宏瑞（1994.12— ）
任向东（1999.3— ）
张　慧（2007.1— ）
党组成员、纪检组长：谢增平（2010.6— ）

商都县地方税务局

党组书记、局　长：马占江（2012.11— ）
党组成员、副局长：梁志忠（1999.4— ）
王新光（2002.7— ）
王国兵（2003.3— ）
党组成员、专职纪检员：贾　林
（2009.6— ）
党组成员、总会计师：贾奋平
（2016.12— ）
社保分局局长：邢梅芳（2012.6— ）女
建筑安装业管理税务所所长：王卫国
（2016.12— ）

中国人民银行商都县支行

行　长：宋永东（2015.3— ）
副行长：侯建军（2011.11— ）
樊秀琴（2012.9— ）女
纪检组长：高庭勇（2013.7— ）

商都县金融办

主　任：张　彦（2009.12— ）

中国农业银行商都支行

行　长：詹起昌（2014.3— ）
副行长：李小军（2012.10— ）
赵炜峰（2015.9— ）
纪检委员：李小军（2014.2— ）

中国农业发展银行商都县支行

行长、党支部书记：刘江虹（2015.1— ）
副行长、支部委员：渠志刚（2015.8— ）

商都县农村信用合作联社

党委书记、理事长：高英龙（2014.2— ）
纪委书记、监事长：田海广（2015.12— ）
党委委员、主　任：彭国华（2015.12— ）
党委委员、副主任：斯日格楞
（2012.8—2016.7）蒙古族
李世革（2014.4— ）
赵永宏（2015.12— ）
郭宏伟（2016.8— ）
丁　慧（2016.8— ）

工商银行商都县支行

行　长：刘　冰（2013.1— ）女
副行长：郑　龙（2016.7— ）

包商银行乌兰察布商都支行

行　长：刘宏波（2015.1— ）

人寿保险公司商都县支公司

经　理：李俊峰（2016.1 离任）
王金波（2016.1— ）
副经理：赵迎春（2016.12— ）

财产保险公司商都县支公司

经　理：张　斌（2012.5— ）

安华农业保险商都支公司

经　理：罗燕青（2014.9— ）

副经理：曹德志（2016.6— ）

商都县教育科技体育局

党委书记、局长：贾益顶（2015.4— ）
党委副书记、常务副局长：吕生宝（2015.4— ）
纪检书记：张立新（2015.4— ）
副局长：张志义（2015.4— ）
张　秀（2015.4— ）
史文娟（2015.4— ）女
赵有亮（2015.4— ）

商都县文化旅游新闻出版广电局

党总支书记、局长：王　利（2013.9— ）
党总支书记、副局长：郝　文（2016.2 离任）
党总支副书记、副局长：王日刚（2013.9— ）
副局长：王文涛（2013.9— ）
王　岭（2016.6 任职）
执法大队队长：张建亮（2013.9— ）
执法大队副队长：王绍红（2013.9— ）女

商都报社

社长兼主编：葛　海（2007.6— ）

内蒙古广播电视网络集团有限公司商都分公司

经　理：冯　涛（2013.1— ）
副经理：钱维平（2013.1— ）

商都县新华书店

经　理：张　明（2010.3— ）
副经理：任永东（2010.3— ）

商都县卫生和计划生育局

局　长：卞海容（2016.1—8）
党委书记：郎富才（2016.1—8）
局长、党委书记：赵建军（2016.8— ）蒙古族
副局长：姚建国（2016.1—）
王誉芳（2016.1—）女
马兰春（2016.1—）
刘军强（2016.1—）
谢　军（2016.1—）
纪检书记：王少云（2016.1—）女
爱卫办主任：宣跃生（2016.1—9）
马雪飞（2016.9—）

七台镇

党委书记：张日高（2013.5— ）
党委副书记、镇长：李振维（2016.1— ）
人大主席：董福庆（2016.1— ）
党委副书记：刘振建（2012.6— ）
皇甫军（2012.2— ）
纪检书记：院　浩（2015.3— ）
副镇长：赵发平（2006.3— ）
赵　宽（2008.6— ）
武　忠（2009.12— ）
柴金明（2012.2— ）
武装部长：贾利国（2012.2— ）
组织委员：杜　利（2016.5— ）

小海子镇

书　记：陈亚明（2015.12— ）
镇　长：武学兵（2016.5— ）
人大主席：周海军（2016.5— ）
党委副书记：智文旭（2015.5— ）
纪检书记：屈少华（2015.3— ）
副镇长：闫新堂（2008.7— ）
高智慧（2012.5— ）
武装部长：边万涛（2012.6— ）
组织委员：李　强（2016.5— ）

十八顷镇

党委书记：赵　云（2012.6—　）

党委副书记、镇长：闫　军（2016.6 离任）

田振钢（2016.6 任职）

人大主席：李振英（2015.12—　）

党委副书记：李振英（2016.1—5）兼

赵　清（2016.5—　）

纪委书记：童　启（2015.3—　）

副镇长：赵　清（2016.5 离任）

高德雨（2011.6—　）

李海泉（2016.5—　）兼武装部长

武装部长：李海泉（2011.5—　）

组织委员：李　慧（2016.5—　）

大黑沙土镇

党委书记：马永平（2012.6—　）

党委副书记、镇长：武建斌（2012.6—　）

人大主席：李建霖（2012.6—　）

党委副书记：王　岭（2016.5 离任）

朱继明（2016.5 任职）

纪委书记：赵海飙（2016.5 离任）

景　颂（2016.5 任职）

副镇长：朱继明（2016.5 离任）

郭玉峰（2016.5—　）

崔禄山（2012.6—　）

武装部部长：刘振燕（2012.6—　）

组织委员：黄俊杰（2016.5—　）

屯垦队镇

党委书记：孙　庆（2012.6—　）

党委副书记、镇长：田文生（2013.4—　）

人大主席：王　建（2013.3—　）

党委副书记：张砚馨（2013.4—　）

纪检书记：刘振秀（2015.5—　）

副镇长：祁建平（2012.4—　）

李　强（2016.5—　）

武装部长：孔繁文（2013.5—　）

党政综合办主任：王志刚（2015.5—　）

组织委员：米振江（2016.5—　）

西井子镇

党委书记：叶世海（2016.1—　）

党委副书记、镇长：邢　福（2012.6—　）

人大主席：杜保山（2012.6—　）

党委副书记：宁海（2015.4—　）

纪检书记：王茂文（2015.4—　）

副镇长：张玉清（2008.7—　）

鲍晓川（2012.6—　）

武装部长：王一峰（2012.6—　）

党政综合办主任：尉培成（2013.4—　）

组织委员：孙　儒（2016.5—　）

大库伦乡

党委书记兼人大主席：李　军

（2015.10—　）

党委副书记、乡长：董　亮（2011.6—　）

党委副书记：冯满谦（2008.6—　）

纪检书记：贾淑军（2015.3—　）

副乡长：戎记风（2008.7—　）

乔　东（2015.4—　）

人大副主席：王进喜（2004.10—　）

武装部部长：秦辉东（2006.6—　）

经济发展办主任：赵亚民（2006.6—　）

组织委员：翁永红（2016.5—　）

玻璃忽镜乡

党委书记兼人大主席：张　暐（2011.6—　）

党委副书记、乡长：田　冰（2012.2—　）

党委副书记：何永来（2012.6—　）

纪检书记：王亚茹（2016.5—　）女

人大副主席：王登云（2008.6—　）

副乡长：薛　钦（2006.3—　）

　　　　王凤平（2012.6—　）

武装部长：张　宝（2006.3—　）

组织委员　郑卫华（2016.5—　）

卯都乡

党委书记兼人大主席：李　军（2016.1 离任）

　　　　　　　　　　杨晓宇（2016.1—　）

党委副书记、乡长：马占平（2014.11—　）

党委副书记：薛　海（2013.4—　）

纪检书记：陈秀平（2015.5—　）

人大副主席：刘生英（2006.6—　）

副乡长：李　强（2016.5 离任）

　　　　肖斌旺（2016.5—　）

　　　　闫　喜（2013.6—　）

武装部长：崔爱平（2006.6—　）

经济发展办主任：贾玉芳（2013.4—）女

组织委员：佘　存（2016.5—　）

三大顷乡

党委书记：翁彦君（2016.1—　）

党委副书记、乡长：曹　军（2012.6—　）

人大主席：张　卫（2012.6—　）

党委副书记：冯　冬（2012.6—　）

纪委书记：段增宇（2016.5—　）

副乡长：郎富全（2012.9—　）

　　　　钮　杰（2013.4—　）

武装部部长：马　科（2012.6—　）

社会事务办主任：闫学彬（2014.11—　）女

组织委员：谢锦霞（2016.5—　）女

中国共产党商都县委员会

县委重要决策

【基本情况】 内设机构：办公室、政研室、督查室、机要局、保密局、县委改革办（2014 年 5 月 5 日成立）、商都县农村牧区工作领导小组办公室（2016 年 6 月 11 日成立）。

【重要会议】 1 月 8 日，中共商都县十二届六次全委（扩大）会议召开。会议的主要任务是全面贯彻中共十八届三中、四中、五中全会、自治区党委九届十四次全委会、市委三届六次全委（扩大）会议精神，总结“十二五”时期的发展成就，研究“十三五”时期的发展思路和目标任务，部署 2016 年主要工作，动员全县各级党组织和广大党员干部群众，提振信心、再鼓干劲，为全面建成小康社会而努力奋斗。

1 月 8 日，全县招商引资工作座谈会召开，主要任务是简要回顾 2015 年招商引资工作，安排部署 2016 年度招商引资工作。

2 月 19 日，“十个全覆盖”工程及“攻坚扶贫”调度会召开。县四大班子及有关科局、乡镇负责人参加会议。会议的主要目的是对下一步全县“十个全覆盖”工程及“攻坚扶贫”工作进行安排部署，进一步统一思想，明确任务，强化责任，确保按时完成目标任务。

2 月 19 日，县纪委十二届六次全体会议召开。会议的主要任务是深入贯彻落实中共十八大、十八届三中、四中、五中全会以及中纪委十八届六次全会、自治区纪委九届七次全会和市纪委三届六次全会精神，回顾总结 2015 年全县党风廉政建设和反腐败工作，研究部署 2016 年工作任务。

2 月 26 日，全县“十个全覆盖”工程和精准扶贫工作推进会召开，传达了自治区脱贫攻坚工作会及农村牧区工作会议精神，安排部署了当前及今后一个时期重点工作，动员全县上下进一步统一思想、凝聚力量、奋发进取，按时完成“十个全覆盖”和如期实现脱贫攻坚目标。

3 月 11 日，全县组织宣传统战政法工作会议召开，主要是贯彻落实自治区、市有关会议精神，总结 2015 年全县组织、宣传、统战、政法工作，研究部署 2016 年工作任务。

4 月 25 日，全县“两学一做”学习教育推进会召开，主要任务是学习贯彻习近平总书记关于“两学一做”学习教育的重要指示精神以及中央、自治区党委和市委“两学一做”学习教育工作座谈会精神，安排全县“两学一做”学习教育工作。

5 月 11 日，全县干部大会召开，会议主要安排和部署近期的重点工作，查找工作中存在的突出问题，进一步统一思想，压实责任，强化措施，确保高质量完成全年各项目标任务。

7 月 13 日，全县干部大会召开，会议主要有两项任务，一是全额定向差额推荐“两委”班子组成人员；二是对《中国共产党地方委员会工作条例》和《中国共产党党组工作条例（试行）》进行解读和学习安排。

7月28—29日，中国共产党商都县第十三次代表大会召开。靳前斌代表中国共产党商都县第十二届委员会向大会作题为《坚决打赢脱贫攻坚战 为全面建成小康社会而努力奋斗》的报告。李震代表中共商都县第十二届纪律检查委员会向大会作题为《深入推进党风廉政建设和反腐败工作为全面建成小康社会提供坚强的纪律保证》的工作报告。王倩影受中共商都县第十二届委员会委托向大会作《关于党费收缴、使用和管理情况的报告》。大会审议通过了《关于中国共产党商都县第十二届委员会工作报告的决议》和《关于中共商都县第十二届纪律检查委员会工作报告的决议》；大会以无记名投票的形式分别选举产生了中共商都县第十三届委员会委员、候补委员；选举产生了中共商都县第十三届纪律检查委员会委员；选举产生了出席中共乌兰察布市第四次代表大会代表。

8月12日，全县“十个全覆盖”工程推进会召开，会议旨在查找、分析工作中存在的突出问题，安排部署当前重点工作，确保高质量完成既定的各项目标任务。

10月12日，县委中心组（扩大）专题学习会举办。邀请国防大学训练部副教育长、国防大学战略及战役学教授、研究生导师纪明葵将军就“一带一路与中国外交转型”作了专题辅导。县四大班子领导，乡镇科级副科级以上领导和部分教师代表参加了学习会。

10月24日上午，全县扶贫工作汇报会召开。针对一些乡镇、包扶单位、包扶责任人对扶贫攻坚认识还不到位，存在着诸如建档立卡和相关表填写不规范、贫困户识别群众知晓率低、乡镇统筹不够、包扶措施落实不到位等问题。为总结经验，弥补不足，进一步做好精准扶贫工作。

11月1日，全县领导干部大会召开，传达学习中共十八届六中全会精神，安排部署全县当前重点工作。

11月15日，全县重点工作推进会召开，主要任务是听取当前扶贫、信访、维稳等重点工作情况，分析存在问题和困难，安排部署近期扶贫、“十个全覆盖”工程等各项重点工作。

11月29日，全县干部大会召开，传达学习自治区党委九届十九次全体会议、第十次党代会及自治区党委十届一次全会精神，安排部署全县贯彻落实工作。

12月20日，县委常委扩大会议召开。会议主要研究讨论县第十三次党代会报告重点项目的任务分解事宜，安排当前和今后一个时期信访维稳工作、安全生产、扶贫验收和“十个全覆盖”工程决算问题，传达全市推进“两学一做”学习教育调度会议精神，安排部署全县的“两学一做”学习教育活动。

【重要事件】 1. 中国共产党商都县第十三次代表大会召开。2016年7月28日至29日，中国共产党商都县第十三次代表大会召开。出席代表265人，大会听取中共商都县十二届委员会工作报告、中共商都县纪委十二届工作报告，并通过相关决议，选举产生了中国共产党商都县第十三届委员会和纪律检查委员会，选举出席中共乌兰察布市第四次代表大会代表。

2. 精准扶贫稳步推进，美丽乡村建设取得重大成果。2016年，商都县共精准识别贫困户9346户、22056人。通过认真开展干部帮扶活动，积极落实国家各项扶贫政策，当年实现稳定脱贫1634户、3563人。

作为对口帮扶的中国通用技术集团、内蒙古蒙能（集团）公司、内蒙古能源建设（集团）公司、内蒙古矿业（集团）公司和内蒙古公安厅等单位，积极出资 出力扶贫，为商都县建成通用小学1所、村委会1处，并帮助落实看守所、疾病预防控制中心、残疾人托养中心建设项目等。

2016年，商都县共进行危房改造17865户；农村水、电、路、卫生、文化建设配套，村容村貌得以彻底改变，农民生产生活条件得到根本改善。

3. 华盛绿能、阿里巴巴和雏鹰集团等国内外知名企业入驻商都，北京内蒙古企业商会商都分会挂牌成立。

4. 佰惠生糖业公司扩能提效实现“多赢”。2016年，佰惠生糖业公司共收购甜菜75万吨，年产绵白糖9万吨，颗粒粕3.5万吨，糖蜜3.8万吨，实现产值6.7亿元，利润2亿多元，上缴税金5000万元，农民因此受益近4亿元，直接带动农村稳定脱贫2800多人。

5. 国家“863”计划项目东盛硅藻土装饰板加工项目建成投产。2016年，内蒙古东盛硅藻土科技有限公司依托国家“863”计划，投资1.3亿元，建设年产环保新型硅藻土装饰板1500万平方米、天花板300万平方米、涂料1000吨生产线。年产400万平方米硅藻土装饰板生产线已投产。

6. 商都县被自治区认定为农畜产品质量安全县。在自治区第三批农畜产品质量安全认定中，商都县被认定为自治区级农畜产品质量安全县。

7. 商都县成功创建自治区级园林县城。

8. 不冻河西苑生态旅游区被评为国家AAA级景区。

9. 商都县医院晋升为二级甲等医院。

10. 商都县城乡居民服务中心投入使用。2016年，城乡居民服务中心投入使用，该中心设104个服务窗口，开展全程“一站式”服务，从根本上解决了群众“多跑路、跑弯路”的问题。同时，与民生息息相关的县直15个部门迁入中心，实行集中办公，有效地服务了群众，提高了办事效率，降低了行政成本。

（张　强）

县委办公室工作

【概　况】 2016年，县委办在县委的正确领导下，围绕大局、服务中心、统筹协调、超前运作，以搞好“办文、办会、办事”三项服务为宗旨，以创新为动力，以服务为根本，实现办公室各项工作较好地保持高效、快捷、协调、有序地运转，充分发挥参谋助手、桥梁纽带作用。

【办文办会】 1. 立足文字质量抓综合。全年共组织起草各类较为重要的会议材料、领导讲话、汇报材料等125篇。围绕县委的中心工作，抓住社会热点、难点问题组织相关科室进行深入调研，完成上报调研报告96篇，发挥办公室参谋助手作用。2. 立足全面协调抓办文办会。进一步规范公文运转程序，改进和完善公文的报送、处理和审批制度，使公文处理工作进一步正规化、规范化，做到安全、及时、准确。在公文特别是县委各类文件的办理上，始终坚持严把起草关、审核关、收发关。为乡镇、县直单位统一制作文件柜，改革发文办法。完善会务工作流程，做到对各种会议都能迅速制定出周密的会务预案。2016年，先后参与筹备7次大型活动。另外，还承办中共商都县第十二届六次全委扩大会、第十三次党代会、第十三届一次全委会等大型会议13次，承办市领导视察和上级部门检查25次，没有出现过一次差错和失误。

【网络建设】 立足政令畅通抓信息。在全县10个乡镇和县直单位部门建立专兼职信息员，加强对全县信息网络体系建设，形成一个覆盖全县、反应快捷的信息网络。狠抓学习培训。为进一步提高新形势下党委信息工作服务水平，组织召开全县党委系统信息工作培训会议，并邀请市委办公厅信息科负责人为全县信息人员讲课，使信息人员的业务能力、写作能力得到提高，增强信息队伍的战斗力。提升信息质量。注重开发深层次、高质量信息，不断拓宽服务领域。为进一步提高信息工作水平，办公室紧贴县委中心工作，围绕热点、难点问题，积极报送苗头性、倾向性、预测性信息和带有全局性的综合信息，努力为县委决策提供全方位、多领域、多角度的信息服务。健全信息机制。制定《商都县委办信息工作考核奖惩办法》等文件，并提出县委办全员写信息的工作要求，对各科室每月上报信息量做出硬性规定，力争上报信息实现质量与数量同步提高。2016年，共上报自治区、市委信息及调研信息1920余条，其中337条信息被自治区及市委采用。截至年底，商都县的信息工作在全市排名第一，分管副主任杨凯被评为先进信息组织者，得到市委办公厅的充分肯定。

【重点工作】 立足推进落实抓重点。在开展扶贫方面，县委办对包扶小海子镇麻尼卜村委会的45户、110人建档立卡贫困人口进行“一对一”帮扶，2016年脱贫30户、77人。包扶小海子镇任家村6户建档立卡贫困户，按照“一人一策、一人多策”的扶持措施进行帮扶，2016年脱贫3户。在五城联创方面，县委办投资200多万元为包联党政小区进行绿化、硬化等工作。其中，对1万平方米绿化带补植金叶榆、海棠等乔木，更换绿化带1000延长米的路沿石，并用铁艺栏杆将绿化带进行围护；新建1处凉亭及附属小路；为30个楼道进行涂白，同时将楼道单元门前的水泥台阶更换成大理石台阶；新建花坛1处；对车棚进行维修。还积极协调相关部门对1.5万平方米的水泥路重新铺沥青。接受自治区园林县城验收组的检查并得到肯定。在“十个全覆盖”工程方面，2016年，县委办包联麻尼卜、任家村、李家村3个村委会的“十个全覆盖”工程的建设任务，投入10万多元，帮助危房改造、村容村貌治理等，3个村都达到示范村建设标准。

【改革深化】 立足落地生根抓改革。研究制定《商都县全面深化改革领导小组2016年工作要点》，明确2016年县本级要实施改革任务312条，并细化分解落实到各专项小组和责任单位。2016年，已制定出台方案或推进落实241条，正在推进14条，等待顶层设计57条。接受市委考核组的检查验收，并得到验收组的好评。

【调研督查】 立足决策落实抓督查。根据工作需要和形势的发展，不断创新督查方法，努力提高督查的质量和效果。围绕县委的重大决策和重大工作部署以及人民群众反映强烈的热点、难点问题，适时开展督查，及时向县委反馈工作落实情况并通报全县，表扬先进，督促后进，有力推动各项工作的落实。2016年，共开展各类各项督查工作138次，上报专项工作督查报告38篇，上报督查信息与调研137篇，编发《督查工作》39期。同时，迎接上级督查部门检查16次，较好地发挥督查的职能作用。2016年，督查工作被评为自治区先进单位。

【机要保密工作】 立足安全抓机要保密。在机要工作方面，从提高电报的传输、阅办质量出发，严格要求执行电报传阅制度、登记制度、催办制度、领导签批制度，做到传送及时、办报准确、保密安全，实现“五无”即无错传、无漏传、无泄密、无漏办、无积压，确保县委与上级党委机关的工作联系和通讯畅通。2016年，共收发密码电报337份、明传电报842份；接收公文传输143份。全部进行及时办理，提高了工作质量。在保密工作方面，组织召开全县保密工作会议，进一步健全保密工作领导机制和制度。对47个保密要害部门、部位进行管理督查，并接受自治区、市国家保密局5次专项检查。全县未发生一起泄密事件。

【自身建设】 树立宗旨意识，深入开展自身建设。2016年，办公室以开展“两学一做”学习教育活动为契机，以提高个人素质、提升服务水平、转变工作作风为目的，先后组织办公室全体党员干部集中学习56次，开展“两学一做”实践活动18次，学习习近平总书记一系列讲话精神，并在每次学习后都组织专题讨论，结合自身、身边和办公室具体工作积极讨论，把学习的效果推向更深层次。通过学习，进一步提高全体党员同志的思想觉悟，转变作风，树立社会主义核心价值观，增强反腐倡廉意识，激发扎实工作、奋发有为、乐于奉献的工作热情。树立良好形象，做廉洁自律的表率。2016年，办公室以“两学一做”专项教育活动为契机，认真落实中央八项规定、自治区28项配套规定及市委、县委的相关规定，从严要求自己，做廉洁自律的表率。1. 认真履职尽责。办公室第一时间学习《关于新形势下党内政治生活的若干准则》和《中国共产党党内监督条例》。坚持把党风廉政建设和业务工作一起布置、一起检查、一起落实，办公室每一位工作人员都能够做到尽职尽责、廉洁自律。办公室未发生违法违纪和不廉洁行为。2. 做到勤政廉政。通过集中学习、集中培训和自学等多种形式的学习，进一步增强廉洁从政、克己奉公、全心全意为人民服务的宗旨意识，增强履行党风廉政建设和廉洁自律各项规定的自觉性，坚决抵制各种不正之风。3. 严格执行纪律。以“两学一做”为契机，组织办公室全体党员干部认真学习党章党规、习近平总书记系列讲话精神，以及中央、自治区、市委和县委关于廉洁从政各项要求，用《准则》和《条例》来约束自己的言行。坚持民主集中制原则，班子成员之间都能够真诚相处，不争权、不唯利、不张扬，自觉做到自重、自省、自励。

（张　强）

接待工作

【基本情况】 商都县接待办公室于2006年3月成立，与党政机关事务管理中心合署办公，隶属党委序列的正科级事业单位，核定科级领导职数1正2副，事业编制15人，实际在编14人。

【接待工作】 1. 讲团结，求创新，高标准、高质量完成接待任务。做好接待记录，探索接待规律，继续抓好细节服务。建立接待登记簿，每次接待都认真做好接待日记，填好接待记录，弥补不足，总结经验，从中探索接待工作的规律。在各项接待工作中于细微处见精神，于紧要处下功夫，会同相关部门圆满完成各级领导来商都县的各类调研、检查、投资的接待工作，共接待客人约312批次，约2743人次。2. 加强学习，提高素质，健全组织，强化工作责任感。加强思想政治学习，吸纳新成员，加强对接待人员的业务培训。加强对接待人员理论水平和业务技能的培训，使其掌握一定理论知识，熟知县情，懂得接待工作规范、礼仪、程序等知识，掌握本地政治、经济、文化、社会等方面的情况，了解当地自然环境、人文景观和风土人情以及接待工作的各种礼仪知识，为接待对象提供高质量、高水平服务的同时，做好一个宣传员。

【机关事务管理工作】 1. 进一步加强对公共机构节能工作的落实。强化统计和监督考核工作，积极推进公共机构节能工作信息化建设，开发公共机构能耗统计信息系统。督促检查进一步常态化，抓好能源资源消耗数据统计、核实、分析上报，务求数据报送准确、真实、及时、完整。选派负责人员参加自治区及市里的专业技能培训，为今后的机构节能工作打下坚实的基础。2. 机关食堂管理工作。建立健全管理制度，进一步规范管理；加大员工思想教育工作，服务质量和服务水平有效提高。3. 物业管理的改革工作。为了使党政大楼及城乡居民综合服务大楼的物业进一步规范化管理，按照上级关于政府购买服务的要求，通过公开招标的方式，对各管理主体的保洁、门卫进行全方位的物业管理。

（逯文博）

收发工作

【概　况】 2016年，共收发密码电报337份、明传电报842份；收到中央发文68份，自治区发文141份，乌兰察布市发文82份，商党发56份，商党办发114份。全部进行及时办理，努力提高工作质量。

（张　强）

保密工作

【概　况】 保密局局长1人，干事2人。组织对47个保密要害部门、部位进行管理督查，并接受自治区、市国家保密局5次专项检查。全县未发生一起泄密事件。2016年，在市国家保密局的领导下，深入学习实践科学发展观，以求真务实的态度、开拓创新的精神，紧紧围绕县委、县政府的中心工作和上级保密部门的工作部署，充分发挥“保安全、保发展、促和谐”的职能作用，狠抓各项工作落实，为全县经济社会发展做出积极贡献。

【保密工作领导】 充分认识新形势下保密工作的重要性，进一步落实领导干部的保密工作责任制，成立保密工作领导小组，由县委常委、县委办公室主任任组长，对保密工作负总责，由保密局负责日常工作，把保密工作纳入单位目标考核内容。全县干部职工的保密意识都有新的提高，能够自觉遵守《中华人民共和国保密法》的各项规定，把保密工作同全县工作有机地结合起来，用保密知识指导业务工作，从而推动各项工作有序开展，开创保密工作新局面。

【保密宣传教育】 保密宣传教育是保密工作的重要环节。2016年，依然把保密宣传教育作为一件大事来抓。1. 积极开展和参加形式多种多样、内容丰富多彩的宣传教育活动。以《中华人民共和国保密法》宣传月活动为契机，积极做好保密宣传。2. 利用党的群众路线教育活动学习时间，开设保密教育课，学习《中华人民共和国保密法》和保密工作的各项规章制度等法律法规知识，在干部职工中讲授保密知识，分析保密工作形势，组织干部职工观看一次保密影片，使干部职工提高认识，明确职责，进而增强他们的保密意识。3. 领导干部保密意识不断加强，把保密工作制度及法律法规知识列入党委中心组学习中。

【保密队伍建设】 不断加强保密干部的思想政治建设、业务建设和作风建设，热情关心保密干部的工作和生活，从各方面给予支持，真心实意地帮助他们、支持他们大胆地开展工作，更好地履行职责。坚持抓好涉密人员的岗位培训。在人手紧的情况下，派出办公室人员参加上级部门组织的保密知识岗位培训，严格执行上级关于“没有经过保密部门组织培训或者培训不合格的一律不得再从事保密工作”的规定。

【保密事项管理】 为保障改革开放和经济建设顺利进行，紧紧围绕中心工作任务做好保密工作。1. 坚持认真制订工作方案，积极稳妥地推进保密工作，为确保社会稳定、确保中央、自治区、市、县机密，做好保密基础工作。2. 抓好秘密文件的管理。施行密件和重要文件登记制度，加强对密件的监管，保证秘密载体不丢失。3. 规范文件资料的运作程序，特别是涉密文件资料严格签收制度，严格控制流向，实行专人保管、专柜保存，确保涉密资料、信息的安全。4. 加强档案管理。制定档案保密制度。5. 认真做好计算机信息网络的技术防范和保密管理工作。严格执行“不准一机双网”的规定，对计算机中涉及的重要资料，实行严密监管，加以归纳整理，存放有序，有效地防止网上泄密事件发生。6. 加强对干部职工的保密宣传教育，不断推进保密工作上新的台阶，为全县经济发展、社会进步作出新的贡献。7. 全力做好《保密工作》征订工作，进一步提升全县各级领导干部和广大涉密人员保密意识和保密知识技能。

（张 强）

全面深化改革

【概 况】 2016年是全面深化改革落地之年。商都县委全面贯彻落实中央和自治区、市委改革决策部署，牢固树立和践行五大发展理念，突出问题导向，突出精准发力，突出完善制度，突出督察落实，统筹推进经济、生态、社会事业、民主法制、文化、司法和社会、党的建设制度、纪律检查等8个领域改革，着力运用具有标志性、引领性的改革举措，努力使深化改革工作走在全市前列。年初研究制定《商都县全面深化改革领导小组2016年工作要点》，明确2016年县本级要实施改革任务312条，并细化分解落实到各专项小组和责任单位，扎实推进各项改革工作任务的落实。已制定出台方案或推进落实241条，正在推进14条，等待顶层设计57条。

经济体制和生态文明体制改革

【概 况】 已制定出台方案或推进落实142条，正在推进8条，等待顶层设计44条。

【政府职能转变持续推进】 进一步加大简政放权力度，对全县35个行政执法单位进行权力梳理，取消27项行政权力。进一步推进依法行政，强化政府治理能力建设，推动政府管理创新，制定《商都县关于建立责任清单制度的实施方案》，并积极推进权力清单和责任清单融合。城乡居民服务中心全面运营，49个服务部门全部入驻，开设104个窗口，梳理和公开公共服务事项目录，简化优化公共服务流程。推进餐饮服务许可证和食品流通许可证“两证合一”。继续深化商事制度改革。在原有“三证合一”基础上，再次整合社会保险登记证和统计登记证，实现“一窗受理、信息共享、结果互认”。2016年6月8日，颁发全市首张“五证合一、一照一码”营业执照。全县换发“五证合一、一照一码”339户，新领营业执照119户。

【农业供给侧结构性改革全力推进】 立足绿色生态优势，以“现代化、规模化、标准化、品牌化”为方向，围绕主攻“农”字号、做强“农”字号为目标，瞄准国内首都市场和国际俄蒙欧、美日韩市场，做大做强一粒薯、一篮菜、一头牛、一口猪、一袋糖、一瓶酒“六个一”绿色农字号品牌。2016年，全县脱毒种薯基地种植面积扩大到9万亩，加工专用薯种植面积扩大到21万亩，甜菜、冷凉蔬菜种植面积分别达到14万亩和13万亩。蓝威斯顿公司商都加工厂、希森薯业公司、佰惠生糖业公司、乐耕食品公司、奥淳酒业公司、中地生态牧场奶牛养殖公司、雏鹰集团生猪养殖公司等得到进一步发展壮大，形成年产5万吨法式薯条、2万吨全粉、20万吨出口速冻蔬菜、9万吨白糖、3.5万吨糖蜜、4万吨颗粒粕、0.5万吨奥淳白酒、3.2万吨鲜奶、年出栏17万口生猪的能力。通过提高棚改货币化安置比例、鼓励农牧民进城购房、促进保障住房租售等措施，消化房地产库存。2016年，去库存商住房达1829套。

【生态基础设施短板全力补齐】 生态就是竞争力，环境就是生产力，绿色就是生命力。2016年，完成京津风沙源治理、巩固退耕还林、人工造林、封山育林等国家重点生态工程任务10.5万亩；加大城镇周边、村屯主要公路等重点区域绿化力度，完成绿化面积1.15万亩；继续巩固军民义务植树基地造林成果，加强抚育管理，全县森林覆盖率达到24%。用生态理念积极补齐基础设施短板，发展保障能力进一步提升，全长86.3公里的省道223线商都段项目进展顺利，建成农村公路24条、264.6公里，乡镇公路通达率100%，村委会公路通达率达90%以上，完成290个自然村560公里的街巷硬化工程，建成乡镇四级客运站1座。完成大拉子至县城北35千伏全长18公里的输电线路工程，改造10千伏、0.4千伏线路86公里和172公里。实施3处抗旱应急水源工程及不冻河综合治理工程，新增水土流失治理面积20平方公里、小流域治理面积15平方公里，实施饮水安全工程148处。

【财税体制改革加快】 全面贯彻落实税收制度改革，执行《乌兰察布市财政局、国家税务局、地方税务局、中国人民银行乌兰察布市中心支行转发关于全面推开营业税改征增值税试点有关预算管理问题的通知》，全县于2016年5月1日已全面完成营改增任务。在四大行业中，地税局共移交国税局“营改增”试点户718户。开具增值税发票3858份，发票的金额达52758万元，税额1231万元。防伪税控发行率100%，并对所推行的企业全部发行税控装置。“营改增”实施后，四大行业共实现增值税1599万元。四大行业中金融业税负下降0.1%，生活服务业税负下降2%，有力推进了供给侧结构性改革。

【农村牧区综合改革深化】 全面开展土地承包经营权确权登记颁证和草原确权承包工作，制定《商都县农村土地承包经营权确权登记颁证试点工作实施细则》和《商都县草原确权承包工作实施方案》。深入实施农村牧区“十个全覆盖”工程，制定《商都县“十个全覆盖”工程管护办法》和《行政村聘用工作人员管理办法》，成立乡镇环卫所，设立乡镇卫生监督员，实施农户、管护队、村委会、乡镇、包村工作组“五位一体”的管护机制。每个行政村财政预算安排10万元的管护经费，并聘用2—6名有劳动能力的村民（优先建档立卡的贫困户）为卫生员，划片负责卫生清扫和管护，进一步完善后续管护机制。为切实解决好全县小村整合后的土地流转问题，成立土地流转服务中心。已从确定的整合搬迁村的村民手中流转土地69495亩，涉及6个乡镇23个行政村44个自然村743户村民，已签订合同流转面积34115亩，发放承包费653万元。

【医药卫生体制改革深化】 巩固完善县级公立医院改革成果。2所公立医院全部实现药品零差价销售，制定《商都县县级公立医院综合改革实施方案》，并完成院长聘任工作。健全药品供应保障机制，理顺药品价格。全面实施一对夫妇可生育两个孩子政策，落实完善相关配套政策。深入推进食品安全县创建工作，进一步提升食品安全保障能力和监管水平，对所有食品流通企业进行示范创建，目标是100%开展工作，70%开展创建，50%以上达标。

【教育领域综合改革深化】 推进基本公共教育服务均等化，先后实施校安工程、薄弱学校改造工程，全县中小学办学条件根本改善，优化教育资源配置，落实国家课程计划，较好地满足群众对教育公平的需求。达到国家规定的义务教育发展基本均衡县评估认定标准，通过自治区教育督导评估。完成全县第二轮校长、副校长竞聘工作，续聘校长（园长）18人，新聘校长4人；续聘副校长（副园长）33人，新聘副校长12人。在2016年公开招聘、安置退伍大学生士兵等71人基础上，继续加大教师补充力度。积极实施教师轮岗下乡支教、城镇教师“送课下乡”和新教师岗前培训。

【商贸物流业和文化旅游业大力发展】 投资3000万元对旧拖电厂闲置厂房改扩建，建成占地1万平方米、入驻商户130户的惠民园，农副食品市场得到进一步规范；引资建设腾昕蔬菜仓储物流中心、西都惠民园，2017年可建成投入运营。电子商务得到快速发展，获批国家电子商务进农村综合示范项目建设，建成县级电子商务服务中心1处，吸引县内52家合作社和13家农产品加工企业进驻网上平台；建成县级电子商务发展中心1处，集聚5家电商和5家快递物流企业以门店形式入驻，6家村级电子商务服务点建成运营。“互联网+”拓宽农畜产品销售渠道，年销售额达

1100万元。文化旅游业取得新突破，组建旅游投资公司，精心打造一批具有地域特色的旅游路线和旅游产品，重点对五台海察汗淖尔原始部落、小庙子民俗风情旅游景区、七彩湖、不冻河水利风景区、南湖生态苑、军民义务植树基地、大石架冰川石林等景区进行打造。不冻河西苑生态旅游区被批准为国家AAA级旅游景区。2016年，第三产业增加值完成23.6亿元，同比增长8.2%。

民主法制领域改革

【人大监督加强和改进】 落实增加有法治经验的专职委员人数的实施方案。制定《关于与时俱进推动人大工作和建设的意见》，邀请热爱人大工作的法律工作者旁听人大常委会会议。全面落实宪法宣誓制度，在召开人大常委会会议当中，只要有人事任命议程，所有被任命工作人员都要向宪法进行宣誓。建立政府重大决策向本级人大报告制度。建立政府组成部门向本级人大常委会或有关工作委员会报告年度情况的制度。制定《关于审计查出问题整改情况向本级人大常委会报告制度》，不断强化县人大常委会预算审查监督职能，完善人大预算审查监督机制。加强监督力度，推动“一府两院”依法行政，公正司法。在商都县第十四届人大常委会第二十五次会议审议通过《关于商都县医疗机构运行情况调研报告的审议意见》《关于对〈中华人民共和国药品管理法〉贯彻实施情况执法检查报告的审议意见》。

【协商民主建设推进】 制定《政协商都县委员会2016年度协商工作计划》，完善协商形式和内容，确定协商主题，扎实开展政协全体会议大会发言协商、专题议政性常委会协商、专题协商、协商座谈会、对口协商、界别协商、提案办理协商、民主评议部门协商，为广大政协委员履职尽责搭建更为广阔的平台，全面提升政治协商民主监督建设水平。制定《中国人民政治协商会议商都县委员会委员视察工作办法》，进一步加强全县政协委员视察工作的制度化、规范化、程序化建设。

【法律顾问制度建立健全】 制定《关于落实普遍建立企事业单位、社会团体、基层群众自治组织和其他社会组织法律顾问的实施意见》，进一步完善法律风险防控和化解机制，切实增强政府依法决策、依法行政和依法管理的能力，全面提升全社会依法办事水平，营造良好的法治环境。

【基层治理体系健全】 在七台镇20个社区全部建立职工之家，推进基层工会民主选举制度，进一步完善会员评议职工之家制度，并不断加大宣传力度，扩大民主选举基层工会范围，推进基层工会制度化、规范化、程序化。

文化体制改革

【“十三五”文化改革和发展规划纲要制定完善】 成立宣传、文体、教育、旅游等相关部门专项调研组，多次召开专题会议对规划纲要进行评审。明确指导思想和方针原则，确定发展目标和主要指标，通过加强文化产品创作生产引导、加快构建公共文化服务体系、加强文化遗产保护利用和传承、推动文化产业成为国民经济支柱性产业、完善文化市场监管体系、推动文化体制机制改革创新、加强文化人才队伍建设、保障政策、组织实施等方面，进一步完善“十三五”文化改革和发展规划纲要。

【文化市场综合执法改革深化】 进一步规范设置文化市场综合执法机构，整合县文化、旅游、文物、广播电视部门的文化市场执法职能和执法机构，组建县文化市场综合执法大队，机构规格相当于正科级事业单位，财政全额拨款，由县文化旅游新闻出版广电局管理，并根据有关文化市场相对集中行政处罚权工作的决定，以县文化旅游新闻出版广电局的名义对全县文化市场实施综合执法。业务上接受上级文化市场综合执法机构的指导，不断加强文化市场综合执法队伍建设，县文化市场综合执法机构的人员编制由县编办核定事业编制 12 人，设队长 1 人，副队长 1 人，专业技术人员 10 人。严格实行“罚缴分离”和“收支两条线”制度，罚款、没收违法所得或者没收非法财物拍卖所得款项上缴县国库。

社会体制改革

【司法权力运行机制健全】 推进以审判为中心的诉讼制度改革，提高证人出庭率、律师辩护率，强化案件繁简分流机制建设。落实重大疑难案件侦查机关听取检察机关意见和建议制度。进一步推进司法人员分类管理，实施法官、检察官专业职务序列和员额制度，落实从律师、法学学者等专业法律人才中招录法官、检察官的具体办法。

【人权司法保障制度完善】 落实关于罪刑法定、疑罪从无、非法证据排除等刑法、刑事诉讼法等法律相关规定。落实保护、奖励职务犯罪举报人的若干规定。加快建立失信被执行人信用监督、威慑和惩戒制度。深化律师制度改革，完善律师准入、退出基本标准和律师年度考核政治思想审核内容、标准，在各级党政机关和人民团体普遍设立公职律师，落实对申诉逐步实行由律师代理制度。

【公安改革深化】 全面落实公安改革“1+3”意见方案，深入推进警务机制、公安行政管理制度、执法权力运行机制、人民警察管理制度改革。落实规范公安机关警务辅助人员管理工作的意见。落实人民警察岗位津贴等政策措施。

【法治社会建设加强】 推进法治建设，制定全面推进依法治县规划，建立健全科学的法治建设指标体系和考核标准。健全普法宣传教育机制，把法治教育纳入精神文明创建内容，落实国家工作人员学法用法制度，建立法官、检察官、行政执法人员、律师等以案释法制度，健全媒体公益普法制度。制定深入开展法治创建活动的实施意见。落实社会组织参与帮教刑满释放人员工作机制。落实社会治安综合治理领导责任制，完善社会矛盾纠纷多元化解机制。

党的建设制度改革

【党的组织制度健全完善】 落实党委（党组）全面从严治党责任，切实抓好从严治党“1+3”制度体系的贯彻执行。研究制定商都县贯彻落实“1+3”制度体系相关文件的实施意见，开展三级示范抓引领全面推进“实心工程”密切联系服务群众常态化工作，并通过定期听取汇报、定期研究部署、定期统筹调度、定期督促落实、定期考核评价，建立健全“五个一”工作运行机制，强化全县各级党组织的主角意识和主动精神，形成党委抓、书记抓、各有关部门抓的党建工作格局。

【干部人事制度改革深化】 进一步完善选拔任用制度，不断健全完善分析研判、动议提名、任用考察、全程纪实、备案审核等制度。按照新修订的《党政领导干部选拔任用工作条例》提出的科学规范、有效管用、简便易行的选人用人要求，在充分调研、广泛征求意见的基础上，完善“联考制”“联审制”和“任前谈话制”，制定《干部任免管理制度》，对选人用人的标准、程序、做法、职责、纪律等方面提出具体要求。加强和改进优秀年轻干部、女干部、少数民族干部以及党外干部的培养选拔工作，健全选拔方式和制度建设，不断提高培养和选拔年轻干部工作科学化水平。

【党的基层组织建设制度改革推进】 落实进一步从严管理党员的实施意见，拓展深化处置不合格党员的办法措施。完善大学生村官管理办法，制定《关于规范大学生村官管理工作有关事宜的通知》以及《商都县大学生村官绩效考核办法（试行）的通知》，下发《关于进一步做好老党员及生活困难党员补贴救助工作的通知》。完善乡镇党代会年会制运行办法和工作模式。加强党内民主机制建设。制定《关于试行乡镇党代会年会制工作的实施方案》，组织开好乡镇党代会年会，同步推进乡镇党代表大会代表任期制。完善党内激励关怀帮扶机制。

【人才发展体制机制创新】 落实党政领导班子人才工作目标责任制和高层次人才队伍建设目标考评责任制。研究制定《商都县2014—2020年中长期人才发展规划纲要》，综合推进各类人才队伍建设的各项保障机制。1.强化人才工作领导机制。成立领导小组，由县委副书记、政府县长为组长，提高党管人才工作水平。2.建立人才资金投资机制。设立商都县人才工作专项资金，纳入财政预算体系，按照不低于地方公共预算的1.5‰的原则，建立人才工作专项资金正常增长机制，以保证人才发展重大项目的实施。3.完善各类人才教育培训制度。鼓励各类人才通过多种形式和渠道参与学习，切实提高各类人才的工作能力。

【改进作风长效机制建立健全】 进一步完善加强和改进本级党政机关办公用房管理的意见。完善党政机关公务用车配备使用管理制度。制定《商都县各乡镇及直属机关公务用车改革总体方案》，严格按照《关于全县党政机关和参公事业单位公务用车制度改革报送拟保留和封停处置车辆的通知》中的时间节点推进公务用车制度改革。

纪律检查体制改革

【对权力行使的制约和监督加强和改进】 完善主要领导干部向上级纪委全会述廉述职并接受评议质询制度。2016年年底，结合年终考核，县委主要领导向市纪委全会进行述廉述职并接受评议，对指出存在的问题，认真加以整改落实。同时各乡镇党委及县直各党委主要领导在年底向县纪委述廉述职并接受面对面的点评，被指出存在的问题，限时要求整改，并要求将整改结果以书面形式报送县纪委及相关部门，确保问题得以整改，工作得以推进落实。健全完善“三重一大”事项集体决策制度。县委出台《关于坚持民主集中制落实“三重一大”事项集体决策制度的实施意见》，县纪委下发《纪委派驻机构部门“三重一大”事项监督实施细则》及《关于落实“三重一大”制度工作总体安排》，要求各乡镇纪委、县直单位纪检组对“三重一大”事项执行情况监督检查。推行党政部门、人民团体、国有企事业单位主要负责人不直接分管人事、财务、工程建设等事务的制度。依法加强行政监察工作，建立完善责任追究典型问题通报制度。综合运用批评教育、诫勉谈话、通报批评、组织处理、纪律处分等方式实施责任追究，坚持“一案双查”，以严格问责强化责任担当，进一步落实典型问题通报制度，构建问责的常态化、长效机制，倒逼“两个责任”落实，确保从严治党要求落到实处。完善监察机关工作规则，加强和改进特邀监察员工作。发挥特邀监察员专项检查“监督员”、社情民意“收集员”、决策政策“咨询员”、反腐倡廉“宣传员”、纪检监察“观察员”作用，拓展监督领域，搭建监督平台，促进特邀监察员工作更加科学化、制度化，不断提升特邀监察员工作水平。

【党风廉政建设主体责任和监督责任严格落实】 贯彻执行《中国共产党廉洁自律准则》和《中国共产党纪律处分条例》，把纪律和规矩挺在前面，实践好监督执纪“四种形态”。加强对党员干部的日常管理监督，坚决把纪律和规矩挺在前面，对苗头性、倾向性问题抓早抓小。完善党委（党组）履行党风廉政建设主体责任情况报告工作机制。要求各级党委（党组）每半年报送一次主体责任落实情况。落实党风廉政建设承诺签字背书制度。县委、县纪委分别与各级党委（党组）、纪委、纪检组签订党风廉政建设责任书和落实主体责任承诺书，促进主体责任的落实。深入推进纪委对同级党委特别是常委会成员监督试点工作。印发《县纪委对县常委会成员进行监督工作方案》，成立领导小组，明确了监督的主要内容、方式及需执行的工作报告制度、廉政谈话制度、谈约制度、领导干部报告个人专项抽查制度四个方面的制度。优化各级纪委及其结构，明确纪委委员职责，发挥纪委委员作用。先后对内设机构进行两次调整，调整后，机构数不变，执纪监督机构增加到8个，占机构总数的80%，执纪监督人员占到机关行政编制总数的53%。设立信息网络中心，新增8名事业编制。先后三次对纪委监察局参加的议事协调机构进行清理，共梳理纪委监察局参与的协调议事机构94个，其中参与县委的协调议事机构36个，参与政府的协调议事机构58个，清理87个，保留或继续参与的7个，纪委逐步回归监督、执纪、问责的主业。明确纪委委员在自觉维护党章和党内法规，积极参与集体领导，加强对所在地区、部门、单位执行党的路线方针政策情况的监督检查，围绕党风廉政建设和反腐败工作重点有针对性地提出对策建议，主动报告履行职责情况等责任，促进纪委委员在推进党风廉政建设中发挥积极作用。建立责任追究案件通报和曝光制度。制定《一案双查制度》，建立起责任追究案件通报和曝光制度，监督执纪问责力度得到进一步的强化。

【巡视联络工作】 认真协调配合，做好巡视联络和督促巡视发现问题的整改落实。按照《内蒙古自治区党委贯彻〈中国共产党巡视工作条例〉实施办法》、乌兰察布市委员会《关于开展巡察工作的意见》精神，结合商都县实际，拟定中共商都县委员会《关于开展巡察工作的意见》，待县委常委会议讨论通过后，组建巡察办，组织实施巡视联络和督促巡视发现问题的整改落实工作。

【纪检工作双重领导体制】 明确上级纪委、组织部门在提名考察工作中的职责权限，完善提名和考察程序。落实纪委书记、副书记备用人选及相应的管理制度。加强纪检监察干部队伍建设，探索建立科学的纪检监察干部选拔使用机制，健全纪检监察机关监督约束、奖惩激励和纪律保障制度体系，开展纪检监察机关干部轮岗交流。加强纪律审查人才库建设。

【派驻纪检机构管理体制】 全面落实向党政机关派驻纪检机构，实行统一名称、统一管理。县纪委牵头，会同县委组织部、编办、监察局、财政局等相关部门，制定《增设县纪委派驻出机构、推进党政机关派驻机构全覆盖工作实施办法》，对纪委派驻机构进行了重新调整，设立15个单独派驻纪检组和6个联合纪检组。县委工作部门，人大、政协机关全部派驻了纪检监察机构，实现纪检监察派驻机构全覆盖。按照“三转”要求和全县的实际，着力推进乡镇纪委机构改革，原乡镇党委副书记不再兼任纪委书记。全县10个乡镇，每个乡镇都设立专职纪委书记1人，专职纪检干事2—3人，专职从事纪检监察工作，做到九有：有办公场所、有统一牌匾、有举报箱、有纪律审查设备、有工作经费、有标准谈话室、有举报电话、有公章、有编制，具备查办案件基本条件。

2016年，商都县全面深化改革工作取得一定成效，但对照自治区党委和市委的要求，仍然有一些问题和不足，具体表现为：改革任务大部分是贯彻执行上级改革方案举措，由于部分改革任务顶层设计没有出台，还处在调查研究阶段；改革缺乏合力，部门主动性、积极性不够，不能有效找准切入点；在推进改革过程中，常把日常工作和深化改革混淆起来。对于问题，将认真分析，在今后工作中加以改进。

根据新形势新任务，下一步将协调推进中共十八届三中、四中、五中、六中全会部署的改革举措，坚持“四个全面”战略布局，牢固树立和践行“五大发展理念”，围绕自治区第十次党代会确定的愿景、定位、战略和抓手，统筹谋划各领域的改革任务。结合《乌兰察布市贯彻党的十八届五中全会重要改革举措实施规划（2016—2020年）》文件指示精神，加以贯彻落实。积极协调推进县委扶贫攻坚、五城联创等工作。在着力抓好主体责任、督办协调、督察落实、完善机制、探索创新、改革成效、成果巩固、宣传引导等改革落实机制上下功夫，努力使商都县深化改革工作再上新台阶。

（张　强）

政研督查

【政研督查工作】 通过调研督查、分析总结，反映有关情况。

2月14日，《部分乡镇与科局春节期间值班工作情况》。

3月11日，《全县各乡镇2016年“十个全覆盖”工程筹备工作进展情况》《全县各乡镇2016年精准扶贫工作进展情况》《全县部分驻村第一书记工作进展情况》《各乡镇部分第一书记在岗情况及村危房（院墙）拆除进展情况》。

3月25日，《各乡镇部分第一书记在岗情况及村危房（院墙）拆除情况》。

3月28日，《县园林局全面完成春季树木修剪工作》。

4月5日，《部分重点村庄开工建设情况》。

4月8日，《大黑沙土镇推进“十个全覆盖”工程经验与做法》。

4月19日，《南湖湿地生态苑提档升级改造工程进展快、效果好》。

4月20日，《县委办党员干部深入麻泥卜村开展环境卫生清洁工作》。

4月29日，《各乡镇“十个全覆盖”工程后续管理工作进展情况》《各乡镇2016年开工建设“十个全覆盖”工程进展情况》《57个重点村建设进展情况》。

6月22日，《2016年县级领导包扶村“十个全覆盖”工程进展情况》《2015—2016年已完工新建（维修）村委会情况》。

6月23日，《创建文明城镇机关单位包联小区工作进展情况》。

7月8日，《创建自治区园林县城工作进展情况》。

8月14日，《“十个全覆盖”工程进展情况》。

8月15日，《“十个全覆盖”工程进展情况》。

8月17日，《部分行政村“十个全覆盖”工程建设进度》。

8月22日，《大库伦乡各行政村“十个全覆盖”工程建设进度》。

8月24日，《西井子镇各行政村“十个全覆盖”工程建设进度》。

8月26日，《屯垦队镇各行政村“十个全覆盖”工程建设进度》。

8月27日，《卯都乡各行政村“十个全覆盖”工程建设进度》。

8月28日，《玻璃忽镜乡各行政村“十个全覆盖”工程建设进度》。

9月10日，《部分行政村“十个全覆盖”工程建设进展情况》。

10月21日，《各级包扶单位到岗情况通报》。

11月28日，《全县信访维稳工作督查情况》。

12月8日，《玻璃忽镜乡精准扶贫帮扶对接工作情况》。

12月13日，《大库伦乡精准扶贫帮扶对接工作情况》。

12月16日，《西井子镇精准扶贫帮扶对接工作情况》。

（张　强）

农村牧区工作督导

【概　况】 农村牧区工作领导小组办公室主要负责全县“十个全覆盖”工程建设进度督查、软件资料收集报送、农村贫困户危房改造信息录入、后续管理；精准扶贫督查指导、建档立卡贫困户识别评定程序、包扶工作情况、包扶成效、《扶贫手册》填写、易地移民搬迁等工作，并负责协调乡镇和有关单位解决具体问题。

【“十个全覆盖”工程进展情况督导】 2014年起，商都县按照上级的决策部署，坚持把“十个全覆盖”工程作为最大的民生工程和脱贫攻坚的重要抓手，规划用3年时间，投资23.37亿元，在212个行政村、716个自然村实施“十个全覆盖”工程；到2016年累计投资20.4亿元。全县212个行政村所在地村已完工208个，剩余4个正在扫尾；30户以上非行政村所在地自然村共303个，已完成283个，剩余20个10月底全部完工；30户以下的201个自然村实施小村整合。其中危房改造：计划实施32323户，已完工29597户，剩余的2726户主体已完工，正在内装修。安全饮水：计划实施111处，已全部完工。街巷硬化：计划实施1123公里，已完工980公里，剩余143公里正在铺设路面。电力村村通和农网改造：已实现全覆盖。村村通广播电视通讯：计划实施“户户通”24155户，已全部完工。计划实施地面无线数字电视基站3处，已全部完工。校舍建设及安全改造：计划新建和改建8处，已全部完工。标准化卫生室：计划新建和改造213个，已全部完工。文化活动室：计划新建和改造214个，已全部完工。便民连锁超市：计划新建和改建226个，已全部完工。社会保障：三年来共新纳入养老保险46754人，新增80周岁以上低收入老人高龄津贴5400人。村庄整治：共拆除闲置危房、附房、棚圈16.37万间；新建院墙、花栏墙596.9万延长米，人畜分离墙39.74万延长米，甬道79.63万平方米，公厕678座，绿化29.39万平方米，广场102个；新建和维修村委会509间。

【脱贫攻坚推进情况督导】 为扎实推进精准扶贫工作，全县成立了5个工作小组，其中抽组审计、民政、扶贫以及县委、县政府督查室成立1个督导组，主要对全县精准扶贫工作进展情况进行全面督导、检查；由扶贫办抽组业务骨干成立4个业务指导小组，深入到全县十个乡镇及贫困村、户进行为期一个月的具体业务指导工作。产业扶贫方面，按照因地制宜，因需施策，充分尊重贫困户意愿的原则，对贫困户从事的种、养、加产业进行“点餐式”支持。全县16家扶贫龙头企业已与全县4846名贫困人口构建了农户和企业的利益联结机制，重点发展甜菜、葵花、蔬菜、马铃薯等特色种植业和生猪、奶牛、肉羊、肉蛋鸡等特色养殖业。易地搬迁扶贫方面，“十三五”期间，全县计划建档立卡贫困户易地搬迁9600人，同步搬迁4500人；结合“十个全覆盖”工程和小村整合，2016年拟搬迁建档立卡贫困人口5200人，同步搬迁3900人，工程已完成90%以上，年底全部完成搬迁入住。教育扶贫方面，已完成与全县2849名建档立卡贫困学生对接工作，并对上半年教育扶贫资金进行发放。健康扶贫方面，全县已有8950名贫困人口享受到了免费体检。社会保障兜底扶贫方面，全县新纳入现金直补贫困人口2968人，新纳入低保的贫困人口1977人。金融扶贫方面，已累计发放金融扶贫富民工程贷款10243万元，完成任务目标的102.43%，其中发放金融扶贫“富农贷”5443万元，发放“强农贷”4800万元。“三到村三到户”工程方面，70个重点贫困行政村的专项扶贫资金已全部到位，累计到户资金支出1710万元，涉及贫困户1094户、2516人，其中种植业投入260万元、养殖业投入228万元、贫困户危房改造投入1222万元。劳务输出扶贫方面，分批次对有劳动能力且有意愿的贫困人员进行电工、焊工、汽车修理工、护工保姆、月嫂等技能培训，通过协调中国通用公司为全县提供劳务输出岗位62个。精准帮扶方面，全县组成26个扶贫工作团，97个驻村工作队，自治区马明副主席包扶商都县，3名厅级领导包扶3个乡镇，市、县、乡三级共抽组4094人，对全县的9346户、22056人建档立卡贫困人口进行“一对一”帮扶。7月上旬利用一周时间开展精准扶贫“集中入户周”活动，并抽组专人对包扶干部的工作职责和工作重点进行培训，使每一位包扶干部明确责任，知道“做什么”“怎么做”。

【小村整合与土地流转工作推进情况督导】 按照市委、市政府的要求，商都县对常住人口在30户以下、基础条件较差的201个自然村实施小村整合和易地移民搬迁，涉及常住户4555户、8351人，其中，建档立卡贫困户1143户、2754人。集中安置7651人，其中，建设移民新村安置3914人、中心村安置3343人、进城入镇安置394人；分散安置700人，其中，入住幸福院515人、插花安置180人、自主投亲靠友安置5人。

按照旱地每亩100元—150元、水地每亩200元—350元的价格，小村整合已流转土地12.6万亩，其中，县土地流转中心流转土地7.3万亩、企业大户流转5.3万亩。所有整合搬迁村已全部开工，到11底，有76个村搬迁入住，其余125个村预计2017年8月底前全部完工并实施搬迁。

（王　龙）

组织工作

【基本情况】 县委组织部内设机构：机关党委、办公室、干部组、组织组、人才组、党建研究室、信息中心、党员教育中心、考核办、编辑室。工作人员27人。

【“两学一做”学习教育活动】 1.坚持“三个到位”，精心谋划开局。思想发动是“两学一做”学习教育的前提。前期准备工作到位。前期派出调研组，深入各领域党组织开展党员现状调查，集中开展党员组织关系排查及“组织找党员、党员找组织”活动，建立管理台账，使每名党员都纳入党组织有效管理，确保“两学一做”学习教育全覆盖、无遗漏。组织保障到位。研究制订学习教育实施方案和分领域指导意见，确保学习教育有章可循、有的放矢。成立县学习教育协调小组和10个调研指导组，要求全县各基层党组织明确专人负责，确保学习教育有人抓有人管。启动部署到位。4月25日，召开全县“两学一做”学习教育工作推进会，468个参学党组织于5月10日前全部完成启动部署工作，确保高起点开局、高质量推进。2.强化“三个突出”，夯实学用实效。开展“两学一做”，基础在“学”。突出细化学习要求。在抓好党章党规和习总书记系列讲话学习的基础上，特别是将习总书记“七一”讲话纳入党组织学习内容，各级党组织都结合实际制定详细具体的学习计划，做到三个层面“六个一”学习机制要求，确保学习效果。突出创新方式抓学习。针对不同领域、不同行业、不同单位特点，采取讲党课、讲理论、讲事迹、讲体会等方式，特别是对离退休老党员或行动不便的党员送学上门，积极组织各级党员干部开展全方位的学习教育，做到党员参与无死角，学习教育全覆盖。突出示范带动促学习。县级领导以普通党员身份参加所在党支部和基层联系点党支部的集中学习，在“学与做”中带头做表率。机关党员干部与所帮扶贫困户建立互助帮学机制，将学习内容延伸到精准扶贫，既提高学习效果，又推动脱贫攻坚，起到示范引领作用。3.落实“两个重视”，确保群众满意。“两学一做”，关键在“做”。重视知行合一。将学习教育与巩固拓展“三严三实”专题教育成果结合起来，与推进精准扶贫等重点工作结合起来，与推进基层党建重点任务结合起来，把学习与工作捆绑，把责任与担当共融，以学促工，以工验学，切实做到两手抓、两不误、两促进。重视查摆问题。坚持问题导向，引导基层党组织和广大党员带着问题学、针对问题改，做到边学边改、立行立改。各基层党组织和党员围绕共产主义信仰缺失、党性意识淡化、宗旨意识淡薄、精神状态不振、道德品行不端等问题，深入查摆自身在思想、组织、作风、纪律等方面存在的突出问题，实行销号整改，并将“评星定级”作为有力抓手，确保整改落实取得成效。征求意见建议370多条，解决实际问题210多个。

【县乡党委换届选举工作基础】 夯实换届工作基础。1. 组织领导到位。县委多次召开常委会议，传达自治区党委和市委换届工作会议精神，并对全县党委换届工作进行安排部署。成立换届工作领导小组和工作机构，为换届工作提供有力的组织保障。2. 责任落实到位。制定党委换届工作进度表，倒排时间节点，责任落实到人，时限具体到日，保障换届工作有序推进。同时，县处级领导、县直单位主要领导、乡镇副科级以上领导干部、村委会支部书记和主任都填写换届纪律承诺书，县、乡、村层层签订责任状，形成一级抓一级、层层抓落实的工作格局。3. 培训指导到位。召开业务培训会，对各乡镇党委书记、副书记、纪委书记和换届工作督导组及换届办公室全体成员进行专题培训。成立指导督查组，全程跟踪督导代表选举工作。同时，积极配合市督导组开展工作。4. 宣传引导到位。在政府网、电视台、报纸等媒体开辟工作专栏，利用QQ群、微信平台向党员干部发送信息，悬挂横幅、粉刷标语、下发宣传资料等形式，对换届工作的重要意义、方法程序、纪律规矩等进行广泛宣传，营造良好氛围。

【换届工作稳步推进】 1. 严把代表产生关。认真贯彻落实市委关于换届工作相关要求，采取自下而上、自上而下，支部推荐、党委审核的办法推选代表候选人，通过考察公示、部门联审、召开会议差额选举的办法产生正式代表，保障党代表具有广泛性、代表性和先进性。共推选产生820名乡镇党代表、268名县党代表。少数民族、妇女比例及年龄结构均符合规定要求。同时，做好出席市党代会代表人选推选工作。制定《商都县出席市第四次党代表大会代表选举工作方案》，经过基层党组织广泛推荐、逐级筛选、反复征求意见、层层审查把关，按照差额比例不少于35%的要求，确定44名市级党代表候选人初步人选，并报市委组织部审批。2. 严把干部选任关。在换届工作中，认真把好推荐人选的政治关、作风关、能力关、廉洁关。县委委员45人，纪委委员21人；全县10个乡镇党委班子成员共计86人，纪委班子成员共计52人。少数民族、妇女干部比例均符合规定要求。3. 严把报告起草关。为形成一个高质量的县委工作报告，安排政策理论水平高、党性原则强的干部起草报告。采取“五步、四把关、一提前”的步骤进行，即采取“酝酿起草、调查研究、形成初稿、征求意见、讨论修改”5个基本步骤，通过常委会、县委全会、党政联席会和换届工作领导小组4次把关，提前1天印发给代表，力求提法准确、内容全面、措施到位、务实管用，为今后五年全县经济社会发展和党的建设绘好“蓝图”。4. 严把大会程序关。为确保大会选举严谨规范，法定程序不减少、标准不降低，在各选区党代表选举工作中，制定了直观易懂的选举流程图，督导组到会督导。同时，认真履行呈报审批程序。组织部门及时做好代表大会的有关请示和报告，按大会程序召开党代会。5月30日，10个乡镇党委都召开换届选举会议，产生新一届乡镇党委班子和纪委班子。中共商都县第十三次代表大会于7月28日召开，7月29日闭幕，选举新一届县委班子和纪委班子。

【换届风气监督】 1. 开展教育活动。按照“四必看”要求，县委中心组将《镜鉴》和《严肃换届纪律文件汇编》“一片一书”纳入学习计划，县四大班子领导集中学习3次；举办换届业务培训班，培训220多人次；印发2000余份换届纪律

“知晓卡”、3000余份换届纪律宣传单。进一步强化纪律意识和规矩意识。2. 开展谈话活动。按照“四必谈”要求，县委和县纪委领导与县四大班子成员、乡镇及县直单位主要负责同志及负责换届工作人员采取个别谈话与集体谈话相结合的方式，广泛开展各种形式的谈心谈话活动，解读换届纪律，通报典型案例，层层传导“九个严禁和九个一律”，引导党员领导干部吸取教训，引以为戒，切实增强严守换届纪律的自觉性。3. 完善举报平台。进一步完善“12380”电话、信访、网络和短信举报等“四位一体”的综合举报受理平台和纪委“12388”举办电话，实行24小时值班制度，及时受理违反换届纪律问题举报，确保整个换届选举风清气正。

【选人用人机制】 将《党政领导干部选拔任用工作条例》学习作为干部教育培训的一项重要内容，切实增强干部群众对《条例》精神实质的把握和理解。在干部选拔任用工作中，坚持把民主推荐作为干部考察的必经程序，通过民主推荐确定拟提拔考察人选；坚持考察预告、民主测评、个别谈话等制度，认真做好考察各个环节的工作；对拟提拔交流使用的干部，在提交党委讨论之前，广泛征求相关领导干部、部门等意见，进行充分酝酿，并严格实行全程纪实制度；在讨论决定干部时，坚持做到“五个不研究”，即未经民主推荐的不研究，未经组织考察的不研究，未经组织部部务会讨论的不研究，未按规定征求意见和酝酿不充分的不研究，程序不符合规定的不研究；在对科级干部调整时，严格实行向市委组织部的任前请示、任职备案、任后全程报告等三项报备制度；县委每次对干部作出任免调整后，县委组织部、纪检委主要领导都要与调整的干部进行任前个别谈话或集体谈话；充分利用日常的干部考察、年度考察、经济责任审计和参与下级党组织民主生活会、受理群众来信来访等手段强化日常监管约束机制；有效推行“一报告两评议”制度，进一步提高选人用人公信度，在防止和纠正选人用人上不正之风等方面，发挥十分重要的作用。

【干部监督管理】 在干部选任过程中，既注重对用人程序的监督，又注重对用人标准的监督，着重把好民主推荐、组织考察、民主测评、任前公示四道关，坚持做到重实绩、重民意、重素质，真正把想干事、能干事的优秀干部选拔到领导岗位上来，不断提高干部选任工作的质量。并且切实加强制度建设，在抽组考察组时，都邀请县纪检干部参与考察工作，建立纪检部门和组织部门“联考制”。同时，对被考察对象实行纪检（监察）、综治、检察、审计、信访等部门的“联审”制度，加强对干部岗位教育、廉政教育、警示教育，深入开展述职述廉工作，在干部职务发生变动、遇有婚丧嫁娶等个人重大事项以及在廉政问题上群众有反映等情况下，进行廉政谈话和信访谈话，将预防、监督关口前移。对那些有一定问题、又不够纪律处分的干部，在进行批评教育的基础上，提出警告，督促其限期改正错误，并进行跟踪监督，对问题比较严重或在规定期限内没有改正错误的，及时采取组织措施进行职务调整，进一步加强和改进对全县干部的监督管理。

【选人用人不正之风专项整治】 1. 着力建立健全机制。推进选人用人不正之风专项整治要靠制度规范。把加强干部选拔任用和监督工作政策法规学习作为专项整治的基础工作，积极开展“干部监督进课堂”活动。进一步完善“12380”电话、信访、网络和短信举报等“四位一体”的综合举报受理平台，加大举报受理核查力度。严格执行《党政领导干部选拔任用工作条例》，严格落实请示报告、全程纪实、责任追究等制度，建立健全“联考制”“联审制”和“任前谈话制度”，制定《干部任免管理制度》，把严格的规矩、严密的程序、严肃的问责贯穿干部选拔任用、监督管理工作全过程，确保选人用人工作风清气正。2. 着力消化超配干部。2016年已消化超配干部133人，其中：科级领导职务7正42副，非领导职务84人，完成总消化任务的69.63%。下一步采取交流补缺、改任非领导职务、到龄退休、贯彻法官和检察官套改制度和干部能上能下等方法，认真做好消化整改工作，年底完成总消化任务的90%，3.着力强化档案审核。全县有组织、人社、教育3个人事管档单位，共管理人事档案6454卷。按照专项审核要求，全县应审档案共6022卷，已全部审核完毕，3家管档单位更换了新A4档案盒，对每卷档案材料重新装订整理，做到整齐美观，专项审核形成的相关表格内容齐全，认定准确，为全县干部服务提供了准确的依据。对审核出有涂改现象的干部人事档案，全部与本人谈话，并让其作书面检查，根据涂改前的痕迹进行认定。

【组织工作规范化建设】 按照市委组织部统一安排，全面开展以组织工作的规范化带动党建工作的规范化为目标要求的“组织工作规范化建设年”活动，严格按照一份问题清单、一套工作方案、一个制度建设计划、一本整改台账的“四个一”方式，分精准查摆问题、精准制定方案、精准落实方案和精准考核评价四个阶段扎实推进。制定《商都县关于开展“组织工作规范化建设年”活动的通知》，成立组织工作规范化建设领导小组，下设办公室和4个专项推进组，印发《关于明确“组织工作规范化建设年”各专项推进组牵头组室的通知》，进一步明确了目标、任务和工作职责。全面梳理市委在抓党建述职评议考核会上的点评意见和2015年年底自治区巡视组反馈意见、干部群众反映和在党的群众路线教育实践活动和“三严三实”专题教育中查摆整改后进行“回头看”出现的问题，建立问题台账、责任清单。经梳理，干部工作方面问题5条，基层组织建设方面问题11条，人才工作方面问题4条，组织部门自身建设方面问题4条。健全完善制度规定，在干部工作、基层党组织建设、人才工作和组织部门自身建设四个方面制定符合实际的《规范化建设实施方案》，并严格按照实施方案的有关要求，建立整改台账和制度建设计划，明确时间表、任务书、路线图和责任人，扎实推进各项规范化建设。

【各领域基层党组织建设】 围绕市委党的建设“148”大党建工作总体思路，坚持以“党建引领发展、干部服务群众”为主题，以“八个引领”为中心，以党建“实心工程”为抓手，三级示范引领工作为载体，全面加强各领域基层党组织建设。1.切实加强农村基层党组织建设。在推进万名干部下乡驻村加强重点工作落实中，积极构建“村干部+驻村第一书记+帮扶干部+党员”的工作机制。通过强化管理、目标责任书和落实各项驻村工作制度，强化动态管理，切实加强基层党组织书记、驻村第一书记、党务干部、党员“四支队伍”建设，并集中对12个软弱涣散村级党组织进行整顿。开展基层党组织示范群体创建工作。投入1000多万元对56个村委会办公活动场所进行改扩建；抽组682名干部组成10个工作组深入到全县212个村委会进行结对帮扶，创建农村示范点157个，占农村基层党组织总数74%。2.切实加强社区基层组织建设。进一步健全完善区域化党建联席会议制度，全面实行联合工委和“大党委制”，依托在职党员进社区活动，进一步加强对机关、社区、学校、国有企业、非公有制企业、社会组织党组织的区域化党建工作统筹力度，逐步形成以社区联合党委为核心的“资源共享、优势互补、党员共管”的社区区域党建工作新格局。实现社区“联合党委”全覆盖，并有1465名在职党员进社区参与服务。在全面实施“六园一港”建设的基础上，21个社区按照“一居一品”要求全部打造党建服务品牌。“智慧社区”建设有序推进。3.切实加强机关事业单位党组织建设。以“走在前、作表率”为总要求，以创建“六型十好”机关为目标，不断提高机关事业单位党建规范化、科学化、制度化水平。全县75个机关事业单位结合创建标准和各自工作性质开展形式多样的创建活动，共组织各类培训学习1600余场次，举办活动90余场次。4. 切实加强非公企业党的建设。重点瞄准全县众多的微小企业和个体工商户。结合党员比较分散、从事行业千差万别、依靠单独组建和联合组建难度较大的实情，依托工商所零距离接触个体私营户的优势，创新思路，采取以工商所为依托，由工商所所长任支部书记、个体私营经济中的优秀党员任支部委员的组建新模式，按各工商所所辖片区成立个私经济组织党支部，建立区域性党组织。同时，采取"两统一"管理方式，把各自片区内的个体私营经济中的党员统一纳入该支部进行统一管理，统一组织党员开展各项党建活动。以此充分发挥党员在个体私营经济中的凝聚力，增强党的工作在个体私营经济中的影响力，进一步扩大党建工作的覆盖力。全县共组建个体私营经济组织党支部6个，覆盖党员人数87人。

【党的建设制度改革】 1. 突出既定任务抓落实。通过建立改革总台账、年度台账、试点台账"三本台账"，进一步明确目标，细化任务，确定责任人、路线图、时间表。2016年，共承担33项党的建设制度改革任务。其中，2016年需要落地见效的24项。已完成21项，形成具有商都县特色的制度成果3项。2. 突出试点先行谋突破。2016年承担2个自治区级试点改革任务和1个市级试点改革任务。出台《商都县完善干部实践锻炼计划》，通过岗位交流、挂职锻炼、蹲点包联、调训等措施在全县范围内开展干部实践锻炼工作。出台《商都县精准扶贫工作专项考核评价办法》，进一步完善干部能上能下机制试点工作。制定《商都县开展县乡党委书记抓党建责任述职评议考核实施方案》，在全县开展党组织书记抓党建工作述职评议考核工作，切实强化各级党组织书记管党治党主体责任。3. 突出重点领域求实效。认真贯彻全面从严治党"八项要求"，以自治区抓党建"1+3"制度体系为引领，实施联系服务群众"实心工程"，形成"1+4"管党治党工作机制。通过严肃党内政治生活、推进制度治党落地、从严加强干部监管、严格执纪问责追责和强化责任狠抓落实五项举措，推动全面从严治党各项任务落实，进一步提升党建工作科学化、制度化、规范化水平。

【法治队伍建设】 1. 紧盯任务抓落实。按照《乌兰察布市法治队伍建设2016年工作安排》确定的目标任务与工作要求，成立项目执行小组，将目标任务逐条逐项细化、实化、具体化，扎实推进，取得实实在在的效果。2016年共承担23项法治队伍建设目标任务，其中包括转接2015年未完成任务6项，新启动2项。已完成目标任务17项，其余6项需待上级出台制度后再落实。2. 紧盯素质抓提升。为进一步提高全县立法、执法、司法队伍和政府法制队伍的整体素质，专门制定《商都县建立行政执法队伍、司法队伍建设部门联席会议制度》《关于加强律师职业道德建设的十项措施》。通过以会代训的方式，对全县律师进行党建专题培训，进一步坚定社会主义理想信念，实现党建与律师发展两结合、双促进。

【基层党建九项重点工作】 1. 党员组织关系集中排查。全县将党员组织关系集中排查作为党建工作重要内容，制定《商都县关于开展党员组织关系排查工作实施方案》，通过积极开展"党员双找"活动，查党员基本信息、查缴纳党费与参加组织生活情况、查接转组织关系情况，核准流动党员数量、去向、现状，核准"口袋"党员数量、去向、现状，核准"失联"党员数量、"失联"情况及原因，进一步规范党员组织关系管理工作。经排查，全县共有党员12213人。其中，流动党员1841人，失联党员72人。2. 人大代表和党员违纪违法未给予相应处理排查。在全县范围内组织开展排查清理工作，坚持分块负责、部门联动，按照自查和专项清查相结合的方式扎实推进排查工作，被责令辞去人大代表职务11人，其中县级5人、乡镇6人，被暂停执行人大代表职务8人，其中县级1人、乡镇7人。3. 基层党组织按期换届排查。专门派出工作督查组，指导各基层党组织对各自是否按期换届情况进行全面自查，采取听、看、谈、检等方式，逐项梳理，并分析研判提出对策，认真填写《基层党组织按期换届情况专项检查阶段性情况统计表》，经排查，有10个机关事业单位党支部和9个非公企业党支部未按期换届。通过制订整改方案、建立台账，明确整改时限、措施，并责任到人，全部完成整改任务。4. 党费收缴专项检查。对没有主动、足额交纳党费的给予提醒，引导党员该补交的主动补交。按组织党员学习、摸清基本情况、培训党务干部、进行政策解答、抓好整改落实等步骤实施检查。5. 非公有制企业和社会组织党的组织和工作覆盖。依靠单独组建、联合组建和挂靠组建等形式积极开展党的组织和党的工作的全覆盖。全县已建立党组织75家。其中，非公有制企业为67家，社会组织为8家。党组织覆盖率达到了65%以上，完成“两个覆盖”专项行动工作。6. 抓党建促脱贫工作。按照全县行政村30%确定抓党建促脱贫攻坚示范村。全面建立县级领导干部联点（联系一个乡镇、包扶一个村），县直部门单位联村（联系一个帮扶村，派驻一名“第一书记”），县直机关干部联户（处级领导帮扶6户、科级领导帮扶4户、一般干部职工帮扶2户）工作机制，全县组成26个扶贫工作团、97个驻村工作队，县、乡两级共抽组3513人，对全县的9346户贫困户进行结对帮扶。7. 抓严抓实领导机关党员干部学习教育工作。全县10个机关总支、87个机关支部始终把“两学一做”学习教育与推进“六型十好”机关创建工作密切结合。坚持把个人自学与集中学习、专题辅导、专题研讨等有机结合起来，利用基层大讲堂、远程教育站点、网络在线教育等平台，提升学习教育的成效。8. 嘎查村党组织书记集中摸排整顿。及时召开部务会研究细化任务，并召开乡镇党委副书记会将市委组织部会议精神传达到位。10个乡镇及时组建嘎查村党组织书记集中摸排专项工作组，深入嘎查村逐村摸排，通过召开支部党员大会、组织开展民主测评、访谈群众、与村党组织书记谈心谈话等方式，完成212个嘎查村党组织书记排查任务。9. 开展“评星定级”活动。及时组织各乡镇党委和县直各党委召开全县党员“评星定级”活动动员大会，制定《关于在全县基层党组织和全体党员中深入开展“评星定级”活动的实施意见》。各党组织分别召开“评星定级”活动动员大会，将活动层层部署到位。在每个党委确定3个示范点，先行开展活动，并按照市委要求，统一牌匾样式和尺寸。全县468个基层党支部全部开展“评星定级”活动。

【人才队伍建设】 1. 人才工作的组织保障。紧紧围绕自治区人才工作会议精神和市委组织部有关人才工作的要求，为进一步加强商都县人才工作，根据工作需要，以及强化对全县人才工作的统领，重新调整全县人才工作领导小组成员，明确人才工作思路、工作目标和任务，不断调整全县人才工作方式方法，推进各类人才队伍建设，确保人才工作顺利实施。2. 人才队伍培训工作。按照大规模培训干部、大幅度提高干部素质的要求，积极开展各类人才培训工作，培训对象由各级党政干部向专业技术人才、企业经营管理人才、农村实用人才和各类社会人才不断延伸，截至年底，联合教育科技等部门举办大型培训1次，培训各类人员1100人次。针对生产中的问题举办现场培训6次，培训人员1200人次。邀请中国科学院14名专家，对全县科技人员、专业合作社负责人、种植养殖业大户、科技示范户进行培训，参训人员478人，培训师资70人；70名科技特派员到各点培训，每人举办培训1次，培训人员

7000多人次。3.六支人才队伍建设管理。加强人才信息库建设，对2016年新进入商都县工作的各类人才建立台账，完善信息库，提供人才信息服务。加强企事业单位和各用人单位人才需求调研。建全升级人才资源库。为县内人才资源的共享使用提供便利，最大化发挥人才的智力作用。商都县已登记在册的各类人才6612人。继续完善“县籍在外优秀人才”信息库，“县籍在外优秀人才”信息库共收录包括党政军警、科技教育、医疗卫生、文化传媒等各类域外优秀人才387条。

（张　清）

宣传工作

【基本情况】 县委宣传部核定内设机构4个，分别是办公室、文明办、网信办、理论文艺科。核定行政编制12人，实有11人；工勤编制1人，实有0人。核定部门正职1人、副职2人，文明办主任1人，实有正职1人，副职2人，文明办主任由副职兼任，新闻科长1人，外宣科长1人，办公室主任1人。

【“两学一做”学习教育活动】 紧紧围绕“两学一做”学习教育，制定印发《县委中心组学习安排意见》《学习贯彻落实党的十八届五中全会精神》《学习贯彻落实党的十八届六中全会精神》《“两学一做”集中学习日安排》等文件。县委中心组通过邀请专家集中学习、个人自学和集体研讨等多种方式，重点学习《中国共产党廉洁自律准则》《中国共产党纪律处分条例》《统一战线工作、民族理论和民族政策》《中国共产党地方委员会工作条例》《“一带一路”与中国外交转型》等内容。截至12月底，共举办县委中心组学习12次。充分利用“不冻河”大讲堂学习平台，把理论学习与工作实践相结合，有针对性地举办第一书记理论培训班、非党干部学习十八届五中全会培训班、入党积极分子培训班、中共十八届五中全会、中共十八届六中全会、自治区第十次党代会基层宣讲以及理论进校园、理论进社区等知识讲座。同时，在学习过程中，向党员干部推荐一批《活页文选》《习近平总书记系列重要讲话》等必读和选读书目，进一步提升党员干部的理论水平和业务素质。

【主题宣传】 紧紧围绕产业发展、项目建设、社会民生、文明创建等县委、县政府中心工作，主动对接上级新闻媒体，采取报纸、广播电视、网络、微信客户端协同作战，多层次大范围推进“两学一做”、“十个全覆盖”工程、“精准扶贫”、“旅游招商”、“五城联创”等系列主题宣传。2016年，邀请市级以上主流媒体开展大型采访活动10余次，制作《十个全覆盖》专题片3部，《十个全覆盖》画册5000册，外宣片1部，委托中国城之旅杂志社编辑出版发行《商都专刊》20000册。利用“活力商都”微博和微信公众平台开展“两学一做”学习教育网上宣传活动、“中国梦·大国工匠篇”大型主题宣传活动和“我县学子圆梦大学”网上主题宣传活动。外宣稿件在《内蒙古日报》、《乌兰察布日报》、乌兰察布电视台、乌兰察布电台共刊发播放781篇，其中《内蒙古日报》17篇、《乌兰察布日报》366篇、乌兰察布电台262条、乌兰察布电视台116条，在《乌兰察布日报》制作专版20期。在做好外宣工作的同时，积极应对各级各类监督媒体，全年接待各级各类监督媒体70批次，200人次，经过耐心细致地沟通，全年未发生大的网络负面影响。

【网络信息安全监管】 为及时掌握属地网站名称开设的微博、微信公众号，2016年，对全县属地网站进行细化分类，建立属地网络巡查报告制度，6月初，网信办会同公安局网安大队、县文化市场综合执法大队等相关单位，开展“清网”专项行动，对属地网站进行安全检查，检查中与10家网站运营单位签订网站安全运营责任书，对3家有违规行为的网站负责人进行约谈，关停违规网站1家。9月19日，由网信办牵头，联合公安、教育、团委和文化等单位在祥和广场举办全县2016年网络宣传周启动仪式，其间为群众发放宣传资料5000余份，解答群众问题200多人次，利用电视台播放网络安全节目3期，户外大屏幕播放公益广告5条，通过此次活动很好地普及全县广大群众的网络安全知识。以加大对网评员队伍的培训、指导与奖励为重点，利用网评员队伍对突发事件及网络热点事件实行正面引导和跟踪。2016年，全县68名网评员通过微信公众平台发布信息1000余条，在中国共产党成立95周年期间，转发习近平总书记重要讲话精神的评论综述和理论解读30多条。网信办对全县17名优秀网评员进行表彰和奖励，通过表彰和奖励极大地调动网评员的积极性。网信办继续强化24小时值班制度，对发现涉及全县网络热点事件，及时研判上报，果断处置，第一时间编发新闻通稿，有效平息网络反面舆论的升温，全年未发生大规模恶性网络炒作事件。

【“五城联创”宣传】 按照县委、县政府的统一部署和“五城联创”工作实施方案的要求，2016年，认真梳理测评体系和整理文字材料、音像档案并将各项任务进行分解，主要开展以下五方面工作。1.大力宣传，营造全民参与创城的浓厚氛围。通过电视、网站和标语等多种形式大力宣传“五城联创”，制作路牌、道旗、公交站牌、果皮箱宣传标语260个1000平方米、建筑围挡宣传2000平方米，制作印有社会主义核心价值观及“五城联创”宣传标语的各种宣传品2万份，印制“五城联创”宣传手册1万余份，向全县人民印发创建自治区级文明县城公开信和倡议书，提高干部群众对创建工作的知晓率和参与度，营造全民创建的良好氛围。组织举办创建知识培训、文明单位创建工作观摩活动，开展书画展览、征文、演讲、摄影比赛等一系列专题活动，有效地调动广大干部群众全力参与创建工作的积极性和主动性。2.明确责任，完善制度保障。“五城联创”开展以后，首先从制度建设入手，明确目标责任，成立“五城联创”工作领导小组，制定印发《机关单位包联社区小区工作方案》，各责任单位又分别制定具体实施方案，对各社区小区绿化、硬化、亮化等基础设施方面存在的问题及时进行整治，确保创城工作运转高效。3.自治区园林县城创建实现既定目标。自“五城联创”启动以后，坚持高起点、特色化、前瞻性三者兼顾，坚持现代理念与文化相融合，由园林局牵头，制定《商都县城市绿地系统规划》，并将其纳入城镇总体规划，相继制定《商都县蓝线规划》等专项规划。按照“扩大绿量，提高质量”的总体思路，以城区公园绿化、广场绿化、道路绿化、街头景点绿化为重点，以单位庭院绿化、小区绿化为补充，通过“规划建绿”“拆墙透绿”“建景增绿”等多种项目工程，不断提升城镇绿化总量，丰富绿化景观，使城市功能日益完善。经过一年努力，县城绿化面积达566.36万平方米，建成区绿地率32.99%，绿化覆盖率35.32%，人均公园绿地面积达16.59平方米。9月顺利通过自治区园林县城检查验收专家组的验收。

【精神文明创建】 1.文明村镇单位创建。继续把文明村镇、文明单位的创建工作作为提高城乡文明程度、提升城镇品位、营造促进发展的一项重要举措，切实抓在手上，稳步推进，在巩固已有创建成果的基础上，2016年，新增创建成自治区级文明单位1个，市级文明单位（标兵）3个，县级文明单位5个。广泛开展文明家庭创建评选活动，在县妇联推荐下，评选出市级“美丽庭院标兵户”6户，县级“美丽庭院示范户”471户，并进行挂牌表彰奖励。在都山街社区开展“传承好家训 培育好家风”暨“忆家风 晒幸福 讲故事”活动，来自该社区的6个最美家庭分别讲述她们各自的家庭故事和感人事例，令在场的人深受感动。2.公民思想道德建设。在未成年人中，利用各种节日，广泛开展未成年人心理健康教育活动，6月举办“关注心理，走进社区，送爱进家庭”讲座，让家长切实体会到家庭教育对未成年人心理健康的重要性；相继举办“关注心理，走进乡村，送爱进校园”主题活动，让同学们感受到帮助别人和被别人帮助的快乐；为引导未成年人见贤思齐、崇德向善，“六一”期间在全县各中小学校开展“美德少年”评选活动；“七一”期间组织“童心向党”歌咏活动；“十一”期间组织全县各中小学生开展“向国旗敬礼”网上签名寄语等活动。通过开展各类活动，进一步加强未成年人爱国主义和思想道德教育。在志愿服务活动中，全县各志愿服务队陆续开展为空巢老人、残疾人打扫室内卫生、清洗换季衣物、存储过冬蔬菜和燃煤，联系医护人员为空巢老人进行健康检查，到农民工集中居住地开展义诊活动，陪行动不便的老人和残疾人就医取药，组织心理疏导志愿者为空巢老人、残疾人、农民工提供心理咨询和辅导等活动。

【精神文化生活】 1. 群众文化活动丰富多彩。利用春节、元宵节期间，由宣传部牵头，组织县直各单位举办2016年迎新春联欢晚会、春节、元宵节大型灯展、元宵节焰火燃放晚会和秧歌比赛等系列文化活动，夏季由县文广局牵头先后深入全县10个乡镇开展文化、科技、卫生等“三下乡”文艺演出活动，集中弘扬、展现县委、县政府带领全县各族人民在经济社会发展中取得的成绩。2. 文艺精品创作成果丰硕。2016年，编辑出版的文学作品有《不冻河·塞北之北》摄影集和《不冻河》杂志；舞台艺术作品有《喜迎新春》《幸福家园》《老有所养》《十字路口》等9部，恢复经典剧目《五哥放羊》《拜大年》等6个，新编民间舞《亲亲西北风》《大秧歌》等4个，蒙古舞《天边》《这片草原》等4个。二人台小戏《十字路口》在“活力商都”微信公众号广为转发，《老有所养》成为县卫生计生局指定专场演出剧目，新编东路二人台表演唱《幸福家园》首次登上乌兰察布市电视台春节联欢晚会，受到专家与观众们一致好评。由商都县罗农创作的歌曲《儿想回家看看娘》在全市第六届精神文明建设“五个一工程”评奖活动中获奖。

【文化体制改革】 在全面深化改革的大背景下，文化体制改革已成为商都县深化改革的一项重要内容，纳入县委、县政府重要议事日程。12月底，县委召开常委会议专门研究县广播电视台和报社归口事宜。按照县委常委会议决定，报社和县广播电台、电视台正式归县委宣传部统一管理。

（李　辉）

统战工作

【基本情况】 县委统战部内设办公室、经济统战科、民族宗教科、党外干部科、侨办、台办。行政编制7人，工勤编制1人，事业编制5人。

【宗教宣传工作】 从4月开始，在全县宗教界人士和信教群众中继续深入开展爱国主义教育活动，引导宗教与社会主义社会相适应。县委统战部、民族宗教局采取召开宗教界人士座谈会、学习会、发放宣传材料等形式，从不同角度宣传中央、自治区、市、县四级统战工作会议精神和全国宗教工作会议精神；继续深入到全县宗教场所，向宗教场所负责人、教职人员和信教群众发放全国宗教工作会议精神、宗教政策法规等学习宣传材料3500余份，发放中央统战工作会议精神宣传资料500份；积极开展“和谐寺观教堂”创建活动，进一步创新活动方式方法，增强活动的实效性，同时安抚信教群众的合理诉求，维护社会安定团结，促进全县宗教活动井然有序地开展。

【宗教管理】 9—10月，统战部联合相关部门深入到全县10个乡镇开展非法宗教、邪教摸底排查活动，深入宗教场所15个、走访干部和信教群众150人次，发放宣传资料850余份，征求群众意见、建议20余条。排查活动中，通过座谈、回访等形式，使广大信教群众了解到非法宗教和邪教的危害性，引导他们投入到合法宗教活动中去，维护全县宗教场所的和谐稳定。同时，利用精准扶贫契机，积极帮助信教群众解决生产生活中的困难和问题。10月，投资2.3万元为基督教场所硬化院落、修建车棚。引导和鼓励宗教界人士参与全县社会经济建设中的重大活动，积极投身到“十个全覆盖”工程、“精准扶贫”、“五城联创”以及慈善公益活动中。

【民族团结进步事业】 1.继续开展民族理论和政策的宣传教育活动。8月，统战部联合民族宗教局继续开展马克思主义民族观和党的民族政策宣传教育活动。在全县少数民族群众中广泛宣传中央民族工作会议精神、《民族区域自治法》、《内蒙古语言文字工作条例》等民族理论和政策。重点在相关的4个乡镇张贴标语20多条；在3000多少数民族群众中发放宣传资料3000余份；进一步推动民族宗教理论政策和法律法规的有效实施。2.深入开展民族团结宣传月活动。借助商都县2016年创建乌兰察布市民族团结进步示范县的契机，统战、宣传、司法、民族宗教等相关部门，继续开展民族团结进步创建活动。利用广播、电视、流动宣传车、张贴标语等方式，开展民族团结宣传月活动。3.加强蒙汉文并用的监督检查力度。继续加强对党政群机关、窗口单位的蒙汉两种文字并用情况的监督检查，对存在的问题及时进行修改和规范。继续做好蒙汉两种文字并用管理工作。2016年，重点对政务服务中心大楼内的单位牌匾及乡镇、村（社区）的路边指示牌进行蒙汉文并用的督查工作。

【非公有制经济工作】 1.深入调研，积极引导非公经济人士参政议政。坚持深入开展调查研究，进一步摸清民营企业的呼声和愿望以及带有倾向性、苗头性的社会舆论，并及时将这些亟须重视和解决的热点、难点问题形成调研报告，报送县委、县政府和上级部门参考。4月，围绕工商联职能发挥情况、会员队伍建设情况，对工商联工作开展调研，撰写《商都县促进非公有制经济发展和非公有制经济人士健康成长的成功做法》调研报告。注重组织引导非公经济人士围绕全县经济社会发展建言献策，2016年，非公经济人士紧紧围绕全县经济社会生活中的热点、难点问题提出有价值的议案或提案20余条，为县委、县政府正确决策提供依据。2.注重服务，继续抓好非公经济人士组织管理工作。2016年，协调配合工商联对全县的非公有制经济情况深入调研，进一步落实联系非公有制企业制度，深入私营企业慰问走访和座谈，充分发挥工商联的职能和桥梁纽带作用，及时了解非公有制经济的发展情况，帮助他们解决实际问题，加强对非公有制经济人士的组织和管理。按照自治区、市关于在非公有制经济人士中开展理想信念教育实践活动精神，组织非公有制经济人士认真学习中共十八大、十八届五中及六中全会精神、习近平总书记系列重要讲话精神，准确把握上级有关全面深化改革和一系列政策举措的精神实质，引导他们坚定信念，增强信心。开展相互参观考察、交流活动，帮助非公有制经济人士开阔视野，提高发展能力。3.发挥非公有制经济作用，为改善民生作贡献。继续在非公有制经济人士中倡导诚信、守法、奉献的经营理念，积极引导非公有制企业广泛吸纳社会就业，构建和谐劳动关系，担当起社会责任，投身捐资助学、扶贫帮困等公益事业，参与扶贫项目开发，为改善农民生产生活条件作贡献。

【党外干部工作】 8月，根据人员变动情况，重新调整党员党政领导联系党外干部、无党派人士、党外知识分子的交友名单。全县14名县级领导干部与28名党外代表人士建立密切的联系。联系交友制度的建立，进一步加强和改善党的领导，发挥党外人士的参政议政作用。6月，经市委统战部批准，商都县又有12人被认定为无党派人士。10月，继续组织党外代表人士就全县社会、经济、文化、教育等热点焦点问题开展专题调研，为党外人士建言献策、参政议政搭建平台，形成《加强党外代表人士队伍管理工作的研究》《加强青年党外人士的培养的调研报告》《新形势下与党外人士联谊交友问题的研究》等调研报告，为县委、县政府提供有价值的决策依据。

【侨联台办工作】 5月，认真落实市委统战部的通知精神，扎实开展全县侨情普查工作，进一步摸清归侨、华侨、侨眷、海外留学生及港澳台同胞的基本情况，为下一步做好海外统战工作奠定坚实基础。在普查工作中，层层确定专人负责普查工作。采取行之有效的宣传方式，与教育、公安等相关部门协商沟通，深入到各村委会、社区，做到家喻户晓。做好向普查对象说明有关政策的工作。全县已普查登记华侨15人、侨眷15人、海外留学生5人、台属5人。

【精准扶贫重点工作】 县委统战部坚持“围绕中心，服务大局”，在抓好统战领域常规性工作的同时，按照县委、县政府统一安排，积极落实好“十个全覆盖”工程、“五城联创”、“精准扶贫”等重点和中心工作。6月开始，在全县“五城联创”活动中，积极开展包联小区、干群共建活动。为所包小区居民办实事办好事，帮助小区居民清理化粪池3个，修理更换监控摄像机4个，硬化维修车库、小房，解决门房屋顶漏水问题，投资2万多元。

【机关自身建设】 切实加强干部队伍建设。深入学习中央、自治区、市统战工作会议精神，准确把握统一战线新思想、新观点、新要求。扎实开展“两学一做”学习教育活动。进一步改进工作作风，规范统战工作各项制度，着力提升统战部门和统战干部工作科学化水平，构建团结、民主、温暖、守纪的大统战格局。

（田俊楼）

纪律检查（监察）

【基本情况】 商都县纪委（监察局）设有11个内设机构，分别是：办公室、政治部、信访室、审理室、党风政风监督室、案管室、纪检监察一室、纪检监察二室、纪检监察三室、纪检监察四室、信息中心；纪委领导班子职数7人，常委7人，其中书记1人，副书记2人（包括监察局局长1人），一名副局长兼任常务，3名常委兼任室主任。监察局领导班子职数3人，其中局长1人，副局长2人（其中1名监察局副局长兼任常委，1名非党副局长）。纪委（监察局）机关现有在职干部30人，38个编制，其中行政编制26个，机关工勤编制4个，事业编制8个。

【学习教育活动】 坚守职责定位，贯彻全面从严治党的新要求新举措。全县纪检系统以“两学一做”学习教育为抓手，把学习贯彻中共十八届六中全会、自治区第十次党代会、市第四次党代会和县第十三次党代会精神作为思想武器和行动指南，牢固树立政治意识、大局意识、核心意识、看齐意识，在全面从严治党中坚守职责定位，带头执行党章党规党纪，强化监督执纪问责，切实增强从严治党的政治自觉、思想自觉和行动自觉。

【正风肃纪】 开展正风肃纪，巩固深化整治“四风”成果。严格落实中央八项规定精神、自治区28项配套规定和市委、县委配套规定，聚焦“四风”问题，紧盯重要时间节点，开展专项治理检查和明察暗访，严肃责任追究。全年全县各级纪检监察机关开展监督检查147批次，90人受到组织处理，其中乡镇处理4人，科局处理31人，县纪委处理55人。加强换届纪律风气监督，严查违反八项规定案件，党风政风进一步好转。

【纪律审查】 加强纪律审查，保持惩治腐败高压态势。坚持把“四种形态”贯穿在线索处置、纪律审查、执纪审理等各个环节，转变执纪理念和方式，全年“咬耳扯袖”101人、谈话函询44件，落实抓早抓小作出组织处理的90人，给予党纪轻处分和组织调整20人，给予党纪重处分7人，移送司法机关1人，切实做到用纪律的戒尺管住大多数。充分发挥信访主渠道作用，全县受理群众信访举报110件，处置问题线索95件，初步核实51件，谈话函询44件，立案31件，处分27人。

【专项治理】 开展专项治理，着力查处群众身边的不正之风和腐败问题。围绕基层干部贪污腐化、民生资金监管、教育、医疗、低保等7个方面的问题，在全县开展为期一年的专项治理工作，全县各专项治理牵头部门组织各类专项监督检查129次，整改问题23个，建章立制18个，纪律审查问题线索33件，给予党政纪处分12人，组织处理24人。通报发生在群众身边的不正之风和腐败问题8批次、典型问题3个，通报25人，损害群众利益的突出问题得到有效遏制。

【廉政教育】 加强廉政教育，营造浓厚的廉政氛围。结合换届纪律宣传和“两学一做”学习教育，重点围绕新修订的《中国共产党廉洁自律准则》和《中国共产党纪律处分条例》，加大宣传教育力度，引导广大党员领导干部把理想、信念、宗旨立起来，牢固树立“四种意识”，做到懂法纪、明规矩、知敬畏、存戒惧。深入推进“点、线、面”廉政教育模式，着力发挥廉政教育基地、廉政文化示范点作用，发挥各行业、各系统廉政教育多条“线”的作用，全县2000多名党员干部接受现场警示教育，营造浓厚的廉政氛围。

【体制改革】 深化纪检体制改革，着力推进体制机制创新。强化工作措施，注重上下协调，“三转”进一步深化。年内完成26项纪律检查体制改革任务。围绕落实“两个责任”，加强对权力的监督和制约体系建设，出台《县纪委对县委常委会监督试点方案（试行）》《商都县贯彻落实“三重一大”事项集体决策制度实施意见（试行）》，建立健全乡镇纪委书记、派驻纪检组组长（书记）提名考察办法，推行“乡案县审”和“两级联审”工作，出台《商都县乡案县审工作方案》《商都县乡案县审工作办法（试行）》，保证纪律审查工作依纪依法、有序安全。

【机关自身建设】 打铁还需自身硬，打造忠诚干净有担当的纪检监察干部队伍。深入推进“基层基础建设巩固提高年”活动，机关办公环境得到改善，干部履职能力不断加强。全县10个乡镇纪委全部达到“九有”标准，成功承办全市“乡案县审、两级联审”现场会，有效宣传展示商都县纪检监察工作风貌。扎实开展“两学一做”学习教育；组织践行“四种形态”专题学习教育，106名纪检监察干部接受培训，纪检监察干部的政治意识、服务意识和纪律意识进一步增强；选派26名干部参加上级组织的业务培训，纪检队伍业务素质不断提高，思想纪律作风进一步改进。

【重要事件】 5月7日，自治区审理室到商都县调研案件质量情况。

6月17日，中共商都县纪委十二届五次全会召开。

7月29日，中共商都县纪委十三届一次全会召开。

9月7日，商都县反腐败协调领导小组工作会议召开。

10月11日，乌兰察布市预防腐败局副局长、市纪委第四检查室主任一行到商都县指导工作。

10月17日，全县纪检监察干部参观市纪委警示教育基地。

11月11日，商都县纪检委（监察局）档案晋升自治区一级单位。

11月17日，全区乡案县审、基层基础现场会在商都县召开。

12月1日，乌兰察布市纪委中共十八大精神宣讲团到商都县宣讲。

（董红兵）

机构编制

【基本情况】 商都县机构编制委员会办公室内设综合办、行政事业管理股。机关行政编制5人，工勤事业编制2人。核定科级领导职数2人（1正、1副）。下设商都县事业单位登记管理局，核定事业编制6人。其中：专业技术人员编制4人，其他人员编制为2人。核定科级领导职数1人（副科）。下设商都县电子政务中心，核定事业编制5人。其中：专业技术人员编制3人，其他人员编制为2人。核定科级领导职数1人（副科）。

【事业单位清理规范】 2016年，事业单位清理规范后，全县保留事业单位226家，其中全额拨款单位228家，差额拨款单位36家，自收自支单位2家。总体上比规范清理前减少7家。1. 重新下发“五定”，全面规范全县各类事业单位的名称、隶属关系、编制性质、编制数额、领导职数、经费形式。2. 对未经市编办批准成立的副科以上事业机构，按照其职能职责归口撤并到相关部门或成为相关部门所属股级事业单位。所任领导职务，建议转任为相同级别非领导职务，待遇不变，原任职务由主管部门重新任命。3. 根据上级编办清理超编事业单位的要求，按照控制总量、盘活存量的办法，结合全县事业单位早前核定的事业编制不平衡、有空有缺的实际，在全县事业编制总量范围内，除专项事业编制和乡镇事业编制外，将部分其他事业单位多余的编制或闲置的编制在全县范围内调剂到其他超编的事业单位，切实解决好全县一些事业单位超编的问题。

【事业单位分类改革】 对照《乌兰察布市事业单位分类参考目录》的认定条件和标准，对全县清理规范后保留的226家事业单位进行分类，分别为：承担行政职能的有5家，公益一类的有245家，公益二类的有16家。

根据“分类指导、分业推进、分级组织、分步实施”的方针，在认真研究全县事业单位所承担的主要工作任务、市场化程度以及发展方向等综合因素的基础上，按照乌兰察布市事业单位分类参考目录的认定条件和标准，将法律、法规明确规定承担行政职能的事业单位，分类为行政类事业单位；将承担公益服务、不能或不宜由市场配置资源的事业单位，分类为公益一类事业单位；将承担公益服务、可部分实现由市场配置资源的事业单位，分类为公益二类事业单位；将所提供的产品或服务可以由市场配置资源、不承担或少承担公益服务的事业单位，分类为生产经营性事业单位。

【事业单位年度报告】 2016年，完成2015年度全县事业单位年度报告。

1. 明确要求、认真安排。按照市编办的统一要求，及时印发《关于做好2016年度全县事业单位法人年度报告工作的通知》，明确年度报告具体要求和注意事项等，要求各事业单位要对年度报告的真实性负责。根据行业和部门特点，科学合理安排部署了事业单位网上报送年度报告日程，避免了网上扎堆操作审核现状，确保了事业单位法人年度报告工作有秩序开展。2. 严格把关，规范操作。严格按照国务院《事业单位登记管理暂行条例》及实施细则规定的内容、程序和时限办理审核年度报告，规范网上操作，确保年度报告质量。3. 强化服务、改进措施。将年度报告、变更登记操作流程、注意事项等制成电子文档上传到规定QQ群，方便事业单位下载学习；在年度报告报送过程中，针对部分事业单位经办人员网上登记管理系统操作不熟练等情况，采取电话答询、QQ群交流等方式进行现场培训解答，促使事业单位经办人员都能熟练进行网上操作。4. 创新方法，提高效率。针对年度报告公示工作任务重、时间短的特点，通过QQ群进行现场指导讲解操作步骤及程序，及时进行指导，帮助他们解决遇到的困难和问题。并通过提供二维码图片的形式进行网上操作，既节省了时间又提高了工作效率。

老干部管理与服务

【基本情况】 老干部局内设办公室、生活待遇股、关心下一代工作委员会办公室。核定编制6人（其中5个行政编、1个工勤编）。实配人数8人（其中政策离岗2人）。核定科级正职1人、副职1人，实配科级正职1人、副职1人，办公室1人，生活待遇股2人，关心下一代工作委员会办公室1人。

【"三个机制"完善落实】 全县离休干部的离休费全部按时足额发放；多年来一直雇佣有经验的理发员免费为老干部服务；建立门诊费逐年增加500元长效机制。2016年，达到每人5900元，9月全部发放，共47万多元；县财政每年列入年度预算160万元用于离休干部大病、重病住院治疗，按时下拨老干部局，按规定实报报销。2016年，全年为离休老干部报销医药费127.8万元；7月，组织全县离休干部进行每年一次的健康体检；为每位离休干部发放100元洗澡补贴、120元收视费。

【老干部待遇】 1.结合开展的"两学一做"学习教育，组织离退休干部学习中共十八大、十八届三中、四中、五中全会和习总书记系列讲话特别是考察内蒙古时重要讲话精神以及市、县两级党委、政府的各项政策和规定，使老干部坚定理想信念，提高党性觉悟，不断增强政治意识、大局意识、核心意识、看齐意识，坚定正确的政治方向。按照老同志们的意愿，建立学习长效机制，定期邀请党校老师做专题讲座。2.每遇县委召开重要会议时，都安排老干部代表参加。春节前，县委、县政府召开全县离休老干部迎新年座谈会，会上向老干部通报一年来全县经济和社会发展情况。3.坚持家访、慰问制度。春节前，县四大班子领导上门看望慰问原任县处级离休老干部及遗属。之后局领导带队逐户登门看望慰问所有居住在县城七台镇的离休干部和部分遗属，并为外地居住的离休干部寄去慰问金。中秋节，为老干部们送去中秋月饼等慰问品。"老年节"，为每位离休干部赠送"老年节"纪念品。平时遇到老干部有病住院或去世的，局领导都要去看望、慰问、吊唁。4.按时做好老干部报纸杂志订阅工作。在保证阅览室报纸、杂志订阅的同时，为每位离休干部个人订阅《乌兰察布日报》《商都报》《读友报》3种报纸和《老干部参考》《老年世界》2种刊物；为每位原任县处级退休老干部订阅《乌兰察布日报》和《老年世界》；为每位科级退休干部订阅《老年世界》杂志。5.广泛开展健康有益的文体活动。老干部局不断充实局电脑室、书法室、麻将室、象棋室、台球室、阅览室、健身室、棋牌室等活动室的活动器具，有效保证老干部文体活动正常开展，极大地丰富老干部的精神文化生活。6."七一"节为庆祝建党95周年，局党总支逐户上门看望慰问两个支部的离休老党员。

【老干部社会待遇】 随着社区建设的不断完善、功能不断健全，社区已成为老年人活动的主要平台。老干部局在七台镇的都山街、奥淳、商海、文化街4个社区，设立老干部活动室和老年大学分校，并于2015年正式挂牌运转。切实发挥出社区使老干部实现就近学习、就近活动、就近得到关心照顾和就近发挥作用的"四个就近"作用。"重阳节"老干部局和七台镇的都山街社区联合举办"九九重阳节书画作品展"活动。通过这次书画展，进一步推动全县老年文化事业的健康发展。

【离退休干部党支部建设】 老干部局党总支下设3个党支部，有党员30人。其中离休党员13人，退休党员10人，在职党员7人。以支部为主，经常组织党员学习活动。

【新农村建设、结对帮扶、“五城联创”工作】 在2016年的新农村建设工作中，老干部局包扶小海子镇刘家村行政村的董家村自然村、董家村行政村、梁红村行政村。为了早日改变村容村貌，包扶人员每天到村，和镇村干部一起做村民的思想工作，经过耐心细致地工作，圆满地完成每个村的任务。为小海子镇新农村建设工程捐资3万元，为董家村自然村捐资2万元，为董家村行政村捐资1.5万元，为梁红村行政村捐资1万元。按照县委结对帮扶贫困户的要求，局4名包扶干部与小海子镇梁红村10户贫困户结对帮扶。多次进村入户，详细了解包扶的10户人家家庭生活、农业生产情况等，积极为他们出主意想办法，共同协商早日脱贫。包扶干部又为所有包扶的10户贫困户送去生活物品。为深入推进“五城联创”工作，共建美好家园，老干部局在“五城联创”工作中，包扶七台镇团结小区3号楼6个单元72户人家。按照居民所需，为3号楼粉刷外墙、维修楼道、修缮小房、安装黑板及座椅、开展小片绿化等。

（王睿雄）

关心下一代工作

【基本情况】 关心下一代工作委员会内设办公室、法制工作部、科技工作部、学校工作部、文体工作部、社区工作部。

【社会主义核心价值观教育】 深入开展“爱学习、爱劳动、爱祖国”主题教育活动，县关工委报告团成员深入到县直中小学校进行社会主义核心价值观讲座并且与学生互动交流，开展“三爱”宣传教育，升华青少年对“三爱”的理解和认识，激发“三爱”热情，凝聚“三爱”力量，形成“三爱”氛围。

【中国梦主题教育活动】 开展“五好”小公民“老师您好，我的好老师”主题教育读书活动，中小学校关工委积极参与，征订1800余本书，联合学校的读书节、读书周进行宣讲、读书指导、撰写心得、知识竞赛、主题演讲，把读书活动与社会主义核心价值观相结合，与学校其他教育活动相结合，全县收到征文1109篇、书画208件、书法作品190件等，经专家评选，30篇选送到教育部关工委“华人作文”比赛组委会，根据教育部关工委〔2016〕12号文件公布，获得一等奖1篇，二等奖2篇，三等奖4篇，是历年来获奖最多的一年，居全区前列，其中世纪小学郝然、育苗小学刘波妮应邀到北京参加颁奖仪式。教育局关工委第三次获得部级先进集体，世纪小学、育苗小学获得优秀组织奖。

【大手牵小手关爱活动】 全县中小学、幼儿园有留守儿童、贫困学生、单亲家庭学生2400多人。各校都建立留守儿童、贫困学生、单亲家庭学生档案。建立留守、贫困、单亲家庭学生关爱、帮扶机制，时刻关注留守儿童、贫困学生的学习和生活。县关工委帮助寻求助学单位和个人为贫困学生进行帮扶，在第三中学教职工中开展献爱心活动。第三中学建立“导师帮扶”结对制度，由学校关工委牵头开展帮扶活动，倡导每一名教职工每学年至少关心帮扶一名贫困留守学生，每位班主任坚持每月帮扶一名留守学生，每年教师节获奖教师自愿拿出获奖金额的10%资助贫困学生和留守儿童。县关工委组织动员社会力量，通过开展“手拉手”“一帮一”等活动，广泛搭建爱心桥，为贫困生献爱心、送温暖、办实事、办好事。县关工委会同县委宣传部先后为二中捐赠图书1616册，县关工委会同红十字会为宗申小学捐赠100套被子，会同县妇联在宗申小学举办共享蓝天——关爱留守儿童的活动，为贫困留守儿童捐资1万元，会同县团委为宗申小学捐赠100套衣服以及书包、图书等。

【“五老”队伍建设】 关工委组织完成关心青少

年健康成长的历史使命，继续加强组织队伍建设，实现关工委组织网络化，全县基本上形成组织网络化、工作规范化、活动经常化的格局，县关工委在全县“五老”中开展写1份调研报告，帮扶1名贫困学生，帮助1名“问题学生”，帮教1名失足青少年，就地建立1个关工小组“五个一”活动，确保各项工作有序进行。完善内部机制，增强服务意识，改进活动方式，提高综合协调能力和工作效率。力争在帮扶困境儿童、改善孩子学习环境、提升青少年法制意识等工作中形成合力，取得明显效果。

（赵　平）

党校教育

【基本情况】 2016年10月，县委党校从商都二中搬迁至检察院旧楼，占地面积近5000平方米，建筑面积2800平方米，教室1间，能容纳100人上课。内设办公室、教务室、后勤3个股室。有校长室、副校长室、办公室、教务室、教研室、财务室、图书室等，学员宿舍5间，能容纳70人就餐的餐厅1间。学校编制11人，实有行政人员3人，后勤人员1人，专职教师5人。离退休职工13人。

【干部培训工作】 根据《中国共产党党校工作条例》和中央、自治区、市、县各级干部培训工作会议精神，2016年，县委党校继续做好全县党员干部培训工作，做好各类班次培训工作。搞好理论宣传，营造积极的舆论氛围。党校作为理论宣传的主阵地、主渠道，积极做好中共十八届五中、六中全会、2016年政府工作报告、“两会”精神、“两学一做”学习教育等理论政策的学习宣传工作，做到理论进教材、进课堂、进头脑的辅导工作。坚持分级分类、按需培训，结合不同类别、不同层次、不同岗位干部的特点，从干部履职尽责和健康成长的需要出发，协同上级部门组织开展培训；坚持科学规划、规范管理，推进干部教育培训工作实践创新、制度创新。准确把握精神实质，认真学习精心备课，为全县营造学习宣传贯彻落实中共十八届五中、六中全会精神的浓厚氛围起到积极促进作用。

把培训工作作为党校教育培训的首要政治任务、主要工作来抓，集中全校人力、财力，确保全年培训任务圆满完成。2016年，由于教室等硬件设施的限制，主体班次举办中共十八届六中全会精神培训1期，培训全县理论骨干90人次。在保证干部培训质量的基础上，不断开拓创新培训方式。加强班级管理。制定《县委党校学员管理办法》，逐步加强党员领导干部在党校学习期间的规范性和纪律性，保证学习时间和质量。整合各类师资资源。聘请县第一中学、第二中学的3名优秀政治教师为兼职教师，以弥补党校师资力量的匮乏。创新教育手段。在传统授课方式发挥主体作用基础上，远程教学、多媒体教学、互动式教学、案例教学、现场教学等不断得到运用。

【对外宣讲活动】 作为全县党员干部重要的理论学习阵地，党校始终坚持为全县广大干部群众宣讲党的理论方针和时事政策。年初，县委党校按照县委年初下达的《关于干部培训工作的目标要求》，强化教学，狠抓管理，力求以教学为中心，在培训质量与宣讲效果上力求有新突破。在充分发挥党校作为培训轮训党员、干部和公务员的主渠道和主阵地作用方面，以中共十八大、十八届三中、四中、五中全会和习近平总书记系列讲话精神为指引，创新党校发展理念，紧紧围绕干部培训需求，积极改革办学模式，开拓培训方式。组织教师认真备课、精心制作课件、课前试讲，对试讲情况进行现场点评，指出其优点和不足，进行有针对性的改进与完善，切实提高其授课质量，每位教师承担2—3个专题，共推出15个精品专题。在各类培训班次中，充分运用专题讲座、案例教学、现场教学、研讨交流相结合的教学方法，探索“菜单式”“互动式”等培训方式，着力提高教育培训的吸引力和实效性，为全县培训轮训各类党员干部、县委中心组及县直各单位、乡镇选学做好充分准备工作。

截至年底，累计到各乡镇、县直单位、社区、学校等宣讲60余场次，培训人数达到3000人次。其中重点宣讲中共十八届五中全会精神、2016政府工作报告、中央一号文件、“两会”精神、“两学一做”等内容。2016年11月下旬开始中共十八届六中全会精神内容的宣讲，培训达2000人次。

【科研调研工作】 科研是党校教育的基础。党校教学科研工作牢牢坚持为县委和县政府决策服务、为教学服务、为社会服务的方向，紧密围绕全县经济社会发展情况开展调研。2016年3月至11月底，借全县“十个全覆盖”工程、精准扶贫下乡之机，党校多次组织校领导及相关教师深入大黑沙土镇、田家社区深入调研，结合实际开展各项调研工作。积极参与上级党校的科研课题的研究。在《商都报》多篇幅、高质量地对党的重大理论、会议精神进行解读。全年撰写30余篇理论文章，在县级报刊发表。

【师资队伍建设】 县委党校以人才培养为核心，不断加强党校教师队伍素质的提高。为更好地承担起开展全县干部教育培训工作任务，党校着眼于提高干部培训质量而不断开拓创新，不断强化师资队伍建设，着力提高教师素质和能力。采取多种形式加强对教师的培训，除坚持常规的能力提升训练与工作实绩考核外，鼓励教师业余自学，努力创造条件让教师参加外出培训，并积极支持教师在职提升学历。有3名教师进修在职本科学历。多次派教师到自治区党校、市党校等举办的主体班次跟班学习培训，不断提高教师教学水平。在教学上，不断完善教学环节，创新教学手段。在传统授课方式发挥主体作用基础上，充分运用多媒体教学手段授课。采取“请进来”的办法，积极聘请市党校、校外专家授课，不断充实师资力量。充分发挥上级党校专家和本地领导经验丰富的优势和特点，不断提高培训授课的针对性和实效性。

【自身建设】 新形势下大规模的干部培训轮训工作，对党校的硬件、软件和师资队伍建设都提出新的要求。2016年，县委党校校委领导班子带领全校教职工下大力气加强党校自身建设。1. 加强内部制度建设。在原有基础上，经过充分酝酿，重新制订《中共商都县委党校内部管理制度》《中共商都县委党校各科室人员岗位职责》和《县委党校教职工考勤奖惩管理制度》等，加强对教学、科研、后勤等方面的管理，对校内各科室、各岗位职责进一步加以明确，切实加强内部管理的科学性、规范性和纪律性。2. 提升后勤服务理念。通过一系列的制度建设，明确后勤岗位职责，转变后勤工作理念，切实增强为干部培训服务的意识，全年为各类班次提供后勤保障，服务质量明显提升。3. 全力推进新校区基础设施建设。2016年，在经费严重紧缺的情况下，多方筹措，积极改善条件，使用多年的破旧办公用品全部更换一新。同时对新校区的旧楼进行整体装修，面貌焕然一新。改善办公设备，提升党校教职员工办公效率，为教职工创造良好舒心的工作环境。

【“两学一做”学习教育活动】 为贯彻落实中央、自治区、市委、县委关于在全国、全区、全市、全县党员中开展“学党章党规、学系列讲话，做合格党员”学习教育（以下简称“两学一做”学习教育）有关文件精神及相关要求，党校结合实际，精心组织，扎实推进，在全体党员干部中开展“两学一做”学习教育。党校党支部委员就“两学一做”学习教育活动专门召开会议，商讨“两学一做”具体安排，成立县委党校“两学一做”学习教育领导小组，制定党校开展“学党章党规、学系列讲话，做合格党员”学习教育实施方案。同时严格按照县委的要求，定期对党员干部的学习笔记、心得体会、讨论发言等进行检查，凡是不符合要求的一律重新学习，力求取得实效。3月10日上午，在党校二楼会议室召开“两学一做”学习教育活动动员大会，支部书记郝文作“两学一做”专题学习课，题目为《“两学一做”专题解读》。制定《县委党校“两学一做”学习计划》，7月1日党支部党员大会上，支部书记给全体党员上党课，题目是《学习党章，争做一名合格党员》。课后，全体党员围绕主题“如何做一名合格的共产党员”开展讨论，撰写学习心得。每名党员都积极发言，主要联系个人思想工作生活实际开展互动交流，取得良好效果。创新方式开展学习教育。县委党校成立“两学一做”学习教育学习小组，创新方式开展“两学一做”学习教育。县委党校有14名党员，学习小组由党支部书记任组长。要求学习小组在做好“两学一做”规定动作的同时，组长要带头深入开展“两学一做”学习教育，定时组织集中学习、个人自学和学习交流会，并结合个人工作的实际，仔细反思自己在工作和生活中存在的问题，以问题为导向，促使党员带着问题学，针对问题改。县委党校的“两学一做”学习教育按照县委的要求按部就班有序推进。

【扶贫工作】 紧紧围绕县委、县政府的中心工作，县委党校支部带领全校教职员工圆满完成县委交办的各项社会工作。在“十个全覆盖”工程工作、精准扶贫工作、第一书记下乡工作中，求真务实稳步推进，有声有色有序开展。县委党校帮扶工作的范围是大黑沙土镇大营村和磨石山两个行政村32户贫困户。县扶贫开发工作会议后，县委党校积极响应县委、县政府号召，认真贯彻扶贫工作会议精神，积极行动起来，采取妥善措施做好精准扶贫工作，将扶贫工作作为一项重要工作来抓。成立县委党校精准扶贫工作领导小组，明确小组工作任务，强调小组工作职责，要求领导及成员必须以高度的工作责任感和紧迫感做好工作，从组织上保证精准扶贫工作得以落实。党校及时派出足够人手，到大黑沙土镇大营子村委会、磨石山村委会进行精准摸查，逐村逐户了解他们的家庭状况、收入情况、致贫原因等情况。对贫困户个人信息进行准确摸查、核实，确保扶贫对象信息精准无误。党校领导班子和驻村干部与村支部党员开展座谈交流，向村干部了解精准扶贫工作中遇到的困难，共同探讨如何做好相关工作。在了解帮扶村在开展工作中遇到的实际问题后，在经费紧缺的情况下，党校划拨1万元给大营子村委会作为开展精准扶贫工作经费，对工作的开展提供有力保障。2016年，捐助大黑沙土镇、田家社区扶贫款项1万多元，“五城联创”用于改善小区容貌出资6000余元，“博爱一日捐”捐助1300余元。切实为贫困户、帮扶乡镇、社区解决一些实际困难。此外，老干部工作、综治工作、党风廉政建设等各项工作稳步推进，受到上级领导和相关单位一致好评。

【荣　誉】 2016年，中共商都县委党校在干部教育培训、对外宣传活动、师资队伍建设等方面有所创新和发展，被评为市级文明单位。

（史丽萍）

档案管理

【基本情况】 档案局（馆）受县委、县政府双重领导，由一套人员两个机构组成。机构为正科级一级全额拨款参公单位。内设综合办公室、社会辅导技术处理股、编研股、现行文件查阅中心、爱国主义教育基地。核定编制11人，实有在编在册人员8人。单位领导3人（1正、2副）、党员6人、专业技术人员5人，年龄在30—50岁之间，学历全部为大专以上。

【档案馆藏】 商都县综合档案馆是集中统一保管商都县党政机关、团体、企事业单位档案资料的综合性管理机构。综合档案馆馆藏档案12.84万卷（册）（其中民国年间珍贵历史档案24卷，革命历史档案20卷），73个全宗。其中：文书档案9.9万卷，科技档案518卷、会计档案16582卷（册）、专业档案1473卷、实物档案227件、声像档案376卷（册）、人事档案10224卷、另存资料16054卷（册）。档案各种检索工具齐全。

【档案法律法规宣传】 6月9日国际档案日，在水漩公园开展档案宣传活动，制作大型展板，展示馆藏珍贵档案和黑白照片，以及“6・9”国际档案日宣传挂图。发放档案法律法规宣传手册、《走进档案》宣传手册等500册。并对《中华人民共和国档案法》、《中华人民共和国档案实施办法》、《内蒙古自治区档案条例》及国家档案局第8号令《机关文件材料归档范围和文书档案保管期限规定》、第9号令《各级各类档案馆收集档案范围的规定》、第10号令《企业文件材料归档范围和档案保管期限规定》以及《档案管理违法违纪行为处分规定》等相关政策法规进行宣传。同时，还利用媒体等多种形式对档案法律、法规以及本县档案征集、接收、管理等办法规定进行广泛宣传。档案安全自查、管理利用等信息被自治区《档案与社会》采纳，为档案工作顺利开展奠定基础。

【档案工作社会辅导】 2016年，先后对审计局、医保局、纪检委、人民银行、农开办、检察院、财政局等单位历年来工作中形成的各类档案资料均按照国家规定的档案规范化进行收集、分类、归档整理。每到一个单位，从档案室的日常配置到条例制定上墙，再到案卷摆放、制定检索目录等都给予耐心细致的跟踪辅导，年内，商都县纪检委晋升为自治区一级档案工作单位，屯垦队镇六盆地、大陆公司2个村委会晋升为市级甲级示范档案室。

【档案资料收集接收】 继续开展档案资料的收集、接收工作。2016年，接收人社局、教育局、民政局等单位的档案1300卷。接收名人手稿、证书等档案45件，收集具有代表意义的实物档案60件。随着馆藏量的增加，使得档案利用率大幅提高，为全县广大人民群众和谐的生产和生活做出贡献。

【民生档案全文数据库建设】 加大民生档案全文数据库录入及国家重点档案信息普查采集工作。为科学、系统、连续地开展档案信息资源数字化工作，形成丰富完善、具有本馆特色的数字化档案数据库，档案局（馆）按照“与民生相关的档案优先整理、优先利用、优先数字化”的原则，针对服务对象的需求进行数字化。进一步加大对婚姻档案、土地流转档案、产权档案、生育档案、工龄档案、招工档案、知青档案等民生档案规范管理和利用服务，初步建成民生档案数据库。截至年底，录入案卷级目录11982条，文件级目录50065条，个人档案目录9764条，婚姻档案目录42848条。扫描婚姻档案85696页，占婚姻档案库存的90%。并购置婚姻档案查询打印一体机，极大地方便用户，提高档案利用率。2016年，接待机关、企事业单位人员、特别是离退休干部、职工1200人次，档案利用卷数1万卷，出具有效证件1000多件。年内，采集国家重点档案44卷、3923件，并完成文件级目录微机录入工作。

【编研工作】 继续加强编研工作。为开发利用档案资源，挖掘和发挥档案信息的优势，不断加强档案资料的编研工作。2016年，印刷出版商都黑白影像集《岁月流香》《商都县事情注释本》《史话商都》。这些资料的编著不仅丰富馆藏资料，而且为开发利用档案资源做出应有贡献。

【重要事件】 3月，商都县档案局上门为离退休老干部、老同志赠送馆藏档案开发利用系列丛书，以实际行动为他们提供一份精美的文化大餐。

6月，商都县档案局组织开展以“档案在你身边”为主题的“国际档案日”宣传活动。

△ 乌兰察布市档案局局长景利东一行到商都县档案局（馆）调研档案基层工作情况。

7月，商都县档案局全体干部职工深入到屯垦队镇六盆地、大陆公司村委会与22户贫困户进行扶贫对接。

10月,《中国档案报》编辑部记者杨太阳、郑艳芳，在自治区档案局法规处处长黄丽萍和市档案局副局长康小宁的陪同下到商都县档案馆进行采访。

【荣　誉】 商都县档案局（馆）在档案收集管理、数据库建设、档案法律法规宣传、档案工作社会辅导及档案资料发掘编研等方面，走在全市各旗县前列，取得一定成果，被乌兰察布市档案局评为2016年度工作实绩突出单位。

（鲁富兵）

中共商都县委党史领导小组办公室

【党史网络宣传】 2016年，继续发挥网络作用，大力宣传党史信息，在商都县人民政府网站“地方资料库”网页“党史”栏目公开党史内容：《中国共产党商都县历史专题资料》第一辑、第二辑、第三辑全文,《中国共产党商都县历史》第一卷全文,《商都县革命遗址通览》全文。

2016年12月，为贯彻落实内蒙古自治区党史研究室10月召开的全区党史网络宣传干部培训会议、内蒙古自治区地方志办公室11月召开的全区地方志工作机构负责人培训会议暨全区地方志信息化领导小组第一次会议精神，商都县史志办主动联系中共商都县委宣传部及网信办，通报全区网络信息化工作培训会议精神，研究决定：要充分发挥网络宣传的重要作用，坚守党史和地方志网络信息宣传的主阵地，时刻警惕和坚决抵制历史虚无主义，大力开展正面宣传引导，开创党史和地方志网络信息化工作新局面。从2016年12月下旬开始，利用中共商都县委宣传部及网信办建立的网信公众平台，定期向广大网信观众公开党史和地方志有关信息内容，教育引导广大民众牢记历史、不忘初心，奋发努力、继续前进，为在经济建设和社会发展中做出更大贡献提供精神食粮，增添正能量。先期公开的内容为“商都县革命遗址”图文简介，其他内容将陆续与广大观众见面。

截至2016年12月24日,“党史”栏目公开信息15条，访问量达9705人次，其中有的条目访问量高达806人次，大多条目访问量均达700人次以上。

（魏　兆）

商都县人民代表大会

商都县人民代表大会常务委员会

【基本情况】 县人大常委会下设1个办公室、4个工作委员会、1个纪检组，办公室内设2个股级事业单位。核定行政编制20个、事业编制10个、工勤编制2个，2016年年底在职实有31人、退休30人。

【代表大会】 1月18—19日，商都县第十四届人民代表大会第五次会议召开。会议听取政府工作报告、人大常委会工作报告、人民法院工作报告、人民检察院工作报告；审议商都县国民经济和社会发展第十三个五年规划纲要（草案）、关于2015年国民经济和社会发展计划执行情况与2016年国民经济和社会发展计划草案的报告、关于2015年财政预算执行情况和2016年财政预算草案的报告。大会表决通过《关于政府工作报告的决议》等有关决议。

【重要会议】 1月5日，商都县第十四届人大常委会第二十一次会议召开，表决任免县人民政府提请的人事任免案，审议通过县人民政府提请的《华苑新城住宅小区规划建设用地议案》和《于2015年本级财政预算调整方案的报告》关，审议通过商都县第十四届人民代表大会第五次会议的相关事项。

2月26日，商都县第十四届人大常委会第二十二次会议召开，会议向县人民政府集中交办十四届人大五次会议期间收到的代表建议和意见，表决任免县人民政府提请的人事任免案，审议通过《关于2016年度政府融资项目的议案》。

4月29日，商都县第十四届人大常委会第二十三次会议召开，听取审议县人民政府《关于全县中小学校园安全工作情况的报告》《关于2015年本级财政决算情况的报告》《关于2016年分部门预算情况的报告》，县人大常委会调研组《关于对全县城乡居民养老保险工作情况的报告》。

6月20日，商都县第十四届人大常委会第二十四次会议召开，听取审议县人民政府《关于全县精准扶贫工作情况的报告》，县人民法院《关于执行案件工作情况的报告》，县人民检察院《关于规范化建设工作情况的报告》，县人大常委会调研组《关于对全县城镇供水及水源地保护工作情况的报告》，审议通过商都县人民政府《关于提请变更新风东路北原进修学校、卫生局用地性质的议案》和《关于提请变更建设西路两侧用地性质的议案》。

8月26日，商都县第十四届人大常委会第二十五次会议召开，听取审议县人民政府关于2016年国民经济和社会发展计划上半年执行情况、关于2016年财政预算上半年执行情况的报告和2016年上半年财政预算调整方案的报告、关于2015年财政预算执行及其他财政财务收支情况的审计工作报告，县人大常委会执法检查组关于对

《中华人民共和国药品管理法》在全县贯彻实施情况的执法检查报告，县人大常委会调研组关于对全县医疗机构运行情况的专题调研报告。还进行人事任免，新任职人员供职发言和表态发言，向《宪法》集体宣誓。

10月21日，商都县第十四届人大常委会第二十六次会议召开，听取审议县人民政府《关于2015年财政决算情况的报告》《关于2013年以来财政融资及使用情况的报告》，县公安局《关于网络安全管理工作情况的报告》，县人大常委会执法检查组《关于对〈中华人民共和国禁毒法〉贯彻实施情况的执法检查报告》，县人民政府《关于提请审议商都县2015年地方政府债务限额的议案》。

12月20日，商都县第十四届人大常委会第二十七次会议召开，听取审议县人民政府《关于小区物业管理工作情况的报告》《关于城镇交通管理工作情况的报告》《关于十四届人大五次会议代表建议和意见办理情况的报告》，提出审议意见和建议，听取审议《关于深入开展法治宣传教育推进法治商都建设的第七个五年规划（2016—2020年）（草案）》，审议通过县人大常委会2017年工作要点及工作安排。

【监督工作概况】 县人大常委会紧紧围绕全面深化改革、全面推进依法治县、全面建成小康社会这一主题，依法对“一府两院”展开监督。2016年，召开常委会会议6次，听取和审议“一府两院”专项工作报告12个，开展执法检查2次，开展专题调研7次，开展三级代表集中视察1次。配合自治区、市人大常委会开展执法检查4次，开展专题调研6次。配合市人大常委会对全县规范性文件备案审查工作和依法治市工作进行实地督查。

【计划　财政监督】 加强计划、财政监督，推动经济社会协调发展。先后听取和审议县人民政府关于2015年本级财政决算和2016年分部门预算情况的报告、2016年上半年财政预算及国民经济和社会发展计划执行情况的报告、2015年财政预算执行及其他财政财务收支情况的审计工作报告。将常委会组成人员的意见和建议以审议意见的形式及时抄送县人民政府及其职能部门，并对落实情况进行跟踪监督，增强国民经济和社会发展计划、财政预算的合理性、合法性和透明度，促进政府及其职能部门依法行政。

【民生工作监督】 加强民生工作监督，解决群众关注的难点问题。高度重视校园安全工作，对校园安全工作进行专题调研，推动政府及其相关部门落实安全责任，完善防范措施，有效保障师生的人身安全，切实维护校园及周边的安全秩序。对城镇供水和水源地保护情况进行专题调研，促进城镇供水和水源地保护工作有效开展，较好地保障城镇居民饮水需求和饮水安全。对城乡居民社会养老保险情况进行专题调研，提出多措并举促进参保、充实社保队伍力量、强化社保基础建设、保障社保经费投入等建议，促进城乡居民养老保险工作健康发展。对全县精准扶贫工作情况进行专题调研，就扶贫资金使用、扶贫项目实施、扶贫队伍建设及组织领导等方面提出合理化建议，推动精准扶贫工作有序开展。对全县医疗机构运行情况进行专题调研，针对存在的问题，提出意见和建议，为深化医疗体制改革，破解医疗机构发展难题，保证人民群众身体健康做出努力。对城镇交通管理情况进行专题调研，提出加大交通安全宣传教育力度、完善城镇交通基础设施建设、改善城镇交通环境、加强执法队伍建设等建议，推动城镇交通管理工作依法开展。为提高小区物业管理水平，构建和谐、文明、安全、宜居小区，对全县小区物业管理情况进行专题调研，针对存在问题，提出意见建议，有力地配合全县开展的“五城联创”活动。配合自治区、市人大常委会对绿色农业土壤环境治理与保护、耕地保护、养老服务体系建设等工作情况进行专题调研，推动相关工作有效开展。

【**法律监督**】加强法律监督，促进依法行政、公正司法。为促进相关法律法规在全县贯彻实施，全面推进依法治县进程，人大常委会切实加强对法律法规的监督。重点对《中华人民共和国药品管理法》在全县贯彻实施情况进行执法检查，针对存在的问题，建议政府及其相关部门广泛深入宣传普及药品管理法，加大对药品经营和使用单位的监督整治力度，持续打击虚假违法广告，加大行政执法部门之间的协作力度，进一步提高全县药品经营监督管理水平，保障人民群众用药安全，促进全县医疗卫生事业的健康发展。为提高全民防毒拒毒意识，减少毒品带来的危害，有效遏制毒品违法犯罪活动，人大常委会对《中华人民共和国禁毒法》贯彻实施情况进行执法检查。在肯定全县禁毒工作所取得成效的同时，指出全县仍呈现出毒品犯罪多发、吸毒人员剧增、毒品危害加剧、戒毒康复困难的态势，建议政府及其相关部门深化禁毒法宣传教育，健全禁毒工作长效机制，持续打击毒品违法犯罪，规范戒毒康复管理工作，完善禁毒执法保障机制。人大常委会加强对行政执法部门落实审议意见的跟踪监督，切实提高执法检查的实效性。配合自治区、市人大常委会对《中华人民共和国食品安全法》《中华人民共和国红十字会法》《中华人民共和国道路交通安全法》进行执法检查，对《内蒙古自治区预防未成年人犯罪条例》《内蒙古自治区法治宣传教育条例》进行执法调研。通过执法检查和执法调研，促进相关法律法规在全县的贯彻实施，为全县经济社会又好又快发展营造良好的法治环境。

【**干部监督**】加强干部监督，规范人事任免程序。人大常委会始终坚持党管干部和依法任免的有机统一，充分发扬民主，严格依法办事，进一步规范和完善人事任免程序。切实加强对任命干部的监督，实行被任命人员向宪法宣誓制度，增强被任命人员的责任感和使命感。2016年，先后任命县人民政府副县长3人，任命挂职副县长2人，接受辞去副县长职务的2人，接受辞去挂职副县长职务的2人。任命政府组成部门负责人6人，免去政府组成部门负责人6人。任命人大常委会委办副主任2人，免去人大常委会办公室副主任1人。任命县人民法院审判委员会委员6人、法庭庭长1人。

【**信访监督**】加强信访监督工作，严格规范性文件备案审查。人大常委会把信访工作作为了解社情民意、拓宽监督渠道、促进社会和谐、维护稳定大局的重要环节来抓，坚持“分别受理、综合分析、统一交办、定期反馈、严格督办”的指导思想，认真受理群众来信来访，并及时转办、督办，切实维护信访群众合法权益，化解社会矛盾，维护改革发展稳定大局。人大常委会把规范性文件备案审查工作作为一项重要监督手段，认真对规范性文件进行备案审查，促进县人民政府依法行政。2016年，先后对县人民政府出台的《商都县城乡低保动态管理办法》《商都县城乡居民低保管理工作责任追究制》和《商都县公开选取商品房作为棚户区改造安置房源实施办法》进行备案审查。

【**代表工作**】人大常委会坚持尊重代表、依靠代表、服务代表的原则，创新代表工作方法，搭建代表履职平台，代表的主体作用得到充分发挥。1.搭建活动平台，畅通代表履职渠道。人大常委会把“人大代表之家”创建活动继续作为提升县乡人大工作的主攻方向，全力推进村级代表活动室的建设，年内新建村级代表活动室10处，累计建成人大代表活动场所24处，实现“人大代表之家”在乡镇的全覆盖，所有代表活动场所均达到硬件设施标准化、软件建设规范化、代表活动制度化的创建目标。乡镇人大以此为载体，陆续组织代表开展学习培训、调研视察、联系选民、述职评议等活动，进一步拓宽代表履职渠道，密切代表与选民的联系。2. 加强学习培训，提高代表履职能力。人大常委会以加强学习培训为抓手，以“两学一做”学习教育为契机，积极组织县乡代表深入学习党章党规、习近平总书记系列重要讲话和人大业务知识，使代表的学习培训达到经常化、系统化、规范化。2016 年，各乡镇人大依托“人大代表之家”，开展代表集中学习培训 32 次，培训代表 800 多人（次），切实提高代表履职水平。同时还为每个“人大代表之家”订阅《中国人大》《内蒙古人大》《人民代表报》等报刊，将人大相关法律法规装订成册印发给代表，为代表自学创造良好的条件。3. 健全规章制度，规范代表履职活动。人大常委会坚持从制度建设入手，指导乡镇人大建立《人大代表活动室制度》《人大代表学习培训制度》《人大代表走访联系选民制度》等九项工作制度，使代表工作做到有规可依、有章可循。为真实反映代表履职情况、激发代表履职热情，人大常委会还建立代表履职登记制度，并为每位县乡人大代表制作《履职手册》和《履职档案》，将代表年度出席会议、参加活动、提出建议和为民办实事等履职情况如实进行登记，为评选优秀代表和换届提名奠定良好基础。4. 强化建议办理，增强代表履职动力。人大常委会积极探索新形势下人大代表议案和建议办理的新方法、新途径，努力提高代表建议办理质量。建立健全代表建议办理办法、常委会领导督办重点建议、代表建议年度办理情况报告、优秀代表建议评选等一系列规章制度，进一步明确代表建议登记交办、答复审核、续办续复、结果报告等工作程序。在办理过程中，采取重点督办、跟踪检查、专项视察等方式，加强对代表建议办理情况的监督检查，建议办理工作取得明显成效。

【自身建设】 人大常委会主动适应新常态，把握新形势，把自身建设作为一项基础性工作常抓不懈，努力提高依法履职能力。1. 改进工作作风。人大常委会始终坚持正确的政治方向，增强大局意识、看齐意识，切实在思想上、政治上、行动上与党中央保持高度一致，自觉接受县委的领导，认真履行重要会议、重要活动、重大事项向县委请示报告制度，主动争取县委的支持和帮助，真正把县委的领导贯穿于人大工作的全过程，落实到人大工作的各个方面。结合“两学一做”学习教育，机关全体党员干部深入学习贯彻习总书记系列重要讲话精神和党章党规，紧紧围绕“五型”机关建设目标，着力加强“四风”整治工作，坚持不懈地把作风建设融入日常工作之中，使机关的良好形象日渐提升。2. 健全规章制度。人大常委会在坚持民主集中制、集体行使职权、严格依法办事的基础上，本着用制度强化管理、用规章规范行为的原则，制定《商都县人大常委会议事规则》等多项规章制度，实现人民代表大会会议、常委会会议、主任会议、讨论决定重大事项、监督工作、代表工作、人事任免等各项工作的制度化、规范化、程序化，为人大常委会民主议事、科学决策提供坚实的制度保障。同时还编制《商都县人大机关制度汇编》，进一步完善机关学习、考勤、公文处理、财务管理、网络安全、信访接待等一系列规章制度，使人大机关开展各项工作都能做到有章可循。3. 加强指导联系。人大常委会以“人大代表之家”和“人大代表活动室”建设为契机，督促乡镇党委加强对乡镇人大工作的领导、支持乡镇人大依法行使职权、改善乡镇人大工作条件，为乡镇人大营造良好的工作环境。同时把指导乡镇人大工作列为年度工作重点，强化人大常委会领导和机关委办包联乡镇人大制度，指导乡镇人大主席团制订工作计划，依法履行职权，并注重在指导中发现问题、解决问题，切实提高乡镇人大的工作水平。4. 服务发展大局。人大常委会牢固树立大局意识，坚持在服务发展大局中提升履职能力，紧紧围绕县委的决策部署，广泛开展调查研究，为县委科学决策、民主决策提供可靠依据。班子成员坚持包联责任制，积极参与“十个全覆盖”工程、“五城联创”、精准扶贫、信访维稳等中心工作，促进县委重大决策的贯彻落实和各项重点工作的稳步推进。机关干部职工按照脱贫攻坚工作要求，结对帮扶贫困户，帮助贫困户解决生产生活中遇到的实际困难，为贫困群众稳定脱贫尽职尽责。为贯彻落实自治区人大常委会关于“万名人大代表助力精准扶贫活动”的要求，组织632名县乡人大代表与1417户贫困户结成帮扶对子，受到广大群众的一致好评。

（薛　美）

商都县人民政府

县政府施政要略

【概　况】 2016年，全县地区生产总值61.2亿元，增长6.9%；规模以上工业增加值增长7.6%；一般公共预算收入2.02亿元，增长9.9%；全社会固定资产投资36.1亿元，增长11.9%；社会消费品零售总额32.6亿元，增长9.2%；城乡居民人均可支配收入分别达到23769元和8549元，增长8.2%和7.9%。

【县政府常务会议】 2016年，县人民政府召开12次县政府常务会议，其中较为重要的有：

1月9日，第一次县政府常务会议，研究大额资金使用相关事宜，安排部署春节各项重点工作。3月10日，第三次县政府常务会议，研究2016年《政府工作报告》任务分解事宜，安排部署全县扶贫工作，并研究2016年易地搬迁实施方案。5月9日，第五次县政府常务会议，研究大额资金使用、政府党风廉政工作要点、棚户区改造和房地产去库存等相关事宜。7月1日，第七次县政府常务会议，部署小村整合与易地搬迁事宜，安排全县安全生产工作，研究讨论教育精准扶贫实施方案。10月18日，第十次县政府常务会议，研究国有林场改革、推进秋季重大项目开工等相关事宜。

【县长办公会议】 2016年，县人民政府召开50次县长办公会议，其中较为重要的有：

1月19日，第二次县长办公会议，专题研究南湖湿地生态苑绿化升级改造有关事宜。2月20日，第七次县长办公会议，专题研究进一步加强党风廉政主体责任事宜。3月16日，第九次县长办公会议，研究2016年城镇建设重点工作事宜。5月6日，第二十次县长办公会议，专题研究关于不冻河水库西苑生态园项目有关事宜。6月6日，第二十三次县长办公会议，专题研究七台镇民宇移民小区配套设施建设有关事宜。8月7日，第三十一次县长办公会议，专题研究对接落实阿里巴巴农村淘宝项目的相关事宜。9月4日，第三十七次县长办公会议，研究商都县七台镇市政基础设施建设项目招投标事宜。11月1日，第四十二次县长办公会议，研究整治非法运营专项工作事宜。11月17日，第四十五次县长办公会议，专题研究国家开发银行商都县贫困村基础设施建设项目有关事宜。

【改革开放向纵深推进】 积极推进经济体制和生态文明体制改革，形成142项改革成果。1.“放管服”改革扎实有效。非行政许可审批事项全部取消，行政权力责任清单向社会公开。县乡村三级政务服务网络实现互联互通。全市首张“五证合一、一照一码”营业执照在商都县颁发，商事制度改革走在全市乃至全区前列，县工商质监局被评为“全国商事制度改革先进窗口单位”。全年新登记各类市场主体1666户，同比增长

13.5%。推行“双随机一公开”监管，行政执法更加透明高效。不动产登记全面实施，实现“发新停旧”。2.“三去一降一补”取得阶段性成果。改造淘汰“去产能”，退出东昊特钢公司60万吨粗钢产能；棚改安置“去库存”，消化商品房库存1851套；金融推动“去杠杆”，为8家企业协调贷款1.56亿元，为5家企业发放助保贷1630万元，为重点扶持企业申请专项补贴445.1万元；落实政策“降成本”，行政事业性收费项目由35项减少到30项，精减率14%；“营改增”全面推行，为企业减轻税负2000多万元；精准发力“补短板”，全年实施3大类46项重点工程，城镇农村公共服务及基础设施等薄弱领域得到加强。3.招商引资取得新成效。依托小分队招商、以商招商和集中招商推介、定点招商等方式，全年新签约项目22个，协议总投资53亿元。新开工建设项目10个，完成投资2.9亿元。

【三次产业协调发展】 全县“一薯两菜”（马铃薯、甜菜、蔬菜）种植面积达到72万亩，占总播面积的48%。认证无公害、绿色和有机基地面积39.76万亩，占优势特色产业种植面积的55%。认证有机和绿色农产品18个、地理标识产品1个；新增著名商标和知名商标4个。鑫磊专业合作社的农产品追溯体系建设项目在全区“中国创翼”暨“喜桂图杯”大赛上获得第二名；乐耕公司成为全区第一家出口日本菠菜质量免检企业。鑫旺通、申安农业、鑫盛太阳能等9个投资3000万元以上重点项目相继建成投产。全县农畜产品加工企业发展到78家，年营业收入500万元以上27家，规模以上企业7家，农畜产品加工转化率达到58%，基本形成集群化、规模化发展态势。长盛工业园正式升级为市级工业园区。现代服务业资源整合升级加快，组建商都县旅游文化投资公司；不冻河西苑生态旅游景区被评为国家AAA级景区，实现AAA级景区的零突破；大石架石林被评为自治区级地质公园。巨弘温州建材城、福泰惠民园等一批重点项目相继建成，西都惠民园农贸市场和巨弘商业步行街、3D影城、宾馆、儿童乐园等项目扎实推进。国家电子商务进农村综合示范县获批，阿里巴巴“万村千乡”项目在全县顺利实施，新建的电子商务发展中心入驻电商企业8家、快递公司5家，建成1200平方米农村快递物流集散中心和21个农村电商服务站，解决了“网货”进农村和农产品外销的“最后一公里”难题。绿娃、鑫磊、携农等12家电商和县级电子商务服务中心持续健康运行，全年网上农产品销售额达1100多万元。

【城乡环境持续改善】 “五城联创”打响新一轮城镇提档升级攻坚战，成功创建为“自治区园林县城”和“市级卫生旗县”。2016年完成投资2.5亿元，实施市政基础设施工程11项。城区内所有主干道和部分小街巷进行沥青踏铺，新建道路全部实现雨污分流排放，所有路灯统一更换为LED节能灯，建成区绿化覆盖率达到35.23%，水冲式厕所建成25座，中水回用厂投入使用。城镇精细化管理水平进一步提升，在城镇重点主干道设立严管街，对非法营运三轮车等开展专项治理整顿工作，将零散摊点集中到福泰惠民园和3处临时市场集中管理。完成大拉子—城北35千伏变电站输电线路工程，全县10千伏以下工程全部完工。新修农村公路264.6公里，街巷硬化560公里，基本实现行政村沥青水泥路全覆盖。完成国家重点生态工程10.5万亩、重点区域绿化工程1.16万亩、小流域治理面积15平方公里，全县森林覆盖率达到24%。执行最严格的水资源保护制度，水源地保护面积达到8.78平方公里。严守耕地红线，全县基本农田保护面积195万亩；完成165万亩全域永久基本农田划定工作。

【民生社会事业全面发展】 全年财政用于民生支出达到15亿元，增长7.1%。按照“六个精准”（扶贫对象精准、项目安排精准、资金使用精准、措施到户精准、因村派人精准、脱贫成效精准）和“五个一批”（即发展生产脱贫一批、易地扶贫搬迁脱贫一批、生态补偿脱贫一批、发展教育脱贫一批、社会保障兜底一批）要求，打出产业扶贫、易地搬迁、教育扶贫、健康扶贫、生态补偿、社会兜底扶贫等一套精准到户到人扶贫的组合拳，全县3549名贫困人口实现稳定脱贫，28个重点贫困村退出贫困序列，贫困发生率由8.48%下降到7.11%。新增城镇就业1352人，发放小额担保贷款1117万元；农村劳动力转移就业4万人。完成农村危房改造17860户；棚户区改造工程实施三年，累计3300户、2万多名旧城居民从中受益。朱家村幼儿园、京蒙幼儿园和通用小学相继投入使用；薄弱学校办学条件全面改善，通过国家义务教育均衡发展验收。深入推进公立医院改革，县医院被评为二级甲等医院，公共卫生服务中心大楼基本建成，残疾人康复中心投入使用，行政村卫生室实现全覆盖，三级医疗卫生条件进一步改善。落实“全面二孩”政策，人口出生率为4.4‰，自然增长率为0.6‰。建成村民健身广场和居民体育活动场地31处，新建和配套村民文化活动室43个，农村广播电视实现全覆盖，广大群众的文化生活不断丰富。

【平安商都建设深入推进】 县城进出卡口、重点部位全部安装了视频监控设备，立体化社会治安防控体系日益完善。强化安全生产工作，开展“安全生产大检查百日专项行动”，排查消除安全隐患1028起，关闭不符合安全生产要求的矿山5家、企业4家。加强食品药品三级监管体系建设，严厉打击各类食品药品违法经营行为。国防建设持续加强，承办全市人民防空建设现场推进会；妇女儿童、红十字、老龄和残疾人事业健康发展；消防、地震、气象、档案史志等工作取得新进步；民族宗教工作得到新加强，和谐稳定局面得到进一步巩固。

【重要文件目录】

2016年度商都县人民政府重要文件目录

表1

文　号	发文机关	文件题目	发文时间
商政发〔2016〕10号	商政发	关于2016年度土地收储计划的批复	2016年3月22日
商政发〔2016〕12号	商政发	关于印发《商都县政府工作规则》的通知	2016年3月28日
商政发〔2016〕22号	商政发	关于对环保违规项目进行关停的批复	2016年5月9日
商政发〔2016〕30号	商政发	关于印发《商都县电子商务发展规划（2016—2020）》的通知	2016年5月14日
商政发〔2016〕55号	商政发	关于调整“三到村三到户”项目资金的通知	2016年6月20日
商政发〔2016〕61号	商政发	关于对《商都县农村宅基地使用权确权登记工作的请示》的批复	2016年7月4日
商政发〔2016〕88号	商政发	关于对群众举报采矿问题进行调查处理情况的报告	2016年8月20日
商政发〔2016〕92号	商政发	关于同意商都县2017年农田水利设施建设资金整合工作方案的批复	2015年9月5日
商政发〔2016〕103号	商政发	关于提审2015年地方政府债务限额的议案	2016年10月9日
商政发〔2016〕107号	商政发	关于对商都县弘信投资有限公司作为承接易地扶贫搬迁项目资金唯一合法实施主体的授权书	2016年10月3日
商政发〔2016〕113号	商政发	关于收回中心林场国有土地使用权的决定	2016年10月21日
商政发〔2016〕122号	商政发	关于对配电网工程新建及改造建设实施方案的批复	2016年10月28日

（师志光）

县政府办公室工作

【概　况】2016年，县政府办公室紧紧围绕县委、县政府中心工作，以中共十八大、十八届三中、四中、五中、六中全会和习近平总书记系列重要讲话精神为指导，按照“两学一做”要求，主动适应新形势，立足新起点，开拓创新，扎实工作，狠抓落实，圆满完成各项工作任务。

【调研工作】围绕县政府中心工作的重点、难点和切入点，积极主动搞调研、理思路、想对策；围绕事关全县经济社会发展的重大问题、民生问题和社会热点问题，紧扣领导决策需求，积极组织开展调查研究，发现问题、分析问题，总结经验、提出对策，不断提高调研工作水平，为领导决策提供有价值、全方位、多角度、深层次的决策参考，确保政府决策和部署更具针对性和指导性。2016年，积极组织农牧业局、水利局等部门对全县马铃薯种植和水资源保护等方面进行详细调研，形成了《关于全县马铃薯产业发展的调研报告》《关于对〈城镇供水和水源地保护情况专题调研报告〉督办情况的报告》等一系列高质量报告，为县委、县政府提供了决策依据。

【办文办会】严格收发文件办理制度。建立完善收发文件办理流程，明确收发文件各个环节的职责要求；进一步精简会议活动，严格控制会议规模和时间；精心做好会议通知、人员确认、材料收集、会场布置等工作，确保重大会议到会率达100%。认真做好县政府常务会议、县长办公会议、县政府专题会议等重要会议的承办工作，进一步提高办会水平。

【政务信息】围绕县政府中心工作，深度挖掘经济社会建设、安全生产、生态治理、民生工程、招商引资等领域的重点信息，全面宣传全县经济社会发展和反映政府重大决策部署落实情况，为政府科学决策提供预警性、趋势性、深层次的信息支撑。全年上报市政府办公厅信息1694条，采用187条，在县政府门户网站上公布信息943条。在全市11个旗县市区信息采用年终考核中，商都县政务信息排名第一，门户网站信息排名第二。

【应急值守】按照“纵向到底、横向到边”的目标要求，构建完备的值班网络，严格执行24小时值班和领导带班制度，及时向领导报告当天发生的重要信息，提高应急反应和处置能力，确保各类突发事件的报告和处理不在县政府办环节出现失误。保持电话、传真等设备处于良好状态，实行“事前预警报、事发及时报、事中随时报、事后统一报”工作法，确保突发事件信息报送规范、准确、完整，处理及时、科学、高效。进一步修订完善了应对群体性上访事件、食品药品安全等8个专项应急预案，加强了部门之间的协调联动，指导、协调各乡镇、各部门开展应急工作，提升应急处置能力。

【督办问效】紧紧围绕脱贫攻坚、民生保障、安全生产、干部作风等全县经济社会发展的重点、难点、焦点问题，着力把县委、县政府各项决策部署落到实处，转化成科学发展、跨越发展的实际成果。1. 紧扣重点工作。对《政府工作报告》确定的2016年全县经济社会发展主要指标和重点工作任务进行分解下达。对这些督查重点，即时即办、限时完成、全程跟踪、确保落实。2. 强化问责问效。抓住一些关键环节，大胆督查、跟踪督查，问题不解决不放过，群众不满意不放过；特别是对久拖不决的事，紧盯不放，一抓到底。3. 创新工作方法。积极探索明察与暗访相结合、发现问题与树立典型相结合，形成科学有效、简易便捷的督查方式与措施，推动重大决策部署“件件有落实、事事有回音”。2016年牵头和会同有关部门对落实《政府工作报告》、政府常务会议议定事项、安全生产、脱贫攻坚等重点工作开展多次督办检查，编发《督查通报》31期。全年协调处理群众信访案件30余件；取消暂缓行政审批项目50项，承接市下放审批项目116项；梳理出全县35个部门10大类3213项责任事项，结合2015年公布的“权力清单”形成完整的“权责清单”体系；办理人大代表议案、建议和政协委员提案158件，办复率100%，确保政令畅通、令行禁止。

【信访工作】 深入推进社会矛盾纠纷排查化解工作，进一步强化领导信访接待日制度的落实，加大领导包案化解积案及信访三级终结的力度，全力化解矛盾纠纷。按照“四个清单”（合理诉求清单、教育疏导清单、帮扶救助清单、依法处理清单）分门别类进行梳理并建立台账，做到“底数清”“责任清”“措施清”和“结果清”，推动积案化解工作。2016年上级交办信访积案7件，已全部化解。开通微信公众号和门户网站，拓宽群众诉求表达平台的渠道，让信访工作在阳光下进行，让群众随时随地反映合理诉求，真正做到让数据多跑腿、让群众少跑路。

（师志光）

政务服务

【基本情况】 内设综合科、管理监督科、网络信息科。编制8人，实有工作人员6人。

【办公基础设施】 2016年6月2日，商都县新建的城乡居民服务中心大楼投入使用。大楼占地面积5780平方米、建筑面积14600平方米，共九层。政务服务中心使用面积6371平方米，其中各部门审批办公业务用房3071平方米，政务服务大厅3300平方米，设在第一、二层。政务大厅共设立服务窗口104个、可容纳156人办公。政务服务中心为员工配置更衣室、临时档案室、机房、监控室及电脑、打印机、扫描仪等办公设备；大厅内设有便民休闲区、饮水间、商务服务区及LED彩色大屏、网上查询机等便民设施；在大厅外还建成12000平方米的停车场，可容纳车辆450多辆。

【服务措施】 继续增加进厅审批服务事项。政务大厅分为注册登记综合服务类、社会保障与就业综合服务类、投资建设服务类和社会公共事务综合服务类四大业务区域。针对过去审批业务分散、群众办事“多头跑路”的问题，县政府召开专题会议研究，决定取消过去的“预约窗口”、全部设为常驻窗口，撤销部门的办事大厅、全部进驻政务大厅办理，对于部分业务量少的部门窗口进行整合为综合服务窗口。把各单位的审批服务项目做到应进必进，着力提高行政许可服务集中率，切实解决“名进实不进”和“体外循环”的问题。安排入驻49个部门、105人，进厅项目184项，其中行政许可项目56项、行政服务项目128项。

【重要事件】 6月8日，全市第一张“五证合一”营业执照在商都县政务大厅颁发。

12月底，全市首台“身份证自助领证机”在商都县政务大厅投入使用。

（张飞鹏）

公共资源交易

【基本情况】 内设政府采购部、土地交易部、国有产权交易部。编制10人，实有4人。

【交易工作】 2016年，政府采购完成110项，预算金额26550万元，中标金额23603万元，节约财政资金2947万元，节约率11.1%；土地交易挂牌9宗，已成功出让8宗（面积177289.8平方米、成交价2541万元）、流拍1宗（面积13676.4平方米）；国有产权交易1项，起拍价380万元、成交价381万元。

（张飞鹏）

政府信息化工作

【基本情况】 政府信息办2007年成立，为正科级全额拨款事业单位，事业编制6人，其中正科1人，副科1人，工作人员4人。

【“双公示”信息报送系统】 按照《乌兰察布市实施行政许可和行政处罚等信用信息公示工作具体实施方案》、自治区（市）《关于开展政府网站政府信息公开专栏自查整改工作的通知》《关于推进基层政府网站整合关停工作的通知》等文件精神，商都县信息化工作办公室积极组织技术人员增加“双公示”,“双公示”信息报送系统汇总全县政府部门行政许可和行政处罚信息，并与市政府门户网站和“信用内蒙古”网站进行对接，实现信息同步推送功能。

【政务公开专栏】 完善政务公开专栏，增加申请公开、预决算公开、社会监督评议栏目，将提高政府信息公开的及时性、完整性。

【县直单位网站管理】 为切实做好政府网站信息内容建设和管理工作，商都县信息化工作办公室根据内政办字〔2016〕155号文件要求，商都县国土资源局、卫生计生局网站于2016年年底申请关停。

（吴少华）

信　访

【基本情况】 2016年内设4个职能办公室，分别为综合办公室、办信办案室、来访接待室、督查信息室。工作人员13人，其中：大学学历3人，大专学历10人。党员7人。

【信访概况】 2016年，商都县群众进京正常上访10批次30人次（包括重复访）；群众赴区实际上访总量为23批次163人次，经协调后予以登记11批次12人次；群众到市实际上访总量为28批次205人次，经协调后予以登记7批次82人次；县信访局接待群众来访330批次5049人次（包括重复访）。

按照“信访事项及时受理率、按期办结率、群众满意率”的工作原则，将国家信访局网上交办信访案件19件、自治区信访局网上交办信访案件19件、乌兰察布市信访局网上交办信访案件7件，按照上级交办案件要求均已办结，化解率达到100%。

【社会矛盾纠纷排查化解】 深入推进社会矛盾纠纷排查化解工作。2016年，继续把工作的重心从事后处理转移到事前排查化解上来，努力做到早发现、早化解、早控制、早处理。在矛盾排查化解中，重点排查群众反映强烈的热点、难点问题，对排查出来的问题，逐案建立工作台账，落实包案领导，限期予以化解，实实在在把矛盾和问题解决在萌芽状态、化解在基层。进一步强化乡镇党政主要领导和县直部门一把手接待上访群众制度，其主要领导要亲自解决问题，发挥表率作用，带头落实信访工作制度，集中处理重点信访问题。同时，进一步加大对疑难复杂案件的协调解决力度，积极主动处理和解决好职责范围内的信访问题。督促各乡镇、县直各部门的主要领导把力促问题彻底解决作为化解信访问题的终极目标，特别是对信访部门交办的一些重点案件，落实责任、强力攻坚，紧盯不放、一抓到底，推动问题彻底解决，切实做到案结事了、息诉罢访。

【信访积案化解】 1.切实加强组织领导。坚持和落实“主要领导负总责、分管领导具体负责、其他领导一岗双责，一级抓一级、层层抓落实”的领导体制，做好化解信访案件的组织保障。为此要求各乡镇党政主要领导、县直各部门一把手率先垂范，带头协调解决疑难复杂信访问题，自觉担负起第一责任人的职责，督促解决好信访积案。分管领导对交办案件做到心中有数，对重点信访群体和信访人员知根知底、掌握动向，逐一分析梳理信访案件，研究化解措施，把工作责任落实到每一个具体人头上。集中人力、物力、财力，多措并举，切实化解信访积案。2.加大“事要解决”的力度。按照“四个清单”（合理诉求清单、教育疏导清单、帮扶救助清单、依法处理清单）分门别类进行梳理并建立台账，做到“底数清”“责任清”“措施清”和“结果清”，推动积案化解工作。2016年，上级交办信访积案7件，已全部化解。

【信访文化建设】 在上级信访部门大力支持下，以深入推进信访工作制度改革为主线，以打造“阳光信访、责任信访、法治信访”为总体目标，以开展“信访文化建设”为载体，全面提升信访工作的整体水平，深入开展“大接访”行动，有效化解一大批涉及群众切身利益的信访问题，维护人民群众的合法权益，促进社会的和谐稳定，为经济社会发展提供有力保障。2016年3月，按照上级信访部门要求，紧紧围绕打造“阳光信访”“责任信访”“法治信访”工作目标，开通了微信公众号和门户网站，拓宽群众诉求表达平台的渠道，让信访工作在阳光下进行，让群众随时随地反映合理诉求，真正做到让数据多跑腿、让群众少跑路。

（范　军）

人　防

【概　况】 1.大力开展人防宣传教育工作。全年建成6个人防示范社区（西苑、公园、商海、鹿王、七台、牧机）、6所示范学校（一中、二中、三中、育苗、春明、平安）、1个示范企业（苏蒙科技），人防宣传教育同步进入南湖公园、火车站和客都超市；举办全县第二届中小学生国防人防知识竞赛，并在自治区人防网作了报道，营造人防宣传教育的浓厚氛围。2.积极推进人防通信警报及信息化建设。在原有6台警报器基础上，又新上电声警报系统1套，通过“9·18”防空试鸣活动的开展，警报音响覆盖率达95%以上。结合七台镇总体规划，编制《商都县人防工程专项规划（2015—2030年）》。加强抢险抢修、医疗救护等7支专业小分队建设，可以有效应对平时救灾和战时防空的需要。3.抓好人防疏散基地建设。与七台镇南湖湿地生态苑项目配套实施的人防疏散基地工程已具雏形。建成应急安置区、指挥协调及生活保障区、地面建筑，道路5.1公里，应急水井1眼、水塔2座、供水管道1万延长米；主要出口设立人防应急指示牌，五大功能区均设立标志。全部建成后，应急或战时可疏散城镇人口3万人。

（师志光）

地方志

【志书编纂】 2016年，继续加紧编纂修改《商都县志（2005—2013年）》，5月，完成验收稿，6月，经过内蒙古自治区地方志办公室领导和专家验收后，7月定稿，交出版社审查，11月，《商都县志（2005—2013年）》印刷出版。

【年鉴编纂】 2016年，上半年收集各乡镇、县直各部门单位提供的2014年、2015年有关资料，下半年开始整理编纂，到年底，完成《商都年鉴（2015）》（约30万字）、《商都年鉴（2016）》（约32万字）初稿。

【网络宣传】 2016年，在商都县人民政府网站“地方资料库”网页“地方志”栏目公开地方志内容：第一部《商都县志》（2007年出版）中的大事记、《商都县2014年大事记》、县情综合文集《商都县情况汇编》（并上报内蒙古自治区党委）、《商都县史志办信息化工作简况》等。截至12月24日，“地方志”公开信息15条，访问量达10731人次，其中有的条目访问量高达1099、1077人次，大多条目访问量均达800人次以上。

（魏　兆）

政协商都县委员会

政协商都县委员会常务委员会

【基本情况】 政协商都县委员会设置办公室、提案委、社会事务委、经济委、民族宗教和文史委。

【全委会议】 2016年1月17日至18日，中国人民政治协商会议商都县第九届委员会第五次会议召开。会议应到委员122人，因病因事请假8人，实出席委员114人，符合《政协章程》的规定。会议听取并赞同县长曹凯宏所作的《政府工作报告》和县委副书记刘晓俊代表县委在开幕大会上的重要讲话。赞同法、检两院工作报告及其他报告。会议审议通过政协商都县第九届委员会第五次会议政治决议（草案）；审议通过关于政协商都县第九届委员会常务委员会工作报告的决议（草案）；审议通过政协商都县第九届委员会常务委员会关于政协九届四次会议以来提案工作情况的报告；审议通过政协商都县第九届委员会第五次会议关于提案审查情况的报告（草案）。

【常委会议】 2016年1月8日，政协商都县九届九次常委会议召开，会议审议通过召开政协商都县第九届委员会第五次会议决定的建议（草案）；审议通过政协商都县第九届委员会第五次会议议程（草案）；审议通过政协商都县第九届委员会第五次会议日程（草案）；审议通过政协商都县第九届委员会第五次会议秘书长建议名单（草案）；审议通过政协商都县第九届委员会第五次会议执行主席值日分工和各次大会、常委会议主持人建议名单（草案）；审议通过政协商都县第九届委员会第五次会议提案审查委员会建议名单（草案）；审议通过政协商都县第九届委员会第五次会议讨论组召集人及编组建议名单（草案）；审议并原则通过政协商都县第九届委员会常务委员会工作报告；审议通过政协商都县第九届委员会第五次会议常务委员会工作报告的报告人建议名单（草案）；审议并原则通过政协商都县第九届委员会常务委员会关于政协九届四次会议以来提案工作情况的报告；审议通过政协商都县第九届委员会常务委员会关于政协九届四次会议以来提案工作情况报告的报告人建议名单（草案）；听取2015年度商都县政协履职情况的通报；决定有关机构和人事事项。

【调研视察】 2016年，组织县政协委员开展调研并形成调研报告和建议：《对屯垦队镇易地搬迁和小村整合情况的调查》《调整危改农户主房结构的建议》《关于规范七台镇畜禽屠宰市场的建议》《关于全县药品价格的调查报告》《商都县殡葬事业发展现状及建议》。

2016年，组织县政协委员先后对屯垦队镇养猪场、屯垦队镇瓦窑沟肉牛育肥场、屯垦队镇壕欠行政村整村合并、屯垦队镇幸福院、大南坊马铃薯淀粉加工厂、顺城公司“十个全覆盖”工程、屯垦队村移民搬迁和幸福院进行视察。

【办公室工作】 2016年，组织委员培训190人次，走访慰问委员170人次，开展调研、视察10次，接待自治区、市政协及各旗县政协组织的考察调研7次。

编报社情民意信息37篇、动态信息17篇，其中被自治区政协采用2篇，市政协采用13篇，社情民意信息工作在全市旗县考核中再次排名第一。《加强城市噪声污染防治工作的建议》在《内蒙古政协》上发表后，引起了相关部门的高度重视，把噪声治理纳入城市管理的重要内容。《"白色污染"带来的恶果》《让露天烧烤远离市民》等信息报送上级政协后，都引起了广泛关注。

【提案工作】 2016年，县政协提案委员会共收到委员提案80件，参与提案的委员92人，经认真审查，共立案78件，在立案的提案中，联名提案6件，按提案类别分：经济建设方面11件，科教文卫方面19件，城镇建设与管理方面29件，其他方面19件。

【文史资料工作】 2016年，经过深入挖掘、多方考证、认真梳理、精心编撰，编辑出版了《知青生活追忆》《商都县划归内蒙古始末》。

【经济工作】 2016年，全力推进美丽乡村建设。按照县委、县政府要求，政协机关选派6名干部分别担任驻村第一书记，主动发挥引导、协调和联络等作用，开展政策宣传，组织发动群众，在屯垦队镇壕欠、东伙房、卯都图、立本公司等6个村委会进行危房改造1300多间。扎实开展脱贫攻坚。政协委员和机关干部积极响应县委号召，主动作为，倾情倾力帮助贫困户查找致贫原因，制定脱贫措施，寻求扶贫项目，积极开展捐资助学、扶贫济困和"献爱心、送温暖"活动，体现了政协委员关注贫困群众的高尚情怀和主动奉献的精神。积极参与"五城联创"工作。政协机关累计投资6万多元，在包联的金阳光小区进行绿化美化和环境整治，添置了一批体育活动设施，为全面推进"五城联创"加油助力。

【重要事件】 1月17—18日，政协商都县第九届委员会第五次会议召开。

1月27日，由文化界政协委员王如泉牵头组织部分书法爱好者共15人深入到振兴路社区开展委员进社区送春联活动，现场为社区56户居民书写春联300多幅。

1月28日，政协商都县党组召开"三严三实"专题民主生活会。

5月18日，政协机关组织全体党员干部开展"两学一做"学习教育活动。

8月4日，商都县政协办公室主任郭存富带领政协各专委会负责人一行深入到屯垦队镇东伙房22户贫困户农户家中开展"精准扶贫"对接工作。

10月8日，县政协副主席、统战部常务副部长任笑春率部分政协委员先后深入城区畜禽定点屠宰场所和自来水水质检测点开展调研。

10月25日，商都县政协组织全体委员先后就屯垦队镇壕欠整村合并、瓦窑沟肉牛育肥、大南坊子马铃薯加工、顺城公司"十个全覆盖"工程、屯垦队养猪场、屯垦队村移民搬迁和幸福院视察，通过视察，委员进一步拓宽了履职视野，增强了参政议政和建言献策的积极性。县政协主席吕生金，党组书记郭守玉，副主席任笑春、张占英、张晓玲参加视察。

10月25日下午，商都县政协组织全体委员就如何围绕精准扶贫、积极履职尽责开展集中培训。培训会由政协副主席张占英主持。在培训会中，市政协民族宗教和文史委主任杨源围绕精准扶贫、精准脱贫，结合政协特点详细讲解，并要求委员应做到"五带"，即带着感情参与、带着信息参与、带着问题参与、带着活动参与、带着责任参与。

11月4日，商都县政协组织全体干部集中学习《中国共产党第十八届中央委员会第六次全体会议公报》和习总书记《关于〈关于新形势下党内政治生活的若干准则〉和〈中国共产党党内监督条例〉的说明》，以及《十八届六中全会的十四大亮点》等内容。参加学习的有政协主席吕生金、政协党组书记郭守玉、政协副主席任笑春等。

11 月 23 日，政协机关组织 16 名党员进行评星定级测评活动。

（王建峰）

社会团体

总工会

【基本情况】 商都县总工会依照县编办批复，下设“三部一室”，即组宣部、经保部、财务部和办公室。有行政编制9人，工勤编制1人，核实科级领导职数3人，其中正科1人，副科2人。办公地点在县党政综合大楼四楼，办公面积共有近200平方米。同时另有一处占地面积3493平方米、建筑面积3296平方米的职工文化活动中心。该中心有羽毛球场5个、乒乓球案18张、舞蹈排练厅1个、文化阅览室1个、棋艺室1个，是一个集职工健身、体育比赛、文艺演出与读书阅览为一体的多功能建筑厅。

【基层工会组建和农民工入会工作】 2016年，县总工会着眼工会工作的新形势新任务，紧密结合全县实际，积极探索符合不同地区、行业、企业及职业特点的农民工入会方式，不断创造新的模式，探索新的思路，总结新的经验，把全面推进农民工入会工作提升到一个新的水平。按照“哪里有职工，哪里就必须建工会”的要求，在抓建基层工会数量的同时，下大力气提高建会质量。对未建工会组织的企业通过宣传动员和多次做业主工作，促使其按要求建立工会组织。全年新增工会会员1.3万人，其中仅新成立的商都县餐饮住宿行业工会会员就近万人。

【厂务公开民主管理工作】 认真贯彻落实《内蒙古自治区职工代表大会条例》，不断健全完善以职代会为基本形式的企事业单位民主管理制度，组织会员代表视察监督活动和会员之家评比活动，充分发挥职工群众民主参与、民主管理和民主监督作用，推进厂务、院务和校务公开，有效地维护职工的知情权、参与权、表达权、监督权。

2016年，充分发挥厂务公开民主管理工作在推进企事业单位改革发展中的独特优势和积极作用，组织引导企事业单位全心全意依靠职工办企业，激发和调动职工工作热情和创造活力；鼓励和支持职工为破解企业经营管理难题、促进可持续发展建言献策；引导广大职工树立和强化职工主体责任意识、爱岗敬业、攻坚克难、争创一流，与所在企事业单位同呼吸、共命运。培养出一批以高级中学、供电分局为代表的校务厂务公开、民主管理示范单位，收到较好效果。

【工会工作统筹兼顾协调发展】 大力搞好职工文化阵地建设。经全总、区总、市总批示，商都县委、县政府同意，采取置换的办法，将县体育馆土地和房屋产权、使用权、管理权划归县总工会，并在此基础上进行优化改造，重新装修后的体育馆正式更名为商都县职工文体活动中心。新活动中心位于县城新民东路南侧，土地面积3492.8平方米（划拨土地），属一类地区，建筑面积3296.35平方米，独具一层，是一个集体育比赛、文艺演出和全民健身于一体的多功能建筑厅，开设羽毛球场5块、乒乓球台18张、舞蹈排练厅1个、文化阅览室3个，极大地丰富全县职工群众的文体娱乐生活。

为充分发挥全县企事业单位工会组织的作用，积极开展形式多样、丰富多彩的职工文化活动，根据市总工会工作要求，举办“翰墨描绘中国梦·光影记录职工情”全市职工书画摄影展大赛，商都县选送21幅书画展作品，2人获得书法类作品二等奖，活跃广大职工文化艺术生活，宣传商都县在经济、社会事业等方面所取得的巨大成就。

【工资集体协商工作】 通过多种形式加强相关法律法规的宣传，坚持深入到企业工会指导工作，为基层、为企业送政策、送法律、送知识，为每个企业发放《工资集体协商工作指导手册》，明确工作流程和相关政策。组织专项活动，发放《中华人民共和国劳动合同法》《工资集体协商问答》宣传资料。培养以奥淳酒业公司为代表的一大批工资集体协商先进企业。

【救助与帮扶工作】 创新形式，突出重点，推动困难职工帮扶工作再上新台阶。2016年，先后通过不同方式对全县910名大病困难职工提供帮助。同时，为867名困难职工建立困难职工档案，及时掌握全县困难职工状况，为进一步开展各项工作奠定基础。通过扎实有效的帮扶活动，解决困难职工的燃眉之急，帮助一部分困难职工解决所遇到的困难，进一步密切工会与职工群众的联系，促进全县社会政治稳定，为商都发展做出积极贡献。在“金秋助学”活动中，利用电视、报刊等新闻媒体，广泛宣传、动员社会各方面踊跃参与到助学活动中来。多方筹集资金13.4万元，对132名困难职工子女提供助学支持，跟踪助学2名困难职工家庭高校毕业生。紧紧围绕市总工会提出的“四季送”帮扶活动主题，不断加大投入、拓展范围、丰富形式，把有限的资金用在刀刃上，把党和政府的温暖及时送到贫困职工手中。

【荣　誉】 商都县奥淳酒业有限责任公司赵俊兰、商都县水利局水政监察大队郑雪峰获得自治区2016年五一劳动奖章。

商都县公安局东都派出所获得自治区五一劳动奖状。

商都县奥淳酒业有限责任公司技术中心、乌兰察布电业局商都供电分局、商都县七台镇自来水公司客户服务中心获得自治区工人先锋号称号。

（李　鑫）

共青团

【基本情况】 共青团商都县委员会内设办公室、组宣部、学少部；6个行政编、1个工勤编，书记1人、副书记2人，办公室1人，组宣部1人，学少部1人，工勤1人。

【共青团工作改革】 1. 深入学习改革精神。共青团系统按照“传达学习到基层、改革创新求实效”要求，深入学习宣传党的群团工作会议和共青团中央改革精神，通过组织专题学习、集中研讨和座谈调研等形式，对各级团组织负责人、团干部和团员青年进行分期分批培训，重点在吃透精神、把握实质上下功夫，务求学深学透并指导实际工作。同时，团县委利用青年之声、微信、微博公众平台、团干部交流群等媒介及时全面地将共青团中央改革精神传达到基层，引导广大团员青年自觉学习，统一认识。2. 改进团与青年的关系。共青团深入开展“五级示范抓引领”工作，建立健全“常态化下沉基层制度”，全面落实团干部“4+1”（指团干部1周要有4天在机关，1天做调研）和“1+100”（指每个团干部要联系100名青年，了解他们的心声）联系服务青年制度。按照工作部署和要求，团县委、各乡镇团委分别包联下级基层团组织，县级和乡镇团委班子成员不低于2个联系点，团委其他成员不低于1个联系点，每人每季度驻点不少于1周，每周不少于1天，对工作相对落后的基层团组织进行包联指导，通过实地开展工作与青年交友交心来发现问题，解决问题。

【网上共青团平台建设】 努力打造以“青年之声”为核心的网上共青团工作平台。团县委集中力量组织动员全县各级团组织、团员青年和青年志愿者开展“青年之声”网上注册登录，将一些工作、学习、生活中的问题拿到网上交流解决；同时，团县委还制定工作细则，将“青年之声”平台运行开展情况纳入年终考核评优台账中，引导各级团组织、团干部通过网上“青年之声”平台广泛联系青年、服务青年，及时倾听、反映和回应青年诉求，努力实现团员青年充分互动、深度融合、线上线下一体运行的工作新格局。运用新媒体强化共青团网上宣传。团县委在开通微信公众平台基础上，及时完善QQ工作群、微信群和各级团干部、辅导员个人微博，关注各级团组织的官方微信、微博，并及时发送和转发相关内容。结合各类重大节日、时间节点，以编创传播内涵丰富、形式时尚的网文、图片等网络文化产品为载体，积极倡导和传播社会主义核心价值观，在网络上唱响主旋律，形成强劲的青春正能量。

【青少年思想政治引领】 团县委始终把思想政治引领摆在工作突出位置，渗透到共青团工作的各个领域。围绕习总书记系列重要讲话、中国特色社会主义、中国梦、社会主义核心价值观、中华优秀传统文化、爱国主义教育、民族团结教育、国情区情市情县情教育，集中组织开展系列活动；围绕纪念五四运动、推进“两学一做”、庆祝建党95周年，先后举办“青春飞扬 · 梦想启航”——共青团助力“扶贫攻坚 · 十个全覆盖 · 五城联创”文艺晚会和“高举团旗跟党走，青春共筑中国梦”等主题教育实践活动，参与青少年近3000人。通过选树自治区级青年五四奖章、“两红两优”“乡村好青年”“青年致富领头雁”“十个全覆盖”青年文明庭院等先进典型，为广大青年树立可敬、可信、可学的榜样，引导青年在工作岗位、家庭生活、社会实践中磨炼成长、砥砺成才。

【团组织和干部队伍建设】 团县委始终坚持“党建带团建”“以点带面、全盘推进”的方法，全面加强团的自身建设；按照“五个有”（即各项工作有专人抓落实，各项活动有团员青年参加，团委有自己的活动阵地，每个时期都有自己的活动内容，有必要的工作经费做保证）目标要求，创新团建工作。在调整和完善47个机关企事业单位团组织机构和人员配备基础上，对新任团干部进行集中学习培训，进一步提高团干部的综合能力，通过下派任务和实践锻炼，促使团干部在基层一线勇挑重担，争创业绩。在非公企业团建中，采取抓大促小、分类指导的办法，扎实有效推进团建工作。在区域化团建过程中，完善工作机制、强化工作联动，将区域化推进工作纳入整体工作部署，以“大团建”理念推进区域团建工作。

【青年建功立业行动】 积极服务“十个全覆盖”工程。“十个全覆盖”工程实施以后，全县各级团干部沉下去，深入一线、深入基层，积极宣传党的惠民政策，广泛动员群众支持、配合、参与工程建设，共同维护“十个全覆盖”工程建设成果。为提高广大农村青年的文明意识，巩固环境卫生整治成果，团县委在宣传教育的基础上，组织开展选树青年典型，评选“文明庭院”等表彰活动，通过榜样示范进一步引领服务新农村建设。结对帮扶实现精准扶贫。全县各级团干部按照县委扶贫攻坚统一部署，充分发挥共青团联系服务青年的优势，积极开展扶贫对接帮扶工作。各帮扶干部进村入户，全面细致了解贫困户基本情况，认真细致地分析致贫原因，与贫困户共同商讨脱贫计划，破解发展难题。同时，团县委利用京蒙对口帮扶有利契机，加强与各级团组织及青年社会组织的沟通联系，努力拓宽扶贫渠道，积极助力全县脱贫攻坚。

【青年就业创业服务】 为推动广大青年创业就业，团县委多措并举，积极整合社会各方面资源，为青年创业就业打造免费服务平台，通过孵化器帮助创业青年落户生根。与帮扶企业建立联动帮扶机制，依托部分非公企业提供的资金、人才、技术等方面支持，帮助意向青年实现创业梦；联合县就业部门开展“春风行动”“SYB 培训班”等活动，集中发放就业创业政策问答、企业用工信息、青年就业创业培训班等用工、培训等信息单；联合县劳动部门、职业技能培训机构开展创业就业培训 12 场，培训青年 470 人次；设立见习基地 1 个，依托见习基地开展各类培训学习活动 3 次，参与青年 58 人。

【学校团队工作】 在团县委统一指导下，各学校结合自身特点，以培养和践行社会主义核心价值观为主线，以重要纪念日为契机，围绕“我的中国梦”“与信仰对话——我的中国梦”“彩虹人生——奋斗的青春最美丽”等内容，集中开展主题教育实践活动；围绕培育和践行社会主义核心价值观内容，开展宣传月主题活动，以新生入团、入队宣誓为契机开展主题团队日教育，以“我为核心价值观代言”为主线，集中开展演讲、主题班会等分享活动。2016 年，各学校累计开展各类主题实践活动 36 场次，参与团员青年 5100 人，占在校生总数 70% 以上。

【青少年维权工作】 为全面维护青少年合法权益，努力实现青少年维权工作新突破，团县委扎实推进重点青少年群体服务管理和预防犯罪工作，进一步加强对社会闲散青少年的教育、帮助和管理工作，大力完善预防青少年违法犯罪工作机制，深入推进社会管理创新。通过创建“青少年维权岗”、设立青少年心理咨询室等举措，切实维护和保障青少年的合法权益，商都县高级中学青少年心理咨询室获 2016 年全区“优秀公益未成年人心理健康辅导站”荣誉称号。为切实保护未成年人身心健康、培养未成年人良好品行、有效预防和减少未成年人犯罪，团县委印发《未成年人保护法》《预防未成年人犯罪法》1 万册，集中发放到各中小学和社区，为青少年学法用法提供有效服务。

【捐资助学】 为切实帮助家境贫困、品学兼优的学生顺利完成学业，团县委通过整合社会各方面资源，积极开展捐资助学活动，在向上争取对接资助项目的同时，团县委积极协调动员社会各界爱心人士和成功企业家加入爱心助学行动中，进一步壮大资助力量。2016 年，社会各界捐资近 52 万元，资助学生 70 人。内蒙古能源集团公司单独为骆驼盘行政村捐资 6.55 万元，资助贫困学生 59 人。

【社会志愿服务工作】 团县委积极组织动员全县广大青少年、青年志愿者，利用周末、节假日、暑期等时间，集中开展植绿护绿、美化家园、捡拾垃圾、清理小广告、悬挂环保宣传标语、发放宣传单等志愿服务主题实践活动。在绿色环保志愿服务活动中，以保护“蓝天、碧水、绿地、洁土”为重点，组织广大青少年和各青年志愿者小分队，深入企业、深入社区、深入水源保护区、深入公园等处，广泛开展生态环保实践活动，全面营造人人爱护生态环境的良好氛围。2016 年，开展各类生态环保主题实践活动 12 场，参与青少年近 1000 人次。

【重要事件】 4 月 29 日，团县委在青少年活动中心举办“青春飞扬·梦想起航”——共青团助力“扶贫攻坚·十个全覆盖·五城联创”文艺晚会；晚会现场，团县委对评选出的 5 个“农村青年创业致富领头雁”和 5 家“青年文明庭院”进行表彰；县委副书记刘晓俊、副县长张丽霞、关工委常务副主任马文亮等领导为8支“青年突击队”和8支“青年志愿服务队”授旗。

6月26—27日，团县委与县委组织部联合举办全县“两学一做”学习教育现场知识竞赛活动。

8月10日，团县委召开全县团干部学习交流培训会，集中学习《共青团中央改革方案》和党的群团工作会议精神。

【荣　誉】 2016年3月，商都县团委获得共青团乌兰察布市委员会授予的“全市共青团工作实绩突出单位奖”。

2016年3月，县国税局营业大厅、县人民法院青少年法庭、西坊子派出所、邮储银行商都支行被评为2015—2016年度“市级青年文明号”。

2016年5月，团县委组宣部部长李晓芳被评为“全区优秀团干部”；七台镇鹿王社区孟鑫被评为“全区优秀共青团员”。

2016年5月，县高级中学被评为“全市五四红旗团委”，县公安局团支部、西苑社区团支部分别被评为“全市五四红旗团支部”；李晓芳、杨国芳、张新宇被评为“全市优秀团干部”，孙吉龙、张雅萍、徐国宁、任捷被评为“全市优秀共青团员”。

（李志伟）

妇女联合会

【基本情况】 商都县妇女联合会内设办公室、权益组宣部（妇女儿童工作委员会办公室）、发展部。编制8人，在岗8人，其中，行政编制7人，工勤事业编制1人。

【干部党性修养】 按照县委关于对“两学一做”学习教育活动安排要求，制订学习计划，采取集中与自学的方式加强对机关全体党员的学习教育活动。组织全县乡镇妇联主席及机关单位党员开展“迎七一·讲党课”活动，学习党章，重温入党誓词。专门召开全县妇女干部传达学习贯彻中共十八届六中全会精神座谈会，更好地引导广大妇女听党话、跟党走。

【妇女儿童发展规划实施】 1. 部门协调，推进“两规划”（指妇女发展规划、儿童发展规划）的实施。召开全县“两规划”工作推进会，对各成员单位相关的统计监测任务进行部署，市妇儿工委第三督导组对商都县“两规划”实施进行中期督导，对所取得的成绩和经验给予充分肯定，并对今后“两规划”工作提出很好的建议。2. 开展妇女儿童健康关爱行动。联合卫计局，在全县10个乡镇继续执行儿童营养包项目，为6—24个月的儿童免费发放营养包。联合县妇幼保健所对十八顷镇、大黑沙土镇、七台镇共3000名妇女进行“两癌”（宫颈癌、乳腺癌）筛查，发现疑似宫颈癌3例。通过向上级妇联争取，“母亲健康快车”项目正式落户商都县小海子镇中心卫生院。

【“双学双比”和“巾帼建功”创建活动】 1. 以点带面，促进经济发展。与党政中心工作相结合，在每个乡镇又创建1个“巾帼示范村”和1个“双学双比”示范基地，同时各乡镇分别选树1—2名致富带头人和女能手，充分发挥典型示范作用，带动妇女发展生产。2. 加强培训，提升妇女素质。开展妇代会主任暨“美丽庭院”助力“十个全覆盖”工程培训班，分5期培训，培训妇女643人。为妇女发放女性健康、最美家庭故事及弘扬传统文化书籍1000多本，种植养殖光盘300张。依托妇女之家，通过“北疆先锋”网收看视频教材，开展为期10天的新型职业农牧民培训学习，培训10520人次。开展家政知识宣讲活动，由上级妇联聘请技术人员在商都县开展“巧手助脱贫、美丽庭院美在我家——家政知识培训”活动，培训乡镇妇联主席和部分社区妇女60多人，并对参会人员进行现场结艺编织指导。3. 立足岗位，提升妇女爱岗敬业精神。对全县创建的市级以上“巾帼文明岗”进行自查，针对存在的问题和薄弱环节，及时给予指出，要求限时整改，确保“巾帼文明岗”在全县经济建设和社会事业发展中更好地发挥有效作用。

【寻找“最美家庭”“美丽庭院行动”活动】 联合县委宣传部、文明办召开“美丽庭院”观摩座谈会，深入小海子镇麻尼卜村、玻璃忽镜乡冀家村等示范村召开“十个全覆盖”工程与“我家变化”妇女恳谈会，对全县评选出来的87户“最美家庭”户和263户“美丽庭院”示范户进行挂牌表彰，并发放宣传图册3000多册、倡议书2000多份、围裙800条、遮被布320块、门帘100块。

【妇女儿童合法权益维护】 1.加强宣传力度，营造法治氛围。加强法律法规的普法宣传。通过开展专题讲座、街头发放宣传手册等形式，对《中华人民共和国反家庭暴力法》《中华人民共和国婚姻法》、男女平等国策、维权知识等进行宣传，让法治理念植根于妇女群众心灵深处。对妇联部门工作进行宣传。通过建立信息发表奖励制度，加大对妇联部门工作的宣传力度，让广大妇女更多地了解掌握妇联的工作情况。2016年，信息发表率达到92%，分别在自治区级、市级、县级相关平台上发表。加强重点宣传。牵手县公安局、检察院、司法局、县委宣传部、民政局、教育局等职能部门，召开《中华人民共和国反家庭暴力法》座谈会，并进村入户开展宣传，发放反家庭暴力宣传资料3000多份。2.认真接待妇女群众来信来电来访。继续加强乡镇维权站和“12338”维权热线的建设，加强巩固法律服务网络建设，提高妇联维权工作的整体水平。2016年，接待上访事件34例，对妇女的来信来访事件做到件件有记载、事事有回音。

【留守儿童关爱、贫困母亲帮扶、巾帼志愿等活动】 1.关爱贫困留守儿童行动。组织妇儿工委成员单位对全县贫困留守儿童开展慰问捐赠活动，救助101个留守儿童，每人发放救助金额300元，同时为世纪小学、春明小学的留守儿童发放爱心礼包100个，价值5000元。积极开展“守望成长·童心启航”活动，为宗申小学50名学生每人发放一件过冬羽绒服和一箱月饼；开展“爱心妈妈献爱心”活动，为宗申小学20名学生每人捐助一件亲手织的毛衣，同时为442名学生每人捐助一条棉裤。2.开展贫困母亲帮扶活动。为小海子镇单坝营、王家卜等村发放“母亲邮包”，发放20份，每份价值200元。为“两癌”患病妇女争取政策上的救助，截至年底，录入全国妇联发展部“两癌”筛查数据采集系统的农村“两癌”贫困妇女人数为70人。3.积极开展巾帼志愿主题服务活动。在七台镇永泰社区启动商都县“邻里守望·姐妹相助”巾帼志愿服务主题活动，动员更多妇女和家庭参加巾帼志愿服务。巾帼志愿者一行对永泰社区的空巢老人进行走访，了解她们的身体、生活情况，并为她们送上慰问品。

【精准扶贫工作】 妇联全体领导干部多次深入所包扶的小海子镇西大井村开展精准扶贫工作，入户调查、帮扶对接，积极宣传政策，帮助制定脱贫措施，切实帮助农户进行脱贫。为助推精准扶贫工作，积极争取“贝因美与爱同行公益项目”爱心奶粉，为各乡镇贫困儿童发放贝因美婴幼儿奶粉28箱，价值2万元。妇联全体领导干部为小海子镇西大井村包扶的贫困户送温暖，每户一袋白面、一袋大米。

【组织活动】 组织全县中小学教师、学生积极参加全市举办的第二届“弘扬好家风　共筑中国梦”活动，商都县春蕾幼儿园周子涵获得亲子组一等奖，商都县世纪小学周敏、岳好组合获得师生组三等奖，商都县幼儿园张亦一和商都县育苗小学庞舒涵获得优秀奖，商都县妇联获得优秀组织奖。联合教育科技体育局举办商都县首届幼儿才艺大赛，为广大少年儿童提供“展示才能、发挥特长、培养兴趣、开启智慧”的才艺展示平台。在都山街社区开展“传承好家训、培养好家风”暨“忆家风 晒幸福 讲故事”活动，引导广大未成年人及其家长从家风家训等传统美德中汲取培养道德的养分，向社会传递向上向善的正能量。组织全县120名妇女干部参加市妇联开展的“树优良家风、建清廉家庭”专题巡讲活动，让大家明白清白做人、干净做事、清廉为官的重要性。在高级中学开展“守望成长·童心启航”家庭教育专题巡讲活动，让更多家长明白父母是儿女第一任教师，更是终身的教师。

【自身建设】 1. 加强学习，从思想上筑起坚固的“堤防”。大力弘扬“团结、奉献、高效、廉洁”的精神，铲除头脑中的私心杂念，努力为妇女儿童办实事、解难事。2. 健全制度，做到有章可循。本着“从严、从细、可行”的原则，建立修改完善考勤、财务、用车等各项规章制度，恪守规章。3. 坚持民主集中制原则，形成分工负责、团结合作、勤政高效的工作格局。

【荣　誉】 受上级妇联表彰的2016年度先进集体和个人：商都县公安局被自治区妇联评为三八红旗集体，商都县人民法院审判管理办公室被市妇联评为巾帼文明岗，商都县妇联被市妇联评为巾帼建功先进集体，商都县妇幼保健所被市妇联评为“两规划”工作先进集体。商都县国税局冀小平、农牧业局赵淑芬、中医院吕俊丽、世纪小学张明霞被市妇联评为巾帼建功标兵，商都县妇联李素琴、教育局陈树生被市妇联评为“两规划”工作先进个人，七台镇徐东、张俊家庭等11个家庭被市妇联评为最美家庭。

（赵俊霞）

科学技术协会

【基本情况】 商都县科学技术协会内设办公室和科学技术普及工作部；人员编制5人，核定科级领导职数2人（1正1副），实有4人，缺编1人，领导实有2人，1正1副。

【科普活动】 为提高全县公民科学素质，继续开展“科技活动周”“科普宣传日”等各类大型科普活动，全年开展宣传活动15次，印发科普宣传资料15种、2万余份，科普宣传资料覆盖10个乡镇。

【科普志愿者队伍管理】 加大对全县157名科普志愿者的管理，组织他们参加科技活动周、科普宣传日等大型科普活动8次、创新型科普活动7次。

【科普惠农项目申报】 2016年，推荐商都县瓜菜产业协会为全国先进专业技术协会、小海子镇农民张日锋为全国科普带头人，并向国家科协申报。两个项目全部获批，奖励补助资金25万元。

【科技培训】 2016年，继续与各有关单位协作，组织开展多层次、多形式的科技培训班，全年培训乡镇师资30人、农技协会员2000人、计生户1500户、种养业大户3000户、普及性培训5万人次。

【科普大篷车巡展】 2016年，中国科协配备科普大篷车1辆，价值70万元（自筹20万元），车上配置电磁学、光学、力学、数学、生命与健康五大类28件展品，并在全县12所中小学校巡回展览，每校至少一周，参观展览师生达3万人次。通过实际动手操作展品，使师生们切实感受到科技的无穷奥妙，激发学生们热爱科学、学习科学的兴趣。

【五城联创、精准扶贫活动】 按照县委、县政府“五城联创”活动安排，科协包联七台镇团结小区，组织单位全体干部职工对小区进行卫生清理，粉刷墙面，并为小区安装价值1万余元的高清监控1套。

按照扶贫攻坚“三到村三到户”工作目标措施，对包扶的6户贫困户根据每户实际情况从发展生产、生态补偿、就业安置、社会保障等多方面提出帮扶建议，并配合乡村干部实施脱贫工作，包扶干部还为每户贫困户送去价值200元的慰问品，单位出资为两个包扶村购置价值1万余元的科普图书。

（尚兴业）

红十字会

【基本情况】 商都县红十字会内设赈济救援部、筹资培训部，人员编制5人。基层组织89个，团体和个人会员达5000余人，志愿工作者300多人。

【主要工作】 2016年，县红十字会大力弘扬“人道、博爱、奉献”的红十字精神，深入开展造血干细胞捐献、应急救护培训、红十字博爱家园建设、“学雷锋”志愿服务、预防艾滋病宣传、帮扶农村留守儿童等工作。在学校、社区、机关、农村开展应急救护和预防艾滋病宣传活动，惠及3.6万人；农村地区和幸福院的群众享受免费义诊人数6000多人；实施活动“博爱一日捐，温暖千万家”和“‘学雷锋’志愿服务活动”，发放救助款物22万元；登记入中华骨髓库的捐献造血干细胞志愿者30人。坚持不懈开办红十字博爱课堂，传播红十字基本知识；举办红十字自纠自查工作总结；完善商都县红十字会门户网站，努力为群众办实事、办好事。为改善民生、推动和谐，在精准扶贫工作上，尤其是对“5个100”（全区在5年内建成100个红十字应急救护点、人道文化传播点、应急救护角、示范校、博爱家园）、“2个20”（20个红十字人道文化传播基地、志愿者服务基地）项目的实施作出大量的行之有效的工作。

【筹资募捐】 “博爱一日捐”活动在县委、县政府的大力支持下，截至2016年，已募捐81.9万元，救助大病、贫困家庭28.5万元，受益230人次。同时加强公信力建设力度，建立规范的统计台账，及时上报统计数据，邀请档案局专业人员对本单位各类档案按要求规范整理归档。建立健全档案管理制度，为档案工作进入科学管理创造有利条件。

【人道救助】 在玻璃忽镜乡三营图互助幸福院建起自治区级红十字博爱家园1个。硬件建设有：爱心超市、理发室、洗衣房、救护室等。到年底，按要求标准已全部建成，并投入使用。主要包括：建立工作机构，制定项目实施方案，组织建设、志愿服务队、宣传培训等项目应有尽有，资料齐全。人道救援工作规范，有明确、统一的救助标准和流程。结合红十字会实际自行设计开展符合人道宗旨、效益持续的救援项目，在当地具有较大的社会影响。同时，在创新人道救援方法，提升补足民生短板能力上下功夫，坚持从群众需要出发，挖掘人道资源，强化服务意识，做到精确服务。7月21日，在大黑沙土镇启动免费义诊活动，为320名村民进行免费体检，并为患病村民免费发放药品300余元。

【红十字知识宣传】 1. 人道文化建设。在七台社区建立人道文化传播点1个，已投入使用，此点内容丰富，既有红十字运动知识宣传，又有应急救护知识等核心业务工作内容，有宣传品展架；经常开展人道文化宣传活动，效果明显。2. 人道文化宣传。七台社区、职业中学、第一中学、宗申小学是县红十字会人道文化知识传播的主要基地，在学校开展相关知识培训3场次，培训人员3000多人，其中学校红十字会都有课件、有宣传资料；七台社区有活动文字材料、照片。“人道、博爱、奉献”的红十字文化在全县得到广泛传播，达到红十字运动基本知识普及率的要求。宣传教育群众万余人次，并在重大节日集中进行宣传，在商场、宾馆等公共场所设立募捐箱，扩大社会人道主义意识的培养。同时每年给各级部门提供简报40余篇，由工作人员撰写的《红十字会如何关注留守儿童》的调查报告在中国红十字会报刊发表，较好地报道工作动态，展示商都县红十字会的公共形象。

【备灾救灾工作】 为了深入贯彻实施突发事件应对法，完善应急管理预案体系、体制、法制建设，能够及时利用灾害管理系统和纸质两种形式对自然灾害进行上报。根据自治区、市两级规定标准，对备灾物资库加大仓储面积、容积，对各类物资进行分类存放；同时与民政部门建立灾情信息共享机制，能够对本辖区内发生的灾害根据应急预案开展救援工作；并且把“博爱一日捐”捐款的20%转入备灾基金；9月20—26日，对各乡镇红十字会救援队进行为期一周的下乡轮流培训和演练活动，收到预期效果。不但加强了应急管理组织体系和应急处置保障能力，而且提高了应急综合水平。

【应急救护培训】 救护员培训工作有了新突破。1.扎实推进卫生救护“进社区、进企业、进农村、进学校”工作有序开展。8月20日开始，新生入学时，县红十字会走进商都县第四、第五中学为2016年新生进行为期一周的应急救护知识培训活动。对所有入学新生普遍进行详细、规范的急救知识培训。开展卫生救护培训2期，培训人数120人，进一步普及卫生救护知识，提高群众自救互救和应急避险能力。2.积极参与卫生救护知识竞赛，2016年，征订1000份竞赛题并且在第二中学、宗申小学、第三中学进行竞赛。在培训期间，严格执行“四统一”标准，在汽车站、三营图幸福院建立救护点，组建志愿服务队，出台救护点的后期管理制度，并对参加救护培训的队员进行考核，全部合格。

【红十字志愿服务】 汽车站、永泰社区、三营图互助幸福院已建立志愿服务队，其中志愿者注册培训的有：三营图互助幸福院12人、汽车站8人、永泰社区6人，并且加强对志愿服务工作的管理，出台建后活动和管理制度。志愿服务队能够依托服务基地开展经常化的志愿服务活动。开展“寒冬送暖、情爱进万家”为主题的单位会员活动，增强红十字组织的吸引力和人道精神感召力。

【器官及造血干细胞捐献】 2016年，新增造血干细胞血样采集入库的志愿者32人，开展造血干细胞捐献登记工作以后，县红十字会已有465人份的血样资料进入中国造血干细胞捐献者资料库，供患者检索配对。

【基层组织建设拓展】 县红十字会积极在城市社区（街道）、农村乡镇（村）、企业和事业单位、学校、医疗机构和其他组织中建立红十字会，传播红十字精神。加大对学校红十字会工作的组织化程度，成立学校红十字会工作委员会，认真贯彻中国红十字总会和教育部《学校红十字会工作规划》，积极创建红十字示范学校，职业中学、第一中学、宗申小学是县红十字会创建的3所红十字示范校，学校红十字会有机构、有队伍、有宣传栏，也能开展特色活动，学校红十字会工作能与核心业务相结合，已形成品牌项目。县红十字会与教育部门密切配合，把红十字会与德育教育融为一体，组织开展红十字会示范学校活动并将应急救护培训纳入中学生军训内容，直接对学校的红十字会进行督导检查，各学校的年度计划都已落实，工作总结实事求是，志愿服务活动开展得有声有色。县直各学校都已成立学校红十字会组织，志愿者210人，青少年会员1800人。6月13日，在职业中学开展知识竞赛，参加人数达1300多人。

（刘思敏）

文学艺术界联合会

【基本情况】 商都县文学艺术界联合会属事业编制群团组织，工作人员5人。

【文艺创作】 2016年，商都县文联在县委、县政府的正确领导下，在上级文联的指导下，坚持“为社会主义服务，为人民服务”的方向和“百花齐放，百家争鸣”的方针，深入生活，扎根人民，引导广大文艺爱好者以习近平总书记在文艺座谈会上的重要讲话精神为总要求，大胆探索，积极创作，努力为地方文艺繁荣做贡献。文联编辑出版《不冻河·塞北之北》摄影集，由“塞北景”和“塞北人”两大部分组成，选编90幅摄影作品，《不冻河·塞北之北》摄影集里所涉及的摄影作品，出自商都县老、中、青摄影爱好者之手。在商都籍内蒙古摄影家协会会员张建新的引领下，县内摄影爱好者们纷纷拿起相机，东奔西走，按下快门，留住美好的瞬间，拍摄以“十个全覆盖”“精准扶贫”为主的场景，记录家乡的风土人情。同时，还编辑出版《不冻河》文学杂志总第17、18期。

【群众文化服务】 为弘扬传统文化，县文联将新年祝福送到社区居民家中。2016年1月27日，由县文联、永泰社区联合举办的以“家家户户贴春联，弘扬社会主义核心价值观”为主题的写春联送祝福活动在永泰社区举行，社区居民拍手称赞。通过活动，县文联组织的书法家们所写的春联将喜庆、祥和的春节气氛传递到社区的每个角落，新春的祝福使所有的居民安康、幸福。

【文艺作品】 2016年，内蒙古作协会员王爱贤先后在《长城文艺》（2016年第9期）发表诗歌《搬家》、在《雨花文艺》（2016年第3期）发表诗歌《穿梭在碑和贴之间》；内蒙古书协会员王爱贤在2016年9月23日、2016年12月2日的《中国纪检监察报》“文苑”副刊刊登书法作品“美在人间”“故乡人”。

【文艺作品展览】 商都籍内蒙古摄影家协会会员张建新在乌兰察布市总工会主办，乌兰察布市书画院、乌兰察布市摄影家协会承办的“翰墨描绘中国梦·光影记录职工情”书画摄影展中，获摄影三等奖；商都籍市书法家协会会员王如泉、张静云，获书法二等奖；商都籍市摄影家协会会员梁旭东，在此次展览中展出3幅农村题材的摄影作品。2016年6月，王爱贤创作的诗歌《过年》在第七届“羲之杯”全国诗书画家邀请赛中，获三等奖。2016年7月，由市纪检委、市委宣传部主办，市书法家协会、市美术家协会、市书画院（美术馆）承办的乌兰察布市第二届“清风墨韵润山城”廉政文化书画作品展——“警字言、廉字行”书法展在乌兰察布市美术馆举办。商都县5位作者的作品在展览中展出。10月，市文联下发《关于申报乌兰察布市文学艺术发展基金作品资助的通知》之后，县文联组织选送文学类作品散文《我与〈不冻河〉》（作者：王爱贤），摄影类作品《走进西部》（作者：张建新）、《守望家园》（作者：梁旭东）。

【精准扶贫工作】 2016年，县文联在人员严重不足的情况下，发扬“两手抓，两手硬”的工作作风，一手抓文艺工作，一手抓包村扶贫工作。在“十个全覆盖”工程助推工作中，坚持住在杜管营村、河柳村，吃在杜管营村、河柳村，干在杜管营村、河柳村。在“全县‘十个全覆盖’推进会”上，连续受到县主要领导的表扬；在精准扶贫工作中，文联全体工作人员进村入户、摸清扶贫底数，想方设法帮助村民制订脱贫措施，积极为全县的扶贫工作做贡献。

（梁旭东）

残疾人联合会

【基本情况】 商都县残疾人联合会内设办公室、组织联络部、教育就业部、康复部。参公事业编制9人；核定领导职数3人（1正、2副）。

【“两学一做”学习教育活动】 开展“两学一做”学习教育是2016年一项重要政治任务，根据县委的工作部署，采取“五个到位”（组织领导到位、实施方案到位、动员部署到位、专题党课到位、活动开展到位）扎实开展学习教育。研究制定《商都县残联开展“两学一做”学习教育的实施方案》，5月10日，召开县残联“两学一做”

学习教育动员大会，明确学习教育的具体安排。理事长郑荣、副理事长张少华、王素文分别为全体党员上党课，通过上党课、听党课，加深全体党员对全面从严治党的理解与认识及如何做一名合格党员，更利于“两学一做”学习教育工作的推进。在5月全国助残日活动期间，县残联支部组织党员深入残疾人服务机构、贫困残疾人家庭开展慰问帮扶活动。为盲人刘志刚开设的益盲堂盲人按摩所赞助按摩床5张，免费为残疾人发放轮椅220辆、助听器100台，组织党员到帮扶镇小海子镇慰问帮扶残疾人并免费送去帐篷5顶，为小海子镇“十个全覆盖”工程送去帮扶资金2万元。

【“两项补贴”制度健全】 认真落实乌兰察布市人民政府办公厅《乌兰察布市全面建立困难残疾人生活补贴和重度残疾人护理补贴制度实施办法》精神，主动与民政部门沟通协调做好健全“两项补贴”制度的政策衔接和工作过度等工作。按照残疾人生活津贴和重度残疾人护理补贴的发放条件和要求，认真做好申报对象的审核，确保符合条件的贫困残疾人和重度残疾人都能享受政策补贴。经审核，2016年，有1290名残疾人享受生活津贴，1491名重度残疾人享受护理补贴，补贴名录已报县民政局。

【康复项目扎实推进】 1. 抓好国家“长江新里程计划”和国家“福彩公益金项目”的残疾儿童抢救性康复救助工作，全县完成康复训练15人（聋儿康复训练2人，脑瘫儿童训练1人，智障儿童康复训练7人，孤独症儿童康复训练5人）。2. 抓好辅具适配工作。2016年，完成矫形器装配1例、假肢装配小腿（上肢）2例、大腿1例，适配普通轮椅220台。3. 完成自治区康复任务指标申报工作。4. 实施白内障复明手术。依托县中医院为当地的贫困白内障患者实行免费复明手术。全县实施白内障复明手术245例。5. 为200户残疾人进行无障碍改造，依托商都县残疾人康复中心以科学、简便、适用的康复技术，使更多残疾人享受到方便、快捷、廉价的康复服务。

【招商引资工作】 始终把招商引资工作作为重中之重的工作来抓。确定一把手主抓这项工作，先后外出到各地进行招商。残疾人托养中心600万元项目落地商都县，其中上级资金480万元，地方配套120万元，该项目已在建设中。为了给残疾人提供更好的康复环境，拨付给中医院内部配套资金50万元，为中医院医疗器械添置投资70万元，超额完成全年招商任务。

【残疾人数据库建立】 按照中残联的要求，建立残疾人数据库。根据第二次全国残疾人抽样调查数据测算，全县各类残疾人约2.1万人，每个残疾人数据库中要录入的各种信息达50条之多，工作量非常大。经过县领导和残联的精心组织、周密部署，成立以分管副县长为组长的领导小组，切实加强组织领导。县残联具体组织实施，经过近3个月紧张工作，全县残疾人基本服务状况和需求信息数据动态更新数据录入工作圆满完成。

（王素文）

工商业者联合会

【基本情况】 商都县工商业者联合会内设办公室、经济部，工作人员5人。

【“村企合作”精准扶贫】 3月，全面启动“村企合作”精准扶贫开发行动。根据自治区工商联、扶贫办、光彩会《关于开展“村（嘎查）企合作”精准扶贫开发行动的通知》精神，与县扶贫办、光彩会通力合作，协调和指导绿娃农业科技有限责任公司、鑫磊蔬菜专业合作社分别与十八顷镇梁家村、袁家村、胡家村和小海子镇八十五号4个贫困村结对，正式启动了商都县“村企合作”精准扶贫开发行动。

【“两学一做”学习教育活动】 3月，在机关全体党员中开展“两学一做”学习教育活动。按照县委的安排部署，从3月开始，在机关全体党员中开展“两学一做”学习教育，使工商联的党内教育从“关键少数”向支部全体党员拓展、从集中性教育向经常性教育延伸。不仅解决了工商联党员队伍在思想、组织、作风、纪律等方面存在的问题，保持和发展了党的先进性和纯洁性，而且使工商联机关的自身建设得以进一步加强，为促进全县非公有制企业沿着“两个健康”目标长足发展奠定了坚实的组织基础。

【民营企业引导】 5月，完成全县民营企业走出去和参与“一带一路”建设的前期工作任务。按照自治区、市两级工商联《关于引导服务民营企业走出去和参与“一带一路”建设的若干意见》精神，完成建设企业库、重大项目库和案例库调查统计和相关信息收集等项工作，为全县民营企业走出去和参与“一带一路”建设奠定了坚实基础。

【非公有经济调研】 6月，开展对全县制造业民营企业发展状况的调查研究工作。按照市工商联的安排部署，6月，对佰惠生糖业有限公司、奥淳酒业有限公司、科都薯业有限责任公司等3个制造业民营企业，就创新能力、智能制造、质量品牌、投资与成本、人才队伍和绿色发展等方面进行一次重点调研，分析梳理当前制约全县制造业民营企业提质增效、迈向高中端的瓶颈与短板，为县委、县政府更好地引导和服务全县制造业民营企业正确认识和把握新常态下经济发展大势，提振发展信心，依靠创新驱动和两化融合实现产业优化升级、提质增效、迈向高中端提供第一手材料、奠定坚实基础。

【北京内蒙古企业商会商都分会成立】 7月，指导和帮助在北京发展的商都籍民营企业家成立北京内蒙古企业商会商都分会。按照县委、县政府的指示精神，与北京内蒙古企业商会共同指导和帮助在北京发展的商都籍民营企业家成立北京内蒙古企业商会商都分会，搭建起商都县非公有制经济人士与在异地创业的商都籍民营企业家交流合作的又一个平台。该商会的正式成立，进一步加强全县工商联基层组织建设，为促进北京与商都两地经济文化发展、鼓励在京商都籍企业家回乡创业、助推全县招商引资和精准扶贫工作创造良好条件。

【工商界交流合作】 8—9月，进一步加大与区内外工商界的交流合作力度。在8、9两个月中，先后5次组织机关干部和部分民营企业家，分别参加第十六届中国（淄博）国际陶瓷博览会、石景山与乌兰察布商贸对接会、全国蒙商乌兰察布投融资洽谈会、乌兰察布区域经济发展高峰论坛、内蒙古自治区高层次人才北京工作站年会，就商都县的区位优势、产业基础、人文环境、旅游文化及招商引资扶持政策向区内外工商界人士进行全方位的宣传，将商都县特色矿产资源和农畜产品进行多次展示，并就相关合作项目与市内外、区内外的企业家进行对接洽谈，为激活商都县民间资本投资，带动项目引进，建立开放、共享、合作、多元、互助的交流合作平台创造良好条件。

【项目洽谈会】 10月，参加了“一带一路”全球蒙商杭州行暨项目资本对接洽谈会。根据乌兰察布市人民政府办公厅的指示精神，组织机关部分干部参加由浙江内蒙古商会举办的“一带一路”全球蒙商杭州行暨项目资本对接洽谈会，并充分利用浙蒙两地搭建起的这一经济、信息、资本、项目等资源平台，播放商都县招商宣传片、发放商都县招商宣传册、展出商都县的特色产品，为吸引资金项目和人才技术等生产要素汇聚乌兰察布，达到“推介乌兰察布、走进乌兰察布、投资乌兰察布”的目的，为促进全县非公有制经济发展作出应有努力。

【“爱心惠民公益奉献”活动】 11月，与乌兰察布博爱医院携手，在全县开展“爱心惠民公益奉献”活动。根据市工商联的指示精神，从11月初开始，与乌兰察布博爱医院携手，在全县范围内联合开展“爱心惠民公益奉献”活动。活动的主旨是：凡非公有制企业职工及乡镇农村人口，只需花70元工本费即可领取博爱医院制定的价值2000元的惠民医疗援助折卡，享受40项免费医疗、60项优惠医疗和体检、住院等其他多项补贴项目，且三年内有效。截至12月底，全县10个乡镇的1760多名农村人口已享受这一惠民医疗援助。该项活动的开展，必将进一步提高全县非公有制企业职工及乡镇农村人口的就医水平和健康水平，切实缓解他们看病难、看病贵的现状。

【非公有制经济综合评价】 12月，完成对全县非公有制经济代表人士的综合评价工作。按照自治区党委统战部、自治区工商联等15个部门《转发中央统战部等14部门〈关于加强和改进非公有制经济代表人士综合评价工作的意见〉的通知》精神，积极配合县委统战部，深入全县各非公有制企业中进行认真细致的调研，并对符合条件的非公有制经济人士进行摸底录入，在此基础上，协同县委组织部、人力资源和社会保障局、经信商务局等15个相关部门，基本完成对全县63名非公有制经济人士的综合评价工作。为2017年工商联换届和同年市、县两级人大、政府、政协换届时全县非公有制经济代表人士的政治安排奠定坚实基础，对促进全县非公有制经济健康发展和非公有制经济人士健康成长具有重要意义。

【包扶包联工作】 4月起，积极投身全县精准扶贫工作。按照县委、县政府关于全县精准扶贫工作的指示精神，4月初选派3名干部分别在七台镇田士沟、东坊子2个村委会包扶7户贫困户。单位包村干部开始进村入户，在开展“送温暖、献爱心”活动的同时，与包扶对象进行对接、沟通感情，帮助他们制定脱贫措施、寻求脱贫项目，为今后精准扶贫工作的顺利开展奠定坚实基础。顺利完成美丽乡村建设的包村任务，包联社区、服务群众工作取得明显成效。2016年度，工商联积极响应县委、县政府号召，先后包联七台镇东坊子、田家村、乔家村3个村委会和自然村，相继选派2名干部出任驻东坊子村委会第一书记，累计投入2万余元，协助该镇党委、政府建成示范村2个、达标村1个。彻底改变过去残墙破房、脏乱泥泞的景象，从根本上改善公共服务设施和生产生活条件，加快农民脱贫致富奔小康的步伐。

同时，继续与七台镇牧机路社区开展包联共建活动，并坚持把开展该项活动作为联系群众、服务群众、转变工作作风、教育培养党员干部的重要载体，从帮助该社区加强基层组织建设、增强党组织的凝聚力、充分发挥党组织的战斗堡垒作用和党员的先锋模范作用入手，为该社区解决工作中的多项实际困难，推动该社区各项工作的顺利开展，为社会和谐、民生改善做出应有的努力。

（张建国）

计划生育协会

【基本情况】 商都县计划生育协会为正科级建制，核定编制6人，设副会长2人，其中常务副会长为法人代表，秘书长1人，办事员3人。内设办公室、财务室、生育关怀办。

【新家庭计划实施】 商都县在财力十分紧缺的情况下，投资19.5万元，按照“十个一”建设标准，精心打造都山街社区、祥和社区新家庭计划典型示范点。示范点依托社区卫生服务站建立家庭发展健康服务中心，组建由医务人员、社区工作人员组成的家庭健康服务队；制定新家庭计划实施方案；建立家庭发展工作台账；制作宣传图版21块，建设家庭文化大舞台1处；分类建立家庭发展档案；设立家庭发展知识大讲堂，举办家庭发展知识讲座15期；开展一系列家庭发展主题活动。与妇联、民政等部门建立共同促进家庭发展的协作关系。同时，在全县每个乡镇确定1个村委会为实施新家庭计划示范点，每个村委会培育一户幸福家庭示范户，通过典型示范，带动新家庭计划的全面实施。

【家庭健康保健】 在典型示范的同时，充分注重家庭健康保健工作，县妇幼保健计划生育服务中心加挂家庭发展健康指导中心牌子，各乡镇卫生院加挂家庭发展健康服务中心牌子，履行家庭健康服务职责。建立居民健康档案18.3万份，建档率达到93.8%，全县17个乡镇卫生院、213个村卫生室、16个社区卫生服务中心（站）普遍开展健康教育、高血压及糖尿病管理、妇女儿童健康管理、疾病预防控制等项目的基本公共卫生服务。发放健康知识宣传资料8万份，举办健康知识讲座223场次，制作健康知识宣传栏237块。指导帮助2万多居民在手机上订阅“营养进万家”微信公众号，扩大营养科学的宣传。为114名计生特扶家庭成员和22056名贫困人口免费体检1次。县医院、中医院派出医疗小分队深入各乡镇开展义诊活动，服务群众3万多人次，有效促进家庭成员身体健康和保健知识的普及。

【科学育儿】 充分注重科学育儿。发放儿童营养包2500份，印制《科学育儿知识手册》1万份，13个社区设立亲子教育室。举办家庭科学育儿培训班15期，受培训人数达到1623人。

【养老照护】 充分注重养老照护工作。全县建立光荣院、敬老院11所，可供养老人550人；建立互助幸福院59处，有4121户6234人入住养老；19个社区设立日间养老照护室，成立养老照护志愿者队伍，并积极开展日间照料工作。10个乡镇计生协组建志愿者服务队，开展对计生特殊家庭的生活帮助、精神慰藉等活动。县民政局与中医院联合申报的一所可容纳300人的医疗养老院项目，已经自治区发改委正式批准，正在开工建设。

【家庭文化建设】 充分注重家庭文化建设。大力弘扬以社会主义核心价值观为主要内容的家庭美德、邻里和睦、尊老爱幼等家庭文化，印发宣传资料3万份；培养树立10名好婆婆、好媳妇典型，评选出11户幸福家庭示范户，进行表彰奖励和广泛宣传；编排以家庭发展为主题的《幸福家庭》《健康新家庭》等文艺节目，在全县乡村巡回演出，带动乡风家风文明。

【青春期健康教育基地】 2014年，投入资金10万元，在县职业中学建立500多平方米的青春期健康教育基地，物色筛选17名兼职教师，确定1名专门工作人员负责教育基地工作，形成基地、教师队伍、工作人员、教育对象配套运行的教育模式，基地开办以后，共举办专题讲座124场次，听讲学生、家长和居民达到18300多人次；2016年，商都县中标中国计生协“青春健康家长沟通之道”项目，5名基地教师接受国家级培训，举办讲座的效果进一步提升，共举办家长培训班24期，培训人数2500人，有效促进家长与孩子的和谐相处。

【计生协会书画社】 2013年3月，县计生协会创办书画社，同年6月被中国计生协书画社吸纳为团体会员，书画社每年举办1次以家庭发展为主题的书画剪纸手工作品展览和比赛，共收集作品1200多幅（件），通过书画等作品的展览，观览者受到潜移默化的启发和教育，促进家庭和谐健康发展，打造促进家庭发展的精典特色品牌。

【优惠政策落实】 2016年，为3764名奖励扶助对象、114名特别扶助对象、5户少生快富对象、2230名独生子女父母，发放奖励扶助金432.86万元，筹资5.04万元为1400名0—6岁儿童办理爱心保险，争取人口基金项目资金90万元，扶持贫困母亲45人，扶持贫困计生家庭。县财政在资金十分紧张的情况下，两年下拨70余万元为68户计生特殊困难家庭兑现一次性扶助金。各项奖励扶助和项目资金的落实，为计划生育家庭发展提供资金支持。

【关怀关爱活动】 县卫计局、计生协会通过计生协会从经费中筹措资金，动员有识之士、爱心企业捐款等方式，共筹措资金50多万元，利用春节慰问、纪念活动集中捐赠等方式共救助计生贫困家庭和困难学生505户人次。其中：2016年，组织开展关怀关爱流动人口活动，慰问空巢老人、留守儿童、流入困难户、返乡农民工102户，发放慰问金30600元；争取市计生委支持，筹集资金6万余元，开展“情系农民工·关爱留守儿童”活动，对宗申小学100名困难留守儿童给予每人500元的资助，为10户返乡农民工和10户流入困难户发放每户500元的生活用品；启动“圆梦女孩志愿者行动”，卫计系统14名领导与育苗小学的14名贫困学生首批结对帮扶，为每名学生捐助300元；“5·29”协会活动日，筹资30300元对全县中小学的101名困难留守儿童给予资助，并演出一台精彩纷呈的文艺节目。举办“感恩母爱，祝福母亲——我为妈妈画幅画、写幅字”主题创作活动，38位小朋友在活动中用图画和书法表达了对妈妈的感恩。通过一系列关怀关爱活动，使受助家庭深切感受到党和政府的温暖，增进了家庭幸福感，促进了家庭和谐发展。

（许英峰）

法　治

政法委及综治

【基本情况】 县委政法委内设办公室、政治办、执法督查室，与综治办、防范办、维稳办合署办公。人员编制 13 人。

【维稳防范和安全保卫】 政法委牵头组织对非法宗教和邪教人员开展调查摸底和回访工作。加强特防期的安全保卫工作。政法委负责重要节日、重大敏感节点期间全县维稳和安全保卫工作的组织领导，年内，圆满完成“全国两会”“中共十八届六中全会”和自治区、市两级党代会的安全保卫工作，确保特防期全县社会稳定。指导和协调政法有关部门加强网络安全管理、健全来华外国人管理、开展反恐怖斗争等国内安全保卫工作。

【专项打击和整治行动】 1. 深入开展校园及周边治安专项整治。由综治办牵头，年内 2 次抽组联合检查组对全县中小学及幼儿园进行联合检查。2. 开展非煤矿山清理整顿工作。为巩固近年全县非煤矿山清理整顿成果，由县政法委牵头，国土资源局、安监局、环保局、电力公司、森林公安分局、矿山派出所等组成联合执法组，对全县范围内私自恢复生产的 39 家非煤矿山进行清理整顿，关停 15 家无证生产企业，减少县境内私挖滥采、破坏生态的违法犯罪现象。3. 密切配合公安部门开展的“震慑及察哈尔战役系列行动”，组织社会治安集中排查整治专项行动，发动综治各成员单位、乡镇综治部门对重点部位、特殊行业、人员密集场所治安排查，开展对重点地区、部位和突出治安问题的排查活动。4. 积极协调、主动参与禁毒专项斗争、道路交通安全管理、打击破坏森林资源违法犯罪、缉枪治爆专项行动、消防安全专项整治、强化监所管理、食品药品安全整治等一系列专项整治行动。

【社会矛盾排查化解】 1. 继续组织开展社会矛盾和隐患排查化解活动。组织动员全县综治、维稳力量进村入户，深入开展“大排查”“大接访”，采取有效措施及时就地化解矛盾纠纷，切实减少引发信访问题的各种因素。2. 协调司法行政部门加强行业性、专业性调解组织建设。先后成立劳动仲裁法律援助工作点、道路交通事故调解委员会、医患纠纷调解委员会、环境保护纠纷调解委员会、物业管理纠纷调解委员会等，2016 年，在看守所成立法律援助工作站。3. 全面落实社会稳定风险评估制度。年内组织相关部门先后对“常胜梁风电场 110 千伏送出线路工程”等 7 项工程进行社会稳定风险评估，努力预防和减少因决策和处置不当引发的矛盾纠纷。

【治安大防控体系构建】 2016 年，按照上级统一要求，结合全县实际，县委政法委积极协调组织相关部门织密治安防控六张网，积极构建大防控体系。1. 加强社会面防控网建设。强化网格化巡逻防控工作。全面推行常态化和加强型网格化巡防模式，科学划分巡逻区域，优化防控力量布局，充分发挥民警 + “红袖标”、派出所 + 机关的巡逻防控模式，实现全天候、全方位、立体化、常态化巡逻防控。2. 加强城镇社区、乡村治安防控网建设。在 20 个城镇社区实施网格化管理，配齐网格管理人员，开展工作。同时，针对社区网格化管理点多面广、管理难度大、而现有技术支持落后的实际情况，在七台、牧机两个社区安装“三维数字社区综合管理平台”，并在每个乡镇选择 2 个行政村开展村级网格化管理试点。3. 加强单位、行业场所和重点人员治安防控网建设。加强人口服务和重点人群管理工作。充分掌握流动人口分布情况和规律特点，进一步完善“以房管人、以证管人、以业管人”等措施，做到“底数清、情况明、措施实”。对全县农村留守老人、妇女、儿童进行全面的排查摸底工作，各乡镇都建立关爱帮扶体系，全力预防和减少严重侵害“三留守”人员合法权益事件的发生。为防止社区矫正对象脱管漏管及重新犯罪，能在解矫后更好地融入社会，社区矫正中心建立起社区矫正人员义务劳动基地和再就业职业培训基地，并定期组织 92 名在矫人员进行公共道德、法律常识等方面的培训，增强在矫人员的法制观念、道德素质和悔罪自新意识。4. 加强技术视频防控网建设。全县视频监控系统二期工程顺利通过自治区技防办验收。商都县“平安城市”视频监控一期、二期工程建成 13 个进出城卡口、8 个电子警察、96 个治安采集点全部投入使用。同时，视频监控三期工程已完成踩点构图，制定出建设方案，并通过审核。为提高居民住宅小区技防设施的运用，按照全县统一安排，凡新竣工小区的视频监控必须由县综治办进行验收合格后，方可进入城建验工程序，这一措施的实施，为新建居民住宅小区纳入到视频监控网络打下良好的基础。5. 加强信息网络防控网建设。由县委宣传部网信办和公安局网监大队联手，大力加强网上斗争和舆情导控工作，密切关注各类热点论坛，有效预防网上负面舆情。搜索涉及商都敏感舆情信息，全部进行落地查证，并开展舆情导控工作。6. 加强区域警务协作网建设。积极筹备建立与周边河北省尚义县、锡盟镶黄旗及市内旗县地区警务协作机制，健全重大案（事）件和重点人员联查联控、大型活动安保联动配合、紧急警情联动指挥处置、省际公安检查站联合执勤、边界地区监控系统联网共用等协作机制。

【政法综治宣传工作】 县政法委在高级中学建成政法工作展室，系统宣传近年全县政法工作所取得的成就和业绩，继续编发《商都政法信息》，大力宣传政法各部门、政法干警的工作情况和先进事迹。从 9 月开始，开通“商都政法”微信公众号，为全县政法综治工作深入开展营造良好舆论氛围。同时把政法、综治、防范工作的集中宣传与日常宣传结合起来，在全县范围内大力开展综治与平安建设、防范邪教宣传活动，使平安建设、法治建设、防范邪教深入人心。

（付应亮）

公　安

【基本情况】 商都县公安局内设机构：政工监督室、纪检监察室、督查大队、指挥中心、警务保障室、情报中心、法制大队、国内安全保卫大队、治安管理大队、刑事犯罪侦查大队、禁毒大队、特警大队、基层基础工作科、经济犯罪侦查大队、网络安全保卫大队、出入境管理大队、安保特勤大队、校园安全保卫大队、城管治安大队、看守所、行政拘留所、反恐侦查大队、食品药品资源环境犯罪侦查大队、信访办公室。派出所 21 个：东都派出所、中都派出所、西都派出所、西坊子派出所、小海子派出所、十八顷派出所、大黑沙土派出所、玻璃忽镜派出所、三面井派出所、卯都派出所、屯垦队派出所、大南坊派出所、大拉子派出所、三虎地派出所、西井子派出所、格化司台派出所、大库伦派出所、矿山派出所、工业园区派出所、广兴建材派出所、小海子治安检查站。

2016年，商都县公安局在职民警187人，离退休民警70人（其中离休1人，退休69人），地方事业编制人员272人，合同制协警12人，聘用110接警员10人。全局专项编制191。在职民警中，正处级干部1人，副处级干部85人（其中三级警长7人，四级警长1人），一般干部58人，享受副科以上待遇干部占在职民警总数的78.74%；大专以上学历182人，占民警总数87.74%；大专以上学历182人，占民警总数87.9%。

【网信维稳】 全方位收集上报各类情报信息260条，查处邪教、非法宗教活动3起；大力开展网络舆情导控工作

【案件侦破】 2016年，全县立刑事案件418起，破案175起，破案率41.8%，同比上升7.1%；其中破获八类案件（指杀人、纵火、投毒、抢劫、强奸、绑架、爆炸、故意伤害等八种暴力恶性案件）15起，同比上升50%；破各类侵财案件126起，同比上升63.6%。抓获刑事作案成员64人，提请逮捕37人，移送起诉61人，抓获逃犯42人。全年发生命案3起，均在6小时以内快速侦破，特别是“7·29入室抢劫杀人案”和“8·21盗窃案”的成功破获，收到良好的社会效果。全年查处治安案件754起，其中查处涉赌、涉黄案件37起，行政拘留462人。在打击经济领域犯罪方面，立案9起，破案7起，抓获犯罪嫌疑人5人，挽回经济损失34万元。在打击毒品犯罪方面，侦破各类毒品刑事案件11起，抓获犯罪嫌疑人14人，收缴各类毒品812克。查处毒品行政案件136起，行政拘留149人，强制隔离戒毒53人，禁毒工作综合排名全市第一。在打击食品药品资源环境违法犯罪方面，加强与食品药品监督管理局、环境保护局等部门开展联合执法，破获食品药品资源环境违法犯罪案件4起，其中公安厅督办案件3起，采取刑事强制措施5人。

【治安掌控】 通过全县“平安城市”视频监控系统一期、二期工程，建成14个进出城卡口、8个电子警察、97个治安采集点254个摄像机。全面推行常态化和加强型网格化巡防模式，科学划分巡逻区域，优化防控力量布局，充分利用七台镇5个屯警点和1个火车站联勤点推行交特警联勤联动和站地联勤联动模式，现场查控处置违法案件80余起次，社会面控制能力明显提升。创新指挥调度机制，实行“1+7+N”（1指民警，7包括安全管理制度、安全文化阵地、安全示范街、安全示范校园、安全标准化企业、隐患排查表、应急救援队伍、N即建设单位的安全促进项目）模式，以实现“看得见、呼得应、调得动、控得住、打得赢”为目标，汇聚整合各类指挥要素，警种协同，整体联动，联合指挥，统一调配，高效处置。

【基层基础】 强化“窗口”服务工作，在城乡居民服务中心设出入境、城镇四所、户籍、交通等7个服务窗口，全面落实《全市公安机关户籍管理工作便民、利民九项措施》，并在全市率先安装使用身份证自助领取机，极大方便群众。

【公共安全管理】 紧紧围绕“五城联创”工作要求，切实加强城区秩序管理，叫响“天天都是严管日，条条都是严管街”的口号，改变城区交通秩序混乱面貌。全年查处各类交通违法行为94256起，查处交通事故927起，行政拘留428人。特别是针对学生上下学时段校园及周边地区道路交通隐患，在全县12所中小学门口设立“护学岗”，有效维护学校周边交通安全、有序、畅通。加大消防安全检查力度，消防部门汇同辖区派出所不定期开展消防安全检查。全年对全县消

防安全重点单位累计检查达 2463 家次，发现火灾隐患 4588 处，下发整改通知书 4586 家份，全年发生火灾 57 起，同比下降 6.5%，未发生死亡人事故。

【规范执法】 深入推进执法公开，建立网上考评与日常考评相结合的质量动态考评机制。全年网上考评各类刑事、行政案件 447 起，发布《案件公开情况通报》41 次,《案件整改情况通报》8 次。案卷评查 215 卷，提出整改意见 1800 余条。全面落实公安部《公安机关执法办案信息系统使用管理规定》，对办理的案件，除涉密外，其余案件信息、主要证据材料全部上传警务综合平台，规范化执法形成常态。

【警力建设】 以队伍正规化为保障，紧紧把握公安改革和“四项建设”为主线，通过“两学一做”学习教育，严格落实纪律条令、条例等纪律规定，调出 11 名不适合公安工作的事业编人员。进一步整风肃纪，建成远程考勤系统，纠察警容风纪，从细节入手、小事抓起，强化纪律和作风养成。完善民警职业保障，人民警察执勤岗位津贴、加班补贴及事业编民警超时补贴、岗位津贴全部兑现，在县政法委的支持下，考核、任用 6 名优秀事业编民警任所队副职。

【大要案件侦破】 案件一　商都县公安局成功破获“7·29”持刀入室抢劫案。2016 年 7 月 29 日 9 时 12 分，刑警大队接到报警称：当晚 9 时许，七台镇人王某某（女）在育苗小学南的家中，被尾随进入的持刀男子抢劫，抢走人民币 100 余元，并被刀捅伤，生命垂危。案发后，商都县公安局高度重视，要求刑警大队全力攻坚，尽快破案。副县长、局长王晓东亲自挂帅，抽调精干警力迅速成立专案组，全力侦破该案。因受害人王某某伤势严重，被送往乌兰察布市医院进行抢救，无法取得口供，专案组第一时间通过现场勘查、调查访问、视频侦查获取破案线索。通过调取周围视频监控，专案组民警在距现场 500 米的一个路口发现案发时间段有 1 名骑电动自行车的男子形迹可疑。结合现场勘查、访问和受害人口供及视频监控综合分析，专案组顺线追踪，锁定马某某为“7·29”入室抢劫案犯罪嫌疑人。2016 年 8 月 9 日中午 13 时许，专案组抓捕组民警赶赴包头市稀土高新开发区，在当地警方的大力配合协助下，将藏匿在南壕村的犯罪嫌疑人马某某成功抓获。

案件二　商都县公安局快速破获一起故意杀人案。2016 年 5 月 31 日中午 12 时 10 分许，商都县刑警大队接到商都县大库伦乡派出所报案称：在商都县大库伦乡六台坊村村西水井附近发现本村村民谢某被杀。经调查：犯罪嫌疑人温某某在 5 月 31 日 11 时许走到大库伦乡六台坊村村西的时候正好遇见本村村民谢某在村西水井旁饮羊，当时，犯罪嫌疑人温某某与被害人谢某索要馒头吃，谢某说家里没有，让他到其他家索要，两人因此发生口角，以致后来引发打斗，在打斗过程中，温某某用身上携带的单刃尖刀向谢某胸部连捅数刀，导致被害人谢某当场死亡。接到报案后，副县长、公安局长王晓东，政委闫佩、副局长逯志远立即赶赴现场，了解案情后，亲自带领刑警、特警和辖区派出所民警展开搜捕行动，于 14 时 20 分左右在距现场东 3.5 公里处一山坡上将犯罪嫌疑人温某某成功抓获。

案件三　商都县公安局成功破获“8·21”重大技术开锁入室盗窃案。2016 年 8 月 21 日 22 时许，接到商都县七台镇居民许某某报案称：其家中被盗。丢失金条、金表等总价值 17 余万元的物品。接到报案后，商都县公安局迅速组织侦技人员赶赴现场，展开现场勘查及走访调查。被盗住宅位于商都县七台镇祥顺苑小区二单元 3 楼东户，现场勘查发现门窗完好，系技术开锁进入。通过调取现场及周边监控发现，案发时间段内有 4 名男子驾驶一辆灰色雪佛兰轿车在现场出现过，其中 3 人进入过该单元楼道。根据现场勘查、走访调查的结果，便启动合成作战，多警种联动，运用情报研判发现，该车及4名男子于21日8时从大同市出发，10时30分进入商都，在现场逗留1小时后于11时30分离开，下午14时许返回到大同市后失去行踪。商都县公安局立即成立“8·21”重大技术开锁入室盗窃专案组，由刑警大队长轩维学带领9名精干侦查人员于8月23日赶赴大同市，在大同市警方的大力协助下，经过7天的连续奋战，先后将4名参与盗窃和1名掩饰、隐瞒犯罪所得的犯罪嫌疑人抓获，并缴获部分赃物。

【重要事件】 2月16日下午，为有效净化社会环境，为“两会”召开创造良好的社会秩序，春节刚过，商都县公安局民警坚守岗位，打击犯罪与巡逻防控相结合，加大治安管控工作，以确保节日期间的社会治安稳定。商都县公安局治安大队、特警大队、禁毒大队分工协作、密切配合、缜密侦查，在七台镇成功捣毁一个游戏机赌博窝点，查获涉嫌赌博人员15人，行政拘留2人，罚款处理13人，缴获赌博游戏机5台。

3月2—3日，为确保全国“两会”安保工作措施落实到位，全力维护进京通道的安全畅通，市局督察支队政委许卫东，商都县公安局督察大队长童国斌一行4人深入兴和县公安局督导检查全国“两会”安保工作情况。

5月16日，按照公安厅《关于举办2016年公安科技活动周的通知》及商都县科技局《关于举办2016年商都县科技活动周暨全县第二十一届科普活动宣传周的通知》的精神，在祥和广场举办以“科技引领　共享发展”为主题的科技活动周启动仪式，商都县公安局积极配合县科技局、县委宣传部、科协等主办单位，组织警务保障室、指挥中心、刑警大队、经侦大队、特警大队及商都县公安局青年志愿服务队共43人参加启动仪式，此次活动出动警车8辆、科普宣传车2辆。

5月23日，商都县公安局召开全局干警大会学习传达贯彻自治区党委书记王君、副主席马明讲话精神，安排部署全县社会治安打击整治行动及安保维稳工作。会议由党委副书记、政委闫佩主持，局党委成员，各所队室负责人以及局直所队全体民警参加会议。

6月24日上午，商都县禁毒委在祥和广场举行以“无毒青春　健康生活”为主题的“6·26”国际禁毒日暨“商都禁毒”微信平台启动仪式大型禁毒宣传活动。活动仪式由县禁毒委副主任、政法委副书记徐建源主持，县禁毒委第一副主任、公安局局长王晓东、县人大常委会副主任李生智出席宣传活动并讲话，高级中学的学生宣读禁毒倡议书。活动中各位领导及民警一起走上街头发放禁毒宣传资料，观看禁毒主题文艺宣传演出。

7月18日下午，商都县公安局与商都县检察院召开联席会，就公安局开展的“两统一”工作进行座谈。商都县检察院副检察长谢力、师占军及案管中心、侦查监督科、公诉科的主要负责人，公安局党委副书记、政委闫佩和局党委委员、法制大队长张生宝，法制大队教导员张彦及相关部门负责人参加座谈。会议深入贯彻公安厅刑事案件“统一审核、统一出口”工作机制的总体要求，密切公安部门与检察机关的协作配合，进一步规范刑事案件统一对口衔接，解决工作中存在的问题和不足。

9月1—2日，为进一步做好G20杭州峰会安保维稳工作，巩固当前社会治安大局稳定的良好成效，按照市公安局9月1日上午召开的2016年“震慑九号”暨“察哈尔8号战役”第一次“大排查、大检查、大清查”统一专项行动电视电话会议精神，结合当前全县维稳形势，商都县公安局组织在全县范围内集中开展“震慑九号”暨“察哈尔8号战役”第一次“大排查、大检查、大清查”统一专项行动。此次行动中，全局累计出动警力525人次，警车135台次，清查出租屋153家、旅店299家，检查党政机关企事业单位

45家、水电油气重点单位128处、车站广场密集场所31处，整治火灾隐患8起；设卡检查各类车辆1054辆，检查盘查人员1353人，查处违章停车、闯红灯等交通违法393起，查处酒驾8起，无证驾驶13起、无保险7起。查处涉毒案件5起5人，查处涉赌案件6起28人（收缴麻将机2张、麻将4副、赌博机3台），破获刑事案件2起，查处治安案件11起，刑事拘留5人，行政拘留22人。

9月27—28日，为深入推进全县公安机关国庆安保工作，继续巩固当前社会治安大局稳定的良好成效，根据当前全县维稳形势，按照公安厅和市公安局的统一部署和有关要求，结合“察哈尔8号战役”工作部署，商都县公安局组织在全县范围内集中开展“震慑十号”暨“察哈尔8号战役”第二次“大排查、大检查、大清查”集中统一行动。此次行动中，全局累计出动警力478人次，警车143台次，清查出租屋345家、旅店114家，检查党政机关企事业单位81家、水电油气重点单位225处、车站广场密集场所25处，整治火灾隐患9起；设卡检查各类车辆1438辆，检查盘查人员1536人，查处违章停车、闯红灯等交通违法363起，查处酒驾11起、无证驾驶7起、无保险1起、准驾车型不符1起；查处涉毒案件2起21人，查处涉赌案件14起14人，查出涉黄案件1起2人；破获刑事案件28起，特别是9月28日上午，经过民警9个昼夜的蹲守，抓获1名盗窃犯。经审讯，其供述从2015年起共作案26起，盗窃二轮摩托车、三轮摩托车、四轮柴油车、电动三轮车等物品总价值10万余元，案件还在深挖中。查处治安案件1起，刑事拘留1人，取保候审1人，行政拘留29人。

10月20—21日，为深入推进“十八届六中全会”安保工作，继续巩固当前社会治安大局稳定的良好成效，根据当前全县维稳形势，按照市局的统一部署，商都县公安局组织在全县范围内集中开展“震慑十一号”暨“察哈尔8号战役”第三次“大排查、大检查、大清查”集中统一行动，此次行动中，全局累计出动警力472人次，警车141台次，清查出租屋347家、旅店215家次，检查党政机关企事业单位85家、水电油气重点单位224处、车站广场密集场所27处，整改火灾隐患14起；设卡检查各类车辆1355辆，检查盘查人员1483人，查处违章停车、闯红灯等交通违法197起，查处酒驾7起、无保险5起；查处涉毒案件5起6人，查处涉赌案件4起16人，查出涉黄案件2起6人；破获刑事案件3起，抓获逃犯2人，刑事拘留3人。查处治安案件6起，行政拘留15人。

12月22日，为切实做好圣诞节、元旦以及乌兰察布市“两会”期间安保维稳工作，巩固当前社会治安大局稳定的良好成效，按照公安厅和市公安局的统一部署，商都县公安局在全县集中开展“震慑十三号”暨“察哈尔9号战役”第二次“大排查、大检查、大清查”统一专项行动。此次行动中，全局累计出动警力246人次，警车81台次，清查出租屋243家、旅店116家，检查党政机关企事业单位52家、水电油气重点单位124处、车站广场密集场所13处，发现火灾隐患12起，整改火灾隐患10起；设卡检查各类车辆632辆，检查盘查人员712人，查处违章停车、闯红灯等交通违法264起，查处酒驾4起、无证10起。查处涉毒案件2起4人，破获刑事案件1起（深挖余罪1起），行政拘留14人，查处治安案件1起，刑事1人。

12月29日下午，首届商都县公安“十佳警嫂”颁奖典礼在商都县青少年活动中心举行。

【荣　誉】 获自治区党委、政府表彰奖励的先进集体。2016年8月6日，商都县公安局被中共内蒙古自治区委员会、内蒙古自治区人民政府评为2011—2015年内蒙古自治区法制宣传教育先进单位。

获公安厅等自治区有关部门、市委市政府表彰的先进集体和先进个人。

1月20日，商都县公安局情报中心被内蒙古自治区公安厅评为2015年度报送信息优秀报送单位。

6月30日，东都派出所被内蒙古自治区公安厅评为先进基层党组织。

12月8日，商都县公安局被内蒙古自治区禁毒委员会办公室评为2016年度全区禁种铲毒工作优秀组织单位。

谷永乐　2016年11月1日被中共乌兰察布市委员会评为全市法制宣传教育先进个人。

获公安厅厅直属部门、市委有关单位、市公安局表彰的先进集体和先进个人。

3月7日，县公安局指挥中心被乌兰察布市妇联评为全市三八红旗集体。

4月15日，商都县公安局被乌兰察布市文明办评为自治区级文明单位动态管理考核成绩优秀单位。

4月28日，东都派出所被乌兰察布市总工会授予市五一劳动奖状。

5月4日，西坊子派出所被共青团乌兰察布市委员会授予2015年度市级“青年文明号”单位。

5月17日，商都县公安局被共青团乌兰察布市委员会授予2015年度“全市五四红旗团支部（总支）”。

12月30日，商都县公安局被内蒙古自治区公安厅监管总队授予全区公安监管工作成绩突出集体。

2016年10月11日，刘龙军、景晓静、李飞被中共乌兰察布市公安局委员会授予个人三等功。吴鹏华、赵永刚、李佩军、刘继业被中共乌兰察布市公安局委员会授予嘉奖。

（傅雅然）

【交警大队】 商都县交警大队设公路巡逻中队3个（三面井中队、小海子中队、机动中队）、城镇中队2个、事故中队1个、车管所1个、综合办公室1个、法制宣传中队1个。有正式干警18人（其中借调出人员2人），平均年龄50岁（50周岁以上9人），其中：党员17人，女干警2人。协勤民警12人、借用公安局事业人员21人、临时工55人（其中包括政府招聘25人）。大队实有人员106人。

【道路交通违法行为查处】 2016年，全大队查处道路交通违法行为94256起（其中查处简易程序交通违法49336起，非现场录入44920起），查处一般程序以上道路交通违法行为927起，其中：饮酒驾驶201起，醉酒驾驶35起，无证驾驶428起，驾驶报废车3起，无保险114起，准驾不符67起，涉假牌假证29起，其他违法行为为50起，行政拘留428人。2016年，商都大队接处警1038起，辖区发生简易程序处理交通事故800多起，发生一般程序处理交通事故8起，死亡2人。

【车管业务】 2016年，办理机动车业务6660笔，其中注册登记1309笔，转移登记406笔，变更登记460笔，车辆年检3690辆，办理其他业务795笔；办理驾驶人业务6103人，其中补证换证3538人，信息变更1539人，审验904人，其他业务122人。2016年6月，商都县交警大队车管业务率先进驻城乡居民服务中心大厅，建立交通安全服务站，开展交通安全宣传、法律咨询，开展“两公布一提示”，开展非现场交通违法处理，开展免检车辆登记，开展互联网面签，进一步方便服务群众，受到当地政府及广大人民群众的一致好评。

【车辆源头管理】 全县有机动车22542辆，驾驶人18378人，辖区有重点车辆2258辆，全县有重点运输企业6家（客运企业2家、公交公司2家、出租车公司2家）。客运企业2家（乌兰察布市交通运输集团商都分公司、商都汽车站），共同管理客车70辆，乌兰察布市交通运输集团商都分公司11辆，商都汽车站35辆，个体营运车14辆，其他旗县GPS监控车辆10辆，商都汽车站发车70辆，其中8辆停运。公交公司2家（商都县宏运公交车有限责任公司、商都县华惠城乡公交车有限责任公司），有公交车143辆，其中：宏运公交公司有车82辆、华惠公司有车61辆；出租车2家（神驹出租车有限责任公司、商都县鑫达出租车有限责任公司），有出租车290辆，其中：神驹出租车公司30辆，鑫达出租车公司260辆。

（李少辉）

【消防工作】 商都县公安消防大队下设2个消防中队。大队有官兵31人，干部9人，战士22人，其中党员14人。有执勤消防车6台，总载水量34.5吨，载泡沫量2吨。2016年，消防大队接警73起（火灾57起，抢险救援16起），同比火灾起数下降6.55%，伤亡人数下降100%，直接财产损失上升26.7%；出动消防车98辆次，出动消防人员485人次，抢救被困人员13人，疏散人员421人，抢救财产价值371.8万元。成功完成处置“4·21”蒙都农牧业有限公司、“5·17”宏盛热力公司和“10·9”晨阳卷饼粥火灾等任务，多次增援后旗、化德、兴和等旗县，参与重大火灾扑救。2016年，大队出动监督检查4939人次，检查单位2463家次，发现火灾隐患或违法行为4588处，整改火灾隐患4596处，下发责令改正通知书2120份，下发行政处罚决定书58份，下发临时查封决定书28份，责令“三停”单位14家，罚款340500元，拘留1人。

【党政支持】 县委、县政府将消防工作作为保障和改善民生的大事要事，纳入年度目标任务考评内容，狠抓落实，为消防工作提供强有力的政策支撑。各乡镇党委、政府将消防工作纳入全年工作重点，强力推进，七台镇90%的社区建成微型消防站，十八顷镇、大黑沙土镇、西井子镇和屯垦队镇克服困难，积极筹建志愿消防队，已建成雏形。

【部门监管】 大队联合公安、民政、教育、文化、安监等主管部门牵头成立10余个专项检查组，在全县范围内开展一系列的专项检查，全县18家寄宿制学校全部拆除铁栅栏，畅通消防疏散通道；23所有办学资质的幼儿园、3家养老、敬老院全部安装独立感烟火灾探测报警器。

【消防经费】 2016年，县政府克服经济下行的压力和财力紧张的困难，消防经费投入进一步加大，全年消防预算经费430万元；还投入40余万元，新建市政消火栓50个；拨付约45万元的专项资金用于4个乡镇的志愿消防队的车辆和器材装备的采购。

【基础建设】 2016年，在县委、县政府大力支持下，消防二中队营房内部装修和亮化工程全部完成，部分营区地面实施硬化，室内体能训练馆也开工建设，12月，二中队投入执勤。为提高部队战斗力，市消防支队还于2016年10月为二中队调拨2台消防车。同时，大队新购置1台价值195万元的城市主战消防车，并投入50余万元购置一批个人防护装备和灭火救援器材，装备建设基本达标。

（李勇强）

检察院

【基本情况】 商都县人民检察院内设机构15个，派出机构4个。内设机构分别是办公室、政工科、侦查监督科、公诉科、反贪污贿赂局、反渎职侵权局、监所检察科、控告申诉检察科、民事行政检察科、职务犯罪预防局、检察技术科、法律政策研究室、案件管理办公室、法警大队、监察室。派出机构分别是小海子检察室、屯垦队检察室、都山社区检察室、卯都检察室。全院实有50人，其中行政编制42人，缺编4人；事业编制8人。

【平安商都建设】 深化平安商都建设，全力维护社会和谐稳定。在院党组的带领下，全院坚持把维护社会大局稳定作为基本任务，把保障群众安居乐业作为根本目标，充分发挥检察职能，全力维护社会和谐稳定。1. 突出办案重点，严厉打击刑事犯罪。以群众对社会平安的需求为导向，进一步突出工作重点，严把案件事实关、证据关、程序关和法律适用关，确保案件质量，有效地震慑犯罪，增强人民群众的安全感。2016 年，侦查监督部门受理提请批捕的普通刑事案件 38 件 44 人，经审查批准逮捕 37 件 43 人，办理立案监督案件 2 件 2 人。公诉部门受理各项刑事案件 108 件 123 人，经审查，向商都县人民法院提起公诉 86 件 93 人，退回公安机关补充侦查 4 件 5 人，正在审查 18 件 25 人。2. 坚持宽严相济政策，促进社会和谐稳定。在依法严厉打击犯罪的同时，更加注重化解社会矛盾，修复社会关系。对主观恶性小、犯罪情节轻微的偶犯、过失犯和未成年犯罪，本着教育、感化、挽救的方针，积极促进当事人和解，依法贯彻宽严相济的刑事政策，有效地促进社会和谐。全年对 1 人作出不予批捕决定。

【职务犯罪查办和预防】 深入查办和预防职务犯罪，有力促进反腐倡廉建设。认真贯彻上级检察院和县委反腐败工作的决策部署，依法查办职务犯罪，持续保持对职务犯罪的高压态势。1. 依法查办职务犯罪案件。坚持有腐必反、有案必办。反贪污贿赂部门受理案件 5 件 7 人，初查 5 件 7 人，立案侦查 4 件 5 人；反渎职侵权部门受理案件 2 件，初查 2 件，立案侦查 1 件 3 人。2016 年，为提高抗干扰能力，确保自侦工作顺利，坚持检察长、分管检察长亲自办案、带头办案，通过与县纪委、审计等部门协作，形成信息共享机制，提高案件线索的可查性，严把案件质量关，在立大案、要案上力求有新突破，确保立案、起诉大案达到 80% 以上，保质保量按时完成自侦工作任务。2. 不断深化预防职务犯罪工作。2016 年，开展预防咨询 30 余次、预防职务犯罪宣传 7 次，开展警示教育 1 次，开展行贿犯罪档案查询 270 余次。3. 切实加强涉检信访工作。加大涉检信访案件清理和化解力度。健全职务犯罪举报、查处机制，拓展人民群众举报腐败犯罪的渠道，构建来信、来访、电话、网络“四位一体”举报体系。加强举报线索集中统一管理，规范流转程序，所有举报线索均及时核查处理。

【诉讼活动监督】 全面开展诉讼活动监督，努力维护司法公正。检察院高度重视法治的引领作用，不断增强对诉讼活动的监督，认真落实检察机关在建设法治监督体系中的责任，努力让群众在每一起案件中都能感受到公平正义。监所部门进行安全大检查 4 次，发现安全隐患 1 件，口头纠正 1 次，向看守所发出纠正违法通知书 3 份、检察建议 3 份，向司法局发出纠正违法通知书 3 份、检察建议 3 份，均得到采纳并有回复。民行部门受理民事申诉案件 17 件，发出检察建议 17 件，均得到回复。控申部门受理各类线索 12 件，其中举报类案件 11 件，控告类 1 件，转往反贪污部门 2 件，转往反渎部门 2 件，转往公安部门 1 件，转往纪检监察部门 1 件，正在初核 1 件，转往其他单位 3 件，暂存 2 件，办理市检察院交办案件 4 件，办理刑事申诉案件 1 件。严格按照上级院规范司法行为专项整治活动、科学发展抽样评估活动和“两学一做”专题教育活动的要求，深入开展执法办案评查活动，针对发现的执法办案不标准、不规范问题，建立“问题清单销号”制度，对不规范问题整改一项销号一项，所有问题均已得到解决。同时，加大信访接待窗口规范化建设的力度，继续加大涉检信访防控，保持涉检零上访。

【“两学一做”学习教育活动】 全面开展“两学一做”学习教育活动，不断加强检察队伍建设。“两学一做”学习教育开展以后，全院认真学习贯彻市院和县委“两学一做”有关文件和会议精神，努力做到在“学”上有收获，在“做”上见成效。1.及时安排，强化学习。制订活动方案、召开动员大会，要求全院各科室、全体党员严格按照活动要求，分步骤、分阶段全力推进“两学一做”学习教育的开展，确保活动取得实效。为了使学习教育活动取得真正实效，确定每周二为政治业务集体学习日，院党组成员轮流讲党课，不断强化干警的学习教育。在学习中采取全院干警大会统一学、支部集中学、各科室讨论学、个人自己学的方式，做到阅读原文与释义相结合，发放专门的学习笔记本，摘抄学习笔记与谈心得体会相结合，杜绝形式主义，使教育深入内心。在县委组织部组织的“迎七一”党的知识竞赛中，检察院代表队荣获二等奖。2.以做为主，结合实际。在“两学一做”学习教育活动中，坚持开展“五个一”活动，即：开一次重温入党宣誓仪式，开展一次党的知识竞赛活动，召开一次学习心得体会交流会，开展一次严格的党支部、党组评议党员活动，开展一次帮扶结对献爱心活动。并把“两学一做”学习教育同“精准脱贫”和“十个全覆盖”相结合，组织干警与帮扶对象对接，扎实开展帮扶救助工作。选派两名责任心强的干警驻村任“第一书记”，2016年，全体干警为包扶村捐款2万元，建成人畜饮水工程1处，灌溉农田300亩，配套两台价值50万元的80千伏变压器及1200米输电线路。在“五城联创”活动中，筹集资金20余万元为所包扶社区硬化、绿化小区3000平方米。3.强化督察，注重效果。由党支部负责检查干警的学习笔记，发现脱学、漏学的，督促其及时进行“补课”。由纪检组、政工科负责督促检查各科室“两学一做”学习教育活动开展情况，活动进度较慢、氛围不浓厚的，督促其及时整改。并不断强化检务督察，加强对干警上下班、在岗情况的督察，发现迟到早退和无故不在岗的，严肃训诫并予以扣除相应岗位津贴。同时，加强对办案情况的督察，严肃办案纪律，全面落实廉洁执法、规范执法。

【精细化管理】 全面开展精细化管理工作，着力提高新形势下履职能力。2016年年初，深入开展自治区检察院确定的在全区检察机关开展为期三年的“检察工作精细化管理活动”，3月23日，市检察院召开“以信息化为抓手，强力推进精细化管理”主题研讨会，部署信息化工作精细化管理活动。24日上午，院党组进行专题研究，制定相应的落实措施，就进一步做好自侦工作和精细化管理进行安排部署，要求下大力抓好精细化管理工作。1.加强领导，提高认识，在解决干警思想观念上下功夫。建立由检察长任组长、各副检察长任副组长、各科室负责人为成员的精细化管理活动领导机构，确保各阶段精细化管理工作的顺利开展。2.合理配置，优化组合，在解决技术力量不足上下功夫。按照市检察院印发的《全市检察机关依托信息化开展检察工作精细化管理实施方案》和《全市检察机关依托信息化促进精细化管理实施意见》要求，对精细化管理活动进行再动员、再部署，进一步提高精细化管理活动的认识。调配1名专业技术较强的干警充实到技术部门，技术科已配备3名计算机专业技术人员，为信息化健康发展提供人力资源保障；将信息化应用作为干警岗位目标考核的重要内容，变信息化应用“软要求”为“硬制约”；大力推行信息化目标管理，充分应用于办公、办案、队伍管理中。把干警执法司法活动与信息化有机结合，强化干警信息化应用效果，提升检察工作规范化水平；把信息化培训列为检察人员日常学习和培训的重要内容，定期组织技术人员进行专业技术培训，内容涵盖计算机基本操作、文字处理软件的操作、互联网和计算机安全保密培训；组织全院检察人员开展PPT制作技能比赛，规定年终工作总结、检委会案件讨论均通过PPT方式进行汇报，以此途径提高检察人员的PPT制作技能和精细化管理水平；组织计算机操作水平较差的干警进行专门培训，提高全院检察人员的计算机应用水平。3. 加强协作，相互配合，在解决规范操作上下功夫。充分发挥信息设备作用，逐步完善信息技术部门职能定位，探索与本院其他相关业务部门加强协作、沟通的工作方法，逐步规范化、制度化。准确定位检察技术工作的侦查办案者职责、法律监督者职责、后勤保障者职责，利用科技装备增强侦查办案能力、证据审查能力、提高办案效率，进一步推动检务公开、执法规范。4. 合理规划，科学统筹，在“两房”建设项目上下功夫。在积极调研和深入论证的基础上，充分考虑检察工作发展的需要，对新建大楼的综合布线系统、机房系统、网络通信及服务器系统、多媒体会议室系统、侦查指挥系统、同步录音录像系统、信息发布系统、触摸屏系统、一卡通系统、安防系统等进行合理规划，聘请专家进行多次论证修订。

【接受监督情况】 自觉接受人大监督，合力改进检察工作。把自觉接受人大监督，作为不断加强和改进检察工作的重要保证。坚持向人大及其常委会报告工作制度。通过集中召开座谈会和上门走访等形式，向代表汇报各项工作开展情况，广泛征求代表对检察工作的意见和建议。为人大代表免费订阅《检察日报》，邀请人大代表、政协委员、人民监督员等各界代表参加“检察开放日”活动，让群众更加直观、全面地了解检察机关的职能，有力地提升群众对检察工作的知晓率和满意度。

【重要事件】 1 月 19 日，乌兰察布市检察院副检察长朱宏侠、政治部人事处处长王烨、检察技术处处长狄冠韬、法律政策研究室主任刘进霞到商都县检察院检查指导工作，朱宏侠一行在商都县检察院召开领导班子民主生活会、市级人大代表座谈会，县委督导组成员韩亚囡到会督导。

3 月 2 日，乌兰察布市检察院专职委员张汉章一行 3 人到商都县检察院就自侦工作进行专题调研指导。

4 月初，商都县检察院组织开展“两学一做”学习教育活动。

7 月 8 日，自治区检察院检察长马永胜莅临商都县检察院调研指导工作。

8 月 1 日，市检察院副检察长段树盛、法律政策研究室副主任曹有东、信息化建设管理处处长助理李志鹏到商都县检察院调研指导工作，并召开座谈会。

8 月 26 日，根据《内蒙古自治区检察人员分类管理实施方案（试行）》《内蒙古自治区首批员额内检察官选任工作实施方案（试行）》，结合检察工作实际，商都县人民检察院开展首批员额内检察官选任工作。

9 月 21 日，由市检察院副检察长王永平、办公室主任乔树平等一行 8 人组成的抽样评估综合组到商都县检察院针对综合工作开展科学抽样评估。

10 月 4 日，商都县人民检察院新建技侦大楼落成并投入使用。

10 月 9 日，市检察院检察长孙建民一行莅临商都县检察院调研指导工作，实地参观商都县检察院“两房”和信息化建设，查看控申接待大厅、案件管理办公室、远程接访、视频会议室和办案工作区，召开座谈会，了解干警们在司法改革中的思想动态，并提出新的工作要求以及指导性意见与建议。

11 月 29 日，商都县检察院根据自治区检察院、市检察院的统一安排与部署，与上级院同时举办以“加强侦查监督，维护司法公正”为主题的“检察开放日”活动。各级人大代表、政协委员、人民监督员，政法委、公安局、法院、司法局等单位领导走进检察院，为商都县检察院发展建言献策。

12 月，自治区检察院巡视组组长王新平一行

6人到商都县检察院进行走访指导工作，市检察院副检察长王永平陪同。巡视组一行实地参观商都县检察院“两房”和信息化建设，查看控申接待大厅、案件管理办公室、远程接访、视频会议室和办案工作区，观看《商都县检察院依托“两房”建设推进科技强检》电视专题片。

12月21日，根据上级院的统一安排与部署，商都县检察院举行首批入额检察官宪法宣誓活动，15名入额检察官在院党组书记、检察长吴德霖的带领下高举右拳，面向国旗，以忠诚之心、护法之责庄严宣誓。县委常委、政法委书记闫军和县人大常委会副主任李生智到会现场监誓。

【荣　誉】 商都县人民检察院获得2016年度自治区民族团结示范院。

商都县检察院办公室、案管办、侦监科荣立市院集体三等功；

王润根、李素芳、李宁宁、鲍颖慧、张如霞荣立个人三等功。

岳战的小品《牵挂》获得内蒙古自治区首届小戏小品大赛汉语组三等奖。

（耿　敏）

法　院

【基本情况】 商都县人民法院内设机关事务管理中心、办公室、政工科、民事一庭、民事二庭、刑事庭、行政庭、审判监督庭、立案庭、审管办、研究室、屯垦队法庭、玻璃忽镜法庭、十八顷法庭、西坊子法庭（交通法庭）、格化司台法庭（巡回法庭）。2016年年底，法院干警78人。

【主要工作】 2016年，商都县人民法院在县委正确领导下，在县人大及其常委会有力监督下，在县政府、政协及社会各界大力支持下，在上级法院的关怀和指导下，深入贯彻落实中共十八大和十八届三中、四中、五中、六中全会及中央政法工作会议精神，深入学习贯彻习近平总书记系列重要讲话，紧紧围绕“努力让人民群众在每一个司法案件中感受到公平正义”的目标，牢牢把握司法为民、公正司法主线，扎实做好法院各项工作，为全县经济社会发展创造良好环境。受理各类案件1512件，审（执）结案件1409件，比2015年分别上升28%和49%，法定审限内结案率100%，一审改判率1.1%，一审发回重审率1.4%，实际执行率49%，执结率95%。

【刑事案件审理】 全年受理刑事案件98件，审结84件，给予刑事处罚86人；判处涉毒涉黑案件7件8人、侵犯人身财产犯罪案件18件21人、危险驾驶犯罪案件43件43人、经济领域犯罪案件16件20人。

【民商事案件审理】 全年受理各类民商事案件978件，审结908件，撤诉173件，调解435件，判决282件，其他18件，结案率93%，民商事案件调撤率68%。

【行政案件审理】 全年受理行政案件2件，其中协调解决1件，判决1件。

【执行案件受理】 2016年是全国法院执行年，商都县法院积极参与自治区高院开展的“草原风暴”执行活动、乌兰察布市中院开展的“霸王行动”“秋风行动”，全力以赴，狠抓各项措施的具体落实，确保“执行年”活动取得显著成效。全年受理各类执行案件434件，执结412件，执行金额1.6亿元。

【重要事件】 4月，商都县人民法院开展司法责任制改革。

7—9月，商都县人民法院新建执行指挥中心。

10—11月，商都县人民法院开展法官入额司法改革，自治区高院批准商都县人民法院21名法官通过入额。

年底，商都县人民法院完成法院人财物审管改革，由自治区高院统管。

（王学吾）

司法行政

【基本情况】 商都县司法局下设8个股室10个基层司法所，在职工作人员69人，商都县机构编制委员会核定专项编制44人，其中局长1人，副局长2人，科级领导13人（主任科员2人，副主任科员2人，副科级司法所长9人）。干警中，大学本科学历16人，大学专科学历52人。

【基层工作】 1.司法所建设。修缮司法局业务用房和部分司法所办公用房及供暖设施。打造2个一级司法所（屯垦队司法所和七台司法所）、4个二级司法所（小海子司法所、西井子司法所、三大顷司法所、玻璃忽镜司法所），其他司法所全部按照三级司法所标准建设。2.法务室建设。重点打造都山街社区法务室和屯垦队乌彦沟村委会法务室，建设基本完成，达到“一有、两上墙”标准。整合法律宣传、人民调解、法律服务等功能。3.人民调解工作。主要是对基层人民调解员上传电子档案，颁发工作证，组织基层司法所及人民调解委员会开展矛盾纠纷隐患排查化解专项活动、优秀人民调解案卷评查活动。开展金牌人民调解员、银牌人民调解员评选申报活动，最终获得集体、个人奖各1项。搬迁与装修道路交通调解委员会办公用房。全年累计受理人民调解案件2450件，调解成功2401件，调解成功率98%。

【普法宣传】 1.深入开展“法律六进”活动。调整和完善“法律六进”示范点和普法宣传基地；重点开展“法律进学校”和“法律进农村”活动。组织县普法讲师团在七台镇各中小学进行轮回讲课，各司法所在乡镇为小学生讲授法治教育课；各司法所所长全程参与农村牧区“十个全覆盖”工程，在积极开展拆建工作的同时进行普法宣传。2.认真贯彻落实国家机关“谁执法谁普法”的普法责任制，各成员单位分别在重点节日进行普法宣传，例如，“3·15”消费者权益日、“6·5”环保日、“6·25”国际土地日、“6·26”国际禁毒日等各执法单位都举行宣传活动，县安监局和食药局还举行“安全生产”和“食品药品安全大检查暨食品药品监督所标准化建设”专题宣传活动。3.加强法治文化阵地建设，继续推进“6个3”工程［在全自治区编印3种法律知识读本，建成30个规范的法治文化宣传广场，建设30个法治图书阅览站，建立300条法治文化长廊（街），建立3000个普法学法大讲堂，招募组织30000名普法志愿者］。完善法治文化广场建设，增设法律咨询台、法律知识小贴士等法治元素；建成一条法治文化街、完善法治图书阅览室、法治图书角建设。法治图书阅览室法治图书至少达到2000册以上，三种法律知识读本全部发放到户到人；吸纳优秀社区群众、基层干部、人民教师400余名组成普法志愿者队伍，在各自的工作领域内进行普法宣传。4.广泛开展法治宣传教育主题活动。组织开展以“法在身边、法治北疆”为主题的法治宣传月活动和法治文化消夏晚会，宣传服务经济发展新常态、维护社会和谐稳定、保障和改善民生相关的各项法律法规宣传活动。5.创新普法宣传形式，充分运用新媒体进行普法，门户网站、普法微信、法治广播、法治微电影等新媒体普法平台建设已基本完成，初步形成“广播有声、荧屏有像、报刊有文、网络有形”的宣传格局。6.开展国家工作人员网络学法用法活动，全县120多个单位、5000余人参加“法宣在线”学法活动，并完成结业考试。7.普法办在总结“六五”普法成功经验的基础上，全面启动“七五”普法依法治理工作。

【社区矫正】 社区矫正中心完善“四区十六室”（公众安全满意区、民主法治示范区、社会治理创新区、社会发展和谐区，应急指挥室、报到登记室、信息采集室、矫正宣告室、电子监控室、教育培训室、心理矫治室、训诫室、档案资料室、装备器材室、检察室、警务室等）和“三个基地”（法治教育基地、公益劳动基地、社区服务基地）的建设。完善社区矫正执法大队和社会志愿者队伍入驻中心，把全局19名取得三级心理咨询师资格证的干警全部分配到司法所，为社区服刑人员提供心理咨询。充分利用“乌兰察布市社区矫正信息共享平台”和公检法司联席会议制度，对社区服刑人员进行日常管理。2016年4月，重点进行全县政法系统联合摸排大检查，6月全市政法系统联合摸排大检查，还进行由社区矫正中心和基层股联合对社区服刑人员和刑满释放人员逐一见面大排查活动，切实做到底数清、情况明。组织社区矫正大队工作人员参加自治区司法厅和乌兰察布市司法局组织的业务培训。2016年，累计接收社区服刑人员157人，顺利解除矫正59人，在册矫正98人，无脱管漏管现象，有效预防和减少重新违法犯罪。

【法律服务】 1.阵地建设。按照《关于完善法律援助制度的实施意见》的相关要求，把法律援助、法律咨询向基层延伸，全面实现法律援助全覆盖。以法律援助中心依托司法所、相关社会团体、社区及厂矿企业已建立起法律援助工作站20个，农村法律援助联络点233个，县、乡（镇）、村法律援助三级网络体系逐步扩大，在新落成的商都县城乡居民服务中心大厅开设法律援助服务窗口，为广大困难群众能够得到便捷的法律援助提供组织保障。2016年，代理理法律援助案件220件，其中刑事案件2件，民事案件9件，非诉案件209件。2.加强对“12348”公共法律服务平台的宣传力度。发放宣传单、便民联系卡5万余张，加大宣传力度，提高公众对“12348”法律服务的知晓度，提升“12348”法律服务水平。3.进行法律援助案件质量评比和以案代补活动。开展案卷评比活动，严格把关案卷整理质量并开展法律援助案件回访，加大案件监督力度。并对优秀法律援助案卷按规定进行经济补偿。民主法治示范村镇和民主法治示范小区建设，按照“五有”，即有“法务室”（调解室）、有普法大讲堂、有法律志愿者、有创建公约、有橱窗专刊的标准结合“十个全覆盖”工程和“五城联创”工作进行部署，创建七台镇都山街社区和小海子镇宋家村为民主法治示范村镇，创建七台镇龙湾小区与碧州小区为民主法治示范小区，并申报自治区级民主法治示范村镇。

【信息化建设】 2016年为司法厅确定的“数据录入年”，商都县司法局的硬件设施已全部完成，自治区、市、县、乡镇四级网络全部互联互通，司法所的视频会议系统全部调试成功。数据录入工作已基本完成，各类报表能够做到及时准确通过应用软件上报，动态类信息能够做到按月足期上报，门户网站能够做到及时更新。

【司法体制改革】 做好普遍建立法律顾问制度工作，重点普及政府法律顾问，由法律中心主任担任县政府法律顾问，乡镇司法所长担任各自乡镇的法律顾问，2016年，新注册的4名律师将分片担任村委会的法律顾问。2015年新考取律师职业资格的5名干警已全部完成执业注册。完善人民监督员管理制度。商都县人民监督员选聘2人，将按照人民监督员各项管理考核制度进行考核管理，充分发挥人民监督员监督管理办公室的职能作用。

【队伍建设】 坚持把党风廉政建设工作与推进局领导班子建设和干部队伍建设结合起来，与政法系统开展忠诚教育实践活动结合起来，与扎实开展党的“两学一做”教育活动结合起来，取得较明显成效。年初局党支部召开专题会议，制定《司法局2016年党风廉政建设和反腐败工作要点》及《司法局2016年党风廉政建设和反腐败责任分解方案》和《司法局2016年廉政风险防控方案》、《“三重一大”实施方案》，把纪律、作风、反腐倡廉和队伍自身建设四个方面工作任务分解到各职能股室和司法所，并逐级签订责任书。组织党员干部认真学习贯彻“两学一做”教育活动内容，学习教育活动与党员教育管理、开展专题教育与司法行政各项业务工作结合起来，树牢宗旨意识、服务理念，真正做有信念、讲规矩、守纪律、争奉献的合格党员。通过举办廉政教育专题讲座、参加全国政法系统学习培训会、参加全市“两学一做”知识网络答题等方式，对干部职工进行提高综合素质、增强廉政意识等内容的培训。大力开展廉政文化活动，组织基层干警参加全区政法系统“包头市达茂旗检察院优秀检察官潘志荣同志报告会”；组织干警到县毒品警示教育基地参观学习；组织干警观看警示教育纪录片，以经典案例的形式给每一位干警上廉政教育课，在思想深处受到极大震撼。通过深入基层帮扶工作改进作风建设，局领导多次带队深入“十个全覆盖”包扶点和精准扶贫包扶点开展帮扶工作，调研存在的困难和问题。深入贫困户家中与村民面对面交流，把党和政府的深厚情谊送到困难群众心里。组织干警参加3次全国政法系统组织的政法干警学习大会，组织干警学习中共十八届六中全会精神和《中国共产党廉洁自律准则》、《中国共产党纪律处分条例》。

（简　广）

军 事

人民武装

【概　况】 2016年，认真贯彻分区党委（扩大）会议精神，以军委国防动员部首长提出的“五部”要求为遵循，科学制定年度工作规划，按照“政治建军铸军魂、瞄准任务强战备、军民融合促发展、从严治军保稳定”的工作思路，凝神聚力，狠抓落实，较好完成上级赋予的各项任务，有力地促进党委班子和人武部全面建设。

【理论学习】 认真制定党委中心组理论学习计划，严格落实理论学习日，坚持每次集中学习教育后部领导批阅干部职工笔记督促学习；每月党委中心组学习，都扩大到所有人员，始终坚持干部职工一个标准，笔记都在2.5万字以上。通过不断深化学习，进一步夯实干部职工对党忠诚、纯洁可靠的理论基础。

【“两项重大教育”和“一振四治”专题教育】 分区在各项教育动员部署后，部党委又专门召开会议研究，进行认真筹划和再动员部署，结合人武部实际，认真分析形势，科学制订教育活动方案和计划。组织党员学习规定读本、手抄党章、签订承诺书，配合开展向党旗宣誓和“戴党徽、亮身份、立标准”岗位实践活动，督促大家牢记党员身份、不忘党员宗旨，在日常工作和学习中发挥模范带头作用。持续组织开展“拥护支持改革”学习教育，围绕“如何认识和理解国防动员和后备力量建设的重要性，自觉增强抓工作搞建设的使命感责任感”等主题，严密组织讨论交流，引导干部职工以实际行动服从大局、干好工作、当好表率。采取统分结合的方式，扎实组织开展“一振四治”（振奋士气，治理虚报冒领挪用经费、假发票、转移开支、小金库等问题）专题教育活动。始终坚持问题导向，深入查找存在问题，拉单列项抓好整改，增强教育整顿的针对性。

【经常性思想工作】 认真落实思想分析制度，按照“三帮一带”活动要求，及时明确帮带对象；根据人员变动，及时调整两个责任网络；开展常态化谈心、交心活动，紧贴改革形势，主动做好一人一事思想工作，凝聚大家拥护支持改革的思想共识。

【文化工作】 配合改革强军主题教育和“两学一做”学习教育扎实开展，重新布置营院政治环境，更新灯箱内容，并制作“两学一做”学习教育专栏，开辟党员承诺践诺园地。组织开展“好读书、读好书”活动，购买2000多元的图书，坚持做到“三个一”（每天读书至少一小时，摘录一篇理论或知识性文章；每周撰写500字以上体会或摘录文章一篇；每月读书一本并撰写读书体会一篇），定时检查评比，张榜公布，形成良好的学习氛围。

【战备训练工作】 着眼有效履行核心使命任务，

严格落实上级指示精神，大力加强应急应战能力建设，战备训练水平不断提升。规范战备秩序。立足于管用、能用、适用，及时修订完善各类方案，补充物资器材；重要敏感时期，组织民兵应急分队进行有针对性的拉动演练。6月13日，卯都乡发生洪涝灾害，及时组织民兵应急分队参与地方抗洪抢险救援，得到县委、县政府和人民群众的好评。

【首长机关和民兵应急分队训练】 研究制订年度首长机关军事训练计划，召开军事训练任务部署会；完成基础体能训练和基本指挥技能等训练，积极参加上级组织的情况处置演练并加强推演训练，进一步提高干部体能、技能和综合处置情况能力。以迎接内蒙古全面建设考核为抓手，严格组织民兵应急分队训练。重点进行应急分队四种行动预案组织、宿营地的搜排、警棍盾牌术、帐篷搭设、防暴队形、野炊等内容，多次组织实兵实车演练，全面提升“双应”能力，在迎接内蒙古军区全面建设检查考核中取得较好成绩。

【民兵组织整顿】 3月，召开民兵整组工作会议，针对有编无兵、教育训练难落实的实际，按照尊重客观、重在适用的原则，对民兵分队重新进行编组调整，确保民兵分队人员落实、组织落实，形成专业对口、任务明确、使用便捷的民兵组织。

【国防工程管护】 年初，及时调整本级军事设施保护委员会成员，对国防工程管护人员进行政治审查，重新签订管护协议，更换超龄和不胜任本职工作的管护员。全年突击检查和全面普查国防工程7次。一方面，在驻地和矿区进行《中华人民共和国军事设施保护法》的宣传，对受损坑道进行维护保养。另一方面，联合公安、国土资源等部门对国防工程进行联合执法检查，取缔1个非法采矿点，并对违规开采人进行拘留处理，有效维护国防工程的作战效能。

【安全管理工作】 1. 注重强化安全主体素质。充分利用集中学习、警示教育日、党日活动等时机，积极开展《安全保密条例》《安全工作条例》和国防动员部六个规范性文件等有关安全知识学习，把安全“八抓”内容在大厅LED显示屏滚动播放，警示提醒抓安全工作的责任；紧密结合季节转换、日常任务，重点加强安全防事故和自救互救的训练；“5·26”警示教育周期间邀请县交警队人员到人武部授课，并组织干部职工到事故科开展警示教育，进一步强化干部职工的安防意识，提高规避事故的方法和技能。2. 扎实推动安全制度落实。制定安全管理目标并签订安全责任状，坚持每周组织一次安全隐患排查，每月进行一次安全风险评估，每季进行一次安全形势分析，要求值班干部每天对车辆、武器弹药、涉密场所进行不少于两次的巡查、督查；设立安全员，结成互助对子，建立家属联络机制；修订细化职工管理规定，印制职工考勤登记簿；严格落实车场日、每月20日警示教育日，确保纵向到底、横向到边、全员覆盖不留死角。3. 狠抓安全管理末端落实。2016年，按照上级要求，进行四个波次安全隐患排查治理，采取“拉单列表、挂账销号、跟踪问效”的方法，逐项整改，突出重点。安全隐患排查整治期间，加高围墙，安装护栏，整修下水井盖，重新制作防撞拒马和减速带，通过反复抓，抓反复，安全管理水平明显提升。结合“学法规、用法规、守法规”和“百日安全评比竞赛”活动，从“四个秩序”（指战备、训练、工作和生活秩序）、一日生活制度和日常养成入手，加强管理规范秩序。通过采取这些有针对性的措施，保持安全稳定的良好局面，为年度各项工作任务的圆满完成奠定基础。

【后勤建设】 以勤俭高效为目标，扎实抓好后勤管理工作。1. 严格落实财经制度。严格财经管理规定和财务公开，坚持经费开支联审会签制度，认真落实公务卡结算报销，积极落实依法管财、科学理财、节俭用财的新常态。坚持每月一次党委理财制度雷打不动。2. 科学规划农副业生产。对现有大田 1.3 亩、“43 型”大棚 0.2 亩，进行精耕细作和科学种植管理，种植蔬菜 15 个品种，夏季蔬菜基本做到自给并补充部分冬储菜。3. 下大力改善基础设施。重点抓办公设备更换和营院维修改造。先后出资 4 万元，补充 6 台办公用台式电脑、1 部单反相机、1 台 A3 打印机；投入 5.8 万元，改建车棚，更换办公室、网络会议室桌椅，整修厨房、武器库警卫室，整治公共卫生间；协调县委、县政府更换营院地砖、新建东侧院墙和办公楼门厅雨罩，加盖营门警卫室，粉刷办公楼外墙，楼顶安装强军目标大型吸塑字，整个营区旧貌换新颜。

【新兵征集工作】 坚持以《中华人民共和国兵役法》和《征兵工作条例》为依据，按照“强化兵员质量、严格政策规定、狠抓廉洁征兵”的思路，严密组织征兵工作。2016 年，男兵网上兵役登记和应征报名工作开始后，及时发布 2016 年度商都县兵役登记通告，并以媒体公告、张贴标语、短信群发等方法提前进行宣传造势。其间，又专门组织专武部长召开会议，就征兵宣传和兵役登记工作进行督导推进；深入到所辖 10 个乡镇，进行兵役法规宣讲和征兵政策宣传；在县祥和广场电子显示屏滚动播放征兵宣传片，深入社区、学校发放宣传单 4000 余份；联合县教育局到县中学现场督导兵役登记，兵役登记率达到 74.2%。体检中，采取全封闭体检，统一佩戴工作证，安装手机信号屏蔽器，统一收缴医生、带队武警和体检医生、预征对象的手机等方法，最大限度地杜绝在体检过程中人为因素的干扰。在政治考核工作上，严格落实县、乡镇、村三级政审、区域联审的制度，对人户分离青年、外出务工青年和异地就读学生进行联审联查，严防将政治不合格或有劣迹的青年征入部队。在人武部和各乡镇设立举报信箱，印制廉洁征兵监督卡，公开举报电话，发放到应征青年和家长手中，圆满完成上级赋予的新兵征集任务。

【双拥工作】 春节和冬季适应性训练期间，投入 1.2 万元对部分退伍军人、军烈属、五保户和贫困户走访慰问；按照《省军区系统参与打赢脱贫攻坚战的实施意见》，与七台镇北大村结成精准脱贫对子，对 8 家包扶户逐个入户调查，摸清底数、建档立卡，研究制定包扶措施，春耕期间为七台镇房家村拿出 1 万元帮助购买种子、地膜等生产资料；投入 5000 元帮助文化社区加强基础公益设施建设；响应县委号召，部长和政委分别出资 5000 元，开展一对一精准脱贫。为支援地方“十个全覆盖”工程，组织人武部干部职工，先后 3 次到七台镇解放村、田士沟村清运垃圾，美化乡村，受到村民群众一致好评。7 月 1 日，投入 5000 元走访慰问退伍军人生活困难老党员；10 月 17 日，为包扶生活困难群众送去米面等生活用品。同时，积极参与县“五城联创”活动，投入 2 万余元为包扶小区修缮房屋、外墙涂料、安装监控设备和小区伸缩门等附属设施，得到居民的赞许，在全县走在前列。

（段　英）

武　警

【基本情况】 武警高都县中队编制 45 人，现有 45 人，其中干部 3 人，士兵 42 人，其中士官 17 人，义务兵 25 人。

【支部建设】 2016 年，在支队党委的正确领导下，牢记强军目标，坚持以“加强支部班子自身建设”为着眼点，以强化职责意识为突破口，紧盯“执勤处突有把握”的目标，狠抓军事训练，突出安全发展，提升经常性基础性工作落实。支部班子团结齐心，官兵思想稳定，部队建设稳步发展，各项任务完成圆满。坚持把加强党支部自身建设作为改变中队面貌的关键环节来抓，党支部战斗力、凝聚力明显增强。1. 科学制定按纲建队计划，理清工作思路。年初，组织全体官兵对三级党委扩大会议精神认真学习贯彻，通过召开支委会、军人大会、开展讨论等活动对会议的核心思想有了更深一步的掌握，对全年总队提出的“新常态、高标准”有了进一步的认识。在吃透上情摸透下情的基础上，利用讨论、谈心和“三个半小时”等活动充分收集战士的意见，在此基础上，一班人统一了思想、理清了思路，确定了“全面学成武，争创过硬一流中队”的工作思路。2. 抓学习不断提高干部、党员队伍整体素质。年初，组织干部、党员认真制定全年学习计划，通过深入开展读书活动进一步激发学习热情，号召每名党员坚持每月读一本好书，定期组织讨论交流心得，每名干部党员的理论水平都有了不小的进步。3. 注重发挥群众组织的桥梁和助手作用。中队党支部注重加强对团支部、武警委员会进行指导，两个群众组织作用发挥明显。号召人人都参与到中队建设中来，加强对中队伙食、财务的民主监督，提升骨干培训、考学、入党等敏感事务的透明度，上半年中队发展预备党员 2 人、推荐 3 人参加武警院校预考、4 人参加技术学兵，官兵普遍满意。

【执勤工作】 狠抓执勤工作，中心任务完成圆满。始终把执勤工作当作“饭碗工程”“帽子工程”来对待，牢固树立执勤工作出不起事的思想。坚持从落实制度入手，消除执勤隐患，正规“三班四哨”，确保勤务质量。认真落实议勤制度，定期召开勤务分析会。认真抓好形势任务、职能使命、制度规定教育，强化和增强官兵的忧患意识、使命意识和责任意识。结合“学规范、打基础、治隐患、保安全”活动，先后多次集中开展勤务教育整顿，强化专勤专训训练，加强执勤秩序的正规养成，牢固树立“执勤就是战斗，哨位就是战场”的思想；加大夜间查勤力度和白天查勤密度，及时纠正执勤官兵职责不清、任务不清、处置程序不清的问题。认真治理执勤隐患，针对目标单位周边村庄多、人员成分复杂、影响目标安全的不利因素多的实际，加强与目标单位的联系联防，完善出入目标管理制度，消除隐患。中队进一步规范哨兵上下哨的时间和路线，积极开展勤务队列化实践，加大干部对勤务的组织和检查力度，积极完善“五防一体化”建设，堵塞执勤中的漏洞。

【军事训练】 强化军事训练，实战能力进一步增强。始终把军事训练作为工作中的重中之重。1. 分层次抓好军事训练。按照军事训练“八落实”要求，严格按纲施训、稳步推进。一方面重点突出应急班训练。年初，认真落实总部、总队教练员集训精神，学习郭兴福教学法的特点，结合自身实际编写个性化教学笔记并进行试讲试教，对应急班训练的标准和方式进行改进，重点对战术、射击、一招制敌进行强化。参加支队第一季度组织的魔鬼周集训，中队长胡适其取得干部组第一，战士毕光军取得战士组第五的成绩。另一方面加强全员的体能训练，严格落实每天 1.5 小时的体能训练时间，每周进行一次正规的 5 公里考核，基础科目训练按照新的《军事训练与考核大纲》，每个科目训练前都认真组织示教，保证训练的正规和统一；对部分新兵和个别接受能力差点的战士，进行分步和单个教练，使整体成绩有保证。2. 加强常态应急战备。中队在“两会”时期，应急班始终落实全员战备，应急班常态化备勤，确保一有任务能有效处置。上半年，圆满完成环京检查站执勤、高考安保、卫士 –16 演习应急班紧急出动任务，部队的实战能力进一步提高。3. 营造氛围，调动官兵训练积极性。为引导官兵克服厌训怕训思想，激发训练热情，以“双争”活动为载体，细化奖励机制，中队利用有限的经费购买牛奶、生活日用品，对每个科目会操、每周 5 公里考核成绩优秀的班级和个人进行奖励，结合实际每月开展“战斗标兵”评选活动，有效提高官兵训练的积极性。

【政治教育】 搞好政治教育，思想根基进一步筑牢。在艰苦的训练和单调的生活中，始终坚持用思想教育人，用文化感染人。以主题教育和“两学一做”教育为牵引带动各项教育。主题教育每个专题上完后，中队自己有针对性地组织小课串讲，组织官兵谈体会写专题心得，通过组织官兵观看《邓小平百万大裁军》纪录片，制作黑板报，开展演讲比赛等配合活动，将教育课堂充分拓展，利用多种形式真真切切达到深化教育效果。按照支队要求，中队在党员范围内扎实开展“两学一做”教育活动，为每名党员下发应知应会整理学习资料汇编，通过组织党员手抄党章党规、撰写心得体会和党课体会，定期组织理论测试和笔记展评，打牢党员的思想理论基础，加深对党的重大理论认识，并组织休假集训的人员及时补课，确保全中队党员一人不漏。扎实开展风气专项整治和密切内部关系教育活动，中队风气纯正，内部关系和谐。中队经常性思想教育立足现实，突出重点。根据营区周边居住群众杂、易发生警民纠纷等问题，深入开展拥政爱民教育和遵纪守法教育；针对营区外车流量大、出入交通不便的特点，开展交通安全常识教育。形势战备教育结合重点敏感期抓好抓实，使每名官兵都明白自己肩上责任重大。

【文化活动】 为了丰富官兵业余文化生活，加大中队的文体活动器材的使用力度，每周组织官兵开展篮球、台球、乒乓球和卡拉OK唱歌活动。大力开展读书活动，利用各种教育的时机鼓励官兵多读书读好书，共组织官兵订购30余种报纸、杂志，战士们的业余生活更充实，同时学到更多的课外知识。

【思想工作】 上半年，中队通过发动身边人和战士的家里人大力开展谈心活动，落实中队主官每月、排长每季度、班长每周对所属官兵谈心一遍，对中队战士在执勤训练中出现的怕苦怕累、单调枯燥等现实思想波动，中队干部骨干及时靠上去做工作，用真心和实际行动感召官兵，调节官兵情绪和心情，促进中队官兵思想稳定，增强官兵争先意识。

【安全管理】 树牢安全理念，部队内部安全稳定。1. 抓好安全工作制度的落实。结合支队安全大检查活动，让战士们查找生活中存在的安全隐患，通过营造浓厚的氛围，使官兵自觉绷紧安全这根弦。以支队枪弹大清查活动为契机，官兵正确使用武器安全意识、爱装管装意识加深。2. 抓好“内部关系”教育，融洽官兵关系。在抓内部关系上，采取时时抓、时时提醒，结合时机重点抓，上半年特别对打骂体罚、老式带兵法，下大力进行整治，一经发现都从严从重进行处罚，确保中队内部关系的和谐融洽。3. 抓好中队干部、士官和在外人员的管理。结合支队要求，重点对干部落实请销假、加强事业心责任感进行整治，在军人大会上表态发言。依据《士官管理规定》对士官的遵规守纪意识和工作积极性重点进行教育。定期对集训、零星休假、学技术的在外人员了解情况、提出要求，确保全员的安全稳定。

【后勤建设】 加强后勤建设，综合保障能力明显增强。1. 加强人员管理。司务长、炊事员、通信员是后勤人员管理的重点，虽然岗位特殊，但也严格落实一日生活制度，主动参加教育，督促他们从各方面严格约束自己。2. 搞好设施建设。2016年，在支队党委的大力支持下，中队的设施建设水平有了质的飞跃。为使官兵有一个良好的就餐环境，中队更新了餐厅桌椅，为了方便官兵的生活有一个更加舒适的生活环境，对营房的内墙、外墙、床、床头柜全部进行一次翻新，对所有损坏的厕所门进行更换，对器材室的放物架进行改装，把零散的小器材全部用箱柜存放，使器材室更整洁更规范，让中队的面貌焕然一新。

（刘全键）

人事　劳动　扶贫

人力资源和社会保障

【基本情况】 商都县人力资源和社会保障局内设办公室、规划财务与基金监督股、工资福利与离退休人员管理股、公务员与事业单位人员管理股、人才开发与就业促进股（人才中心）、社会保险管理股、劳动保障监察股（劳动保障监察大队）、劳动人事争议调解仲裁办。2016年，有工作人员29人。下设机构：就业局、医保局、社保局。

【就业任务完成情况】 截至12月底，“就业失业登记证”发放672人，城镇新增就业人员1352人，完成市局下达任务的104%；城镇失业人员再就业380人，完成市局下达任务的126%，其中，就业困难人员就业235人，完成任务的117%；城镇登记失业率控制在4.2%以内；城镇技能培训2522人，完成市局下达任务的101%；农牧民转移技能培训2413人，完成市局下达任务的101%；创业培训351人，完成任务的103%；培训后成功创业人数351人，完成任务的107%；农民工转移就业40955人，完成任务的105%；其中转移6个月以上32157人，完成任务的100%；发放小额担保贷款人数279人，发放小额担保贷款金额1171万元；失业保险参保人数8804人，完成任务的100%；已征缴失业保险金370万元，完成任务的100%。

【春风行动】 开展“春风行动”主要是以搭建供需平台、促进转移就业为主题，对有转移就业愿望和创业愿望的农村劳动者，通过宣传和落实就业创业政策，使有培训和就业愿望的劳动者得到免费技能培训和免费的就业信息，使城乡劳动者得到均等化公共就业和创业服务。通过“春风行动”，为农村劳动者提供免费职业介绍服务2749人次，其中女性1314人次，自3月17日开始，受到这次“春风行动”宣传农民工3350人，同时在“春风行动”活动期间对150名农民工进行技能培训，其中女性63人，参加创业培训女性13人。

【社区平台建设】 截至年底，成立劳动保障平台30个，其中劳动保障事务所10个，劳动保障工作站20个，每个平台有1名专职和2名兼职工作人员，每个行政村设置1名协理员。

【就业服务实名制管理录入】 根据市下达录入任务，全面开展9类人员实名制动态管理工作，即城镇新增就业人员录入1352人、城镇登记失业人员1273人、城镇就业技能培训人员2522人、农民工技能培训人员2413人、创业培训人员351人、成功创业人员351人、小额担保贷款人员279人、就业困难人员认定3人、公益性岗位安置人员12人。

【创业培训及小额担保贷款发放】 截至年底，城镇技能培训2522人，农牧民转移技能培训2413

人。通过SYB培训和IYB（改善你的企业）提高班培训351人，完成任务的103%；培训后成功创业人数351人，完成任务的107%；发放小额担保贷款人数279人，发放小额担保贷款金额1171万元。

【大学生创业孵化基地建设】 建成商都县绿娃农业科技创业就业园和商都县都得利·大东街创业孵化基地，并成立内蒙古绿娃电子商务有限公司，公司吸纳24名高校毕业生，从事电子商务网上营销工作，通过电商营销网络平台将全县种植的有机瓜果蔬菜等系列产品推向全国高端市场，直接带动910人就业，同时就业园区将吸纳更多的创业群体入驻园区，深入实施产业发展促进就业、劳务品牌引导就业、全民创业带动就业的新格局。加快构建众创空间。继续打造商都县都德利·大东街创业孵化基地，孵化基地建筑面积1.1万平方米，基地由特色餐饮、酒吧、茶馆、KTV、影院及电子商务等多种业态组成。可容纳70多家创业团队及创业个人入驻，可开发就业岗位320多个，吸纳创业、就业人员达450余人。入驻基地的创业者均可享受3年免租，岗前开展SYB“创办你的企业”培训，提供小额担保贷款扶持及自治区创业带动就业的其他各项扶持政策。创业孵化基地已入驻32家创业团队及个人，吸纳就业人员206人，创业就业达280多人。

【电子商务发展】 加快电子商务发展，促进创业就业工作。采取完善电子商务发展规划编制进程，创新电子商务服务理念。由县人社局、就业局、供销合作社共同组建成立商都县携农电子商务有限公司，该电子商务中心是集大学生电子商务创业孵化基地、大学生就业见习基地和大学生、农牧民电子商务培训中心为一体的综合平台。该中心吸纳就业人员21人。

【养老保险】 截至2016年年底，企业职工参保人数10002人（企业参保1536人，续保2938人，个体工商户和农民工参保5528人），比2015年新增参保人数448人，完成目标任务9992人的100%。城乡居民社会养老保险参保人数145620人，完成任务141000人的103%。征收企业职工基本养老保险费9887万元，完成目标任务10663万元的93%。全县有企业离退休人员13861人，其中离休19人，退休13842人；享受遗属生活补助407人，月平均发放养老金2188万元，全年按时足额发放养老金26256万元。城乡居民养老保险应享受待遇58633人，已按时足额发放养老保险金5791.32万元。

机关事业单位参保登记仍未开展，财政按600元/人/月预扣养老保险费，截至12月31日，预扣7200人，征收4179.6万元。机关事业单位退休人员调整养老金仍在核查信息阶段，未做实际调整，按120元/人/月预发。

【医疗保险】 截至2016年年底，全县职工参加医疗保险17930人，完成市下达任务数100%，城镇职工医疗保险基金收入3152万元，基本医疗保险支出3968万元，享受待遇2346人次。截至2016年12月底，全县居民参加医疗保险42276人，完成任务的100%。城镇居民医疗保险基金收入2111万元，支出金额1430万元，享受待遇2287人次。实现“以收定支、略有结余”的原则。

【生育保险】 截至12月底，全县参加生育保险11470人，完成市下达任务数100%。收入94万元，完成市下达任务数212%。支出25万元，享受待遇63人次。

【工伤及失业保险】 截至2016年12月底，全县参加工伤保险企业47家，参保职工10159人，完成市下达任务数102%。收入262万元。支出实行市级统筹。截至年底，全县参加失业保险8804人，征缴失业保险370万元。

【“五险合一”稽核情况】 截至12月31日，“五险合一”核定参保单位38户，参保缴费1699人，征缴22219715.9元，其中养老保险15165002.28元，失业保险709333.98元，基本医疗5727275.48元，大额医疗204221.43元，工伤保险159832.8元，生育保险254049.9元。

【人事人才工作】 已建立事业单位人员基本信息数据库；6月，调整艰苦边远地区津贴标准，从365—570元提高为450—700元；9月，对全县展开一年称职、二年称职、五年晋级的工作；依照市人社局关于全市调整机关事业单位工作人员基本工资和增加机关事业单位离退休费的会议精神完成全县调资工作。根据自治区党委组织部等四部门联合下发的《关于旗县（市、区）以下机关建立公务员职务与职级并行制度的实施意见》文件精神对符合晋升条件的11名公务员（参公人员）予以认定。

【劳动保障工作】 1.开展书面审查工作。在加强用人单位日常监管的同时，继续开展对用人单位的书面审查工作，截至年底，书面审查用人单位102户，涉及劳动者2119人。2.组织开展各类专项检查活动。（1）组织开展农民工工资支付情况专项检查。2016年，检查用人单位24户，涉及农牧民工691人。对5家存在拖欠民工工资的用人单位立案调查，为94名农牧民工追回被拖欠的工资132.2万元。（2）开展全县规模以上企业遵守劳动保障法律法规情况进行专项检查。2016年3月，抽专人全力配合市支队检查组对全县生产的6家规模以上企业进行专项检查。（3）开展清理整顿人力资源市场秩序专项行动。根据市人力资源和社会保障局、市工商行政管理局联合印发的《关于印发乌兰察布市清理整顿人力资源市场秩序专项行动工作方案的通知》要求，在全县范围内组织开展清理整顿人力资源市场秩序专项行动，检查用人单位10户，涉及劳动者1070人。3.推进“两网化”建设和管理工作。按照自治区的达标要求，进一步做好网格内用人单位的信息采集、录入等方面的工作。截至年底，网上单位信息登记259户，实现用人单位电子地图标注定位，网上登记案件22起。4.投诉举报案件处理情况。2016年度，处理投诉举报案件13起，为270名农民工追讨工资130.2万元。按涉嫌拒不支付劳动报酬移送公安机关1起。

【互联互通惠民便民工程】 2016年，在10个乡镇、20个社区已接通10MB的网络带宽专网光纤；由信用社、农行、邮政银行在全县213个行政村布设云POS智能终端216台，同时发放城乡社会保障卡151484张。

（王　军）

社会保险事业管理

【基本情况】 商都县社会保险事业管理局内设办公室、业务室、退管室、财务室、城乡居保室、机关事业养老保险科、“五险合一”稽核中心，编制20人，干部职工22人。

【养老保险扩面工作】 继续以规模以上企业、中小企业、灵活就业人员、农牧民工、中断缴费人员和行政事业单位聘用人员为重点，成立养老保险扩面领导小组。创新宣传方式，推动养老保险制度宣传。通过深入乡镇发放城乡居民社会养老保险制度宣传提纲、百问百答手册、面对面答疑解惑等多种形式，灵活多样地推进城乡居民社会养老保险制度的宣传，使社会保险政策深入人心。认真研究政策，降低养老保险参保门槛，鼓励吸引更多的灵活就业人员参保缴费；及时做好做实各类参保人员信息核定工作，简化办事程序，提高办事效率，加大稽查力度，积极协调地税部门做好征缴工作。狠抓政风行风建设，优化服务，加强监管。不断提高服务水平，统一办事程序，明确窗口服务项目，统一文明用语，坚持首问责任制、限时办结制，制作工作牌，公布办事人员姓名、电话、岗位职责，挂牌上岗，自觉接受社会的公开监督，真正建立起前台参保“一站式”、后台管理“一户式”、咨询服务“开放式”的管理服务模式。截至12月31日，企业职工参保人数10002人（企业参保1536人，续保2938人，个体工商户和农民工参保5528人），比2015年新增参保人数448人，完成目标任务9992人的100%。城乡居民社会养老保险参保人数145620人，完成任务141000人的103%。征收企业职工基本养老保险费9887万元，完成目标任务10663万元的93%。

机关事业单位参保登记仍未开展，财政按每月每人600元预扣养老保险费，截至12月31日，预扣7200人，征收4179.6万元。机关事业单位退休人员调整养老金仍在核查信息阶段，未做实际调整，现按每月每人120元·预发。

【养老金按时足额发放】 养老金按时足额发放始终是养老保险工作的第一要务。切实做到支出规范，严格执行收支两条线管理规定，强化支出预算的执行力，规范基金管理行为，确保基金安全运行。按照国家和自治区要求，做好企业退休人员基本养老金的调整工作。截至12月31日，全县有企业离退休人员13861人，其中离休19人，退休13842人；享受遗属生活补助407人，月平均发放养老金2188万元，全年按时足额发放养老金26256万元。城乡居民养老保险应享受待遇人数58633人，已按时足额发放养老保险金5791.32万元。从2014年7月开始，中央基础养老金标准每人每月提高15元，从每人每月55元提高至70元；根据自治区“十个全覆盖”工程要求，2014—2016年，每人每年基础养老金增加5元，到2016年城乡居民基础养老金每人达到105元。

【养老保险费源核定工作】 严格落实《社会保险费申报缴纳管理规定》，依法核定缴费基数，做到应核尽核，促进养老保险费的征缴。抽组专人与劳动监察、工商、税务、经信商务等相关部门全力合作，多次深入各类企业进行监督检查，核实企业用工情况和参保缴费情况，查阅企业用工花名册、企业会计发放工资表、财务报表和会计凭证等相关账册，核实缴费基数和缴费总额，之后移交地税征缴。督促没有参加养老保险的企业参保，将养老保险参保登记、缴费与工商年检、税务登记相衔接，大力促进扩面工作，确保养老金按时足额发放。

【“五险合一”稽核工作】 根据《关于实施社会保险“五险合一”统一稽核经办管理的通知》精神，2016年8月成立“五险合一”稽核中心，抽调社保局、医保局、就业局专职人员进入中心，对县辖范围内用人单位及其职工基本养老保险、基本医疗保险、失业保险、工伤保险、生育保险以及大病医疗保险等险种统一稽核征缴。截至12月31日，“五险合一”核定参保单位38户，参保缴费1699人，征缴22219715.9元，其中，养老保险15165002.28元，失业保险709333.98元，基本医疗5727275.48元，大额医疗204221.43元，工伤保险159832.8元，生育保险254049.9元。

【领取待遇资格认证工作】 按照《内蒙古自治区养老保险待遇资格认证办法》，加强领取养老保险待遇资格认证。4—6月，抽组专人对全部离退休人员及遗属进行生存认证，年检率100%。开展年检认证四项便民措施；启用“人脸识别系统”。促进离退休人员死亡后按时如实申报，有效堵塞养老金发放漏洞，防止养老金流失，打造“安全”社保。

【养老保险档案管理】 按照国家人社部和自治区人社厅下发的《社会保险业务档案达标验收实施方案》要求，聘请档案局业务人员指导，正在整理、规范城镇职工和城乡居民养老保险业务档案。

【养老保险配套资金补贴到位情况】 2016年，各级财政配套资金补贴7605万元全额到位，其中，中央补贴4588万元，自治区补贴1116万元，市级补贴227万元，县级补贴1674万元。

【业务办理一站式服务】 在县委、县政府的号召下，社保局所有业务进入城乡居民服务中心大厅办公，实现“一站式”管理、“一条龙”服务，真正达到“让参保对象少跑一次路，少排一次队，少等一分钟”的作风建设目标，保证资金安全，实现便民高效服务，赢得参保群众好评。

【党风廉政建设和作风建设】 1. 加强党建和党风廉政建设。社保局认真落实《党风廉政建设责任制》，加强重点岗位、关键业务环节的监督检查，落实廉政风险防控机制。提高党员干部党性修养和廉洁自律意识，切实加强对党员干部的监督管理，按照上级要求，从源头上防止腐败案件发生。2. 做好教育实践活动整改落实和巩固行风治理成果。针对教育实践活动中查找出的问题，整改落实、建章立制，认真履行“一岗双责”，严守政治、组织和廉政纪律。以《社会保险工作人员纪律规定》为准则，巩固窗口治理成果，努力创建优质服务窗口单位，树立为民务实清廉的良好形象。3. 开展好“两学一做”系列教育活动。认真学习习近平总书记系列重要讲话，坚持学用结合，知行合一。

【包扶、精准扶贫工作】 按照自治区“十个全覆盖”工程现场观摩检查会精神，为进一步加大推进力度，加快自然村建设步伐，提高覆盖面，巩固和扩大前一阶段建设成果，社保局根据县委指示，包扶超格敖包行政村的十九间房自然村，协助乡政府对十九间房村的危房进行改造和重建。根据《关于切实做好精准扶贫精准脱贫工作的通知》精神，从9月1日起，将工作重心从“十个全覆盖”工程转移到精准扶贫、精准脱贫工作上。社保局干部从2016年7月开始，先后深入十八顷镇三合行政村范家村自然村贫困户家中，认真填写《工作手册》，了解贫困户实际情况，制定扶贫办法。

（任　杰）

劳动就业服务

【基本情况】 商都县劳动就业服务局内设办公室、财务室、综合业务室、职业介绍中心。县编办核定编制15人，在编人员12人。

【就业任务完成情况】 截至2016年年底，672人领取“就业失业登记证”，全县城镇新增就业人员1352人，完成市局下达任务的104%；城镇失业人员再就业380人，完成市局下达任务的126%，其中，就业困难人员就业235人，完成任务的117%；城镇登记失业率控制在4.2%以内；城镇技能培训2522人，完成市局下达任务的101%；农牧民转移技能培训2413人，完成市局下达任务的101%；创业培训351人，完成任务的103%；培训后成功创业人数351人，完成任务的107%；农民工转移就业40955人，完成任务的105%；其中转移6个月以上32157人，完成任务的100%；发放小额担保贷款人数279人，发放小额担保贷款金额1171万元；失业保险参保人数8804人，完成任务的100%；已征缴失业保险金370万元，完成任务的100%。

【春风行动】 开展“春风行动”，以“搭建供需平台，促进转移就业”为主题，对有转移就业愿望和创业愿望的农村劳动者，通过宣传和落实就业创业政策，使有培训和就业愿望的劳动者得到免费技能培训和免费的就业信息，使城乡劳动者得到均等化公共就业和创业服务。通过“春风行动”，为农村劳动者提供免费职业介绍服务2749人次，其中女性1314人次，受到3月17日“春风行动”宣传农民工3350人，同时在“春风行动”活动期间对150名农民工进行技能培训，其中女性63人，参加创业培训女性13人。

【培训进展情况】 针对全县转移就业劳动力整体素质不高，文化、法律、道德、技能等各方面素质参差不齐、整体偏低的特点，发挥企业主体作用，支持企业以新招用青年劳动者和新转岗人员为重点开展新型学徒制培训。鼓励各类职业学校、民营培训机构进行培训。2016年，城镇技能培训2522人，农牧民转移技能培训2413人，创业培训351人。

【社区平台建设】 商都县有6个镇4个乡、20个社区、213个村民委员会。截至年底，成立劳动保障平台、30个，其中劳动保障事务所10个，劳动保障工作站20个，每个平台有1名专职和2名兼职工作人员，每个行政村设置1名协理员。每个劳动保障平台都配备电脑、打印机，各项信息全部输入电脑，尽量实现无纸化办公。通过笔试和面试招聘231名劳动保障协理员，其中24名协理员通过考试拿到职业资格证书。

【失业保险征缴】 加强失业保险扩面征缴工作，建立按月通过制度，严格扩面审核认定程序，及时、准确、客观反映全县的任务进展情况，2016年是社会保险审计年，完善内控机制，规范业务流程，严把支出审核关，规范基金管理和使用。截至年底，失业保险参保人数8804人，征缴失业保险370万元。

【就业服务实名制管理录入】 根据市下达录入任务，商都县全面开展9类人员实名制动态管理工作，即城镇新增就业人员录入1352人、城镇登记失业人员1273人、城镇就业技能培训人员2522人、农民民技能培训人员2413人、创业培训人员351人、成功创业人员351人、小额担保贷款人员279人、就业困难人员认定3人、公益性岗位安置人员12人。

【小额担保贷款】 商都县把创新小额担保贷款工作作为落实新一轮就业优惠政策的重点，作为扶持劳动者创业带动就业的抓手，作为解决创业者融资难这一瓶颈的突破口，积极筹措专项资金，创业发展基金已追加列入县财政预算，今后将逐年列入财政年初预算。通过强化与财政、银行部门协调，进一步扩大贷款对象，拓宽贷款担保人范围，简化贷款手续，强化贷款风险控制，为想创业无资金的各类创业者提供启动资金和经营周转资金。通过政策扶持，鼓励、支持创业者组织起来就业和自谋职业，充分发挥小额贷款对促进就业再就业工作积极的独特的作用，带动较多失业人员就业。初始SYB培训班安排培训课时10天，主要讲解创业培训的内容、形式、组织实施方法等内容，提供创业意识、创业经营管理知识、项目选择、企业注册、融资等内容。培训结束后，培训人员制定《创业计划书》和进行考试。结业后，就业后，就业局为具备创业条件并取得“创业培训合格证书”的创业者提供专项指导和优惠政策咨询，解答并协助办理小额贷款等后续服务。开展IYB（改善你的企业）提高班培训。SYB培训是“SIYB创业培训项目”实施的第二阶段，是国家劳动和社会保障部与国际劳工组织合作引进的中国城市创业促进就业培训项目，是一种系统改善企业经营管理的课程和工具。本次培训由自治区级创业培训师萧玉祥到商都县讲解市场营销、成本核算、记账、采购、库存管理、企业计划、人与生产力、企业博弈分析等课程。截至年底，创业培训351人，完成任务的103%；培训后成功创业人数351人，完成任务的107%；发放小额担保贷款人数279人，发放小额担保贷款金额1171万元。

【大学生创业孵化基地建设】 为加快实施创新驱动发展战略，适应和引领经济发展新常态，顺应网络时代大众创业、万众创新的新趋势，加快发展众创空间等新型创业服务平台，相继建成商都县绿娃农业科技创业就业园和商都县都得利·大东街创业孵化基地，并把大东街动岚健身连锁店作为全县大学生就业见习中心。坚持以市场为导向，以创新服务模式的原则。绿娃农业科技创业园区的建成，标志着商都县有机蔬菜种植成为劳务品牌，日渐成熟，并成立内蒙古绿娃电子商务有限公司，公司吸纳24名高校毕业生，从事电子商务网上营销工作，通过电商营销网络平台将全县种植的有机瓜果蔬菜等系列产品推向全国高端市场，直接带动910人就业，同时就业园区将吸纳更多的创业群体入驻园区，深入实施产业发展促进就业、劳务品牌引导就业、全民创业带动就业的新格局。加快构建众创空间。继续打造商都县都德利·大东街创业孵化基地，孵化基地建筑面积1.1万平方米，基地由特色餐饮、酒吧、茶馆、KTV、影院及电子商务等多种业态组成。可容纳70多家创业团队及创业个人入驻，可开发就业岗位320多个，吸纳创业、就业人员达450余人。入驻基地的创业者均可享受3年免租，岗前开展SYB“创办你的企业”培训，提供小额担保贷款扶持及自治区创业带动就业的其他各项扶持政策。创业孵化基地已入驻32家创业团队及个人，吸纳就业人员206人，创业就业达280多人。该基地的成功启动，标志着商都县倾力打造“尊重创业.崇尚创业”的创业文化，形成以创业带动就业的社会风尚。

【创业技能大赛】 在自治区创业大赛中，商都县鑫磊专业合作社经理谷守江的“农产品追溯体系建设”项目获得区级二等奖；商都县三五九陶瓷研究所曹素霞的“玉瓷研发生产”项目获得优秀奖；商都县宏达农贸有限责任公司经理曹建军获得区级优秀农牧民工称号；商都县绿娃农业科技有限责任公司总经理武占江获得区级优秀农牧民工称号。

【电子商务发展】 采取完善电子商务发展规划编制进程，创新电子商务服务理念。由县人社局、就业局、供销合作社共同组建成立商都县携农电子商务有限公司，该电子商务中心是集大学生电子商务创业孵化基地、大学生就业见习基地和大学生、农牧民电子商务培训中心为一体的综合平台。该中心吸纳就业人员21人。商都县率先在“互联网+现代农业”上取得重大突破。引进北京网库信息技术公司等一批企业，加快建设商都县电子商务服务中心，支持绿娃、鑫磊等电商加快发展，推动电子商务产业集聚发展。积极争取国家电子商务进村项目，同步整合携农等电子商务资源向农村延伸，推进农村电子商务服务站建设。在“互联网+物流”上取得突破。借助青岛昌盛日电和乌兰察布温州商会创客空间，搭建创业者、从业者、投资者、产业链上下游机构的合作交流平台，增强创业就业服务功能。在“互联网+金融”上取得突破。积极引进内蒙古中贷金融公司在商都县设立分支机构，促进金融企业与实体企业相互融合，为小微企业提供低成本、高效率的投融资渠道。

【高校毕业生等重点群体就业】 商都县把高校毕业生就业摆在就业工作首位，鼓励引导高校毕业生进入大学生创业孵化基地创业，基地紧紧围绕电子商务及信息、商务休闲娱乐、现代服务业等热点业态，挖掘就业创业潜力，以构建众创空间为载体，紧紧围绕全县主导产业，营造万众创业的新局面。对入驻孵化基地的小微企业新招用的毕业年度高校毕业生，签订1年以上劳动合同并缴纳社会保险费的，给予1年社会保险补贴。吸纳当期毕业年度高校毕业生进行就业见习的小微企业给予适当补贴。入驻孵化基地的创业团队及个人的小微企业均可享受3年免租，提供岗位创业培训、小额担保贷款扶持、创业指导及信息电子网络共享等一站式服务。

（赵秀峰）

医疗保险管理

【基本情况】 商都县医疗保险管理局内设办公室、基金财务股、职工医保股、居民医保股、稽核股，核定编制20人，在编18人。

【城镇职工基本医疗保险】 2016年，对城镇职工医疗保险基金征缴工作进行全面梳理，严格审核城镇职工医疗保险缴费基数，确保医疗保险应保尽保、应收尽收、减少流失，进一步扩大单位参保人数。截至12月底，全县参加医疗保险职工17930人，完成市下达任务数100%，城镇职工医疗保险基金收入3152万元，基本医疗保险支出

3968万元，享受待遇2346人次。

【生育保险】 2016年，全县参加生育保险人数11470人，完成市下达任务数100%。收入94万元，完成市下达任务数212%。支出25万元，享受待遇63人次。

【工伤保险】 2016年，全县参加工伤保险企业47家。参保职工10159人，完成市下达任务数102%。收入262万元。支出实行市级统筹。

【城镇居民基本医疗保险】 医保局努力抓好城镇居民基本医疗保险工作，全面完成目标任务，通过不断向县委、县政府汇报，积极与各相关单位部门协调，集中力量广泛进行宣传，克服任务重、人手少的具体困难，各司其职、多管齐下，截至12月底，全县居民参加医疗保险42276人，完成市任务100%。城镇居民医疗保险基金收入2111万元，支出金额1430万元，享受待遇2287人次。实现“以收定支、略有结余”的原则。

【医保工作】 为保证全年目标任务顺利完成，高度重视提前谋划，不断健全措施强化对医疗保险基金的征缴。为确保医保基金应收尽收，及时足额征缴到位，合理确定缴费基数，细化基金征缴措施，强化医保缴费稽核，简化医保业务流程，为企业和职工参保缴费提供高效快捷的服务通道。联合相关部门对用人单位开展社会保险稽核，严查虚报缴费基数、人数等行为，对于缴费确实有困难的单位签订缓缴协议。充分发挥医保网络化管理优势，将基金征缴与医保待遇相挂钩，促使企业及时参保按时缴费。突出征缴重点，确保征缴工作的进度和质量，提高基金征缴率，增强全县医疗保险基金的抗风险能力。

【社会保障卡“一卡通”工程】 根据上级文件精神，按照“首发免费、统一制卡、分级发卡、城镇先行、覆盖农村、医保起步”的思路，为保证准确及时上报参保人员的个人信息，和参保单位相互配合，相互协调，主要核对参保人员的身份证号、姓名。核对身份证号是否为18位，核对所报人员姓名是否和二代居民身份证一致，确保所报信息准确无误。截至2016年12月，发放社会保障卡15000余张。建成社保卡综合服务窗口，配备电脑、打印机、复印机、扫描仪等一系列设备，并安排专人对社保卡进行信息采集和信息校对工作。启动网上就医结算，城镇职工住院网络结算信息系统自2015年10月1日启动后，广大参保人员可持本人社保卡在乌兰察布市8家定点医疗机构和县2家定点医疗机构住院登记，出院持卡网上结算。

【医疗保险待遇提高】 根据乌兰察布市政府办公厅文件精神，新增城镇职工门诊慢性病的病种，增加的病种为甲类：血友病。乙类：肾病综合症、血小板减少性紫癜。丙类：肺源性心脏病，慢性阻塞性肺气肿、冠状动脉粥样硬化性心脏病搭桥术后治疗、癫痫。新增城镇居民的门诊慢性病病种，增加的病种为：冠状动脉粥样硬化性心脏病支架植入术后、搭桥术后，先天性心脏病，脑血管意外后遗症，肺源性心脏病，慢性阻塞性肺气肿，终末期肺病，肝硬化失代偿期，肾病综合症，血友病，血小板减少性紫癜，再生障碍性贫血，类风湿性关节炎，帕金森氏综合症，癫痫。扩大报销范围，提高医保待遇。

【医疗保险稽核力度加大】 1.征缴稽核。核查缴费单位和缴费个人申报的医疗保险缴费人数、缴费工资是否符合国家规定；核查缴费单位和缴费个人是否按时、足额缴纳医疗保险费；核查欠缴医疗保险费的单位和个人的补缴情况等，确保基金应征尽征，应缴尽缴。2.支付稽核。核查参保人员待遇享受情况；核查“两定”机构执行医疗保险协议情况；核查参保人员、“两定”机构是否存在欺诈、套取医保基金等的行为。3.内部稽核。核查经办机构内部对基金的“收、管、支”环节是否符合国家管理规定，是否存在不规范操作，是否存在基金安全隐患等。

（丁　超）

扶贫开发

【基本情况】 商都县扶贫开发办公室内设综合科、项目管理股、社会扶贫与移民开发股（纪检监察室）。定编12人，行政编5人，事业编7人。

【扶贫成效】 2016年，在自治区和市委、市政府的坚强领导下，商都县圆满完成各项扶贫任务，全县稳定脱贫3549人，超市下达脱贫任务149人；贫困发生率由8.48%下降为7.11%，贫困发生率下降1.37%，贫困发生率3%以下的重点贫困村达到28个，占全县70个重点贫困村的40%；农牧民人均可支配收入达到8633元，同比增长9%。全县农村安全饮水、通村公路及街巷硬化、村村通电基本实现全覆盖。

【精准识别工作】 按照精准识别“七步法”（入户调查、初步确定、民主评议、张榜公示、苏木乡镇审核、汇总分析、录入系统），对全县农村常住户逐户、逐人、逐项实地进行调查识别，对贫困识别不准、信息不准、数据不实等问题全面筛查，剔除不符合条件的“八类人员”（一是家庭成员有人在行政事业单位工作属财政供养的农户，二是村干部家庭没经过上级组织认定的，三是家庭拥有楼房、在城镇购买商品房或高标准装修现有住房的农户，四是家庭成员拥有消费性小轿车的农户，五是家庭拥有工程机械及大型农机具从事有偿经营服务的农户，六是长期雇佣他人从事生产经营的个体经营户、经营公司的农户，七是子女完全具备赡养能力、分户居住且无慢性病、大病的农户，八是举家多年在外打工不归的农户）10010人，新识别补录7734人。对识别出的国家贫困线下贫困人口22056人贫困信息录入建档立卡系统。同时分析主要致贫原因（因病致贫3678人，占贫困人口16.68%，因残致贫830人，占贫困人口3.76%，因学致贫2767人，占贫困人口12.54%，其他致贫原因14781人，占贫困人口67.02%）和贫困人口年龄（60岁以上5179人，占贫困人口23.48%，50—59岁6564人，占贫困人口29.76%，40—49岁4188人，占贫困人口18.99%，40岁以下6125人，占贫困人口27.77%）。县、乡、村三级均建立精准扶贫台账，实行有进有出的动态管理。全县建档立卡贫困人口识别精准度达到98%以上。

【产业扶贫】 对有劳动能力的贫困人口，在种、养、加产业方面进行“菜单式”帮扶，与县信用联社和中和农信合作为每人提供不超过1500元、每户不超过4500元的贴息贷款，发放2149.8万元，受益贫困户8720户。引导鼓励龙头企业参与脱贫攻坚工程，积极试行合作社带动、龙头企业融合、龙头企业支持、挂靠种养企业、龙头企业引领、新型产业助推6种模式，构建扶贫龙头企业与贫困农户利益联结机制，带动贫困户稳定脱贫。

【金融保险扶贫】 2016年，为4854户农户和1家企业发放各类金融扶贫贷款16735.15万元。其中，县农业银行发放金融扶贫“富农贷”6548万元，涉及农户1062户，发放“强农贷”4800万元，涉及企业1家（希森公司）；县信用联社发放金融扶贫“富农贷”1022万元，涉及农户511户；县邮储银行发放“三到村三到户”项目撬动资金贷款103万元，涉及农户18户；中和农信发放小额信贷4262.15万元，涉及农户3263户。全面推行蔬菜保险工作，投保面积达3万亩，涉及农户881户，理赔金额达70.49万元。

【“三到村三到户”扶贫】 落实70个重点贫困行政村的规划、项目、干部到村到户工程，使每个贫困行政村50万元的扶贫引导资金都合理利用，因地制宜支持贫困户发展特色产业和危房改造建设，全年“三到村三到户”项目总投资3500万元。

【美丽乡村建设】 商都县与“美丽乡村建设”工程结合的重点贫困村70个，自然村226个，全年投资4356万元，完成贫困户危房改造2200户。

【易地搬迁】 结合“美丽乡村建设”和小村整合，对生存条件恶劣、生态环境脆弱地区的贫困人口实施易地扶贫搬迁工程。2016年，全县迁出区有7个乡镇、58个行政村、102个自然村，迁入区有7个乡镇73个安置点，实施搬迁2600人（建档立卡贫困人口1600人，随迁1000人）。

【社会扶贫】 省级领导联系情况。2016年，促成联系商都县省级领导自治区副主席马明主持召开自治区厅局有关单位帮扶商都县工作协调会议，争取到上级项目3个（商都县看守所建设项目、商都县疾病预防控制中心建设项目、商都县残疾人托养中心建设项目），安排中央预算内投资3000万元。同时争取到自治区公安厅为商都县解决反恐装备费200万元，提供价值10万元的单警装备和发电机；区、市两级包扶情况。截至年底，自治区、市两级帮扶资金4011.84万元（2016年1455.55万元），其中区级7家单位帮扶资金2851.45万元；市级17家单位帮扶资金1160.39万元。

（高　明）

民政　民族宗教

民　政

【基本情况】 商都县民政局内设综合办公室、规划财务股、优抚安置股、救灾救济股、基层自治组织和行政区划地名股、社会福利和社会事务股。核定二级事业单位6个，分别是商都县光荣院、商都县城市居民最低生活保障中心、商都县殡葬管理所、商都县中心敬老院、商都县区域敬老院和商都县婚姻登记管理所。

局核定行政编制10人，实有10人；工勤编制9人，实有9人。核定部门正职职数1人，副职4人，实有正职1人，副职4人（含纪检组长1人）；其他领导2人，其中双拥办专职副主任1人，副主任科员1人。核定股室正职职数6人，实有6人。商都县光荣院：单位核定（全额拨款）事业编制4人，实有4人；商都县城市居民最低生活保障中心：参公事业单位，核定（全额拨款）事业编制18人，实有18人（其中参公人员9人，事业人员9人）；商都县殡葬管理所：单位核定（全额拨款）事业编制4人，实有4人；商都县中心敬老院：单位核定（全额拨款）事业编制2人，实有2人；商都县区域敬老院：单位核定（全额拨款）事业编制2人，实有2人；商都县婚姻登记管理所：单位核定（全额拨款）事业编制3人，实有3人。2016年，投入各类资金2.98亿元，使全县各类民政服务对象基本生活得到有效保障，各类民政基础设施大幅改善，为全县经济社会发展作出积极贡献，同时，民政局获得2011—2015年全市法治宣传教育先进集体称号。

【保障兜底扶贫政策有效衔接】 通过精准识别，全县认定建档立卡贫困户9346户、22026人，需要社会保障兜底的4055户、6604人，占贫困总人口的30%。对各乡镇及扶贫办核准需兜底的4055户6604人，民政局抽组专人，逐户审核，为5305人办理低保；为不符合低保条件的1255人办理兜底式现金直补；为44人办理五保。同时，严格落实保障政策，低保每年按不低于年底动态调整后的国家扶贫标准提标；2016年，兜底式现金直补每人每年补助2600元，今后每年增长200元，到2018年达到人均每人每年3000元。2016年，五保户全县统一集中供养标准每人每年8000元，分散供养每人每年4000元，供养标准根据全县经济发展水平逐年提高。

【社会救助体系日臻完善】 认真贯彻落实国务院《社会救助暂行办法》，推进以“救急难”为主的临时救助工作，健全完善社会救助体系。按照自治区、市的要求，本着社会救助水平与经济社会发展水平相适应的原则，科学确定城乡低保等各类特困对象的救助标准，做到按标施保、以户施保、应保尽保。认真开展家庭经济状况信息核对工作。通过社会救助家庭经济状况核对平台，定期与县公安、工商、社保、财政、税务、住建等部门开展信息核对工作，进行全面即时比对，确保救助对象的认定准确、高效、公正。继续实行动态下的应保尽保，2016年，退出各类收入和财产状况超标1920户2380人。

【城乡低保标准和补助水平提高】 城镇低保全年累计支出4613.18万元，月均保障9264人，保障标准由2015年的每人每月384元提高到419元；农村低保全年累计支出9866.6万元，月均保障29945人，保障标准由2015年每人每年3340元提高到3615元；现金直补全年累计支出2410.4万元，保障标准为每人每年2000元，月均保障12052人；兜底式现金直补累计支出326.3万元，月均保障1255人；边缘户全年累计支出1728.6万元，保障标准为每人每年3419元，月均保障5056人。城乡低保保障标准自然增长机制和动态管理机制基本建立，家庭经济状况核对机制建立运行，信息化管理水平不断提高。

【五保供养工作长足发展】 全县有五保供养对象3212人，其中集中供养五保对象350人，散居五保供养对象2862人，集中供养五保对象标准仍按2015年每人每年8000元执行，分散供养年标准由2015年3850元提高到4000元，全年发放五保供养金1401.3万元。全县有敬老院2所，床位350张，敬老院全部完成事业单位法人登记，供养条件、供养水平、管理服务明显改善。

【"三无"和"三民"政策认真落实】 城镇"三无"人员分散供养标准由2015年每人每月700元提高到800元，全年为104名"三无"人员发放供养金195.76万元。"三民"补助标准每人每月700元，"精减退职"人员补助标准每人每月200元，全年为265名"三民"和"精减退职"人员发放196.8万元。

【医疗救助日益规范】 医疗救助制度不断完善，工作机制日益健全，一站式结算全面推开，有效缓解困难家庭因病致贫、因病返贫。2016年，筹集城乡医疗救助资金1553.94万元，救助城乡困难群众8083人次，资助参保参合42352人，缴纳参合费236.7万元。

【贫困大学生救助成效明显】 2016年，民政、教育部门投入1340万元资助低收入家庭大学生390人（其中本科170人，专科220人），保证每一名贫困家庭的大学生顺利入学。

【临时救助制度建立实施】 认真落实《乌兰察布市城乡困难群众临时救助制度实施办法》，进一步筑牢突发性、临时性、紧迫性困难群众的救急难"兜底线"。2016年，发放临时救助资金329万元，救助城乡困难人员9324人次。

【残疾人救助政策逐渐完善】 按照《乌兰察布市人民政府办公厅关于印发〈乌兰察布市全面建立困难残疾人生活补贴和重度残疾人护理补贴制度实施办法〉的通知》精神，为1632名重度残疾人（1—2级）每人每年发放护理补贴600元，为1198名困难残疾人（1—2级）每人每年发放生活补贴900元。为216名享受低保的残疾人（3—4级）每人每年发放生活补贴900元。全年发放两项补贴225.2万元。

【社会福利事业快速发展】 孤儿养育标准大幅提高。孤儿分散供养和事实无人抚养儿童供养标准由2015年每人每月1010元提高到1100元，全县35名孤儿和42名事实无人抚养儿童生活就学得到有效保障，全年发放供养金101.6万元。困境儿童和困境家庭儿童救助取得突破。248名困境儿童和困境家庭儿童每月获得550元生活救助，全年发放供养金163.7万元。老年人优待不断加强。建立实施适度普惠型高龄津贴发放制度，80岁以上老年人高龄津贴按2015年标准执行。全年为6249名老人一次性发放高龄津贴730.86万元。其中为4名100岁以上老年人每人每年发放5000元的门诊医疗补贴和6000元的高龄补贴。

【灾害应急救助能力进一步提升】 救灾减灾协调机构不断健全，应急联动、灾情会商和信息共享机制全面建立。全县有1个救灾物资储备库，

2016年，新购进20万元的救灾物资，储备价值110万元的各类应急救灾物资，救灾应急专用车辆、通信设备得到更新，应急救援能力明显增强。2016年，商都县连续遭受干旱、冰雹、洪涝、低温冷冻、雪灾、生物灾害等自然灾害，累计投入救灾应急资金1538万元（含临时救助资金），有效救助受灾人员95321人次。投入1855.5万元，为30925户低收入家庭每户发放暖心煤补贴600元。

【为军服务能力明显提升】 在双拥工作方面，扎实开展双拥共建工作，在新一轮创建“自治区级双拥模范城”活动中，及时调整工作领导小组，制定《商都县创建自治区级双拥模范城实施方案》，召开全县“创建自治区级双拥模范城”推进会，印发《商都县争创区级新一轮双拥模范（县）评比具体内容、标准和任务分解表》，要求各单位根据《商都县创建自治区级双拥模范城实施方案》和任务分解表整理双拥工作材料。同时，在中国人民解放军建军89周年即将来临之际，对县人武部、消防大队、武警中队和66471部队商都哨所（电话站）进行慰问活动，为他们送上5000元的慰问金和慰问品。在优抚工作方面，对重点优抚对象数据库信息进行核查完善；完成对重点优抚对象年检工作，并对行动不便的重点优抚对象，由局工作人员上门进行年检；全年累计为146名优抚对象发放优待金260.3万元，为1538名重点优抚对象发放优抚金1264万元（其中含补发2015年提标部分）。9月30日，组织烈士公祭日纪念活动和抗战胜利70周年纪念活动，爱国主义教育在全县广泛开展。在安置工作方面，推进退役士兵阳光安置办法，58名2014年退役士兵全部安置到事业单位；66名2015年退役士兵全部安排到事业单位调训，44名2016年退役士兵进行岗前培训；2016年16名退伍三期以上士官全部接收报到。

【社会公共服务不断完善】 扎实做好第二次全国地名普查工作。由地名普查中标单位成图电子有限责任公司技术人员深入到各乡镇进行外业采集数据工作已结束，正在进行后续数据录入整理及档案归档工作；继续做好婚姻登记工作。累计办理结婚登记1491对、离婚登记686对、补办结婚手续1659对；依法办理收养登记1件；流浪乞讨人员救助工作逐步规范，累计救助流浪乞讨人员373人次，发放救助金3万多元；完成商都县与河北省康保县、尚义县、张北县3条省区界线的联检工作，与锡盟镶黄旗、苏尼特右旗2条盟市界线的联检工作，与化德县旗县界线的联检工作。

【建设项目顺利进行】 在完成投资910万元老年公寓主体工程基础上，又积极协调完成占地面积5000平方米商都县老年公寓的通水、通电、通暖工程，正在进行室内装修；完成投资400万元、占地面积2000平方米的商都县儿童福利院工程开槽工作；经与自治区民政厅对接，力争将商都县西苑社区、金三角社区老年日间照料中心、殡葬馆（火葬场）、光荣院和中心敬老院改扩建等建设项目列入国家和自治区“十三五”时期储备项目。

【深化改革稳步推进】 2016年，对7类53项民政权力清单进行梳理，已在政府门户网站公布；民政局承接深化改革任务8项，截至年底已全部完成。

【包联帮扶工作取得实效】 民政局积极协调投资10多万元为包扶对象大黑沙土镇哈北嘎村委会完成高低压配套工程，彻底解决该村水浇地和村民生活用电容量不足的问题。为哈北嘎村委会购置15套办公桌椅和一套沙发，并配置电脑、电视机和打印机。同时，硬化院落、装修办公用房，捐赠10套有关乌兰察布法治建设方面的书籍，极大地改善办公环境，提升文化惠农品位。协调有关部门投资200万元，新建从大黑沙土镇头号村至东风村长约4公里的柏油公路。协调水利部门预投资47万元，为大黑沙土镇东风村、二喇嘛村各铺设预埋管道4800多米，安装80安变压器2台，购置水泵4个。通过铺设管道，水地面积由800亩增加到1300多亩，扩大水浇地面积，彻底解决村民浇地的难题。切实发挥“第一书记”的作用，在“十个全覆盖”工程实施过程中，民政局4名驻村“第一书记”积极协助村委会开展各项工作，较好地改善村委会的村容村貌。组织单位干部职工完成与精准扶贫对象的对接，并组织献爱心、送温暖活动，为包扶对象送去生活用品米和油。

（赵志国）

民族宗教事务

【基本情况】 商都县民族宗教事务局内设民族股、宗教股、蒙古语文股、少数民族古籍股、办公室。行政编制4人，事业编制2人。

【民族法律法规宣传】 商都县把民族理论和民族政策列入各级党组织的学习内容。从维护国家统一和热爱伟大祖国等方面对全县各族干部群众开展宣传教育活动，巩固民族团结的思想基础和群众基础。利用广播电视、报刊、宣传栏等形式，将有关法律法规宣传教育进机关、进企业、进学校、进社区、进寺庙、进乡村。特别是通过多种形式在各族青少年中开展民族团结教育宣传，使民族团结的观念逐步在青少年中扎根。并于2016年5月开展民族宗教蒙古语文理论政策和法律法规宣传月活动，大力宣传《中华人民共和国民族区域自治法》《城市民族工作条例》等法律法规。

【民族成分权利保障】 根据《关于中国公民确定民族成份的规定》的精神，在实际工作中，牢牢把握“各民族共同团结奋斗，共同繁荣发展”这一新时期民族工作主题，认真贯彻党的民族政策和民族区域自治法，切实保障全县公民正确表达民族成份的权利，全县呈现出政治安定、经济发展、民族团结、社会进步的大好局面。

【民族发展促进】 各级领导经常深入到民族部门和少数民族聚居区进行调研，研究民族团结、民族文化、少数民族地区建设等工作，解决少数民族群众生产生活上的实际困难。按照“一手抓团结，一手抓发展”的工作思路，积极向自治区民委争取“少数民族发展资金”6个项目，到位资金150万元。同时，申报内蒙古自治区民族贸易企业，成功命名6家民贸企业。

【民族团结进步创建】 按照县委、县政府“五城联创”的要求，积极创建市级民族团结进步示范县，申报民族团结成员单位为民族团结进步创建示范单位11个，申报教育基地3个，将民族团结进步创建工作引向深入。在市“第三届民族团结进步暨学习使用蒙古语文表彰大会”上，精心组织推荐商都县民族团结进步模范集体、模范个人和学习使用蒙古语文先进集体、先进个人的工作。继续深入推进民族团结进步创建“六进”工作，建立党委政府主导、全社会共同参与的创建工作领导体制和工作机制。

【宗教法律法规宣传】 积极开展宗教法律法规宣传月、宗教慈善周等活动，发放《民族宗教蒙古语文法律法规选编》《宗教事务条例》等材料2000多份。定期召开宗教界人士座谈会，进行普法宣传教育，进一步提高宗教界人士学法、懂法、用法、守法意识。

【宗教活动场所管理】 严格落实宗教活动场所的定期排查、重大群体事件应急和部门协作制度，将宗教活动场所的管理、安全、消防等责任落实到人，给信教群众提供一个安全的活动场所。县委统战部、民族宗教局、公安局联合对各宗教活动场所进行非法宗教活动排查，对100多人进行教育转化工作。深入开展创建和谐寺观教堂工作，十八顷镇巴达木图庙被评选为“和谐教堂”，宗教界人士自身素质普遍提高，宗教活动场所管理更加规范有序，宗教关系更加和谐。

【清真食品市场管理】 2016年，民族宗教局、公安局、商务局联合对全县清真饮食市场进行检查，对不合格的清真餐馆和屠宰点进行停业整顿。进一步净化清真饮食市场，给全县穆斯林群众提供一个安全放心的清真饮食环境。联合食品药品监督等部门，不定期对清真经营户开展督导检查，严厉查处“不清真”“假清真”行为，保障少数民族群众合法权益。

【蒙古语文工作宣传治理】 通过多种形式大力宣传党的民族语文政策，积极营造良好的氛围，多次与七台镇各装潢部和广告公司联系，从源头治理，并对装潢部和广告公司进行摸底备案，详细填报“商都县装潢部登记表”；印发“关于商都县征集单位印章图样的函”给全县各单位，检查修改公章、财务章等的蒙汉文字并用率；同时号召群众积极向民族宗教事务局提议、举报、告知市面蒙汉两种文字并用错误等情况。

【蒙汉翻译工作】 2016年，商都县对蒙汉翻译工作的要求更加严格化、规范化，加强宣传栏、牌匾、会标等社会市面用文的翻译工作。翻译的宣传栏、牌匾、会标等有400多条。同时，建立蒙古语言文字翻译QQ群，要求所翻译的蒙古文字必须由民族局统一负责翻译管理。杜绝牌匾标示、户外广告等蒙汉文字不规范问题。2016年，翻译全县各乡镇及嘎查村的名字，还翻译城乡居民服务中心的服务窗口牌匾及其他牌匾，共翻译蒙文6000多条。

【蒙古语文工作执法】 严格执法，不断加大工作力度，建立联合协调工作机制，充分发挥城镇管理、工商行政管理等职能部门的职能作用，密切配合、通力合作、齐抓共管，形成联合执法队伍，进一步提高工作效率；依法保障蒙古语文工作的合法权益。有效提高蒙汉两种文字并用率和规范标准率。商都县典型示范街道蒙汉两种文字并用率、规范率、标准率达到90%以上。

（德力格）

经济管理与监督

发展和改革

【基本情况】 商都县发展和改革局（挂粮食局牌子）内设7个股室，核定编制33人，其中行政编制24人，工勤事业编制9人。实有在职干部39人。局领导1正5副。

【项目及资金】 2016年，审批、核准、备案各类项目132项，项目总投资88.3亿元，其中审批类项目77项，投资54.9亿元，项目涉及社会事业、棚户区改造、城镇基础设施建设、医疗卫生、教育、旅游等方面；核准房地产项目2项，投资920万元，总建筑面积1.1万平方米；企业备案类项目53项，总投资33.2亿元，项目包括农畜产品加工、矿产品加工、旅游、加油加气站等。2016年，全县争取项目23项，总投资2.02亿元，其中争取中央预算内资金9578万元，争取自治区预算内资金1184万元；农林牧水类项目7项，以工代赈类项目3项，社会事业类项目6项，城镇基础设施类项目2项，公检法司类项目2项，公路基础设施类项目2项，其他项目1项；年底，已完工项目8项，在建项目5项，前期工作项目10项，投资计划已全部转发到项目单位。

【能源项目】 根据《乌兰察布市2016年度普通光伏电站项目竞争配置规模指标实施细则》，2016年，为鑫盛太阳能科技有限公司争取到1万千瓦光伏指标。在自治区出台实施光伏发电扶贫工作意见后，商都县积极与中节能、晋能、昌盛日电等公司洽谈，编写光伏扶贫实施方案。积极为乌兰察布市建设风电基地外送通道规划收集上报相关资料，提供翔实的风能数据。

【生态项目】 2016年实施2015年项目。2015年国家下达商都县京津风沙源治理工程总投资2431万元，其中，中央预算内投资1284.8万元，地方投资1146.2万元，项目已完工。2015年巩固退耕还林成果建设项目总投资3914.82万元，其中基本口粮田建设投资900万元，农村能源投资384万元，后续产业投资1805.82万元，补植补造投资825万元。总投资3914.82万元，其中中央预算内投资2630万元，县配套1188.82万元，其他96万元，项目已完工。

【以工代赈】 农田水利项目。乌兰察布市发改委以乌发改投字〔2014〕1105号文对商都县以工代赈项目予以批复，建设内容为棚圈6410平方米，打井2眼，地埋管4000米，总投资340万元，其中中央预算内投资340万元，项目已完工，资金已到位。农村公路项目。乌兰察布市发改委以乌发改赈字〔2015〕602号文对商都县小海子镇Y002（沙力卜）至十八顷镇大五号公路予以批复，建设内容为四级水泥路5公里，总投资260万元，其中中央预算内投资160万元，县配套100万元。项目于2015年10月开工，铺设柏油路面，项目已完工，资金已到位。

【易地移民和生态移民工程】 2016年，对2013年易地扶贫搬迁工程建设的9号、10号楼进行竣工验收，并办理相关手续。对2015年易地移民工程、2014年巩固退耕还林成果移民工程进行招投标工程，正在办理开工许可相关手续。2015年易地移民工程已开工，正在建设中。惠民馨苑小区为发改局“五城联创”承包小区，为该小区进行绿化工程。为惠民馨苑小区（2010年、2011年易地移民工程）移民户办理房屋产权证登记手续。

【价格监督】 1.做好价格预警监测工作。按照价格预警监测工作要求，结合本地实际，从监测的内容、时间、方法、质量、采价、汇总、分析、预测、上报等方面制订监测工作计划，并对原有价格监测网点进行布局调整和重新整合。进一步健全完善价格监测快速反应和预警机制，及时应对价格异常变动，采取有效措施加以调控。2.做好价格成本调查工作。2016年，按照上级主管部门要求，先后开展农村生产和消费情况暨农村价格信息服务需求调查和生鲜乳成本调查。本着以调查质量为重点，确保采集调查数据的准确性和适用性真实可靠，加强对农产品生产成本调查和市场供求信息搜集，着重分析生产成本变化的原因。上半年，按时上报《农民种植意向表》和《农民生产资料购买情况表》以及《生鲜乳成本核算季度报表》。3.做好收费管理工作。《内蒙古自治区涉企行政事业性收费目录清单》《内蒙古自治区政府定价涉企经营服务收费目录清单》和《内蒙古自治区行政事业性收费项目目录清单》公布后，经重新审核，行政事业性收费项目由66项减少到35项，精减率47%，涉及29个执收单位，其中涉企行政事业性收费项目25项，19个执收单位。政府定价涉企经营性服务收费项目保留7项，6个执收单位或服务机构。以上收费项目清单正逐步在县人民政府网进行公示。4.做好价格监督检查工作。根据价格有关法律法规，上半年重点对教育收费进行检查，对部分学校收取费用未提供服务或少服务等违法行为予以处罚。截至年底，实施行政处罚案件6件。5.“12358”价格举报工作有效开展。自“12358”全国价格举报呼叫平台开通以后，组织人员学习操作流程，积极参加上级部门举办的培训，成立价格举报中心，制定呼叫平台轮班值守制度，确保呼叫平台有人值守。

【粮食工作】 1.认真贯彻《粮食流通管理条例》、《粮食流通监督检查暂行办法》和《自治区粮食流通管理办法》文件精神，切实加强粮食市场管理，维护粮食流通秩序，对全县61家粮食经营者进行监督检查，全县市场粮油质量基本合格，价格合理，货源充足，流通秩序正常。2.依法行政。对全县29家符合粮食收购条件的企业发放“粮食收购许可证”，并建立监管档案，规范管理行为，严格实行粮食市场准入制，确保全县粮食收购秩序有序依法进行。为进一步做好全社会粮食流通统计工作，抽组人员开展对粮食经营者和连锁超市粮食经营情况的摸底调查，发放粮食经营统计台账和报表，做到掌握实情，如实统计，及时上报。3.开展创建“放心粮油、放心粮油企业”活动，提高粮油食品质量安全。倾力打造“放心粮油工程”，为实现粮油产品从田间到餐桌的全程质量把控，设置一道“安全阀”。2016年，申报丰年粮油贸易有限公司、志明油厂、双富粮店三家企业为市级粮油示范店及市级粮油示范企业。4.健全和完善储备粮管理机制。按照《中央储备粮管理条例》的要求，将储备粮管理工作纳入整个粮食经营工作中。对全县储存的国家储备粮和自治区、市地方储备粮做到“一符、三专、四落实”，保证储备粮油储藏安全。5.以服务为中心，保质保量完成全县军粮供应任务。认真贯彻落实各项军粮政策，在为部队服务中，不断适应新形势，强化行风建设，努力提高服务意识，实行规范化管理，确保在紧急时刻军粮能够调得出、供得上，较好地保证全县军粮供应工作。

【招商引资】 2016年，新签约项目22个，协议总投资53亿元。按行业划分，农畜产品加工类项目5个、矿产建材类项目3个、加工制造类项目3个、电力类项目2个、旅游及其他公共服务类项目9个。新开工建设佰惠生糖业公司原糖加工生产线，拓福矿业公司年产3万吨萤石精粉加工生产线，德义农畜公司年产4000吨水晶粉系列产品，中地生态牧业公司奶牛基地建设，晔兆冶金公司4×1.65万千伏安铬铁矿热炉技术改造，长盛镍铬材料公司3台9000千伏安低微碳铬铁精炼炉技改，温宁房地产公司商都县巨弘宾馆建设，温宁房地产公司商都县巨弘3D影院、儿童乐园及青少年培训孵化园建设，温宁房地产公司商都县西都惠民园、福泰惠民园建设，10个项目，总投资9.38亿元。为了完善长盛工业园的基础设施配套工程，新建长盛工业园自来水厂和110千伏变电站项目。

（孙通宇）

国土资源

【基本情况】 商都县国土资源局内设股室17个：办公室、纪检监察室、储量与环境股、规划与测量股、土地利用股、地籍管理股、招商办、地质矿产股、耕地保护股、土地登记中心、土地整治中心、土地矿业权交易中心、卫片检查室和4个乡镇国土资源所。二级单位有商都县土地储备中心、商都县不动产统一登记中心和商都县国土资源监察大队。全局干部职工124人，其中在职干部职工76人；退休人员29人，遗属1人；借调人员10人，应聘人员8人；大专以上学历的39人；机关工作人员平均年龄为36岁；党员37人。局领导班子配备局党组书记、局长1人，副局长4人（原县土储中心于2014年6月并入，正科级主任张世平担任局党组成员、副局长），纪检组长1人。

【土地管理】 土地出让。2016年，通过县公共资源交易中心挂牌成交土地9宗，总面积172900.76平方米，成交价款2608万元。用地报批。2016年，组卷上报6个批次、5个单选项目，总面积286.821公顷。地籍管理。完成农村牧区集体土地确权登记发证工作的内、外业核查、数据库建设，已全部通过验收。调查宅基地使用权53267宗，面积2748.8378公顷；集体建设用地509宗，面积78.9021公顷；国有建设用地1332宗，面积86.5972公顷。

【不动产统一登记】 2016年4月，县不动产登记领导小组专门召开会议安排部署，房产、林业、农牧业等部门将各自的资料整合。7月底，县人民政府在城乡居民服务中心大厅为不动产登记中心安排4个业务窗口及一间办公室。9月初，县财政划拨办公经费，购买办公设备。11月2日，县人民政府发文通告，停发旧证；11月8日，县人民政府举办商都县不动产权证书首发仪式，并发放首批不动产权证书。

【耕地保护】 年初，由分管副县长和各乡镇主要领导签订耕地保护责任状，明确2016年度耕地保有量指标及耕地保护责任。中心城区新划入永久基本农田10.32万亩，全域基本农田划定方案、材料、数据成果已经自治区国土资源厅审核通过。完成永久性基本农田划定工作，耕地保有量204.765万亩，基本农田保护任务165.09万亩。

【土地整治】 5万亩高标准基本农田项目工程于2016年4月17日开工，2016年已完成机电井272眼，安装水泵178台，新建井房166间，地埋管道173155米，排水井743座，架埋设高压线39.527公里，架埋设低压线53.067公里，安装变压器102台，剩余田间道路、改建生产路、农田防护林未完成。土地整治项目。2015年土地整治项目，前期勘测、规划设计和项目评审工作已全部完成。元山子土地整治项目工程实施已全部完工，正在进行内外业资料整理。2013年补充耕地储备库项目只剩土地平整和道路绿化未完成，其他工程建设已全部完成。

【规划编制与调整】 2016年，土地利用总体规划修改完善工作涉及9个乡镇、62个地块，调整建设用地面积116.4225公顷。从2015年年底开始着手开展第三轮矿产资源总体规划修编工作，4月完成资料收集整理、数据库建设，待市级矿产规划定稿后再进行进一步完善，全部项目资料整理完成后提交市国土资源局审核。

【矿产管理】 探矿权年检。从2015年11月到2016年3月，对全县25个探矿权项目实施年检，发现6个探矿项目未完成最低勘查投入，已依法进行行政处罚，6月底整改完毕，整改后年检合格率为100%。采矿权年检。1月到5月，对全县36家采矿权进行年检，年检率为100%，年检合格27个。剩余9家有6个矿山已整改到位，其他3个正在整改。矿业权出让。2016年，出让商都县哈拉沟铁砂石乙类矿一处，出让价款为44.5万元。完成计划公开出让的3个甲类非金属矿的前期准备工作。资补费征收。上半年有7家矿山企业申报资补费6.49572万元，其中1家矿山企业补缴2015年欠缴资补费1.0086万元。根据国土资源部相关文件要求，下半年停止所有采矿权资补费征收。矿区地质环境治理。2016年，全县完成治理任务的矿山19家，有2家已通过验收，其他正在等待验收。地质环境治理项目实施情况。完成2012年度主要交通干线两侧地质环境治理项目的验收工作。完成2013年度主要干线两侧地质环境治理（一期）项目的设计工作并通过评审。大石架地质公园申报工作。地热项目。商都县地热资源普查项目已列入自治区国土厅项目库。矿山安全生产大检查。2016年11月初到12月初，国土局及时成立矿山安全生产大检查领导小组，制订实施方案，落实责任，并明确与县直各相关单位的联动措施。协同其他部门检查企业防坍塌、尾矿库安全隐患等安全设施落实等工作。此次检查，拆除2处矿点相关机械设备；对存在安全隐患的矿点，提出整改意见，限期整改。

【执法监察】 2016年，国土局受理群众来信来访案件8件，其中市国土局转办案件5件，已全部答复上访人，办结率为100%。2015年度，商都县土地变更调查中新增建设用地面积1114.8亩。其中合法用地面积776.5亩，违法用地面积338.3亩。违法用地立案13宗，已全部结案，没收违法建筑面积70.99亩，罚款19.2459万元。省道314违法用地及10个一般违法项目违法用地图斑已经自治区政府批复，消除违法状态。下发到商都县2015年度的矿产疑似违法图斑6个，其中无证开采3个图斑，越界开采3个图斑。商都县矿产卫片违法开采的6宗案件已全部结案，没收违法所得2.342万元，罚款2.7万元。全域例行督察整改工作。2016年，商都县全域例行督察整改工作涉及两项问题30个图斑，已全部履职到位。一项是基本农田划定不符合要求项目，涉及10个图斑，通过永久基本农田划定工作进行调整，已全部整改到位；另一项是违法违规占地未报即用项目，涉及图斑20个，通过报批、供地等措施整改，已整改到位图斑3个，已批未供图斑13个，已组卷未报批图斑4个。矿产资源开发专项治理行动。国土局高度重视矿产资源专项行动，严格按照列入整治范围的5类情形开展整治工作。2016年，下达《责令停止违法行为通知书》24份，扣押装载机12台、钩机1台和翻斗车1台，拆除大型碎石设备3处，完全拆除矿点2处，罚款15万元，没收违法所得矿产品3千吨。在专项治理整顿行动中，通过拉闸限电、拆除机械设备等强力措施，对无证开采矿点全面进行清理。落实中央第一环保督察组交办问题。在中央第一环保督察组深入乌兰察布市进行督导检查期间，商都县接到督察组交办问题2次，涉及3个矿点，国土局对遗留矿坑进行恢复治理、拆除矿点主要机械设备，完成整改工作，并将整改情况向上汇报。基层国土所建设。2016年，完成屯垦队镇中心所办公场所修缮工程；十八顷镇、卯都乡两个中心所已协调在乡镇政府配置办公场所。

【党风廉政建设和“两学一做”学习教育】 2016年年初，国土局召开党风廉政建设工作会，总结2015年度工作，安排部署2016年度工作。3月中旬，主管领导与分管领导、分管领导与股室负责人层层签订2016年度党风廉政建设责任书；4月初，所有领导干部签订廉洁自律承诺书。并将党风廉政建设学习教育与“两学一做”学习教育同部署、同落实。3月初，国土局根据市局党组及商都县委组织部关于“两学一做”学习教育的安排部署，积极召开全局党员动员大会，成立“两学一做”学习教育协调小组，制定“两学一做”学习教育实施方案，制定全局党员、局党组、各支部学习计划并进行严格落实。

【精准扶贫和“五城联创”工作】 2016年，国土局投资10余万元，为结对帮扶的大南坊村耕种区安装12个灌溉水过滤器，并修缮村委会及卫生室。为包扶的头道渠村、牌楼村排除建设工程任务急、工期短、建筑材料紧缺困境，及时协调各个砖厂，调度11万块建设用砖，解决工程燃眉之急。2016年，多次组织全局干部入户对接、收集信息、出谋划策、开展送温暖活动，扶贫和帮扶乡镇工作得到县委和政府的肯定。在干部下乡帮扶工作中，李晓东工作表现突出，获得全县优秀驻村干部荣誉。2016年上半年，根据县委统一安排部署，国土局包联两个社区，已与七台镇进行对接，了解包联小区情况，制定“五城联创”实施方案。投资20余万元，为包联小区粉刷外墙、安装监控、修整地面、更换大门等，创建工作全部完工，“五城联创”工作圆满完成。

【荣　誉】 2016年12月，商都县国土资源局被市委、市政府评为“六五”普法先进单位；

张春曦被市国土资源局评为优秀共产党员；李小飞被市国土资源局评为优秀党务工作者。

（孙吉龙）

工商质监

【基本情况】 商都县工商质监局内设机构18个，办公室7人、人事教育股3人、财务装备股2人、法规股2人、公平交易和消费者权益保护股4人、市场规范股3人、企业注册监督管理股4人、基层工作股3人、商标广告监督管理股2人、综合执法稽查股2人、质量管理股1人、标准化股1人、计量股2人、产品质量监督股2人、特种设备监察股5人、计量所2人、信息中心3人、私营经济党建办3人。

工商所6个：城关南工商所、城关北工商所、新区工商所、园区工商所、小海子工商所、屯垦队工商所。

【体制改革】 1.“五证合一、一证一码”改革。按照国务院和国家工商总局商事制度改革有关精神，在原有“三证合一”基础上再整合社会保险登记证和统计登记证，实施“五证合一、一照一码”登记制度。商都县商事制度改革走在全市乃至全区工作前列，2016年6月8日，县委副书记、县长曹凯宏，市工商局局长安军在县城乡居民服务中心企业注册登记综合服务窗口为孙记素食餐饮文化传播有限公司颁发全市首张“五证合一、一照一码”营业执照。县工商局还被国家工商总局评为“全国商事制度改革先进窗口单位”。2.深化落实“先照后证”改革。认真落实上级发布的前置审批和后置审批目录，依法开展登记工作。严格落实“双告知”责任，健全完善相关规范和制度，明确告知等方式、途径，促进市场主体登记信息的互联共享。3.推进市场主体简易退出改革。依据《乌兰察布市企业注销登记简易程序规定》，对未开业企业及无债权债务企业“退出难”问题，已按简易程序注销市场主体60户。截至

2016年年底，全县登记注册各类企业1114户、农民专业合作社622户、个体工商户5155户。

【专项整治】 开展查处公用企业限制竞争行为专项整治工作，以与人民群众生活密切相关的行业、领域及社会反映强烈的热点、难点问题为重点，进一步加大力度，依法查处电信服务、供水、供电、供热、烟草、医院、金融等公共企业及其他具有独占地位经营者限制竞争行为。同时不断加大对商业贿赂、傍名牌、虚假宣传等不正当竞争行为的查处力度。2016年，全县查处案件6件，罚没款12.6万元。

【商标广告监管】 继续加大商标品牌战略实施力度，2016年上半年，及时召开推进品牌建设工作座谈会，县政府领导、市质监局主要领导和20多家企业、农民专业合作社负责人参加座谈会。2016年，新增注册商标7件；商都县绿娃农业科技有限责任公司“风沙源”商标和商都县水漩蔬菜协会“水漩绿韵”商标被认定为全区著名商标；商都县科都薯业有限公司“科都”商标和商都县绿娃农业科技公司“蒙绿娃”商标被认定为全市知名商标。同时加大商标广告监管执法力度，重点打击以具有民族和地区特色的驰名商标、著名商标、地理标志为主的商标侵权行为，进一步规范品牌专卖店经营行为。

【企业信息公示】 1.把企业、农民专业合作社和个体工商户年检制度改为年报公示制度。及时制订实施方案，成立信用信息公示工作督导领导小组，实行领导包所、所员包片的方法开展工作，充分利用各类媒体、微信、公示栏、电话催报等途径，广泛深入地开展宣传，工作人员牺牲休息时间逐门逐户上门服务，填写表格，帮助企业、专业合作社和个体工商户进行年报公示。截至2016年年末，2015年度企业年报率达到91.3%，农民专业合作社年报率达到90.97%，个体工商户年报率达到99.39%。2.加强市场主体信用监管，把严格落实企业信息公示和信用约束政策法规作为规范市场秩序的治本之策，加强事中事后监管。

【“12315”消费者申诉举报】 1.通过开展“3·15”国际消费者权益日活动和建设“一会两站”“12315五进”（进商场、进超市、进市场、进企业、进景区）等途径，畅通维权渠道，提升维权效能；2.开展保险行业消费调查评议活动，对全县13家保险行业进行调查评议活动，活动中发放调查问卷3000份，通过评议活动进一步纠正全县保险行业长期存在的具有普遍性损害消费者合法权益的行为和热点问题，有效规范保险公司的经营行为。

【特种设备安全监管】 在特种设备安全监管工作中，继续坚持“安全第一、预防为主、综合治理”的方针，有效开展特种设备安全生产专项整治工作，进一步落实特种设备使用单位的主体责任，强化特种设备安全承诺制。制定《全县特种设备排查登记工作方案》《电梯安全监管大会战工作实施方案》。对特种设备从安装、使用到检验、修理和改造等环节实施全方位全过程监察，并把工作重点放到使用环节。加大现场检查力度，严格特种设备使用登记，定期检验并对操作人员持证上岗进行监管，进一步完善《特种设备重大安全事故应急预案》。采取日常监察、专项整治、集中检查相结合的方式，加大安全监管力度。2016年，邀请特检所专业人员对全县起重机械、司炉操作人员进行业务培训，培训140多人次，提高特种设备作业人员的安全作业意识。全年下达《特种设备安全监察指令书》88份，查封电梯3家6部。同时与企业签订《安全责任状》《安全生产承诺书》。

【标准化工作】 按照县政府下发的全县标准化三年行动实施方案要求，在稳步推进方案落实的同时，加大工业企业产品标准注册、登记工作，开展企业产品标准复审工作，积极为企业和社会提供标准咨询和标准化信息。商都县佰惠生糖业有限公司申报为内蒙古甜菜种植与加工农业标准化示范区；奥淳酒业有限公司通过标准化验收，成为内蒙古自治区标准化良好行为企业。

【计量监管】 重点开展以“民生计量”为主的集贸市场、眼镜店、医疗卫生、加油站等强制检定计量器具的检定和监督管理。2016年，检定汽车衡13台，拌合站配料秤9台，超市电子秤100多台，医疗机构血压计46台件，集贸市场台秤、电子秤600多台件，压力表460多块。配合市质计所对全县加油站在用的120台加油机进行周期检定，并与其签订承诺书22份。结合“3·15”消费者权益日和“5·20”计量日积极开展计量法律法规和诚信计量宣传活动，加强用于煤、水、电、气等在用计量器具的监督和管理，对重点耗能企业开展能源计量执法检查和服务，组织计量检定和管理人员指导企业完善能源计量器具的配备，制定能源计量器具管理制度，建立能源计量管理机构和计量信息系统，完善能源管理体系，为企业节能降耗起到推动作用。

【定量包装监管】 开展县内超市商品量、定量包装生产企业、贸易市场的专项检查，对经营水产品净含量抽样检查15个批次，与老百姓生活密切相关的大米、面粉、食用植物油、牛奶相关食品定量包装商品的净含量检验。对全县经营的种子、化肥、农药、地膜抽样检查，共抽样200个批次。

【行政执法】 按照国家质检总局2016“质检利剑”行动工作方案的通知要求，3月初开展“红盾护农”“打假保春耕”农资专项执法行动，重点是对化肥、农膜和籽种经销企业进行监管，以总养分和有效成分含量不足及产品标识欺诈违法案件查处为重点，采取抽样检验、外观标识和计量执法相结合的方式开展执法工作。共检查农资经营户14户。5月初开展建材市场专项整治行动，从开工兴建的建筑工地入手，重点查处无生产许可证和不符合国家强制标准的水泥、钢材等建材产品。2016年，对农资、建材、石油、液化气进行监督抽样检验，共抽检样品33批次，监督检查企业30家，检查仓储、仓库5个，出动执法人员300人次。全县规模以上的工业企业及液化石油气站建立质量信息平台，内蒙古希森薯业公司生产的马铃薯全粉成为内蒙古名牌产品。

（王天祥）

安全生产监督管理

【基本情况】 商都县安全生产监督管理局内设综合办公室、非煤矿山监督监察股、危险化学品安全监督监察股、职业健康与应急救援股，执法监察大队。核定行政编制7人、工勤事业编制20人；领导干部职工21人（政策性离岗2人，退休1人），在职人员18人（其中本科学历7人，大专学历9人，高中学历2人）。

【安全生产责任体系建设】 在市政府2015年出台《关于进一步加强安全生产工作的决定》《乌兰察布市安全生产“党政同责、一岗双责”暂行办法》和《乌兰察布市有关部门和单位安全生产工作职责规定》基础上，县安监局又起草并提请县政府出台《商都县有关部门和单位安全生产工作职责规定》，细化24个相关职能单位的安全生产职责，厘清监管边界，平时照单监管，失职照单追责，切实做到安全生产监管执法不缺位、不越位，解决多年来各部门间安全生产职责不清的问题。同时，制定与之配套的权力清单和责任清单，切实做到知责明责、履职尽责。

【安全生产“十三五”规划编制】 商都县安监局以中共十八届五中全会、自治区党委九届十四次全会、市委三届六次全委（扩大）会议和县委十二届六次全委（扩大）会议精神为指导，牢牢把握创新、协调、绿色、开放、共享五大发展理念，紧密围绕全面建成小康社会总目标和开创商都经济社会发展新局面，立足县情，精心编制全县安全生产“十三五”规划。

【安全监管执法规范化建设】 制订2016年安全生产执法工作计划，2016年3月7日上报县人民政府备案，规范执法检查的数量、频次、内容和形式。创新监管执法方式，突出重点领域，抓住突出问题，转变工作思路，彻底改变过去“保姆式”的替企业排查隐患、代替企业履行安全生产责任的监管方式，监督企业进行隐患排查整改，补齐短板、堵塞漏洞、消除隐患。2016年9月，建成安全生产视频会议系统。

【行业领域监管专项整治】 深入分析、全面摸排评估全县容易发生群死群伤事故的风险领域和关键环节，加强整改防范，加大日常监管力度，分行业监管。冶金工贸企业61家，其中生产企业8家，下达执法文书87份，查出隐患256条，限期完成整改256条，整改率100%。非煤矿山企业58家，其中有证企业15家。下达现场处理措施决定书43份，强制措施决定书12份。查出隐患118条，限期完成整改118条，整改率100%。危化及烟花爆竹经营企业。加油加气站有53家，其中有证企业23家。下达限期整改决定书56份，查出隐患172条，整改172条，整改率为100%。查处无证企业21家，对其下达强制措施决定书21份，并处经济处罚。全县有烟花爆竹三级批发点3家。

【安全生产宣传培训】 扩大教育培训覆盖面，全面提升企业人的本质安全，2016年，举办培训班4期，培训539人。选派22名安监工作人员参加自治区安监局举办的“全区安全生产监督管理人员行政执法培训”，提高行政执法人员的执法能力。1月23日，县安监局邀请乌兰察布市名升培训学校举办“2016年商都县烟花爆竹零售从业人员培训班”，培训城镇烟花爆竹零售从业人员80人。6月3—5日，举办“全县非煤矿山、危化、冶金等八大行业生产经营单位主要负责人、安全管理人员及特种作业人员培训班”，139人参加培训。6月16日，在祥和广场举行“安全生产月”宣传启动仪式，各相关部门领导和有关企业负责人参加。7月12—14日，举办“商都县中小学幼儿园校园安全暨食品安全管理人员培训班”，131人参加培训。12月14—16日，组织举办“商都县2016年第二期生产经营单位安全生产管理人员、特种作业人员培训班”，培训各类人员189人。

【工作方式创新】 县安监局为了进一步落实安全生产监管责任，督促落实企业安全生产主体责任，从2016年3月起，每月召开一次安全生产隐患分析会，总结本月安全生产工作开展情况，安排部署下月安全生产工作，深入细致剖析存在隐患，最大限度消除事故风险，全面彻底确保生产安全，收到良好效果。抓住重点，突出全面，通过隐患分析会将安全生产各项工作贯穿其中；进一步明确工作目标，细化具体责任，通过隐患分析会将尽职免责、失职追责落到实处；强化措施，狠抓落实，通过隐患分析会将安全生产大检查制度化、规范化、常态化。

【重要事件】 1月5日，自治区安委办主任、安监局总工程师张耀一行到商都县开展安全生产年度考核工作。市安监局局长韩越飞，县委常委、副县长张美陪同考核。

1月11日，全县烟花爆竹批发企业协调会召开，就全县烟花爆竹销售进行早布置、早部署、早安排。

7月13日下午，县安监局召开全体干部职工大会，传达全市第三季度安全生产工作电视电话会议精神。

8月24日上午，内蒙古自治区安全生产执法监察总队总队长霍增禄一行到商都县调研安全生产执法情况。

12月12日，全县企业安全生产工作会议在县高级中学图书馆阶梯教室召开。会议的主要任务是深入贯彻落实近期召开的三级安全生产工作视频会议精神，扎实开展企业安全生产工作，确保全县安全生产形势持续稳定向好。安监局主要负责人和安监站相关负责人以及全县非煤矿山、危险化学药品、冶金等企业负责人参加会议。

12月15日，以市人大常委会主任张志强为组长，市政府副市长张军为副组长的全市安全生产集中督查组第三督查组深入商都县就安全生产情况进行检查。

12月27日，县安监局协调县公安局、消防大队、城镇管理局和工商质量技术监督管理局召开烟花爆竹工作会议，就全县烟花爆竹监管工作进行早布置、早部署、早安排。

（刘　光）

食品药品监督管理

【食药安全监管工作基础】 在机构设置上，成立以县、乡政府主要负责人为主任的食品药品安全委员会，食品药品监督管理局内设办公室（食安办）、食品流通监管科、餐饮科、食品生产监管科、药品监管科（包括化妆品、保健食品、医疗器械），下设稽查大队（投诉举报中心）、食品药品检验检测所（药械不良反应监测中心）2个二级单位和10个乡镇食品药品监管派出机构。按照“一乡镇一所”的原则，组建10个乡镇食药监管所，核定副科级领导职数各1人，每所配备工作人员4人。食药局工作人员达到105人，达到常住人口的万分之四点六，全部有岗有编，以行政村为单位配齐协管员213人，专职协管员年工资4800元，兼职2400元。在监管经费上，按照全县农村人口23万人、人均15元的标准全部列入财政预算，并以商财字〔2016〕75号文件下达部门预算批复通知。在装备配置上，食药局统一采购执法车辆14台、执法设备18套、执法服装105套。同时为强化食品药品安全监管主体责任，每年年初召开全县食药监管工作会议，安排部署工作，县政府与各乡镇、食品药品安全委员会成员单位签订食品药品安全工作目标责任书。县政府无偿划拨2000平方米办公楼1座，改善局机关办公条件。按照完成60%基层所标准化建设的要求，坚持因地制宜、节约资源的原则，积极争取县委、县政府支持，利用乡镇现有闲置房产，每个所投入10万元左右，进行适当修缮，达到标准要求，6个所建成投入使用。

【法规规章和制度建设】 依照一法一条例，大力实施《商都县农村自办家宴管理规定》和《商都县食品流动售货车备案登记管理办法》，有效降低潜在安全风险。与公安、农牧业等部门建立起联动机制，力争做到无缝衔接。联合多部门经常性地开展校园周边环境整治、私屠乱宰整治等行动，特别是制定出台《商都县学生“小饭桌”餐饮服务整顿工作方案》，对无证幼儿园开办食堂进行全面整治。县食品药品监督管理局与县城镇管理局共同印发《关于在城区主要街道集中收集餐厨垃圾的通知》，配备1台餐厨垃圾收集车沿街回收。制定《餐厨垃圾管理制度》，统一印制登记簿，发放到餐饮服务企业执行。按照自治区出台的《食品生产加工小作坊和食品摊贩管理条例》和《食品生产加工小作坊登记及监督管理办法（试行）》的要求，在摸清底数、建档立账的基础上，分门别类、因地制宜地搞好许可和备案工作。制订印发《商都县食品药品网格化监管实施方案》，以监管区域或行业从业网点数量分布为依据，科学合理地划分网格，签订四级责任书，明确监管负责人和责任人，同时登记造册，做好台账；以质量安全承诺书和监管信息公示栏为载体，与业主签订承诺书，公示监管信息并上墙。同时，县食品药品安全委员会将21项78种制度汇编成册，便于学习宣传和查询。

【检验检测能力建设】 成立检验检测所，工作人员8人，其中专业人员6人。利用上级新配备69万元快检设备，建立食品快检室，为一般性检测检验奠定基础。强化抽检快检工作，按照千人三批次的标准，2016年，商都县承担325批次食品抽检和500批次食品快检任务。抽检及快检任务全部完成，其中完成食用农产品抽检240个批次，是任务的100%。同时配合自治区食品化验所抽检食品17个批次。在此基础上，履行不良反应上报职责，上报ADR121例，MDR20例，化妆品不良反应7例，均超额完成市下达任务。

【稽查执法工作】 2016年，查处一般性行政案件48件，结案48件。移送公安机关立案2件，其中1件被内蒙古自治区公安厅和食品药品监督管理局列为“双督办”案件，刑事追责3人。没收不合格食品5000公斤，没收过期药品232个品种、不合格中药饮片640个品种5242公斤。接到上级转来举报案件5件，查处5件，回复5件。依法依规公开案信息，及时向公安机关通报行政处罚信息。进一步畅通投诉举报渠道，制定《商都县食品药品违法案件有奖举报奖励办法》，兑现奖金5500元，提高广大群众参与监督的积极性。

【食品安全日常监管】 1.继续巩固餐饮示范创建成果。按照“三年差距一年补”的要求，经过近两年时间的努力，已开展440多家餐饮企业的示范创建工作。基本上实现两个90%的目标，即开展创建企业数量占到整个企业数量的90%以上，质量要求达到标准的90%以上。先后打造4条示范街（商业一条街、商业二条街、红旗北路和新民路）和1个示范行业（所有学校和幼儿园食堂）。积极落实等级提升《三年行动规划》，A、B类餐饮企业分别达到持证企业的10%和40%以上。按照“三个到位”（不漏一户走到位、宣传发动说到位、示范帮助做到位）和“12345”创建要求，坚持不懈地逐户创建。制订出台餐饮示范创建补贴办法，尽可能做到公平合理，充分调动餐饮企业参与创建的积极性。借助健康体检全部免费的有利时机，结合餐饮服务许可证和食品流通许可证“两证合一”改革，督促企业必须持照经营，努力提高持证率。2.全面启动食品流通示范创建。2016年年初，启动食品流通企业创建活动，年度目标是100%开展工作，70%开展创建，50%以上达标。拟定创建公告，印发倡议书，广为宣传张贴，让广大消费者特别是业主知晓。搭建起创建平台，制作食品流通示范创建公示栏和创建标准手册，印制《食品流通环节市场巡查记录簿》，使企业明白做什么、怎么做、做到什么程度。同步对所有的食品批发、水产店、调料店和冷库进行全面整治，促其向规范化经营迈进。统筹兼顾，做好档案建立、网格化监管和量化分级管理工作。乡镇食药监管所在做好本辖区示范创建工作基础上，特别对2016年“十个全覆盖”建成的便民超市，做到100%监管覆盖，图表上墙。3.开展生产企业和小作坊规范工作。生产企业（包括小作坊）规范，年度目标是获证生产企业100%建档，100%规范。小作坊是80%建档，50%以上得到规范。同时，按照疏堵结合，以疏为主和便民为民、保障安全的原则，采取财政补贴的办法，已建成1个规范化食品加工小作坊园区，占地面积4120平方米，建筑面积2568平方米。已有20户食品生产加工小作坊入驻加工园区，生产产品包括馒头、水饺、豆芽等7个品种。由餐饮协会发起，建成封闭式农贸市场，占地面积10453平方米，建筑面积8000平方米，正在组织业主入园工作。4.切实将专项整治行动落实到位。2016年，上级下达食品保健品专项整治26项，药械类专项整治18项，化妆品专项整治1项，按照“有方案、有记录、有总结、有信息”四有要求，确保100%落实到位。

【药械安全监管】 在2015年上半年圆满完成新版GSP认证的基础上，认真组织“回头看”工作，查漏补缺，巩固提升。继续抓好医疗器械“五整治”行动，将义齿门诊、隐形眼镜经营门店纳入监管范围，建档立卡，督促其规范经营。从严从重打击药械违法经营行为，推行电子监管制度，要求所有药械经营企业全部实行电子监管制度，对药械经营使用全程实施监管，了解动态、掌握去向，达到可控可溯的目的。加强专项检查，对上级明令停用的药械品种和批次、临期过期的药械品种和批次做到及时下架和查封销毁。在各药店设立过期药品回收箱，鼓励居民回收过期药品，有效防止回流使用。将化妆品、保健品纳入管理范围，消除监管盲区和死角。加强疫苗和特殊药品流通使用监管力度，拉网式排查医疗机构748家次，发现并移交卫生局违规经营案件2件。

【食药安全宣传和培训】 年内，举办"3·15""食品安全宣传周""药品安全宣传月"等宣传活动，以横幅、展板、发放宣传材料，现场咨询和食品从业单位实物比较等形式，使企业和百姓对"一法一条例"等法律法规和规章制度进一步了解，企业守法意识、诚信意识、自律意识得到进一步强化，百姓食品安全意识和维权意识有较大提高。同时，策划4期政府门户网站专版，2期《商都报》宣传专版，其他刊物3期。在牧机社区、小海子向阳村委会建立2个宣传站。开展普法进学校、进乡村、进社区、进机关、进企业、进家庭等"六进"宣传活动，截至年底，累计举办校内食品安全讲座4期，参加师生2000人次，向群众发放单行本及各类宣传资料等4万余份册。以食品药品安全委员会成员单位负责人、乡镇监管所所员、村级协管员为主体，以联通公司蓝信技术为依托的信息发布网络也具雏形。参加上级举办的各类培训30人次，调训乡镇食药所工作人员两批次41人次，每人次1个月，参加市法制办执法资格培训一批次64人次，参加中安食品安全培训93人次，结业80人。参加网上司法普法培训100人次。组织培训村级协管员213人次、食品生产经营企业300余人次。

【诚信体系建设】 制定涉及食品生产、流通、质量控制、追溯、有奖举报、责任保险、行业自律等方面的制度78种，进一步细化和明确食药安委成员单位的职责，强化部门的监管责任和企业的主体责任，将量化分级管理和信用等级评定两项制度有机融合，同时结合自治区黑名单制度，制定出台《商都县食品药品信息分类监管办法（试行）》。聘请县乡人大代表、政协委员20人，担任食品安全义务监督员，引导全民参与监管的积极性。与商都县餐饮住宿行业协会联合举行座谈会，要求会员单位率先示范，先行一步。县食品药品安全办综合协调食品药品安全委员会成员单位，积极建立联动机制，齐抓共管、协同共治，努力推进食药安全商都建设。与县公安局建立联动机制，推动行刑衔接；与农牧业局联合开展农产品和私屠乱宰专项整治；与教育局开展校园周边环境整治；与城管局联合开展餐厨垃圾集中回收工作、流动小摊贩整治工作；与卫计部门开展医疗机构监管工作；协同保险公司在全县学校率先开展食品安全责任保险试点工作等。

【监管创新和特色工作】 县财政每年投入60万元，为全县4000多名食品药品从业人员免费体检，有效提高大小两证持证率。县乡20名人大代表、政协委员担任食药安全社会义务监督员，对于规范执法行为和发现安全隐患起到积极作用。立足查大案、查要案的思想，震慑不法犯罪分子。捣毁霍某假药制作窝点，被自治区列为双督办案件。

（张晶晶）

招　商

【基本情况】 商都县招商局内设办公室、综合科、信息科、外商投资服务科。核定编制10人，实有人员8人。

【招商引资工作】 2016年，面对经济下行压力增大等诸多不利因素，招商引资工作在县委、县政府的坚强领导下，全县上下深入贯彻县十二届六次全委（扩大）会议精神，紧紧抓住全面深化改革和北京非首都功能疏解的重要机遇，抢抓招商引资的新机遇，准确把握政策导向和投资动态，围绕延伸丰富“六个一”绿色农字号产业和品牌、培育发展“五大产业”，全力开展招商引资工作。按照“围绕首都、依托首都、保障首都、服务首都、得益于首都、承接首都”的发展定位，紧盯首都大市场，加快承接非首都功能疏解和产业转移，为使一批符合国家产业政策和商都特点的，有一定科技含量和发展潜力的企业在商都落地生根，开花结果，县委、县政府主要领导带队，通过实地考察、座谈交流等方式，截至年底，赴京晋冀等地区40多次开展承接北京非首都功能疏解和产业转移工作，先后与北京平谷、昌平、通州等11个区深入细致地开展承接产业转移对接工作，在朝阳区召开50多家企业负责人参会的“内蒙古商都县招商引资推介会”，参加北京市区域合作办承接北京非首都功能疏解和产业转移洽谈会、“草原英才鸿雁行动”——乌兰察布对接洽谈会、工信部举办的中小企业信息化服务信息发布会等，重点围绕绿色农畜产品加工、装备制造、陶瓷产业、高新医疗器械、新能源、冷链物流、建材、旅游、电子商务等领域开展承接产业转移工作，先后与北京多家公司企业开展对接洽谈，并和相关部门建立联系。县委、县政府主要领导带队前往山东、河南、浙江、江西、贵州、安徽、江苏等多个地区进行招商引资活动，全力以赴引进新项目。

2016年，新签约项目22个，协议总投资53亿元。按行业划分，农畜产品加工类项目5个、矿产建材类项目3个、加工制造类项目3个、电力类项目2个、旅游及其他公共服务类项目9个。新开工建设佰惠生糖业公司原糖加工生产线，拓福矿业公司年产3万吨萤石精粉加工生产线，德义农畜公司年产4000吨水晶粉系列产品，中地生态牧业公司奶牛基地，晔兆冶金公司4×1.65万千伏安铬铁矿热炉技改，长盛镍铬公司3台9000千伏安低微碳铬铁精炼炉技改，温宁房地产商都县巨弘宾馆，温宁房地产商都县巨弘3D影院、儿童乐园及青少年培训孵化园，温宁房地产商都县西都惠民园，福泰惠民园10个项目，项目总投资9.38亿元。同时为了完善长盛工业园的基础设施配套工程，新建长盛工业园自来水厂和110千伏变电站项目。

【京蒙对口帮扶座谈会】 春节前夕，县委书记靳前斌，县委常委、组织部部长米树云，县委常委、副县长王平率领招商局、卫计局、教育局、扶贫办、县医院、中医院和七台镇负责人，赴北京市召开京蒙对口帮扶座谈会，与平谷区、通用公司等部门和企业就推进帮扶、加强合作进行座谈接洽。在与平谷区委、区政府座谈时，双方就京蒙对口帮扶工作开展以来所取得的成果和经验进行总结。特别是平谷区教育教学设备捐赠、医学人才和劳务培训、合作办学等方面给予实质性的帮扶，对提升商都县的发展水平、增强发展后劲、加快退贫致富起到十分重要的推动作用。县委书记靳前斌就商都县医疗卫生、教育、扶贫、“十个全覆盖”工程以及干部人才交流等工作所取得的成果进行介绍，并建议平谷区将扶贫帮扶重点集中在产业扶贫上，立足商都区域优势、土地、电力和水资源优势，依托北京非首都功能疏解，加大产业转移力度，加强企业层面对接，搞点对点招商。参加座谈的平谷区委副书记、政法委书记李宝峰表示，要在医疗和教育方面形成长效帮扶机制，加强与商都县的合作，在社会扶贫方面要有新举措，努力发动更多的企业参与到商都的扶贫工作中。在与中国通用技术集团有关领导座谈时，县委书记靳前斌重点对商都县精准扶贫、“六个一”绿色农字号品牌培育进行介绍，并希望通用技术集团继续在商都县通用小学二期建设、医疗器械产业、绿色农畜产品生产加工输出、PPP模式建设“六馆合一”等方面加强合作。

在与大兴区、生命科学研究发展基金会和奥克兰防水科技有限责任公司、申安集团企业家座谈时，县委书记靳前斌分别就养老产业、科技扶贫和推进项目建设等方面提出合作建议。

【农产品营销市场对接】 3月1日，县委副书记、县长曹凯宏，副县长张云率农牧业局、经信商务局、招商局等相关单位负责人一行赴北京新发地农产品批发市场就商都县优质农畜产品在京拓展营销市场进行对接交流。先后参观北京新发地农产品电子交易中心、北京市菜篮子工程配送中心、全国名特优农产品展销中心、冷冻食品市场和肉类交易大厅等。参观结束后，双方进行座谈，分别向与会人员简要介绍双方发展概况。董事长张玉玺就新发地农产品批发市场的发展历史、发挥的主要作用以及今后发展规划进行详细说明。县长曹凯宏就商都县“十三五”时期总体发展规划和2016年主要工作目标，特别就下一步如何将商都县优质农畜产品在新发地批发市场做大做强的营销方向、在商都县建设新发地蔬菜种植基地和建设新发地农产品批发分市场等事宜进行重点介绍和交流。董事长张玉玺最后表示，商都县具有得天独厚的冷凉蔬菜种植优势，对优质农畜产品在新发地批发市场将作重点推荐销售，在商都县建设蔬菜种植基地和新发地农产品批发分市场有很大的合作空间，今后新发地将会更加关注和支持商都县经济社会发展，在农产品种植、销售等方面开展广泛交流合作，充分发挥各自比较优势，力争取得共赢的良好效果。

【招商引资推介会】 4月17日，由县委书记靳前斌，政协主席吕生金、县委常委、副县长王平率县委办、发改局、招商局、经信商务局、园区管委会、就业局等相关单位负责人在北京朝阳区召开“内蒙古商都县招商引资推介会”。县委书记靳前斌以“商道蕴商机，兴业在商都”为主题，在推介会上详细地介绍商都县历史由来、自然条件，着重介绍商都县在承接北京非首都功能疏解和产业转移优惠政策、资源、能源、土地储备等优势。在介绍今后如何发展时，提出要坚定不移打好三张牌，即“区位牌、资源牌、绿色牌”的发展思路。同时要立足丰富的农畜产品资源优势，顺应市场需求，围绕主攻“农”字号，做强“农”字号，坚持打草原牌，走特色路，做大做强“六个一”绿色农字号品牌，努力实现差异化竞争，错位化发展。并按照“围绕首都、依托首都、保障首都、服务首都、得益于首都、承接首都”的发展定位，紧盯首都大市场，加快承接非首都功能疏解和产业转移，使一批符合国家产业政策和商都特点的、有一定科技含量和发展潜力的企业在商都落地生根，开花结果。并就商都县优势储备项目对企业家们进行推荐。50多家企业负责人参会并踊跃发言，企业家们一致认为商都县在发展绿色农畜产品加工、冷链物流、矿产品加工等项目上原料充足，发展基础良好，双方在一、二、三产业上有诸多潜力巨大的合作项目，期待下一步对商都县进行深入考察并投资新建项目。

【扶贫工作对接座谈会】 9月1—4日，由县委书记靳前斌，县委副书记、县长曹凯宏，县委常委、副县长陈耀，县委常委、宣传部部长熊威率政府办、招商局、卫计局等部门负责人到清华大学与校务委员会副主任、原副校长张凤昌教授等校方领导座谈对接扶贫工作。座谈会上，靳前斌书记介绍商都县基本情况和扶贫工作现状，并希望清华大学对商都县扶贫工作给予大力支持与帮助。张凤昌教授介绍清华大学扶贫工作相关情况，并指出，清华大学承载着教育扶贫的重大社会责任，近年正在不断将教育资源无偿输送到贫困地区，校方愿意积极参与商都县扶贫工作。会上，双方就教育扶贫、医疗健康扶贫、产业扶贫三方面初步达成合作意向：医疗健康扶贫方面，借助清华大学附属医院先进的医疗水平，对商都县小儿先天性心脏病患者进行治疗；教育扶贫方面，通过在商都县设立教育扶贫现代远程教学站和派遣学员到清华大学校园参加培训两种途径，对商都县党政机关领导干部和教育系统师资队伍进行培训，提高行政管理能力和教育教学水平；产业扶贫方面，清华美院陶艺研究所对商都县陶瓷产业发展提供技术支持，帮助加大产品研发力度。其间与北京商都商会筹备组就北京商都商会成立前的各项准备工作进行商议，同时对下一步的招商引资工作做了具体安排。

【商都县与中国通用技术集团对口帮扶对接】 9月27—28日，由县委书记靳前斌率县委常委、副县长陈耀，政协副主席、财政局局长金建民，北大井村委会第一书记都吉波及县委办、扶贫办、招商局、职业技术学校等相关部门人员前往中国通用技术集团就对口帮扶工作进行对接。27日上午，在中国通用技术集团下属北京机床研究所进行参观并座谈，同时在座谈会上与刘炳业所长就对口帮扶职业技术学校及校企合作事宜进行洽谈。27日下午，在通用技术大厦316贵宾厅召开座谈会。会上，通用集团党组副书记、副总经理刘大山就下一步集团扶贫商都县的人员调整进行说明，帮扶工作将由总法律顾问吕国平接替之前负责的总经理助理李克全，并表示集团将一如既往地做好帮扶商都县工作。县委书记靳前斌首先就近年通用集团在援建商都通用小学、派遣优秀挂职干部等帮扶工作情况上进行详细介绍，对集团给予的帮扶与支持表示衷心的感谢，并就下一步集团对口帮扶工作提出具体建议：一是职业学校与机床研究所对接项目；二是拓展通用技术商都小学，最好在旧城区专门针对留守儿童建设；三是建设一个标准化足球场，选址在西大井回迁楼南侧、南湖公园西侧；四是商都县文体中心（六馆合一）建设项目；五是冷链建设；六是在北京加强宣传商都力度；七是医疗科技产业园方面与集团加强合作并进行推广；八是集团22家下属企业与商都县10个乡镇及有关部门、学校进行对接，将帮扶延伸到更深处，真正起到帮扶作用最大化。通用集团党组副书记、副总经理刘大山最后表示，通用集团积极响应党中央国务院号召，将对口帮扶工作当作一项政治任务来抓，责成相关部门按照能办即办的原则，认真梳理帮扶项目，完善帮扶计划。使此项工作任务明确，责任到位，确保对口帮扶工作取得新成果。

【文体中心项目合作洽谈会】 12月16日，商都县与中关村数字文化产业联盟召开文体中心项目合作洽谈会，初步达成共识，双方签订项目合作框架协议。发改委、规划、建设、教科体、文广、金融、科协等部门负责人参加会议。会议听取中关村数字文化产业联盟和县直有关部门负责人关于文体中心建设项目前期推进工作情况及下一步工作计划。会议指出，中关村数字文化产业联盟到商都县对接文体中心项目合作事宜，是加快推进项目落地建设的重要举措。商都县文体中心建设项目总占地面积351.15亩，总建筑面积为38344平方米，规划八大功能区：展览展示区、体育活动区、儿童游乐区、入口景观区、综合活动区、自然景观区、商业服务区、配套服务区。该项目采用PPP模式建设，项目建成后，通过政府购买社会服务的方式进行。中关村数字文化产业联盟是中关村管委会直接领导下的以文化与科技创新为主导的联盟，具有产业研究、资本对接、规划设计、园区建设、国际合作等多方面经验和优势。双方就文体中心PPP项目对接以来，中关村数字文化产业联盟前期工作细致规划，推进速度，为项目顺利推进奠定基础。会议提出，希望双方以该项目建设为契机，推动更深层次的合作，把中关村数字文化产业联盟的优势资源引进商都，为商都经济社会发展注入新动力。会议强调，商都县文体中心建设项目要尽快成立专门的协调工作机构，与中关村数字文化产业联盟进行对接，明确任务、落实责任，并聘请专家把关，完善相关手续，落实双方合作具体事宜，确保项目高效快速推进。

【重要事件】 3月1—7日，由市政府相关领导带队，市经信局、招商局、区域合作办和商都县主要领导组成工作组，赴北京市丰台区、通州区、顺义区、石景山区和昌平区就相关领域重点开展对接活动，加强乌兰察布市与北京市经济社会交流合作，积极承接北京非首都功能疏解和产业转移，推动京蒙对口帮扶合作持续深入开展。

3月10日—13日，乌兰察布市人民政府副秘书长魏斌带队，商都县农牧业局、招商局部门领导及鑫磊蔬菜科技公司负责人陪同前往山东省聊城市莘县就可溯源农业技术的先进经验进行考察学习。

3月15—17日，县委常委、副县长王平，县委常委、副县长吴亚军率经信商务局、园区管委会、环保局、招商局等部门负责人赴北京市房山区、丰台区就相关领域重点开展对接活动，加强商都县与北京市经济社会交流合作，积极承接北京非首都功能疏解和产业转移，推动京蒙对口帮扶合作持续深入开展。

4月7—8日，县委常委、副县长王平率经信商务局、发改局、招商局等部门负责人赴北京市丰台区就相关领域重点开展对接活动。

5月5日，县委常委、副县长王平率经信商务局、国土资源局、招商局负责人到北京市参加工信部举办的“2016中小企业信息化服务信息发布会”。在发布会上，商都县与北京网库信息技术股份有限公司成功签订“中国马铃薯产业电子商务基地项目合作协议书”。该协议的签订，为商都县打造在国内具有较大影响力的马铃薯产业集群电子商务聚集区和电子商务培训基地奠定基础。

6月3日，县委副书记、县长曹凯宏，副县长冀飞率农牧业局、招商局部门负责人到北京市开展招商引资活动。在北京大北农集团总部参观并听取负责人对集团公司的发展现状及远期规划介绍，在座谈会上成功签署微型薯种薯繁育基地项目。该协议的签订，可解决商都县马铃薯产业中单产较低、效益较差和微型薯长期供应不足的问题，对商都县发展马铃薯产业奠定基础。

9月5—7日，县招商局、工商联部门负责人带队到山东省淄博市参加第十六届中国（淄博）国际陶瓷博览会。本次博览会秉持“创新、绿色、开放”的办展理念，以陶瓷为纽带，共谋发展，展会融合中国陶瓷科技城、中国财富陶瓷城和中国（淄博）陶瓷产业总部基地三大展区，面积突破80万平方米，设置大师展区、陶瓷精品展区、玻璃琉璃展区、水火土网络商城、北方名优土特产全国巡展、论坛区等板块。商都县代表在淄博内蒙古商会的大力支持下，将商都县优质陶土原料进行参展宣传并取得好评，同时在博览会上发放宣传册300余份。

9月19—23日，由县委常委、常务副县长郭玉广，县委常委、副县长陈耀率招商局、经济信息商务局等部门负责人到江苏省常州市武进区就产业转移、商贸物流、对口帮扶等方面进行实地考察和对接。

10月10—13日，县委书记靳前斌，县委常委、县委办公室主任王再华，县委常委、常务副县长郭玉广，县委常委、组织部部长王倩影，以及县委办、组织部、招商局、民政局相关部门人员组成商都县党政考察团到河南省登封市、柘城县和山东省烟台市福山区进行考察。学习兄弟地区先进的发展经验，用以指导商都县经济社会发展实践，切实做好精准扶贫工作，如期实现稳定脱贫，促进全县经济社会跨越式发展。

12月1—2日，为全面发挥乌兰察布市在“一带一路”倡议中的区位优势，积极构建对外交流合作平台，拓展与珠三角地区的产业对接渠道，进一步壮大乌兰察布市产业发展基础，县委副书记、县长曹凯宏率发改局、招商局部门负责人参加由市政府在深圳市主办的乌兰察布 · 香港工商界项目对接会和2016年深圳（珠三角地区）乌兰察布招商推介会。市委副书记、代市长费东斌，市委常委、副市长韩军，副市长于海宇，副市长王国相，全国蒙商会秘书长宋和平，澳门内蒙古联合商会秘书长宋佳隆，广州内蒙古商会会长王金琳，浙江内蒙古商会会长郭万惠等出席会议。100多家深圳、香港等地区的企业负责人参加会议。会上，深圳、香港等地区相关企业代表介绍企业自身发展情况，表达在相关领域方面合作意向。商都县领导和部门负责人与企业互动交流，就相关项目进行推介，并成功在2016年深圳（珠三角地区）乌兰察布招商推介会上与深圳市美格尔医疗设备有限公司签订美格尔入驻赣商高新医疗产业园投产医疗设备项目。

12月27日上午，北京市建委党组书记、主任陈永杰，县委书记靳前斌，县委常委、常务副县长郭玉广，副县长刘瑞率规划局、招商局部门负责人及北京商都商会会长李夺在北京与中国城市科学规划设计研究院有关领导，就有关商都县城乡规划建设等事宜进行交流，并成功签订战略合作框架协议。双方准备在商都县组建城乡规划设计院（分院），为商都县城乡建设提供技术力量和咨询服务。同时聘请中国城市科学规划设计研究院院长方明为商都县城乡规划总顾问，聘请温骏骅为商都县村镇建设总顾问。

12月27日下午，县委书记靳前斌，县委常委、常务副县长郭玉广率招商局等部门负责人在北京市与北京鹿景苑投资管理有限公司就建设50万吨食用酒精项目进行洽谈，并成功签订战略合作框架协议书。

12月28日上午，北京内蒙古企业商会商都分会成立大会在北京国际饭店举行。会上，举行商都分会成立揭牌仪式，县委书记靳前斌在揭牌仪式上讲述商都县概况和历史沿革发展，详细介绍商都县的发展思路和发展定位，利用优越的区位优势、交通优势、资源优势和绿色优势，走符合商都县发展的特色化道路。同时充分肯定北京内蒙古企业商会商都分会的成立，在搭建北京市与商都县合作交流的“直通车”，为两地经济交流合作提供新的平台过程中的重要作用。

（张　雨）

审　计

【基本情况】 2016年，商都县审计局内设5个职能股室：办公室，财政、外资审计股，社保、农业与资源环保审计股，行政事业、固定资产投资及政府投资审计股，经贸和经济责任审计股，负责对全县10个乡镇、65个县直部门的审计监督。在职干部职工23人。

【审计成果】 2016年，审计局根据年初县委、县政府下发的审计工作安排，对重点领域、重点部门、重点资金加强审计监督。全年完成审计项目138个，比年初县政府下达的46项超额92项。其中：预算执行审计12个，乡财政决算审计3个，固定资产审计24个，行政事业审计7个，专项审计50个，经济责任审计42个。查出违规资金33万元，管理不规范资金77万元，为全县经济又好又快发展和廉政建设发挥重要作用。

【投资项目审计】 围绕项目建设，强化政府投资项目审计。严格执行县委、县政府对审计工作的要求，抓好审计时间、进度、质量三个节点。1.项目前期审计监管到位。注重审计项目决策立项的依法性，防止违反决策程序擅自立项的行为发生；注重审计项目构成的整体性，防止漏项现象发生；注重预算审核和勘察的实用性，努力为政府投资节约成本。2.项目招投标审计监管到位。加强招投标程序、环境和队伍监管，着重审计未进行预算审计进行了招投标的项目。3.项目审计方法到位。重点审查施工管理，严把费用发生、材料质量、高估冒算关；重点审查竣工结算，严把资金流向、隐蔽工程、资金效益关；重点审查结算发票，严把工程税收征缴和材料单价成本关，确保政府投资项目收益最大化。

【财政预算执行审计】 围绕资金安全，强化财政预算执行审计。按照《中华人民共和国审计法》《审计准则》的要求，1. 注重财政资金审计的完整性。把全部政府性资金纳入审计监督视野，分析各种财政资金关联度，揭示公共财政体系中存在的问题，促进提高公共资源配置使用率。2. 注重预算执行审计的真实性。从源头上把握财政资金分配、管理和使用情况，增加绩效评价份量，分析全部政府性资金的主要支出情况，推动优化财政支出结构；帮助领导掌握政府性债务、土地出让金、政策性资金收支情况，及时揭示存在的问题和风险；督促财政部门进一步细化部门预算，为本级政府加强财务管理和县人大常委会加强对本级财政预算执行情况监督服务。3. 相关项目审计的科学性。严格执行中央“八项规定”，加强对“三公”经费审计，进一步压缩非生产性开支；抓好非税收收入资金收支审计，全力维护财政资金安全。

【领导干部经济责任审计】 围绕权廉监管，强化领导干部经济责任审计。完善乡镇、县直机关单位主要领导审计制度，制定并完善经济责任审计计划，把各单位财务收支审计与经济责任审计结合起来；完善农村集体经济组织审计制度，推进村级财务管理规范化；完善绩效审计制度，将绩效审计融入经济责任审计中，防止“不求有功、但求无过”的“无为行政”，规避“政绩工程”、“形象工程”，遏制“杀鸡取卵”的短期行为。

【专项资金审计】 围绕保障民生，强化专项资金审计。2016 年，不断加大对“三农”、教育、卫生等民生资金的审计，保证党和政府的各项惠民政策落到实处。同时，用创新的思路推进工作结构调整，提高发展的层次和整体活力。财政审计、政府投资审计、经济责任审计、专项资金审计等各项审计工作都能够紧紧围绕县委、县政府中心工作服务，为全县科学跨越式发展发挥审计“免疫系统”功能。

（韩　剑）

统　计

【基本情况】 商都县统计局核定编制 19 人，其中：行政编 8 人，工勤事业编 3 人，地方社会经济调查队 5 人，统计执法大队 3 人。实有工作人员 14 人。

【统计报表】 2016 年，统计局努力克服工作人员少、专业多、业务量大等困难，按时、高标准、高质量地完成工业、能源、投资、基本单位名录库，农牧业、农村牧区“十个全覆盖”工程、贸易、服务业、人口、法制等 47 个专业的统计年报和定期统计报表工作；全市年终各专业评比中 10 个专业名列第一名，2 个专业名列第二名，5 个专业名列第三名，获奖专业总数排名第一。

【县域经济运行监测】 2016 年，全县地区生产总值完成 61.2 亿元，同比增长 6.9%，总量位居全市第八，增速位居全市第二；规模以上工业增加值增速为 7.6%，位居全市第二；500 万元以上项目固定资产投资完成 36.1 亿元，同比增长 11.9%，总量位居全市第八，增速位居全市第七；社会消费品零售总额完成 32.9 亿元，同比增长 9.2%，总量位居全市第三，增速位居全市第五；公共财政预算收入完成 2.0 亿元，同比增长 9.9%，总量位居全市第九，增速位居全市第五；城镇居民人均可支配收入完成 23769 元，同比增长 8.2%，总量位居全市第十，增速位居全市第一；农牧民人均可支配收入完成 8549 元，同比增长 7.9%，总量位居全市第八，增速位居全市第四；6 月末牲畜头数 701364 头只；全年粮食产量 8151.5 万公斤。

【统计改革工作】 圆满完成 2016 年自然资源资

产实物量变动表编制工作，通过自治区统计局和有关专家的认可；5000万元以上项目联网直报工作开展顺利，项目结转、入库工作有序进行；“三新”统计调查工作稳步推进；发放全市第一张“五证合一”“一证一码”营业执照。

【基本单位名录库建设】 2016年，完成全县法人单位、产业活动单位基本单位名录库的全面更新维护工作，进一步提高商都县名录库的真实性和准确性。全县新增“四上”企业7家，其中：规模以上工业企业2家，建筑业企业2家，重点服务业3家；4家规模以上工业因营业收入达不到规模，申请退库。全县“四上”企业已达47家，其中，规模以上工业企业31家，建筑业企业4家，房地产开发企业6家，批发零售和住宿餐饮业3家，重点服务业3家。

【第三次全国农业普查工作】 全市第三次全国农业普查工作会议之后，商都县人民政府于11月11日召开全县第三次全国农业普查工作会议，县人民政府与各乡镇人民政府签订农业普查责任状，要求乡镇人民政府确保普查工作落到实处，并要求各成员单位要各司其职，各负其责，通力协作，密切配合；普查经费全额拨付到位，普查物资、普查用表、宣传用品、PDA等全部发放到位；全县划分普查区223个、普查小区511个；选聘普查指导员126人、普查员511人；并开展对普查区、普查小区行政区划代码的编码工作；农普办与县委宣传部联合转发《国务院农普办、中共中央宣传部〈关于做好第三次全国农业普查宣传工作的通知〉》，拉开第三次全国农业普查宣传工作的序幕；广电局、报社利用新闻媒介播发《国务院关于第三次全国农业普查的通知》《全国农业普查条例》和第三次全国农业普查宣传标语、口号以及《农业普查，福到万家》宣传片；农普办编印《国务院关于第三次全国农业普查的通知》《全国农业普查条例》宣传单4万张，宣传画2万张；印制宣传条幅100条，粉刷宣传标语15条；制作宣传展板、录制音像资料，组成宣传工作小组，行程千余里，先后奔赴驻地之外9个乡镇计80余个自然村开展第三次全国农业普查下乡上门宣传动员活动；利用政府网站播发第三次全国农业普查访谈录；编发农业普查信息、简报30多条；选派8名普查指导员参加自治区举办的农业普查实施方案、数据处理培训；之后，县农普办组成培训小组分赴10个乡镇共16次对普查员、普查指导员进行清查摸底、入户登记表、数据处理的培训，参训人员达680多人次；采取“有户就查”和“有地就查”相结合的办法开展清查摸底调查工作，通过普查员实地走访普查小区内每一处住宅，对普查小区所有住户、农业生产经营单位进行摸底，汇总结果是摸底总户数100468户，其中农户登记对象41701户，规模户登记对象1519户，单位登记对象62个；为切实做好全县第三次全国农业普查工作，县农普办出台《PDA管理办法》《督导检查办法》《数据处理办法》，为依法普查、确保数据质量真实可靠、坚决打赢农业普查现场登记这一攻坚战奠定良好基础。

【全国人口变动抽样调查工作】 全国人口变动抽样调查工作涉及商都县4个乡镇、5个社区、9个调查小区、常住人口2590人。依据人口变动抽样调查方案及工作细则的要求，统计局制定《商都县2016年全国人口变动抽样调查方案》《商都县2016年全国人口变动抽样调查工作计划和进度安排》；按照上述方案和办法，专业人员进行调查小区抽样框的编制、摸底、抽样框数据的整理、录入，调查小区的划分、编码、绘图，PDA的注册、维护；调查员、指导员的选调和培训，开展调查摸底、现场入户登记、行业和职业编码、事后质量抽查等大量的工作，为全面掌握人口总量和结构等方面变化提供有力的数据支撑。

【企业“一套表”和联网直报】 在确保企业“一套表”顺利进行的同时，规上批零业、住宿餐饮业、乡（镇）卡、县卡相继纳入“一套表”调查范围、调查内容和联网直报平台并严格执行联网直报各项规定，保证企业独立上报，确保企业原始数据的真实准确。

【全方位统计服务水平提升】 全面加强对经济运行态势的分析、预测和预判，通过及时监测数据变化情况、编辑统计资料、撰写经济运行报告，努力提高统计服务水平。2016年，印制、发布《2015年商都县国民经济和社会发展统计公报》编辑出版《2015年统计年鉴》和《数说“十二五”》；撰写统计分析报告58篇、统计信息129篇、农业普查简报20篇、统计专报5篇、调研报告6篇，较好地发挥统计信息、咨询、监督的部门职能，提供优质的统计服务。2016年，统计信息总量在县政府网站得分排名第二，被评为2016年度商都县政府网站信息报送先进单位、市统计局综合信息和网站信息报送专业第一名。

【基层基础建设提升】 继续加强统计基层基础建设，始终坚持数据质量为本、基础建设为重，全面提升统计工作水平。2016年，结合第三次全国农业普查，安装网络防火墙，购置台式电脑3台、笔记本电脑3台、打印机4台、复印机1台，以及执法、照相、音箱设施等，统计基层基础、办公环境、现代化信息技术应用能力得到明显提升。

【统计依法行政和法制建设】 学习贯彻中央领导和上级党委、政府有关坚决防范遏制统计造假、弄虚作假而做出的批示和重要文件精神，积极参加自治区、市统计局举办的局长座谈会；配合市局开展第三产业统计执法检查；13名干部参加行政执法人员考试并取得行政执法证书；12月8日，农普办、统计局、调查队、七台镇共同举办《中华人民共和国统计法》颁布纪念暨第三次全国农业普查宣传日活动。县委常委、副县长张美，副县长、县第三次全国农业普查领导小组组长冀飞参加活动并现场向参加活动的农民群众发放宣传资料、解读《中华人民共和国统计法》以及第三次全国农业普查相关内容与知识，发放《中华人民共和国统计法》宣传资料2000多份，发放宣传品5000多份，为统计法制建设发展营造良好法治环境。为深入推进继续教育工作，保障企业“一套表”改革顺利实施，服务“四大工程”建设，6人次参加国家统计局基层统计人员基础班业务培训，4人次参加自治区统计局统计业务培训。

【统计信息化建设】 2016年，计算站机房又增设一套网络防火墙，加强内外网络的防护，“四级网络”畅通、安全且运行正常；为单位名录库的更新和维护以及第三次全国农业普查数据的传输、录入、修改、审核、汇总奠定坚实基础，为统计“四级”联网直报提供保障。

【精准扶贫工作】 “精准扶贫”工作开展以后，全体干部多次深入包扶点卯都乡西水泉村，到包扶贫困户家中进行对接并了解情况、查找贫困原因、探索致富途径，集中填写扶贫手册、三本账、台账和明白卡，测算人均可支配收入；协调有关部门为西水泉村投资15万元进行电网改造，为10户精准贫困户投资14.5万元建设棚圈10间290平方米；为卯都乡解决“十个全覆盖”工程资金5万元。

（李宝兵）

国家统计调查

【基本情况】 国家统计局商都调查队全队核定编制9个，在职干部9人。

【住户调查】 根据住户调查结果显示：全县2016年全体居民人均可支配收入为13645元，较2015年增长8.31%；其中：城镇居民人均可支配收入为23769元，较2015年增长8.16%；农村居民人均可支配收入为8549元，较2015年增长7.94%。

2015—2016 年商都县城镇居民人均可支配收入表

表 2

名　称 主要指标	城镇居民人均可支配收入		
	2015 年（元）	2016 年（元）	同比增减（%）
可支配收入	21975.00	23769	8.16
工资性收入	16075.00	16907.60	5.18
经营净收入	2031.03	2031.30	0.01
财产净收入	490.83	488.40	-0.50
转移净收入	3378.14	4341.70	28.52

2015—2016 年商都县农民人均可支配收入表

表 3

名　称 主要指标	农民人均可支配收入		
	2015 年（元）	2016 年（元）	同比增减（%）
可支配收入	7920.00	8549.00	7.94
工资性收入	719.08	601.54	-16.35
经营净收入	3627.24	5297.25	46.04
财产净收入	105.11	149.95	42.66
转移净收入	3468.57	2500.26	-27.92

【农产量调查】 通过对 7 个农产量抽样调查网点实地调查，小麦实割实测单产是 129 公斤 / 亩，其余农作物则采用全组预计方法预计产量。小麦单产采取实割实测后按全县播种面积推算，其余粮食作物（包括马铃薯）是调查估产后按全县播种面积推算而得。推算结果：全年粮食总产量预计是 9659 万公斤，油料作物（胡麻籽和油菜籽）总产量是 639 万公斤。

【重要事件】 5 月 17—19 日，县调查队队长李永杰、副主任科员闫旭岗和科员闫建霞在丰镇市参加乌兰察布调查队系统“两学一做”学习暨基层党组织建设工作会议。

12 月 8 日上午，县统计局、国家统计局商都调查队和七台镇政府联合开展“12·8”《中华人民共和国统计法》宣传活动，副县长张美和冀飞出席。

（邢　飞）

农　业

农牧业

【基本情况】 商都县农牧业局机关按规定应设立内设机构8个，实际设置6个。全系统总编制326人，实有在职干部职工217人，离退休人员205人。行政编制16人，工勤编制3人，实有工作人员15人，离退休人员44人。下设二级单位18个，其中准科级全额拨款事业单位2个，股级全额拨款事业单位14个，差额拨款事业单位2个。事业单位编制307人，实有202人，离退休人员210人。

【主要生产目标完成情况】 2016年，全县农作物总播面积10.3万公顷，其中粮食作物7万公顷，在粮食作物中，马铃薯播种面积3万公顷，脱毒马铃薯覆盖率达到100%。全县冷凉蔬菜种植达到8667公顷，其中设施蔬菜面积1400公顷。甜菜种植面积9333公顷。全县家畜存栏70.14万头（只）。其中奶牛存栏9125头，肉牛存栏9270头，生猪存栏6.6万头，肉羊存栏61.7万只。

【农牧业重点项目推进】 根据县委、县政府统一安排部署，2016年，进一步加大对农畜产品生产、加工、销售企业的协调服务，力促新建项目开工建设，续建项目尽早建成投产。全县完成重点项目总投资4.15亿元，涉及新建项目3个，续建项目4个。1.雏鹰集团股份有限公司生猪产业化养殖基地项目（新建）。计划总投资15亿元，建设年出栏百万口商品猪生产基地和年加工40万吨饲料加工厂1处。2016年，6个养殖区全部开工建设，已完成大黑沙土镇头号村种猪繁育场和四台坊子村种猪保育场猪舍主体工程，完成投资0.71亿元。2.佰惠生糖业公司原糖加工项目（新建）。建设原糖加工生产线1条，新增年加工原糖能力20万吨，完成投资0.36亿元。3.申安农业开发公司商都特色科技产业项目（新建）。计划总投资12亿元，建设果蔬加工车间23.7万平方米，购置安装生产线5条及LED现代农业种植示范园区和相关配套设施。完成生产车间建设8300平方米，玻璃智能温室正在建设，完成投资2.15亿元。4.鑫旺通食品公司1.5万吨葵花加工及800吨小食品系列产品加工项目（续建）。2016年完成加工车间、原料库、成品库等续建工程及设备安装调试，完成投资500万元。5.溢源醋业公司年产1.2万吨马铃薯营养醋加工项目（续建）。2016年完成购置安装制醋生产线4条及3400平方米附属设施，完成投资0.5亿元。6.腾博生态养殖公司生态养殖示范园建设项目（续建）。2016年续建禽舍4万平方米，办公用房5000平方米，新增种鸡6.3万只、种猪360口，完成投资0.78亿元。7.腾昕蔬菜仓储公司仓储物流项目（续建）。2016年续建保鲜库6000平方米，围墙1000延长米，正在安装保鲜库控温设备，完成投资0.5亿元。

【农畜产品质量安全属地监管】农牧业局在不断强化农畜产品检验检测体系建设和监督管理体系建设的基础上，进一步加大属地监管工作力度，结合落实市委、市政府创建食品安全示范城市有关措施，全力开展全区农畜产品质量安全监管示范县活动，取得阶段性成果。1. 强化组织保障。县政府制定《商都县2016年创建自治区农畜产品质量安全监管示范县工作方案》，同时成立由县长任组长的农畜产品质量安全监管工作领导小组。农牧业局制定《2016年农畜产品质量安全管理工作实施方案》，将工作任务按业务职能落实到相关二级单位。2. 强化机构建设。一方面重点对县质检站进行升级改造，同时加强各乡镇站建设，使县、乡两级农畜产品检验检测体系逐步完善。另一方面，成立农畜产品质量安全监督管理股，专门负责监管工作组织协调，量化责任目标，把各项工作任务落实到位。3. 筑牢农资市场监管防线，强化农畜产品质量源头管理。针对全县农牧业生产投入品市场特点，先后制定《重要农资商品索证备案制度》《种子留样备查制度》《农药安全管理制度》等规章制度，通过健全制度，构筑规范市场管理防线。认真开展农资市场清查，建立登记备案记录。对农资经销人员实行持证上岗。全面建立各经营门市部进销货台账，加强日常监管。开展放心农资店评选活动，树立典型，引导经营行为和有序规范发展。4. 全面开展农畜产品检验监测，确保上市产品质量安全。在监管工作中，强化对农畜产品生产过程中投入品的检验监督，如化肥、农兽药、违禁药品及饲料添加剂等。强化对农畜产品上市前的检验监督，重点开展蔬菜农药残留及污染检验检测和畜禽及其产品产地检疫、屠宰检疫。强化土地重金属、地膜和规模养殖企业畜禽粪便无害化处理等农牧业面源污染进行监测。5. 动物疫病防控。狠抓以重大动物疫病防控为主的动物疫病免疫、疫情监测、畜间布病溯源灭点等工作，坚持开展春秋两次动物防疫灭病大会战。全县国家要求强制免疫的六种疫病免疫密度均达100%；适时开展有关流行病学调查和免疫效果监测，为科学防控提供依据。同时继续加大对各类违法经营行为的打击力度，规范市场经营秩序，保证全县畜禽及其产品质量安全。

【新品种、新技术引进】2016年，引进马铃薯新品种20个，种植试验示范田3.3公顷；引进马铃薯全覆膜垄上播种机1台，种植马铃薯旱地垄上微沟集雨增墒栽培示范面积34.7公顷，试验结果在正常年景亩产可达1.5—2吨；与国家农科院合作，应用测土配方—生态平衡施肥专家系统，为1333公顷地块生产智能配方肥2000吨，用肥量较往年减少15%，起到节本增效作用，为全县2020年实现化肥零增长探索出一条新途径；引进藜麦品种2个，试验面积6.7公顷，燕麦品种9个，试验面积15.3公顷，为调整种植业结构、拓宽农产品供给渠道奠定基础；推广蔬菜膜下滴灌水肥一体化种植模式10.7公顷，比畦灌种植增产16%，节水50%，节肥45%，减少农药用量40%，节省劳力15%以上；开展蔬菜机械化定植试验，为蔬菜大面积机械化定植积累经验。在完成国家级蝗虫、草地螟、菜娥、马铃薯晚疫病和农区鼠害等监测点常规监测任务的同时，与市植保站和内蒙古农业大学联合开展马铃薯土传病害防治试验、示范工作，共试验16个类别，处理示范面积4000亩，将单一防治措施优化为集成可行、便于推广的综合防控技术，对马铃薯、甜菜、西芹等不同作物土传病害防治效果均达65%以上。在做好牛冷配、羊人工授精和规模化科学饲养技术推广应用工作的同时，重点在七台镇田家社区、八苏木村和十八顷镇十八顷村、大黑沙土镇八角淖村新建猪人工授精站4处，为规模养猪场节约种公猪饲养成本、提高母猪繁殖率提供技术支撑。

【农牧业科技培训】农牧业部门充分发挥科技培训主要职能，农广校以现有设施设备和师资为依托，同时聘请市、自治区专业部门和院校专家教授为客座老师，利用冬春农闲季节集中组织开展各类技术培训班5期培训580人次；利用田间学校培训农牧民3120人次，发放技术手册15000余册。

【农畜产品质量安全县创建】 商都县自2015年8月全面启动自治区农畜产品质量安全县创建工作以后，通过加强组织领导，落实工作责任，健全监管体系，推行网格化监管，达到“五化”标准和“五率先”要求，全面完成自治区农畜产品质量安全县创建各项工作目标，2016年11月15日，被自治区农牧业厅认定为自治区第三批农畜产品质量安全县，并被批准推荐为第二批创建全国农产品质量安全县。

【可追溯体系建设】 为把好农畜产品质量安全产地准出关，实现农畜产品从农田到餐桌的可追溯，进一步规范全县规模种植养殖企业（合作社）的生产行为，增强生产经营者诚实守信的意识，提高追溯企业品牌的知名度，在市、县政府高度重视和业务部门指导下，截至2016年年底，已有宏达农贸、希森种业、乐耕食品、中地牧场、腾博养殖、丰收养殖合作社、柒玖山鼎种养殖专业合作社、县种畜场8家企业、合作社进入自治区农畜产品质量追溯信息平台。

【电商平台建设】 商都县自获批国家级电子商务进农村项目后，于2016年12月正式启动建设全县农村电子商务项目。在一个月时间内销售农畜产品6000多单，实现销售额64万元。绿娃公司、鑫磊合作社的甜瓜、南瓜、马铃薯、时鲜蔬菜、粉条、杂粮杂豆等特色农畜产品远销大江南北，开辟了商都县农畜产品销售的新途径，实现新突破。

（陈树秉）

林　业

【基本情况】 商都县林业局下设局机关、森林公安局、园林局、规划验收办公室、林业工作站、种苗站、森林病虫害防治检疫站、森林草原防火指挥办公室、禁牧办、公益林站、机械化林场、中心林场12个机构，编制数219个，编制内人数188人。

【林业概况】 2016年，全县森林覆盖率达到25%。林地总面积196523.3公顷，其中：有林地22807.3公顷、疏林地971.4公顷、灌木林地84749.1公顷、未成林造林地14855公顷、苗圃地37.9公顷、无立木林地9932.8公顷、宜林地62735.6公顷、辅助生产林业用地434.2公顷。

【国家重点林业工程项目】 2016年，完成上级下达的10.475万亩造林任务，并通过自治区检查验收，其中：京津风沙源治理工程4.1万亩，巩固退耕还林成果工程6.375万亩。

【重点区域绿化】 2016年，全县重点区域绿化面积1.15万亩，总投资7205万元。其中：城镇周边绿化0.9万亩，投资2385万元；村屯绿化0.1万亩，投资870万元；通道绿化0.1万亩，投资800万元；种苗繁育0.05万亩，投资150万元；城镇绿化投资3000万元，对重点地段进行景观改造和补植补造，成功创建自治区级园林县城。

【义务植树】 2016年，全县义务植树绿化面积1200亩，栽植山桃、山杏近1.2万株。

【军民共建义务植树基地】 北京军区和内蒙古自治区党委、政府从2008年开始利用5年的时间，在商都县建设绿化面积5.5万亩，栽植各类树木260万株，建成东西长35公里、南北跨度9公里的绿色屏障。为使军民共建义务植树基地的绿化成果得以进一步巩固，筑牢祖国北疆生态屏障，基地后期抚育管理每年需投入资金2000万—3000万元。2016年，基地抚育管理全年投入2000多万元，补植15000株，浇水3次，建设防火隔离带6.3万米，新挖防护埂2.6万米，对1500多座坟墓进行除草，出动3台车辆进行为期2个月的病虫害防治。

【林地林权和林木采伐管理】 在林地林权管理方面，集体所有的林地绝大部分已经林权改革产权到户，并登记造册，核发证书。按照上级统一要求，林业局成立林权管理服务中心，具体负责全县林地权属的登记和动态管理、林权流转管理、林权抵押管理、森林资源资产评估服务等工作。林权证发证管理工作由县不动产登记中心负责，不动产登记中心与林权服务中心正在接轨。在林木采伐管理方面，商都县全面禁止林木采伐。

【森林草原防火】 加大宣传力度，在“防”字上狠下功夫，利用春节、元宵、清明节、七月十五、十月初一这些重要节点，大力宣传《内蒙古自治区森林草原防火条例》，全年出动车辆160余台次、2300余人次，发放宣传品12000余份，并利用广播、电视、手机短信平台、微信等新媒体形式，扩大防火宣传的力度和广度，进一步提高群众的防火意识。严格落实责任，落实行政首长负责制，严格执行24小时防火值班制度，“12119”报警电话24小时畅通，防火办分三班对军民共建义务植树基地及重点生态项目区实行无死角不间断巡逻，同时协同各乡镇半专业扑火队和护林人员加强野外用火管理，禁止火种带入林区，杜绝火灾隐患。强化设施配套，防火办配备8吨消防水罐车1辆、4吨消防水罐车1辆、运兵车3辆、风力灭火机176台、2号工具783把、对讲机25部；国家林业局批准的全县军民共建义务植树基地的防火项目建设已初步完成，视频监控系统实现对军民共建义务植树基地监控的全覆盖。

【禁牧工作】 县人民政府与乡镇政府、乡镇政府与村委会层层签订禁牧责任状。建立领导包片、一般干部包村的责任制，充分发挥乡、村和护林员三级管护网络的作用。加大宣传力度，刷写标语100余条，出动宣传车80余台次、600余人次，发放宣传单3万余份、禁牧舍饲工作法律法规材料汇编100余本，解答群众咨询100余条。同时，禁牧办在主要公路两侧、重点项目区树立禁牧标语牌，确保禁牧舍饲人人皆知。加大督导巡查力度，充分发挥森林公安分局、水保站、草原站以及各乡镇禁牧执法队伍的职能作用，加大执法力度，规范执法程序。

【森林保险及森林病虫害防治】 2016年，病虫害灾情发生后，及时组织技术人员在军民共建义务植树基地、城镇街道、乡镇重点防护林进行为期2个月的打药灭虫行动，喷洒农药5吨，有效遏制虫害的蔓延。秋季全县又遭受严重旱灾，依程序向上级部门报灾，市森林保险公司经过实地勘查，理赔金额278.8万元，全部用于灾后治理和恢复，并通过市、自治区两级专项验收。

【涉林案件查处】 根据《自治区林业厅关于开展清理整治非法侵占国有林地专项行动的通知》《商都县人民政府关于开展清理整治非法侵占和破坏林地专项行动的通知》精神，及时开展打击非法侵占林地专项行动。结合“利剑行动”，通过强化宣传教育，深入摸底排查，依法严厉查处、打击违法犯罪等手段，进一步保护全县的森林资源。截至年底，出动警车1600多辆次，出动警力3500余人次，悬挂标语横幅12条，发放宣传资料1万余份，手机微信发送2000余条。查处涉林案件330起，其中：刑事案件26起，行政案件304起。刑事案件均为非法占用农用地案，法院已做出判决1起，侦查终结移送检察院起诉未做出判决6起，犯罪嫌疑人已死亡撤销案件1起，立案仍在侦查中18起；行政案件中，盗伐林木案9起，擅自改变林地用途案件25起，毁坏林木16起，禁牧区放牧案件254起。

【野生动植物保护】 进一步完善“三情”（山情、林情、社情）“四网”（群防群治网、边界联防网、案件协查网、情报信息网）建设，以“三情”为基础，对破坏森林和野生动植物资源的违法犯罪人员进行登记。开展保护候鸟迁徙专项行动。加强对野生动物栖息地的巡护，加大对饭店、农贸市场、驯养繁殖场、重要交通线路的检查力度；深入基层走村入户进行宣传，积极引导群众自觉抵制使用、食用野生动物及其制品，让群众认识到生态环境的重要性，在全社会形成爱林护林和保护野生动植物资源的良好氛围。

【国有林场改革】 根据内蒙古自治区党委、自治区人民政府《关于印发〈内蒙古大兴安岭重点国有林区改革总体方案〉和〈内蒙古自治区国有林场改革方案〉的通知》、乌兰察布市人民政府办公厅《关于贯彻落实〈内蒙古自治区国有林场改革方案〉的意见》精神，结合全县实际，制订并印发《商都县国有林场改革实施方案》。截至年底，林场已完成公益属性事业单位定性和定岗定编，其余改革事项正在稳步推进。

【自治区级园林县城创建】 2016年，全县重点区域绿化面积1.15万亩，总投资7205万元。其中：城镇周边绿化0.9万亩，投资2385万元；村屯绿化0.1万亩，投资870万元；通道绿化0.1万亩，投资800万元；种苗繁育0.05万亩，投资150万元；城镇绿化投资3000万元，对重点地段进行景观改造和补植补造，成功创建自治区级园林县城。

（梁　伟）

园　林

【基本情况】 商都县园林局是2015年12月在撤销原商都县园林绿化管理办公室的基础上，组建成立的准科级全额事业单位，隶属于商都县林业局，人员由林业局内部和城管局调剂组成。核定编制36人，其中设局长1人，专业技术人员25人，其他相关技术人员8人。园林局有在职工作人员34人，其中局长1人，副局长2人，有专业技术人员12人，其他相关技术人员19人，其中具有林业工程师职称的2人。设职能部门5个：办公室、街道绿化管理所、南湖公园管理所、水漩公园管理所、府前祥和广场管理所，其中办公室负责全县建成区园林绿化规划，4个绿化所负责园林绿化施工和养护管理等工作。

【园林绿化现状】 商都县以打造“宜居、宜业、宜游”的生态型城市，以改善城市生态环境、建设良好人居环境为总体要求，加大城市绿化建设规模和投资力度，加快建成区园林绿化建设步伐，不断提高县城园林绿化总体水平。按照“以人为本、方便市民、布局合理、功能完善”的原则，加大绿地建设力度，截至2016年年底，建成区面积17.17平方公里，城市常住人口10.5万人，建成区绿地面积568.88万平方米，绿地率为33.13%，其中公园绿地面积为176.29万平方米，城市人均公园绿地面积16.79平方米，建成区绿化覆盖面积606.44万平方米，绿化覆盖率为35.32%。

【自身建设】 以“抓班子、带队伍、树形象”为切入点，以开展“两学一做”学习教育和党员评星定级活动为契机，通过抓管理促落实，广大干部职工作风进一步好转。1.深入开展“两学一做”学习教育和党员评星定级活动。紧紧围绕“学党章党规、学系列讲话、做合格党员”主题，制定学习计划，利用集中学习、专题党课、学习研讨等形式，抓好学习教育。2.充分发挥党组织和党员的先锋模范带头作用，在园林绿化重点工程等工作中，比服务比贡献，带头自律树形象，带头承担急、难、险、重任务，为全局重点工作的推动发挥积极作用。2016年，累计集中学习40次，组织专题学习会议10次。2016年，园林局党支部被林业局党委评为“一类支部”。

【公园广场绿化美化建设】 全力完善南湖公园、水漩公园、祥和广场和府前游园等重点公园、广场绿化、美化、硬化、亮化工程。投资2100多万元，对南湖公园部分节点进行改造提升，栽植各类苗木3.8万株，培植绿篱9218平方米，并新建停车场2处；投资70多万元，在府前游园建设凉亭2座、花架200延长米，并实施拆墙透绿工程，拆除护栏340延长米；投资70万元，对公园、广场的亭、廊、阁进行重新涂刷，增设100套休闲座椅，同步安装游览指示牌；积极争取相关部门支持，在公园、广场、游园实施景观灯工程，在祥和广场新建水冲厕所1座，在南湖公园和水漩公园安装音柱7套、景观石3块，新建维修南湖公园部分地埋管道，对南湖公园、水漩公园、祥和广场的活动场所和花池、文化墙进行维修。

【城镇景观通道工程】 坚持“修好一条路、绿化一条路、路树相配套”的原则，投资830万元，在105省际通道两侧栽植宽度各5米的绿篱带2000延长米。投资700万元，对七台大街两侧绿化长度2160延长米的原有绿地进行改造提升；投资170多万元，对城镇20条街道共1990株苗木、3700平方米绿篱带进行补植补造。县城基本达到步步见绿、路路有景、绿化层次丰富、植物景观优美、迎宾气氛浓郁的景观性道路。

【城镇“绿园”工程】 以满足居民“看到绿色、闻到花香、享受绿荫”为目标，借助县直机关单位包联小区契机，广泛开展“园林式单位（小区）”创建评比活动。2016年，县第三中学和第四中学被授予市级“园林式单位”荣誉称号。

【自治区园林县城创建工作】 创建自治区园林县城作为县委、县政府“三大战略”之一，是提升城市形象、推动绿色发展的龙头引领工程。园林局作为创园牵头部门，大力协调创园领导小组成员单位，加快创建步伐。2016年，被自治区住建厅授予“园林县城”荣誉称号。努力做好园林管养工作，坚持以“三分建、七分管”的理念为指导，以园林绿化精细养护管理为准则，建立健全《商都县园林管护及考核标准》等相关考核制度。灌溉、修剪、除草、防虫、施肥，确保林木旺盛生长和园林艺术完美。园林工人每天平均工作10小时以上，公园、广场、游园和行道树及绿化带，2016年，平均灌溉6次、修剪4次、除草4次、施肥2次、喷药2次，投资180万元。进一步提升城市品位、优化城市人居环境。在镇内各重要节点处摆放花架8处，弥补立体绿化的空白；在旧城区摆放花箱66个，使旧城区居民共享创园实惠。督促创园相关责任单位，加大单位、小区增绿、补绿、硬化、美化工作。7—9月，园林局每两天对创园所评审的检查点督查一次，并将督查情况以短信的方式发送到创园领导小组组长和副组长。加大创园宣传力度，为使创园工作深入人心，园林局联合团县委在全县各中小学开展“创建园林县城”演讲比赛活动；联合县文广局拍摄《创建园林县城，告别不文明行为》专题片；制作大型宣传牌6块、中小型宣传牌62块、悬挂宣传横幅10条，发放宣传资料3000余份，切实增强全社会做好创建自治区园林县城的自觉性和积极性，营造创园氛围。严格按照创园标准，开展创园档案资料收集管理工作。2016年3月以后，园林局协调召开创园档案资料收集管理工作专题部署会议，帮助创园成员单位收集、整理、归类、审核各类软件资料，并聘请市创园专家先后三次修改把关创园资料，确保创园档案资料齐全和规范，达到上级考核验收标准。截至2016年年底，全县建成区绿地率33.13%，绿化覆盖率35.32%，人均公园绿地面积16.79平方米，居民对园林绿化满意率达到84%。基本实现“开窗见绿色，出门赏园林”的城镇美景。做好古树名木后备资源保护工作。古树名木是活文物，是不可再生的宝贵资源，体现一个城市的文化和文明。园林局对七台镇建成区内树龄在50年以上的树木进行普查，通过走访老人、查阅县志，认真做好古树名木后备资源的普查，对古树名木后备资源逐株拍照存档，建立健全古树名木后备资源的档案。经普查，商都县中心城区有古树名木后备资源26株。同时，做好保护工作，并定期巡查。

2016年12月28日，内蒙古自治区住房和城乡建设厅发出《关于命名2016年自治区园林城市和县城的通报》命名商都县为内蒙古自治区园林县城。

（郝　凯）

水　利

【基本情况】 商都县水利局下设二级单位13个，分别为商都县水土保持工作站、商都县水政水资源管理办公室、商都县水利管理站、商都县水利工作队（农村饮水安全工程管理站）、商都县地下水勘探队、商都县水土保持监督检查站、商都县水利防汛抗旱服务队、商都县八股地水库管理所、商都县三面井水库管理所、商都县不冻河水库管理所、商都县水利物质调动中心、商都县生态移民区供水管理所、商都县水库移民后期扶持政策工作办公室。2016年，商都县水利局成立水质检测中心，其中水质检查中心担负对全县水源地水质检测和农村饮用水检测。2016年，在职干部职工137人。

【农村饮水安全全覆盖工程】 按照“十个全覆盖”工程要求，在全县10个乡镇实施农村饮水安全工程。新建农村饮水安全工程20处，续扩建20处，投资545万元；乡镇续、扩建农村饮水安全工程108处，水利部门提供材料，投资150万元，投资总计695万元。

【京津风沙源治理工程】 商都县2016年京津风沙源治理二期工程位于卯都乡三面井村，小流域综合治理面积8平方公里，其中水保林治理面积4.8平方公里，封禁治理面积3.2平方公里，水源工程32处，节水灌溉工程20处，新增节水灌溉面积0.84平方公里。总投资580万元，其中国家投资412万元，地方配套资金168万元。

【巩固退耕还林基本口粮田建设项目】 2015年，巩固退耕还林基本口粮田建设项目计划投资891万元，新建节水18000亩，实际完成18000亩，结算投资891万元。

【抗旱应急水源工程】 投资934万元，在大库伦乡八股地水库下游新建面积90亩的蓄水池，可灌溉农田2000亩。投资1002万元，实施不冻河水库补水工程，建设内容包括疏通河道4公里（白脑包—壕欠段），修建护堤3公里。投资641万元，在三大顷乡李家村、三虎地村实施抗旱应急水源工程，主要解决长盛工业园区和周边村民生产生活用水问题。

【坡改梯项目】 卯都乡项目区建设规模为新增水土流失综合治理面积555.56公顷。其中水平梯田474.26公顷，坡式梯田81.3公顷。配套田间植物护埂24.16公顷，修筑谷坊77座、截水沟8.9公里、田间道路13公里、标志牌3座，新打配套机电井8眼，安装变压器4台，架设低压线路1430米，铺设低压管道6379米，发展节水灌溉面积43.89公顷。项目批复总投资为1250万元，其中国家专项资金1000万元，自治区配套资金125万元，市县配套资金125万元。

【不冻河水库水利风景区建设】 2016年主要建设内容：投资200万元，实施景区亮化工程（2015年年底由县城建局统一招标，2016年实施）；投资368万元，建设道路3公里（水库移民道路工程），连通景区和城区。继续实施空档绿化工程。

【清洁型小流域治理工程】 商都县不冻河生态清洁小流域工程位于商都县七台镇不冻河，新增水土流失治理面积20平方公里，其中综合治理区营造水保乔灌混交林86.4公顷，灌木林293.6公顷，封禁治理1600公顷，设网围栏16000米，修筑工程景观路7300米，河岸土石方整治防护1000米，平整治理14.5公顷，增设垃圾桶35个、宣传牌1个、标志牌5座、小型宣传栏8块、移动宣传展板5块。总投资1000万元，其中国家投资700万元，地方配套资金300万元。

【防汛抗旱工作】 为防止汛期发生较大的洪涝灾

害，水利局抽组专业技术人员进行汛前检查，为排除洪涝隐患，投资80万元，在大黑沙土镇治理河道1.5公里，在屯垦队镇石正发村治理河道3.5公里。投资50万元，对不冻河水库库区进行整治、清淤、防渗。制订防汛工作方案，提高防汛思想意识，完善重点库灌区、险工险段防汛责任制，并在防汛工作中实行行政首长负责制。落实工程的防汛度汛方案、通讯保障、抢险队伍、防汛物料的准备、抢险应急方案。执行24小时值班制度，确保汛期通讯畅通，指挥不失控，安全度过汛期。同时，做好抗旱工作。

（袁　昇）

农牧业机械管理

【基本情况】 商都县农牧业机械管理局内设办公室、农机技术推广站、农机监督管理站、农机产品质量投诉站。核定事业编制46人。其中：专业技术人员编制30人，其他人员编制16人。核定科级领导职数3人（1正、2副）。商都县农机监理站为农机局所属股级事业单位。核定事业编制17人。其中：专业技师人员编制12人，其他人员编制5人。核定股级领导职数2人（1正、1副）。

【农机化发展】 2016年，全县农牧业机械总动力达25.0692万千瓦，比2015年增长2.7%；农用拖拉机拥有量达到11069台，比2015年增长3.4%，其中大型拖拉机3316台，各种配套机引农机具达到6793余台；其中精少量播种机910台，饲草料及农作物秸秆加工转化机2318台，农副产品加工机械1162台，农用排灌机械5818台；其中节水灌溉机械1138台（套）。

2016年，全县完成机耕面积8.2万公顷，其中机械化深耕5.6万公顷；完成机播面积8.17万公顷，其中精少量播种3.7万公顷，免耕播种4000公顷，机械深施化肥2.27万公顷，机械化深松整地项目1000公顷；新增大型深松机6台，秸秆还田完成2000公顷，机械收获完成5.6万公顷。农机技术培训2675人次，其中新培训驾驶员180人，拖拉机上户率达到75%，拖拉机检验率达到75%，均超额完成上级下达的责任目标。

【农牧业机械化推进】 2016年，贯彻学习中央、自治区及市有关农村、农民、农牧业等一系列文件方针、政策和县委全委（扩大）会议精神，紧紧围绕县委、县政府提出的农村经济的发展思路，把优化农机装备结构、提高农机装备水平作为工作重点，抓住国家高度重视“三农”的政策，积极引导调动农民、农机户及农机服务组织购置先进的农牧业机械积极性，增加投入，加快大、中型现代农机装备的发展步伐，逐步解决“三多三少”（即动力机械多、配套农具少，小型机械多、大中型机具少，低档次机具多、高性能机具少）问题，2016年，全县新增新型拖拉机373台，其中大型195台，新增各种配套农机具486台（套）。农机拥有量和配套比都有新的提高。

【高效农机服务】 围绕农牧业结构调整，提供高效的农机服务。围绕农作物生产组织开展农机新技术入户服务。在丘陵农作区开展以深松免耕播种为主要内容的旱作农业节水技术服务，在地型较平整的农作区开展以精少量播种、化肥深施为主要内容的节本增效的技术服务，总实施面积89.3万亩。不断探索，围绕设施农业开展机械化作业服务，以减轻农民劳动强度、降低生产成本为目标，收到较好的效果，深受农民的欢迎。围绕农牧业生产开展转化技术服务，全县新增饲草料加工机械318台，有效服务畜牧业发展。

【农机服务产业化】 坚持以建龙头、抓大户、扶持合作经济组织为主要措施，加快农机服务产业化、社会化进程。巩固发展龙头服务组织，龙头企业分别新增联合收割机、圆盘耙、旋耕机、精量播种机、深松机等，实现耕、种、播、收等农机系列化作业。扶持农机合作组织，在完善提高小海子贺少平等13个农机专业合作社的基础上，又指导组建商都爱忠农机专业合作社、义达农牧机械专业合作社、成研农机专业合作社，总投资87万元。培育发展农机大户，使他们成为农机作业、农机新技术推广应用主体。全县农机大户发展到580户，其中固定资产20万元以上的有420户，10万以上的有160户。

【农机项目区建设】 2016年，把保护性耕作项目做为重点工作来抓，紧紧抓住国家重视农业、加大农业投入力度的有利时机，认真做好项目的前期准备工作，力争做好、做强、做大。使项目区的综合机械化作业水平大幅提高，达到节本增效、增产增收的目的。

【农机执法】 加强农机执法，确保农机安全生产。强化农机市场管理，积极开展打击制售假冒伪劣产品的违法活动，净化规范农机市场秩序，保护消费者的合法权益。

【安全生产教育】 2016年，以年检审为手段，把安全生产安全宣传到每一个农机使用者，提高驾驶操作人员的自律意识、安全意识、遵纪守法意识，确保安全使用操作。开展以打击“黑车非驾”（指无牌照行驶的机动车辆和无驾驶证人员驾驶操作机动车辆的行为）为内容农机安全生产整治活动，清理“黑车”380台，纠正违章500多次，发放安全生产宣传材料4800份，张贴反光标识1300米，全年没发生农机安全生产事故。加强农机监理队伍建设，学法懂法，依法行政，严格执行各种规章制度，礼貌待人，树立良好执法形象，全年没发生执法违纪案件和群众投诉事件。

【农机服务模式转变】 由过去一家一户的小农机、自我服务的耕播收服务模式逐步转变为大农机、产业化的经营模式，农机大户、农机合作社成为农村牧区经济发展新的增长点，增强农机对农艺的引领作用，促进全县农业产业结构的优化和主导产业的发展，提高农民经济收入。到2016年年底，全县各类农机合作组织达16个，农机大户达580户（资产25万元以上），农机化示范园区达到2个。

（王惠远）

气　象

【体制改革】 深化旗县气象综合业务一体化改革。气象台和气象防灾减灾两个事业单位法人开始登记注册，落实岗位职责和考核办法。建章立制，强化气象台基础保障功能，发挥气象台预报预警作用，加强两个事业单位左右联系，相互配合，做好地方气象防灾减灾工作。进一步明确事业单位人员岗位责任，局领导班子成员重新工作分工，落实责任到人到岗。突出社会化管理职能，由一把手负责，加强法制培训，开展法律法规集体学习两次，5名执法人员参加县法制办《中华人民共和国行政诉讼法》考试，完成执法人员执法证年检和新证办理工作。参照市气象局行政权力责任清单，制作完成商都县气象局行政责任清单。

【气象服务】 深度融入和服务经济社会发展大局。开通气象防灾减灾决策服务微信平台，主要以新媒体和村村通广播为传播手段。加强与农牧局、科技局服务合作，建立专家联系制度，争取1名气象职工纳入县级科技专家团队，邀请商都县马铃薯和糖菜农业专家各1人，参与制作马铃薯和糖菜专项气象为农服务产品，提高农业服务产品科技含量。加快推进气象防灾减灾信息平台研发。进一步加强与农牧局、科技局服务合作，开展多部门联合会商，制作马铃薯和糖菜专项气象为农服务产品，提高农业服务产品科技含量。协助县环保局制作2015年全县环境评估、协助县林业局编写2015年旱灾报告、协助县统计局编写2015年商都县年鉴和为地方企业提供气候评估。

安排1名工作人员进驻县政府城乡居民服务中心大厅，开展气象行政审批工作。

【现代化建设和防灾减灾】 推进气象现代化建设和做好防灾减灾工作。按照《乌兰察布市气象现代化实施方案》要求，以政府主导、部门联合、社会参与的模式，进一步推进商都县气象现代化建设。对商都气象局现有办公大楼、大院和附属用房进行资产评估，采取土地置换的形式，与县政府进行协商，完成与县人事劳动局原有办公场所进行国有资产置换。联合水利局探索、引入水利局现有雨量站纳入气象行业管理，建立由水利局出资、气象局管理、两家共营的模式。

针对商都县的自然灾害程度，加强对干旱、暴雨、冰雹、大风、雷电等气象灾害的预测预警能力建设，进一步提高预测预报的服务能力。加大对气象灾害的监测，建立灾害应急体系，丰富预报服务产品，截至年底，发布短期气候趋势预测14期、年景预报1期、春运气象信息专报40期、专题预报16期、马铃薯专项气象服务产品13期、雨情44期、中期天气预报35期、各类气象灾害预警21期、重要气象信息22期，科学翔实的气象信息，减少气象灾害对全县国民经济的损失。

加强极端天气事件及气候趋势的监测、预报和灾害性天气的短时临近预报及服务工作，提高预报准确率和灾害性天气预警的时效性。为了加强与政府及相关部门的互联互通、畅通预警信息发布渠道，气象局与农牧局、民政局、水利局等部门签订合作协议，实现信息共享、气象灾害共同研判、分析、预警、评估，同时召开多部门参加的气象防灾救灾联席会议，提高共同协作能力。由商都县政府组织气象、电信、移动、联通、广播电视等部门共同参与建设全县气象灾害预警信息绿色通道，提高全县气象应急减灾能力。发布预报、预警640多条，确保信息在第一时间及时准确发布。地方领导表扬气象局服务工作到位。80%的乡镇成立气象防灾救灾机构，加大乡镇气象信息服务站建设以及气象助理信息员队伍建设，截至年底，已建设乡镇气象信息服务站4个，有气象助理员、信息员212人。

加强短临预警工作，强化人影安全管理工作，开展外场人工增雨作业15次，发射火箭弹90枚，总增雨1100万吨，防雹作业12次，耗弹680发。开展安全生产工作，加强岗位职责管理，完成各炮点所属乡镇安全责任状签订工作，完成商都县人工影响天气作业公告的发布。

【支持经济社会工作】 按照县政府“十个全覆盖”工程推进要求，协助帮扶村搞好落实工作，选派11名干部职工对十八顷镇帮扶村开展精准扶贫和技术扶贫。落实县政府“五城联创”要求，安排工作人员对帮扶的华富小区进行卫生、绿化和治安建设工作。

（高　和）

工业与交通

经济信息商务

【基本情况】 商都县经济信息商务局内设综合办公室、经济运行股、信息产业股、市场管理股、中小企业股、行业管理股、电子商务办。下设2个二级单位节能监察中心和商务综合执法队。

【规模以上企业运行】 2016年，全县31家规模以上工业企业总产值64.8亿元，同比增长2.13%（统计基数调整后增速），实现工业增加值21.7亿元。新入规企业3家，即鑫盛太阳能公司、瑞泰冶金公司、蕾强工贸公司，新增工业产值4.7亿元。2016年退出规上企业4家，即康鑫金属公司、东昊钢铁公司、远华化工公司、三友薯业公司。

【重点项目建设】 2016年，全县市级以上重点工业项目12个。总投资45.80亿元，固定资产投资37.63亿元。其中续建项目6个，总投资30.23亿元，固定资产投资22.06亿元，截至年底已完成投资16.70亿元。分别是：乌兰察布市鑫盛太阳能科技有限公司30兆瓦光伏农业科技大棚电站项目，内蒙古东盛硅藻土科技创新产业园有限公司硅藻土开发加工项目，内蒙古奥克兰防水科技有限责任公司建筑防水材料生产线项目，内蒙古溢源醋业有限责任公司中高档马铃薯营养醋项目，内蒙古鑫旺通食品有限公司葵花种植基地、葵花籽深加工及小食品加工项目，内蒙古赣商高新医疗科技产业园项目。新建项目6个，总投资12.57亿元，固定资产投资12.57亿元，2016年完成投资6.44亿元。分别是：内蒙古玉瓷发展有限公司自生釉陶瓷产品及陶瓷原料开采加工生产项目，内蒙古龙辰电力有限责任公司电力设备、防盗门、铁制柜生产项目，商都县晔兆冶金有限责任公司4×16500千伏安铬铁矿热炉技术改造项目，内蒙古申安农业开发有限公司商都农业综合开发项目，商都佰惠生糖业有限公司原糖加工工程项目，内蒙古商都县长盛镍铬材料有限公司3台9000千伏安低微碳铬铁精炼炉技改项目。

【招商引资】 认真落实全县招商引资的有关政策，紧紧围绕发展循环经济、清洁能源、陶瓷建材和农畜产品加工等重点领域开展招商引资。通过以商招商、网络招商等形式，有针对性地开展招商活动。2016年已落地建成的项目：福泰惠民园项目，商都县晔兆冶金有限责任公司4×16500千伏安铬铁矿热炉技术改造项目，商都县蕾强工贸公司2×25000千伏安硅锰技术改造项目；2016年跟踪推进的项目：张北县韩万东钾长石开采及地板砖、卫生洁具项目，北京市昌平万丰达耐磨材料厂标准铸件项目，山东省淄博客商投资建设高温隔热保温涂料项目，安徽省东晶光电科技有限公司蓝宝石项目，山西煤电集团公司高钛渣项目，二连市刘权河综合物流园区项目、内蒙古利康酿造有限责任公司年产150万吨食醋项目、内蒙古龙珠生物科技有限公司种薯繁育基地项目、北京市鹿景苑投资管理有限公司年产50万吨食用酒精项目、内蒙古德义农畜产品有限公司年产4000吨水晶粉系列产品项目、江苏省浩博新材料股份有限公司年产5万吨高纯硅冶炼项目、内蒙古华建非金属材料有限公司年产300万平方米装饰陶瓷项目、林西县恒泰热力有限责任公司热电联产城镇集中供热项目。

【用能管理】 积极开展节能监察工作，严格执行落后产能淘汰任务。依据《国务院钢铁行业化解过剩产能实现脱困发展的意见》和自治区及乌兰察布市相关文件精神，拆除东昊金属冶炼制品有限公司8台30吨电弧炉、4台1万千伏安变压器。严格控制新增排放量，大力发展循环经济。积极引导企业发展低投入、低耗能、低污染、高效益的“三低一高”产业，严格控制不符合节能环保标准项目的开工建设。积极开展能源及工业废渣废料循环利用，引进山东省红阳高温隔热材料科技有限公司，利用煤矸石年产硅酸铝纤维2万吨和利用镍铁废渣年产矿石棉2万吨项目；民宇水泥公司、冷山糖业公司利用余压、余热建设4.5兆瓦和6兆瓦发电机组，进一步提升企业的节能技术水平，有效地利用镍铁废渣等工业废料，起到节能、降耗、环保的效果。强化节能宣传，推进节能管理。6月15日是全国低碳日，经信商务局在生态广场开展主题为“节能有道、节俭有德”的大型宣传活动，在七台镇主要街道悬挂标语5幅，发放宣传单2000多份，为创建节约型社会营造良好舆论氛围。组织5家重点耗能企业开展能源利用状况调查，全面掌握企业用能情况。对重点用能企业实施能源抽查审计，鼓励企业积极开展节能技改，同时与企业签订责任书，切实完成好全年节能目标。

【工业园区建设】 2012年规划建设商都县长盛工业园，总规划面积31.27平方公里，已开发建设16平方公里，累计投资10.5亿元，完成绿化面积0.5平方公里，建设园区道路18公里，铺设光缆12公里，园内企业全部实现路网通。园区设置220千伏变电站1座、110千伏变电站2座，日供水6000吨自来水厂1座，可满足园区所有企业正常用水用电需求。园区建有日处理15000吨污水处理厂1座，计划于2017年再新建日处理1万吨污水处理厂1座。同步建有园区金融服务网点、警务室、医务室等配套服务设施。入园企业69家，解决就业人员5326人。长盛工业园区已升级为市级工业园区，并获得专项扶持资金150万元，正在申报升级为自治区级工业园区，并争取纳入国家开发区目录。

【中小企业服务体系建设】 截至2016年年底，全县有中小微企业328家，其中农副产品加工及销售43家、采矿业23家、建材行业33家、冶金化工17家、风电及太阳能21家、电商物流28家、热力公司10家、其他147家，解决就业人员8500多人。为更好地服务中小微企业，建立中小企业公共服务平台，推出“一站式”服务，专人负责，跟踪服务，限时办结，尽可能为企业提供帮助，2016年，为企业办理各类业务140多项，企业满意度达100%。为有效解决中小微企业资金短缺、融资难的问题，积极开展中小微企业“助保金贷款”业务。7月，“助保贷”业务统一由市经委助保贷领导小组统筹管理，累计向科都薯业、腾博养殖、绿娃农业、红宇高岭土、鑫旺通食品、永宏煤业6家企业发放贷款2230万元，大大缓解企业资金运转难题。在符合政策要求的情况下，积极为企业争取项目资金，为奥淳酒业公司争取技改补贴资金200万元，为绿娃电子商务有限公司争取内贸流通服务业发展专项资金15.6万元，为蕾强工贸公司争取“小升规”专项奖励资金5万元，为新太铁合金有限公司争取自治区电力需求侧管理资金5万元，为中建金马冶金化工有限公司争取自治区电力需求侧管理资金19.5万元，为鑫都惠农生物科技有限公司争取承接北京产业转移项目奖励资金200万元，共计

446万元。

【涉企行政事业性收费清理】 严格执行《关于公布全区涉企行政事业性收费和政府性基金目录清单的通知》，除自治区涉企行政事业性收费目录清单中所列收费项目外，其他涉企行政事业性收费一律废止，切实减轻企业负担，确保企业健康发展。将新太铁合金、中建金马、晔兆冶金、蕾强工贸、瑞泰冶金、红阳隔热材料、迈拓新材料等企业纳入内蒙古电力多边交易市场，每度电在原有基础上再降低0.0693元，切实降低企业生产成本。

【安全监管工作】 按照《商都县人民政府办公室关于开展全县安全生产大检查的通知》精神，综合执法队于7月20—25日对全县民爆物品企业、重化工企业进行安全消防大检查，对存在问题的3家企业下达整改通知书，责令限期整改。1月19—21日，综合执法队对全县加油站进行全面检查，对手续不完善的东关加油站、丛龙加油站等11家民营加油站进行查封，并下达整改通知书。4月20日，对上述11家手续不完善的民营加油站整改情况进行督查。9月底，为配合市局关于开展油库及加油站摸底核查和完善管理专项检查，综合执法队对全县加油站进行一次全面排查，确保全县加油站及油库安全、合规运行。为确保商场、超市、宾馆等人员密集场所消防安全，切实加强火灾防控，1月13日，综合执法队会同县公安治安大队、安监局、消防大队对全县境内8家大型商场超市、15家大型宾馆饭店进行大检查，签订安全责任状及安全承诺书。

【电子商务发展】 商都县自2016年10月被商务部、财政部、扶贫办正式确定为国家级电子商务进农村综合示范县以后，县委、县政府高度重视，把电子商务进农村工作与惠民工程、农民增收等工作有效结合，多措并举，合力推进，取得良好的经济和社会效益。已建成并运营1300平方米的县级电子商务发展中心1处、1100平方米的物流配送及电商培训中心1处、村级电子商务服务站点47个，其中阿里巴巴农村淘宝服务站29个、乐村淘服务站10个、携农电子服务站8个。村级服务站全部具有农资农具、服装百货、汽车家电等工业品下乡的功能；截至年底，全县农村电子商务订单量4.6万多单，交易额1000多万元。培训农村电商人才300多人次，直接从事电商从业人员100余人。

【便民工程】 经信商务局承担便民超市和村村通通信两项覆盖工作。便民超市方面，2014—2016年，改扩建便民连锁超市214家，累计投入资金156.37万元，新增就业人员70人，其中2016年改扩建便民连锁超市65家，累计投入资金39万元，新增就业人员21人。截至2016年底，3G网络已实现城乡全覆盖，4G网络已覆盖城区、工业园区和112个行政村。宽带互联网用户25000户，宽带互联网已接入77个行政村。

【党建工作】 经信商务局党委下设机关党支部1个、非公企业党支部8个，有党员80人。2016年，新建设非公企业党支部8个，新发展党员4人。按照上级部门要求，积极开展“两学一做”活动，每周二定期组织全局干部职工集中学习党章党规、习近平总书记系列讲话等，努力提高党员干部自觉性和坚定性，并把学习实践成果转化到推进经济发展工作的具体措施和实际行动中。累计学习46次，邀请党校老师讲课2次，专题学习5次，书记讲党课3次。局党委通过评星定级活动，绿娃公司、乐耕公司联合党支部和佰惠生党支部及11名党员完成评星定级工作并且已挂牌。

【“三重一大”“一岗双责”工作制度落实】 按照县委部署要求，局党委加强组织领导，认真贯彻落实《关于落实“三重一大”制度、履行“一岗双责”责任和巡视组反馈意见整改三项工作的总体安排》文件要求，对重大决策、重要干部任免、重大项目安排和大额度资金使用，都必须通过全体领导班子集体研究讨论，方可作出决定。

同时制定并完善《经信局公车使用制度》《经信局请销假制度》《厉行节约反对浪费制度》《公务接待规定》《学习培训制度》《党风廉政建设责任制》。通过用制度管人管事，不断改进机关工作作风和为民办实事的效率，真正拉近与群众的距离。

【改革进程深化】 2016年，涉及经信商务局深化改革任务16项，已全部完成。其中局制定并落实任务7项，贯彻落实上级部门任务9项。

【信访维稳工作】 经信商务局成立以主要领导为组长的信访工作领导小组，建立信访档案和来信来访处理卡。2016年，涉及局的信访案件3起，对于来访人员高度重视，由局长、副局长专门接待，耐心与来访人员交流，认真倾听他们的诉求，并做好详细的记录，同时将了解到的情况及时准确地向上级领导反映，并积极协调相关企业，及时有效地解决上访问题。2016年，没有一件因工作失误造成的越级上访事件发生。

【对口帮扶及社会公益工作】 按照中央、自治区、市委、县委有关精神，积极开展精准扶贫对口帮扶工作。包扶大库伦乡7个行政村、71户贫困户、171名贫困人。局干部职工每人每月至少1次深入所包扶贫困户家中，对接了解情况，帮助他们理清发展思路，有针对性地解决实际困难。对种养业户，帮助他们联系饭店、屠宰场，拓宽销售渠道，解决销售难的问题；对子女在校就读的贫困户，积极与教育局、扶贫办联系，按照有关政策争取教育扶贫（大学每人每年扶助1万元，高中每人每年扶助4000—5000元）；对孤寡老人及失去劳动力者，局干部职工自主捐衣捐物，为他们送去温暖。局出资8000元为三胜地村加装取水泵1台，有效解决三胜地村取水难题，由局、红十字会及社会团体共同为三胜地村贫困重病户张义军募捐款物10000元，使贫困户得到真正的、实在的援助。

（郭　军）

工业园区管理

【基本情况】 商都县工业园区管理委员会核定事业编制18人，其中设主任1人，副主任2人，内设综合办3人、财务室1人，规划建设部3人、招商服务部3人、生产运行部3人。

【园区规划】 根据全县《关于加快产业园区发展的意见》要求，委托北京东西部能源技术研究院编制总体规划，委托北京中元工程设计顾问有限公司编制控制性详细规划，委托内蒙古八思环境技术咨询有限公司和乌兰察布市环境保护科学研究所编制园区环境评价，并得到市环保局的批复。委托呼和浩特市经纬方元测绘技术有限责任公司编制长盛工业园区土地集约利用评价报告，并取得专家组评价报告、评价成果验收意见。水资源论证工作正在进行中，2016年3月已升级为市级工业园区。

【重要事件】 3月，商都县长盛工业园区升级为市级工业园区。

4月16日，商都县在北京举行招商引资推介会，在京流动党支部书记、党员和企业界人士40多人参加。县委书记靳前斌，政协主席吕生金，县委常委、副县长工平出席会议。县经信商务局、发改局、招商局、园区管委会等科局负责人参加。

5月27日，市委常委、副市长曾萍就全市政务服务和公共资源交易工作到商都县调研，县委书记靳前斌，县委副书记、县长曹凯宏，副县长张云及相关部门负责人陪同调研。曾萍一行先后深入东盛硅藻土科技创新产业园有限公司和医疗科技产业园等地调研工作。

6月15日，河北省尚义县县委书记冀晓东到商都县先后调研蓝威斯顿公司、七台镇棚户区改造工程并详细了解运作及建设情况。

6月21日，乌兰察布市副市长、市公安局局长宝音德力格尔深入商都县调研精准扶贫工作。

先后到内蒙古申安农业开发有限公司、交警大队实地查看了解精准扶贫工作。

7月10日，乌兰察布市副市长于海宇携市卫计委、工商局、体育局、食药局、文化新闻广播局相关负责人到商都县。先后深入县医疗卫生园区、食品药品监督管理局、工商质监局详细调研。

7月12日上午，自治区副主席王玉明率自治区农牧业厅、扶贫办、财政厅、政府办公厅等部门负责人，深入商都县就企业与农民利益联结机制和精准扶贫等工作进行实地调研。王玉明依次听取县委、县政府的工作汇报，听取乐耕食品和佰惠生糖业等企业的情况介绍。

7月19日，北京市经信委处长史爱东率北京科泰兴达高新技术有限公司、北京科瑞生物科技有限公司、金风科技股份有限公司、中电科电子装备集团有限责任公司等企业负责人及奇虎360、敦煌网、苏宁易购、京东商城等电商平台负责人一行到商都县就电子商务、绿色农畜产品培育销售、内蒙古乐耕食品有限公司等项目进行前期考察。

8月4日，全市科技创新驱动冷凉蔬菜产业现场观摩会在商都县召开。中国农业科学院研究生院院长陆庆光以及内蒙古、山西、甘肃、湖北、陕西等多个省区市有关专家、乌兰察布市科技特派员代表、旗县市区科技局负责人以及部分科技型企业代表，市科技局局长宿守业，县委书记靳前斌，县委常委、副县长陈耀参加现场观摩会。调研组先后深入希森薯业公司、蓝威斯顿公司等实地调研。

11月12日，中国通用技术集团党组书记、董事长许宪平，党组副书记、副总经理刘大山，直属党委副书记、党群工作部主任钱新荣，党群工作部党建研究部经理许学银一行到商都县考察扶贫工作。县委书记靳前斌，县委副书记、县长曹凯宏，县委常委、县委办公室主任王再华，县委常委、副县长陈耀，副县长冀飞，七台镇西大井村“驻村第一书记”都吉波等参加考察。许宪平一行依次深入佰惠生糖业公司、通用小学、七台镇田士沟村贫困户刘金美家等处实地考察。

12月13日上午，青岛昌盛东方实业集团战略投资考察座谈会在商都县召开。县委书记靳前斌，县委副书记、县长曹凯宏，县政协党组书记郭守玉，县委常委、常务副县长郭玉广，县委常委、副县长张美、陈耀，副县长冀飞等领导及相关科局负责人出席，乌兰察布市国源公司总经理徐聪敏应邀出席。昌盛集团轮值CEO、华盛绿能农业科技有限公司总经理周绍辉，昌盛集团副总裁、董事会秘书孔磊，昌盛集团副总裁、创客板块总经理隋海周等20多位相关负责人组成的考察团参加。会上，双方就20兆瓦光伏园区规划、农业科技大棚的研发运营、优质瓜果蔬菜的种植生产、绿色有机蔬菜配送、农业电商发展等领域深入交流。会后，靳前斌一行与考察组依次深入佰惠生糖业公司、乐耕食品公司、内蒙古希森公司等地进行实地考察调研。最后，商都县人民政府与青岛昌盛东方实业集团举行战略合作签约仪式。

12月15日，以乌兰察布市人大常委会主任张志强为组长，市政府副市长张军为副组长的全市安全生产集中督查组第三督查组深入商都县就安全生产情况进行检查。张志强一行先后检查商都县新太铁合金公司、商都佰惠生糖业有限公司等。

12月26日下午，乌兰察布市副市长王国相率市环保安全督导组一行到商都县督导检查。督导组先后深入县汽车站及佰惠生糖业公司等地，通过召开座谈会、实地检查、查阅软件资料等方式，了解全县环保安全工作情况，并及时提出存在的问题和整改意见。

2016年，国家“863”计划项目——商都县东盛硅藻土装饰板加工项目建成投产。

（王春义）

电　力

【基本情况】 商都供电分局隶属于内蒙古电力（集团）有限责任公司乌兰察布电业局。其主要业务是对所辖用电客户提供优质可靠的电能供应，35千伏、10千伏线路、变电站的运行维护；10千伏以下低压用户线路、变压器配电网的运行维护工作。向各类用户发行电量、提供急修和咨询等供用电服务、回收电费等管理和服务性工作。

供电业务范围为：商都县6个镇、4个乡、213个村委员会、695个行政村，兴和县105个自然村、1.8万人和察右后旗10个自然村、3200人口的用户。供电面积约4500平方公里，供电人口约36万人。

截至2016年年底，城乡通电率100%；在册员工主业190人（其中多经6人），劳务派遣工113人，离退休73人，党员102人（其中离退休党员30人）。

【主要经济指标完成情况】 供电量：年计划供电28680万千瓦时，实际完成32592.90万千瓦时，完成计划的113.64%。售电量年计划26500万千瓦时，实际完成30126.14万千瓦时，完成计划的113.68%。综合线损率年计划7.60%，实际完成7.57%，比预算降低0.03%。供电可靠率完成99.94%。电压合格率完成97.32%。安全指标截至12月31日，连续安全生产天数达2344天，安全生产形势稳定。

【重点工作完成情况】 1.安全生产形势持续平稳。全年未发生一般电网、设备事故；未发生职工轻伤、有责任的农网触电重伤及以上事故；未发生负主要责任的交通火灾事故。截至12月31日，连续安全生产天数达2344天，安全生产形势稳定。2.农网升级改造工程按时完成。2015年一批农网工程，大拉子35千伏变—城北35千伏变电站输电线路工程，已全部完工，并完成结算工作，已上报公司审计部门。10千伏以下工程（生产部分），项目已全部完工，并完成结算工作，准备审计。10千伏以下工程（营销部分）完成一户一表22008户，变台集抄完成357台。2016年农网10千伏及以下工程基本完成，2017年农网工程初步设计工作已完成，正在上报审核中。3.“十个全覆盖”工程扎实推进。按照中共商都县委办公室商党办发〔2015〕18号文件（中共商都县委办公室、县人民政府办公室关于印发《2015年商都县农村牧区“十个全覆盖”工程实施方案》的通知）的要求，商都供电分局高度重视，积极与当地政府沟通，改造建设60个自然村，项目投资1330万元。改造10千伏线路12千米，投资120万元；改造配变60台/6930千伏安，投资229万元；改造0.4千伏线路100千米，投资622万元；一户一表5523户，投资359万元。4.理顺农电体制平稳对接。根据内蒙古电力（集团）公司下发的理顺农电管理体制工作总体方案，全面完成清产核资、资金上划、账户销户、税务结算工作，财务账务已全部移交市局财务。5.营销管理克服阻力，稳步提升。2016年，面对环保政策及外部市场影响、用电负荷下滑的严峻形势，本着“度电必争、星火燎原”的原则，大力开拓营销市场，挖掘新增负荷。重点加强对新引资企业开展便捷服务，继续以喷灌圈建设等涉农项目为契机培育和挖掘优质用电负荷；开展优质服务，拓展城乡居民生产、生活用电市场。6.调控一体化、信息化系统工程建设情况。调控一体化工程：35千伏变电站均达到“五遥”功能，各种数据信号回传正常。信息化系统工程：光纤通信网络已覆盖管辖范围内所有站、所等二级单位，信息一体化管理系统各模块业务数据均运行正常。

【党建工作】 2016年，分局党总支根据乌兰察布电业局党委的安排部署，坚持“围绕、融入、服务、促进”为中心的工作方针，以贯彻落实“两学一做”学习教育为主题，强化“两个责任”落实，巩固扩大“三严三实”专题教育成果，全面加强党的思想、组织、作风、制度和反腐倡廉建设，积极培育践行社会主义核心价值观，扎实推进党员干部队伍建设，以加强党的执政能力建设为主线，以机关作风建设和效能建设为重点，紧扣分局工作中心，有效发挥基层党组织的战斗堡垒和党员先锋模范作用，为确保公司安全发展、持续发展提供强有力的保障。加强党组织建设，提高党员思想道德素质。加强“四好”班子建设

认真履行“两个责任”。落实“八个标准”巩固精神文明建设成果。建成融通文化传播站、廉洁长廊、微信平台，重新修缮党员活动室、职工之家，为深入开展“两学一做”学习教育营造浓厚企业文化学习氛围，为廉洁文化教育提供阵地和基地。

【纪检监察工作】 2016年，商都供电分局纪检工作在乌兰察布电业局纪委、商都县纪委的正确领导下，在分局党总支的支持下，以中共十八届三中、四中、五中全会精神和中纪委十八届六次全会精神为指导，围绕企业中心工作，认真落实“两个责任”，加强党风廉政建设的宣传和执行力度，监督各种规章制度的落实情况，严防“四风”问题的反弹，确保党员干部安全、职工安全，企业健康发展做出优异成绩。

【群团工作】 2016年，商都供电分局工会在乌兰察布电业局工会和分局党总支的领导下，带领全体员工紧紧围绕局工会全年重点工作和分局中心工作，以中共十八届三中、四中、五中全会精神为指导，解放思想，改革开放，凝聚力量，攻坚克难，充分调动广大职工的积极性和创造性，认真履行工会职责，全面开展工作，切实维护广大职工的民主权益、经济利益、安全健康权益等，为推动企业发展、提升企业效益积极发挥联系群众的桥梁和纽带作用，做出重大贡献。“职工之家”的重新修缮，是分局工会围绕乌兰察布电业局工会“为职工办一件实事，做好职工娘家人”的要求，根据分局实际为员工办的一件好事，经过修缮的“职工之家”以崭新的面貌、温馨的场景为员工提供一个娱乐、健身的场地。

商都供电分局有40岁以下青年职工73人，共青团组织在党总支领导下，积极组织青年员工参加公司举办的学习培训、技术比武、“师带徒”、“博爱一日捐”、困难帮扶、志愿者服务等各种活动和社会公益性活动。

【荣 誉】 集体荣誉：

乌兰察布电业局商都供电分局被中共乌兰察布电业局委员会、乌兰察布电业局、乌兰察布电业工会授予2016年先进工单位；被中共乌兰察布电业局委员会、乌兰察布电业局、乌兰察布电业工会授予2016年度“安康杯”竞赛优胜单位。

生产部、营销部、城镇供电所被中共乌兰察布电业局委员会、乌兰察布电业局、乌兰察布电业工会授予2016年度乌兰察布电业局先进集体。

城镇供电所收费班被中共乌兰察布电业局委员会、乌兰察布电业局、乌兰察布电业工会授予2016年度先进巾帼集体。

纪审部、安监部、城郊供电所、大库伦供电所被中共乌兰察布电业局委员会、乌兰察布电业局、乌兰察布电业工会授予2016年度“安康杯”竞赛优胜集体。

商都供电分局获中共乌兰察布电业局委员会2016年“弘扬长征精神、打造全新责任蒙电”红色汇演（歌唱类）二等奖。

个人荣誉：

曹瑛获内蒙古电力（集团）有限责任公司2016年度先进工作者；

杜巍、贾秉龙、贾秀林、孟学飞、张兰忠、王鹤被中共乌兰察布电业局委员会、乌兰察布电业局、乌兰察布电业工会授予2016年先进工作者；

肖东晔、王淑敏被中共乌兰察布电业局委

员会、乌兰察布电业局、乌兰察布电业工会授予2016年度先进巾帼工作者；

杨宏宇、池通洋、武建伟、陈磊被中共乌兰察布电业局委员会、乌兰察布电业局、乌兰察布电业工会授予2016年度“安康杯”竞赛先进工作者。

张小琴被商都县妇女联合会授予商都县“巾帼建功标兵”荣誉称号；

庞海森、王福、白雪贵获乌兰察布电业局2015年度优秀共产党员称号；

邓建忠的《牢记入党誓词，不忘初心，做忠实、务实、担当的合格共产党员》获乌兰察布电业局2016年基层讲堂“优秀宣讲课件”奖；邓建忠的《牢记入党誓词　不忘初心》在乌兰察布电业局2016年“党组织书记讲党课”竞赛中获“优秀课件”奖；席晓静获乌兰察布电业局2016年度先进通讯员称号。

（孙世国）

交　通

【基本情况】 商都县交通运输局内设综合办公室、工程技术规划股、运输股、计财股、安监办。2016年，机关行政编制8人，工勤编制8人，科级领导职数1正、3副（含纪检组长1人）。

【农村公路建设】 2016年，完成农村公路建设项目24条，建设里程264.6公里，涉及10个乡镇、40个行政村，项目按四级公路标准设计，设计行车速度20公里/小时，路基宽度6.5米，路面宽度4.5米，土路肩宽2×1.0米，桥涵与路基同宽，桥涵设计荷载为II级公路。计划建设总投资25326万元。

【嘎查村街巷路面硬化工程】 2016年，商都县嘎查村（场）街巷路面硬化工程涉及10个乡镇、290个自然村，建设总里程为560公里，覆盖人口约20万人。建设标准为主街道宽4.5米，巷道宽3米，垫层厚20厘米，水泥混凝土路面层厚18厘米，项目总投资28000万元。

【公路养护】 2016年，纳入管养计划的农村公路总里程为223公里，其中县道1条63公里、乡道6条210公里、村道52公里。累计完成灌油缝105千米，修补坑槽20661平方米，处理水毁、塌方路段62处，完成投资397.75万元。

【路政及交通运输市场管理】 2016年，巡查公路总里程8030公里，劝返绕行车辆4500余辆，查处占用公路用地案件3起。

【四级客运站建设】 2016年，建设完成大库伦四级客运站，建筑面积120平方米，项目总投资60万元。

【荣　誉】 韩旭，获乌兰察布市委、市政府“2011—2015”全市法制室宣传教育先进个人。

李海峰，被中共乌兰察布市委评为全市优秀共产党员。

黄科，被中共乌兰察布市委评为全市优秀驻嘎查村干部。

（韩　旭）

信息产业

邮　政

【基本情况】 商都县邮政分公司有在职干部职工88人（其中党员9人，男职工36人，女职工52人）。设1部1室和7个专业部门：市场部、办公室、金融业务部、保险业务部、集邮业务部、速递业务部、发投部、函件业务部和电子商务部。

网点分布情况：市内自有储蓄网点6处：新安街（综合）、生态广场（综合）、新风路、京蒙都山、新北路、新民路；乡镇支局6处：大库伦支局、屯垦队支局、玻璃忽镜支局、十八顷支局、大黑沙土支局、赛乌素支局；委托代办8处：高勿素、四台坊子、二道洼、章毛勿素、八股地、卯都、钦宝营、五一。

【投递段道】 全县投递段道共计28条。其中，市内普邮投递6条，乡邮投递6条，工业园区投递1条，特快专送投递1条，乡镇支局投递6条，委托代办投递8条。2016年年底，县发改局投资的3个邮政填补空白网点（小海子、卯都、西井子）已全部营业，实现了农村邮政全覆盖。

【业务经营】 2016年，分公司完成收入1430.23万元，完成计划1415万元的101.08%，超预算1.08个百分点。截至2016年12月底，储蓄余额为61467.7万元，年增14454.09万元，市场占有率16%；1.在项目上紧紧抓住有利时机，加强与政府的沟通，进一步增加代发的量，扩大发展规模，并通过前台的柜员维护，做好资金的沉淀工作。2.加大机具的布放，在县城内与乡镇中同时布放，形成资金流闭环，2016年，布放商易通35部，POS机44部，比2015年新增21部。

【报刊收订】 校园市场一方面依靠投递员，另一方面由分公司领导进行总部营销，突破校园市场。分公司借幼儿画报大讲堂的优势将幼儿画报、嘟嘟熊、婴儿画报借势切入。

【集邮业务】 在日常集邮业务上，按照“四个转型、一个强化”的发展要求，对协会会员进行补充完善，在城内的两个网点设置集邮专柜，放置邮品展示，指定专人负责。

（朱树平）

移　动

【基本情况】 2016年，中国移动商都分公司在职员工39人，其中总经理、副总经理各1人，商都分公司自成立以后，按照上级部门相关制度意见，在岗位配置工作方面不断优化，设立综合部、市场部、集团客户中心、财务部等部室，人员岗位及部室不断壮大，为日常生产经营工作有效开展提供有力保障。

【市场经营】 2016年，分公司以流量经营、宽带拓展为主线，各项市场营销工作有序开展，用户规模不断扩大，截至年底，在网通信用户 9.7 万户，新增宽带用户 1800 余户。全年在营销资源收紧的情况下，分公司合理分配资源，优化操作流程，流量经营工作取得新突破。在各项业务开展的同时，分公司加大核心商圈的拓展力度，通过划分合作商等级，利用星级评定、酬金激励等方式开展市场保量拓展工作，全年新增合作渠道 6 家，累计合作渠道 50 余家，为分公司各项业务顺利开展奠定坚实基础，全年营业收入 5000 余万元。

【网络工程建设】 网络建设做为市场经营工作的坚实后盾，2016 年，分公司为了满足乡镇、行政村用户上网需求，通过前期合理设计规划，全年新增 4G 宏基站 67 座，新建传输光缆 315 皮长公里，所有工程在 11 月底全部完工，全年新建 100 兆光宽带小区 28 处。

由于近年城市规划及新建楼宇较多，城区部分区域弱覆盖比较严重，分公司通过实地摸排，在七台镇县医院新址、公安局、西苑大酒店等 5 处用户较集中区域对信号覆盖问题进行重新优化，提升用户感知。

【综合管理】 为确保日常安全生产工作有序开展，分公司年初制定安全管理制度，在此基础上每旬对公司各部室、营业厅办公场所防水、防火、防盗情况开展自查工作。每月按照市公司网络部下发的检查细则，对城区、乡镇区域内通信机房进行例行巡检，对检查过程中存在的问题及隐患进行详细记录并责成主管部门限时解决。通过完善的管理、检查制度，分公司自成立起未发生一起安全事故，为分公司日常生产经营工作奠定了坚实基础。

（朱志刚）

联　通

【基本情况】 中国联通商都公司内设综合支撑中心、集团客户营销中心、城区营销中心、驻地网新区营销中心、驻地网旧区营销中心、资源管理中心、设备维护单元、线路维护单元、大黑沙土镇支局、十八顷镇支局、屯垦队镇支局、新安街营业厅、沃品牌店等 13 个职能部门。在岗员工 101 人，其中总经理 1 人、党支部书记 1 人、副总经理 2 人、网格经理 11 人、营业厅店长 2 人。

【工作完成情况】 1. 全年通信服务收入预算完成率 97.60%，全市旗县排名第三；移动宽带业务发展到 16300 户、固网宽带业务发展到 2280 户。2. 加强渠道建设，合作厅、迷你厅增长至 70 家，其中改造、新建标杆厅 7 家；乡镇渠道渗透率已达 90%，乡镇终端销售的市场份额达到 50%。3. 推进社区沃店和核心门店建设，有效掌控了城区市场。落实实名登记与“黑卡”治理工作，网上用户实名率达 99.52%。4. 重点行业应用产品的规模实现突破，通过“智慧社区、智慧城管”标杆项目，切实带动了移动业务的发展。5. 以客户感知为引领，聚焦存量收入保有和高价值用户保有，以大数据分析及产品政策为依托，开展精细化维系。通过业务激励推进全渠道协同维系，拓宽了社会渠道维系能力，稳定了存量收入规模。6. 新建优化 W2100/U900 基站 35 个、LTE 基站 10 个，新建室内分布 2 处。光改造居民小区 23 个，建设联通监控村 6 个，新增 FTTH 端口数 3760 端。7. 开展网络资源核查整治，整治重点机房 2 个、接入网点 5 个，整治工作总体完成率 100%。开展专项网络优化，完成三中、四中 2 所中学校园网络覆盖情况现场测试，校园网 4G/3G 网络接通率达 96%。开展传输网五维度专项优化，完成了城域网全部设备的深度优化。8. 推进“两学一做”学习教育常态化制度化，推进重点领域廉洁风险防控工作，推进作风建设和反腐倡廉建设，聚焦 41 个关键点，完成了制度梳理，党建工作受到集团公司的表彰。

（宋丹丹）

电 信

【基本情况】 中国电信商都分公司人员16人，其中公司经理1人，渠道2人，营业前台人员7人，宽带安装人员3人，综合支撑人员1人。

【经营业务】 截至2016年12月底，实际完成收入747万元，较2015年收入增长14.6%，超额完成市公司下达的2016年全年度任务指标，完成率达到110.2%。移动用户份额增长1.93pp，宽带用户总量突破7000户大关，天翼高清突破2000户，均跃居全市第一。其中固网收入份额达到总收入的近三分之一，对稳定收入和优化收入结构奠定了良好基础，同时具备一定的市场抗风险能力。2016年12月，被内蒙古电信分公司授予优秀旗县分公司并获得奖励5万元。

【经营活动】 1.在渠道渗透和销售上显著提升。2016年，主要精力放在自有渠道建设、效能提升和开放渠道渗透上，对原红星街营业厅进行卖场化改造，形成以红星街华强全网通卖场、天翼卖场、全网通卖场等自有渠道为主的常态化营销模式，同时利用店员奖、平安分期、欢卡等激励和销售政策优势不断扩大开放渠道销售量，争取商都几乎所有的开放渠道都在合作，逐步由原来的排斥或偶发性销售过渡转化为常态化营销，渠道常态化销售已经成为商都分公司的主要销售力量，销量较2015年翻了一番。2.社区店建设取得丰硕成果。2016年年初，商都分公司积极响应市公司关于建设社区店的精神，率先在商都县城区建设3个社区店，将宽带发展带入快车道。3.继续借助资源优势，实现宽带覆盖基本完成补盲。2016年，商都分公司在宽带覆盖建设上，继续鼓励和支持第三方建设，借助电力杆路的优势，从年初加大第三方进行宽带覆盖建设投资，新覆盖小区、沿街商铺、平房区6000余户。2016年，新增宽带用户1996户，净增1323户。实现新增和净增用户数均高于联通的大好形势，实现宽带用户总数和联通基本持平的跳跃式发展。4.优化用户结构，改善用户质量，提升用户价值。商都分公司通过3G升4G、用户4G终端更新、流量包加载、视频业务加载等手段，使得原来在网用户结构和质量得到改善，流量收入大幅增长，流量收入占收比达到53%，有效地改善和优化用户结构，提升用户质量，稳定用户，对拉动收入起到积极作用，同时也提升用户感知。5.严格规范日常管理，保障经营安全。商都分公司经常对涉及营业资金、有价卡、终端及终端款、车辆安全等方面进行教育，让相关人员清楚什么是经营管理和安全管理中的红线和底线，对挪用和拖欠资金实行零容忍，严格执行公司各项管理制度，将各项工作落实到具体人，确保资金、手机、手机款、有价卡、票据等绝对安全。严格安全管理，将防火、防盗、车辆安全、人员安全等防范作为重中之重，消除一切安全隐患，确保安全。

（马明霞）

铁 通

【基本情况】 中国铁通商都分公司有员工3人。2016年下半年，转制划归中国移动商都分公司。

【业务工作】 2016年，集团公司保持4G领先优势，铁通改革上市转型升级起步。深入贯彻中共十八大、十八届三中、四中、五中全会精神，创新落实铁通内蒙古分公司2016年工作会议部署，以“中国移动全业务发展的支撑、服务、拓展者”为目标，着力增强转型突破能力，着力推动体制机制创新，着力提升用户感知，着力加强党的建设，着力狠抓队伍建设，围绕保持4G领先优势，打造高品质宽带业务，确立新理念，立足新模式，超常规实现转型升级，努力开创乌兰察布铁通持续健康发展新局面。

2016年（半年）经营发展主要目标：实现营业收入1540万元。其中，电信业务收入552万元，实现维护业务收入988万元，实现工程建设收入102万元。实现考核利润1400万元。自由现金流同比改善。宽带业务“营装维”一体化比例≥70%。装维时限达标。维护质量第一，工程质量第一。

（石中达）

城乡建设　环境保护

城乡建设

【基本情况】 根据商都县人民政府办公室文件以及商都县机构编制委员会办公室文件，商都县城乡建设局内设4个职能股室：办公室、财务股、工程建设管理股、工程建设施工股；有行政编制8人，公勤事业编制2人，科级领导职数4人，1正、3副（含纪检组长1人）。商都县建设局内设机关所属事业股室3个：市政公用事业管理股（核定事业编制10人，其中：专业技术人员编制8人，其他人员编制2人。核定股级领导职数1人）、工程质量监督站（核定事业编制16人，其中：专业技术人员编制13人，其他人员编制3人。核定股级领导职数1人）、工程安全执法站（核定事业编制16人，其中专业技术人员编制13人，其他人员编制3人。核定股级领导职数1人）。

【道路硬化工程】 完成七台镇内49条新建道路的硬化任务，硬化面积21.9万平方米；完成镇内新风路、振兴路、建设街、红旗街、红星街等所有主干道和部分小街巷及人民公园内35.3万平方米旧砼路面的沥青踏铺和大理石路沿石更换任务，镇内路状显著改善，完成投资9615万元。截至2016年年底，镇内道路硬化面积达260.3万平方米，人均城市道路面积28.92平方米。

【路肩硬化工程】 对七台镇内新修道路路肩进行硬化，硬化面积29.1万平方米，完成投资3300万元，实现城内主干道及大部分街巷两侧无裸露土地的目标。

【排水管道工程】 在七台镇内铺设污水管道及雨水管道26300米，完成投资4861万元，使新修道路达到雨污分流排放。截至2016年底，镇内污水主管网达96.6公里，单独雨水管网19.2公里，污水收集率达85%以上。

【供水工程】 完成长盛工业园区水厂厂区硬化、设备安装及铺设2000米供水管道的续建任务，9月底园区水厂投入试运行；不冻河供水厂架设双电源供电线路4360米，安装变压器4台；在七台镇内铺设供水管道16400米，新建消防井51座，维修消防井21座，完成投资1863万元。截至2016年年底，镇内供水主管网达157公里，供水普及率达96.75%。

【亮化工程】 将七台镇内2640基白炽路灯全部更换为LED路灯，同步新安装LED路灯860基，并对公园、广场及部分建筑物进行亮化改造，完成投资2713万元。截至2016年年底，镇内有路灯3983基。

【厕所改造】 在七台镇内新建水冲式公厕12座，维修旱厕6座，完成投资582万元。截至2016年年底，镇内水冲式公厕达到25座。

【中水回用及污水处理厂工程】 完成中水回用厂设备安装及厂区硬化等续建工程，并于8月开始试运行；新建污水处理厂应急备用储水池，更换脱泥机、回流泵等设备，整治厂区环境，完成投资570万元。2016年年底，污水处理率达95.81%。

【旧城棚改基础设施配套工程】 完成巨弘时代小区内供水、供热、排污管道铺设及路肩硬化工程，完成投资1300万元。

【供暖工程】 投资200万元对万福、碧洲、俊雅庄、城建、小世界娱乐城等小区新建改造供热管道7100米。由供热企业投资890万元，新建加压站1座，更换65吨锅炉一台，铺设供热管道8600米，全县供热质量显著提高。2016年年底，供热普及率达80%。

【燃气工程】 由恒泰燃气公司投资870万元，实施站区改造工程及铺设供气管道5000米，使用天然气的居民达到215户。

【农村危房改造工程】 建设局直接承建屯垦队、大黑沙土、西井子、大库伦、卯都、三大顷、小海子等乡镇40多个自然村的“十个全覆盖”工程施工任务和300多个村庄的涂刷工程，全部做到当年开工、当年完工、当年交付使用，完成投资1.99亿元。2016年，全县完成农村危房改造工程11000多户，除去弥补2015年以前差额外，超额2000多户完成2016年市下达4500户的任务，完成投资2.4亿元。

【新建房工程】 2016年，全县开工建设房建项目18项，建筑面积40.48万平方米，项目总投资8.06亿元。其中，新建房建工程9项，建筑面积5.68万平方米，项目投资0.81亿元，完成投资0.42亿元；续建工程9项，建筑面积34.80万平方米，项目投资7.25亿元，完成投资1.75亿元。年内，18个房建项目完成投资2.17亿元。

（刘　龙）

房地产管理

【基本情况】 商都县房地产管理局为差额拨款事业单位，在职干部、职工42人（不含局长、副局长），内设机构：办公室、财务室、房屋产权产籍管理所、房屋产权交易管理所、房屋产权抵押登记所、住房保障办。

【公租房分配】 截至2016年年底，分配保障性住房2316套，分配率为70%。在公租房分配上，通过集中分配方式，从2012年进行首批廉租房分配工作，截至2015年12月，集中分配五批次廉租房共1768套，在整个分配过程中依据内政发〔2008〕4号《内蒙古自治区人民政府关于进一步做好城镇廉租房保障工作的通知》、乌政发〔2010〕119号《乌兰察布市廉租房租赁并举指导意见》，出台《商都县廉租住房分配和租赁管理实施暂行办法》，严格按照“三公示”“三审核”优先保障孤、老、病、残特殊家庭“公开、公平、公正”原则，县人大代表、政协委员现场监督，司法公正，真正体现分配的公平性。结合棚户区改造项目进行公租房的分配，为加快城镇化建设步伐，改变城镇建设面貌，2016年，出台《商都县公共租赁住房建设管理分配办法实施细则》，扩大分配范围，加快公租房分配，圆满完成预定目标。

【房地产市场监督】 在房地产去库存工作中，采取有力措施。1. 结合棚户区改造，政府通过回购方式消化库存住房，按照国家出台的相关政策，先后与双利小区和巨弘时代华府小区达成合作房源协议，把这两个小区住宅楼作为棚改安置房。2. 开展房地产开发经营活动问题专项治理。成立房地产开发经营活动问题专项治理领导小组，根据房地产经营者的实际情况，县各成员单位按照职责和任务分工，对全县房地产开发经营企业清理整顿。回购房地产开发企业以具备入住条件的库存商品房抵顶有关税费，抵押有关税务，政府协助房地产开发企业办理相关手续，规范房地产开发经营行为，解决历年来遗留的难题。3. 积极鼓励外出务工人员购买商品房，加大社会力量消化商品房。

（王惠林　高志强）

城镇管理

【基本情况】 商都县城镇管理局下设办公室、城管监察执法大队、市容监察大队、广告监察大队、治安室、法制办公室、环卫综合办公室、车辆管理大队和建筑管理执法大队。

【环卫软件建设】 1. 研究制定环境卫生网格化管理方案，强化包片干部的责任意识，完善管理制度，制定严格的清洁标准，加大督查检查力度，切实解决群众关心的热点问题，做好民生工作，达到街道全天保洁的目标；2. 试行垃圾清运和清掏包干制，明确责任目标，保证城区生活垃圾日产日清和公厕干净、卫生，努力为广大居民提供良好的生活环境；3. 对部分路段环卫工作进行内部改革，减少178名清扫人员，增加全天保洁人员，在不增加财政支出的情况下，将保洁人员的工资提高到每月800元，实现主要路段全天候保洁；4. 解除年龄超限环卫人员的劳动合同关系，努力降低环卫工人因年龄大在工作中出现意外的危险系数，确保安全稳定。

【环卫硬件建设】 2016年，在新城区部分路段新投放500个垃圾桶，实现新区垃圾收集桶装全覆盖。2015年通过政府采购购买的24台环卫作业车辆在2016年全部投入使用，同时新建保暖车库20间，极大地提高全县环卫作业机械化水平，减轻环卫工人清扫作业量，增加安全作业系数。3月引进太阳能环保型保洁箱项目，根据协议内容，已在部分路段实现首批120个垃圾箱的免费投放安装，环保水平有了新的提高。

【市容市貌管理】 1. 推进门前“五包”责任书的签订和落实工作。2016年，从2月下旬开始，以全县开展“五城联创”工作为契机，按照2016年网格化管理工作方案实施步骤，在总结2015年试点经验的基础上，深入推进网格化管理工作，重点抓好迎街商户门前“五包五不准”责任书的签订和落实工作，与临街商户和单位签订责任书2100余份，签约率达95%，迎街商户越门经营得到有效遏制。2. 宣传动员广大群众自觉参与到“五城联创”行动中。全县“五城联创”活动开展以后，城管局从3月8日开始，在街头、单位发放《创建卫生县城倡议书》8600多份，引起各行各业和市民群众对爱国卫生工作的重视，鼓舞广大居民以满腔的热情、以切实的行动为创建卫生县城作出自己应有的贡献。3. 加强对流动摊贩的疏导与管理。夏秋季节，是流动商贩最为活跃的时段，执法队员按照网格化管理模式采取定点蹲守、徒步巡查和机动巡查相结合的方式，做到“早发现、早制止、早处置”，坚持“疏”“堵”结合和先教育后惩罚的原则，积极引导小商贩到几个固定集贸市场销售，城区市场秩序得到极大改善，尤其是“四个周边”（校园、医院、菜场和重要路段）环境面貌效果更加明显。截至8月底，累计规范跨门经营行为368起、处置无照流动经营行为232起。4. 严格管控流动宣传车噪音扰民。每逢节假日，商家雇佣三轮车搞流动宣传的现象就会出现，为此，各执法队组织专门行动进行治理，对于个别屡教不改、不服管理的人员和广告商依法给予严肃处理，依法拆除流动宣传板30多块，劝导三轮车司机40余人次，给予商家责令改正通知8起，噪音扰民问题得到有效控制。5. 规范治理户外广告牌匾。为进一步规范全县户外广告、门楣牌匾设置，切实推进“五城联创”工作，特别是创建乌兰察布市园林城市和卫生城市工作，局法制办于8月2日召集商都县城区内30余家广告制作公司负责人，在城管局会议室召开广告牌匾制作规范协调会，并签订《广告制作责任状》，并结合“五城联创”工作对今后的制作标准等问题作出统一规划。随后，执法队员就城区内重点路段已经做好但不合标准的牌匾特别是无蒙文的进行集中整治，效果明显。

【“两学一做”学习教育活动】 1. 及时传达学习了中央、自治区、市委和县委关于“两学一做”学习教育一系列文件及会议精神，并明确在全体党员中开展“两学一做”学习教育。2. 制订具体实施方案并严格抓落实。以党支部为基本单位，以落实党员教育管理制度为基本依托，制定《关于“两学一做”学习教育具体实施方案》，针对领导班子、党员干部和普通党员的不同情况，区分层次，作出具体安排，分别制订支部学习计划表和单位学习计划表，坚持从实际出发，分类指导，并严格按照方案内容狠抓落实。3. 坚持点、线、面相结合，全面展开。坚持班子成员带头学、党员干部集中学、党员带动群众学，以支部引领党员，党员带动全局，切实将“两学一做”学习教育活动全面展开，防止搞形式、走过场，真正提高认识，找到差距，明确努力方向。购买制式笔记本210本，班子成员集中讲党课2次，制作相关图版5块，75名党员分别参加“两学一做”考试和网络答题，并取得良好成绩，其中王春霞获得乌兰察布市“两学一做”知识竞赛优胜奖。在践行“两学一做”学习教育活动中，涌现出一批优秀工作者，局环卫工人姜占国获得2016年市级“五一劳动模范”奖和市级“十佳城市美容师”光荣称号。城管局局长王继永和环卫干部高润虎被选为市级党代会代表。城管局被政协商都县委员会授予“2016年度提案承办先进单位”。

【扶贫帮困和“五城联创”工作】 1. 大力推进“十个全覆盖”工程。2016年是“十个全覆盖”工程的决胜年，城管局继续下大力支持定点扶贫乡镇大库伦乡的工程推进，协调6万多元对赛书记、小海子两个自然村村民大门进行统一更换。2. 打好“三到村、三到户”和建档立卡精准扶贫攻坚战。7月初，城管局利用两周时间，组织148名干部职工分批次到大库伦乡15个行政村下辖的50个自然村，对381家贫困户进行入户调查并建档立卡，通过入户走访，采取“靶向疗法”，切实提高扶贫开发的精准度。3. 推进“五城联创”，携手包联共建。与公园小区、吉祥小区居民携手共建美好家园。出资20余万元对两个包联小区的楼体、车库、外墙等进行重新喷刷。

【队伍和制度装备建设】 把加强队伍建设作为一项长期工作，2016年，举办干部全员培训班4期，参加市级法律培训2期6人次，到集宁执法现场对口学习1期10人，外出二连、包头考察2次16人次，执法证件培训考试160人；把制度建设作为工作的保障，年内制定和修改制度8项，即《周五学习制度》《月底会商制度》《工作考勤制度》《车辆管理制度》《责任追究制度》《岗位工作职责》《市容环境日常管理标准》《网格化管理考核办法》；把执法装备配备作为严格执法程序和提高执法质量水平的前提，2016年，各队、所配置录像机15台、记录仪30部、平台终端手机158部、冬季服装158套，执法工作得到保障。

【网格化管理】 2016年，结合执法实际，继续探索新的管理模式，注册“商都县城管局微信公众平台”，不断完善城管执法平台与执法队员手机终端的有效衔接，重新研究对现有城区管理范围内执法队伍的合理划分以及执法队员管理区域的有效划定，在实践中不断完善网格化管理，为了便于协调指挥、政令畅通，建立“城管工作微信群”，及时派遣、处置、反馈信息，确保这一创新管理方式能够带来高效的管理效率和与民方便的成效，切实提高城市精细化管理水平。

（张进智）

土地储备

【基本情况】 商都县土地储备中心内设办公室、财务室、征收科，工作人员5人。

【工作开展】 2016年，完成新兴产业园区土地征收补偿工作，支付农民补偿费790万元，同时完成产业园区征收土地1万米边界绿化基础工作，挖树坑近1万个；完成“十个全覆盖”包扶三大顷乡新坊子村部分工作，投入村容村貌整治资金3万元；旧城棚户区改造工作中，主要负责改造区域内倒塌房屋占地及空地登记回收工作，逐户核实登记250多户，面积75000多平方米；落实精准扶贫工作，中心干部包扶西井子镇8户贫困户，已全部对接，经多次与贫困户沟通，详细了解贫困户基本情况，制定脱贫措施及扶持计划。协助征补办完成4.5亿元的国家开发银行棚户区贷款工作。

（李亚军）

规　划

【基本情况】 商都县规划局成立于2012年5月，在编干部职工15人，全部为大专以上学历，其中研究生1人。内设办公室、财务室、城镇规划股、建设用地管理股、村镇规划股、建设工程股、规划测量队、规划监察队8个股室，配备业务电脑15台，建CASS站1个，RTK测量仪器1套，执法车2辆，全面负责全县城乡规划管理工作。

【结对帮扶、精准扶贫】 2016年，认真贯彻落实县委、县政府关于包扶、精准扶贫工作的各项要求，采取有力措施切实抓好单位包扶工作，先后多次到大库伦乡八股地村、南沟子村、东坊子帮扶。为南沟子行政村村委会换防盗门3合，换塑钢窗6合，换大门1合，为村委会维修并室内装修6间房屋；新建村委会700平方米小广场，种树94棵，建铁艺围栏100米，提供健身器材4套、休息座椅2套，为村民购买大门25合，每合大门村民自筹300元、局负担650元。为南沟子行政村东坊子自然村建420平方米小广场，种树30棵及设置花箱等，建文化墙一堵，提供健身器材4套、休息座椅2套，建铁艺围栏及基础墙100米、铁艺大门1合，为村民购买大门27合，每合大门村民自筹200元、局负担750元。为八股地村委会维修房屋6间，更换门窗、室内装修、院内硬化，新建30平方米杂物间，建铁艺围栏及基础墙426米，种树1000余棵，建文化墙一堵。

【规划编制及实施情况】 1.控制性详细规划。按照突出重点、合理布局、注重实效、强化功能的要求，七台镇新区以提质上档为主，建成实施完善的办公住宅区，编制新区控制性详细规划6平方公里；旧区以拆迁改造为主，建成拉动消费的商贸服务区，修编《商都县老城区控制性详细规划》，规划面积10.56平方公里。2.总体规划。聘请北京清美同创景观工程有限公司编制旅游总体规划，已编制完成《商都县七台湖公园旅游总体规划》《商都察汗淖云丹国家旅游休闲区旅游总体规划》，已报批实施。3.专项规划。2016年编制完成《商都县消防工程专项规划》《商都县人防工程专项规划》两个专项规划。4.村庄规划。加强乡村规划建设，统筹城乡发展，改善农村群众居住环境，崇尚现代文明。年初，按照建设美丽乡村的要求，全局干部职工分为5个组连续下乡驻村3个月，进行村庄规划编制，已全部完成计划编制的345个村庄规划，并已实施。5.商都县文体中心项目。商都县文体中心建设项目为全县重点项目，项目建设地点为商都县七台镇东部，占地面积351.15亩，文体中心项目有利于丰富居民文化生活，增强居民身体素质，有利于提升城市魅力与城市品位，有利于构建城市灵魂、增加城市磁力，有利于促进城市经济发展与提升城市竞争力。商都县文体中心可研报告、施工图招标、施工图设计均已完成，前期规划设计已完成，预计2017年开春动工。

【规划管理】 1.规划审批。在审批制度建设、强化服务意识方面采取很多有效措施，以总规、控规为依据，实行“两级例会”的审批制度即局务会议初审，规划委员会审批。对内简化审批环节和审批程序，缩短审批时间，对项目批前批后通过展板进行公示，同时，建立限时办结和督办、催办、专人承办制度，加强与项目单位的联系与沟通，对项目单位进行主动服务。截至年底，以新区开发和旧城改造建设项目为重点，严格按照规划全程监督管理，依法审批“两证一书”，已核发“建设项目选址意见书”6份，核发“建设用地规划许可证”133宗，“建设工程规划许可证”115宗，并使“两证一书”全部完成归档，保证每个项目有案可查。2. 规划监察情况。全县规划控制区范围大，城乡规划情况复杂。部分群众规划意识淡薄，缺乏整体观念和大局意识，执行规划随意性较大，个别项目单位只注重自身利益，不按规定履行报批手续，随意调整和变更规划。为此，在违章建设查处过程中，采取规划监管人员分片负责管理方法，并严格实行岗位制、巡查制、集中专项检查制和责任追究制度，做到规划工作全程管理。同时设立举报电话，鼓励居民对违章建设行为进行举报，以此措施杜绝私搭滥建的发生。截至年底，下发责令建设停工通知书67份、责令限期改正通知书8份、限期拆除决定书3份，控制违章建筑37起。3. 违章建设查处情况。2016年开春以后，派出监察队监察，制止违章建筑，有效保障城乡规划的发展。但仍有极少部分违章建设不顾对其下发的限期拆除通知单，在屡次劝说、沟通无效的情况下，按规划法定程序，对违章建筑进行强制拆除，2016年，拆除违章建筑2处，有效保证城乡规划建设的健康有序发展。4. 对待群众来信来访的解决。认真接待和处理群众来信来访，做到件件有回告，切实解决实际问题。截至年底，答复涉及规划来信投诉件3份，接待信访案件5起、群众来访40余起，主要涉及遮光、挡路等纠纷问题，认真对待每一次来访，把问题处理在萌芽中，截至年底已全部处理，极大地拉近与群众之间的距离，为各项工作的顺利开展奠定坚实的基础。5. 规划测量工作。局测量队为办理规划手续的单位进行放线，确定四至范围。先后为棚户区改造界限确定测量420户；为西大井整体回迁改造工程的工程放线10栋；为长盛工业园区的自来水厂等20余家企业厂区义务放线；为十八顷镇的两个光伏小镇放线；为十八顷镇的5个整村推进村放线；并为全县10个乡镇100多个村的村容村貌进行航拍。

（魏　东）

房屋征收与补偿管理

【基本情况】 商都县房屋征收与补偿管理办公室内设综合办、监察队、财务科。领导2人、工作人员6人。

【主要工作】 依据国务院《国有土地上房屋征收与补偿条例》《内蒙古自治区国有土地上房屋征收与补偿条例》的规定，以及乌兰察布市住建委转发和下发的关于棚户区改造文件要求，做了审报和备案工作，加快商都县七台镇旧城棚户区改建步伐，维护公共利益，保障被征收房屋所有权人的合法权益。

按照商都县人民政府办公室关于印发《商都县七台镇旧城棚户区国有土地上房屋征收与补偿安置方案》开展征收补偿工作。房屋征收严格执行国务院《国有土地上房屋征收与补偿条例》和其他法律、法规规定的征收补偿具体政策。在具体实施过程中，可提供房屋产权置换和货币等价补偿两种补偿方式，供被征收人选择，鼓励被征收人优先选择产权置换方式的征收补偿。

被征收人不愿意置换楼房的，实行货币补偿安置，补偿标准按评估机构的评估价确定。对选择货币补偿的住户，签订补偿协议后按期搬迁，补偿费用一次结清。2016年，征收文化街西棚户区改造项目，涉及被征收户200户，占地面积约为2.98万平方米，其中征收建筑面积约为1.42万平方米，总投资为5940万元。回购安置小区在七台镇红星街东、农机楼南，小区名称为“双利佳苑住宅小区”，回购楼为6层砖混结构，回购面积18060平方米。2016年8月底前已全部完成棚户区房屋征收任务。

（赵钦武）

住房公积金管理

【基本情况】 商都县住房公积金管理部内设归集科、信贷科、财务科、档案科和办公室5个科室。有干部职工11人，全部为专科以上学历，平均年龄37岁。

【住房公积金归集】 2016年，商都县行政事业单位在职职工个人住房公积金按工资额的6%（不包括带薪休假）归集，上半年已扣缴1263万元，下半年已扣缴1272万元，企业军转干缴交13584元，全年合计2537万元。财政局2016年同比例配套的资金也已归集到位。

【住房公积金贷款】 2016年，全年发放贷款457户、金额8554万元。其中1户为购房贷款，其余都为装修贷款。对于有逾期的贷款职工，及时打电话催缴，逾期两期以上的，着重进行针对性的催贷工作，个人不及时还款的，由专人负责到贷款人所在单位进行催贷工作，确保公积金的还款工作顺利完成。

【住房公积金提取】 2016年，干部职工提取住房公积金金额3170万元，提取662户。包括退休提取、装修自住住房提取、无房提取和大病提取。其中以装修自住住房提取占比最多，约占总提取额的90%左右。

【公益性事业及帮扶】 2016年，管理部积极进行对口帮扶公益事业，如南门社区帮扶、个人贫困对口帮扶等；并积极开展精准扶贫及“五城联创”工作。在精准扶贫工作中，管理部职工自筹资金，为每户帮扶对象送去两袋大米，代表着管理部每位职工的爱心。精准扶贫走访6户贫困户，详细了解贫困户家庭近期的生活、健康等情况，了解农户粮食收成及牲畜养殖情况，帮助村民解决生产生活中的实际困难，使他们早日脱贫致富。

（辛素娟）

环境保护

【基本情况】 商都县环境保护局内设综合办公室（规划财务股）、监督监察股、污染控制股、自然生态保护股，核定编行政7人、工勤事业编制5人。环境监察大队编制10人、环境监测工作站编制10人。

【环保宣传】 按照市环保局安排部署，以“改善环境质量，推动绿色发展”为主题，制定《商都县“6·5”世界环境日宣传工作实施方案》，印制环保知识宣传手册5000多本，定制环保手提袋3000个、环保知识宣传手抽纸4000盒。6月5日，邀请部分企业代表、相关单位领导和各界群众，在县祥和广场举办大型宣传活动，活动的主要内容有：设立环保知识宣传展板、咨询台、环境违法案件现场受理平台；环保局全体干部职工统一着装，发放各类环保宣传资料及宣传品。并在现场和主要街道悬挂横幅，电子屏流动宣传车深入街道、社区、学校、企业、机关和重点乡镇，宣传新环保法及当前环保形势，对提高各级领导干部环保意识起到促进作用。同时，在小海子镇积极开展创建“环境保护教育基地”，已通过自治区环保厅的验收。

【大气污染防治】 按照国务院《大气污染防治行动计划》总要求，依据《乌兰察布市大气污染综合整治实施方案（2013—2017年）》，结合商都县被列入北京大气污染防治特别控制区域、属于全市的重点控制区这一实际。环保局制定废气排放重点企业治理整顿15条要求和30条整改项目，并及时出台《商都县环境保护大检查实施方案》。

重点对高载能企业进行专项整治，进行烧结机、除尘器升级改造、原料棚建设、厂区硬化、粉刷围墙、书写标语等环境综合整治，各企业累计投入整改资金达1050万元，企业除尘设施除尘效率明显提高，粉尘无组织排放大幅下降，园区整体环境质量状况明显好转。督促供热公司利用夏季有利时机进行全面整改。2016年，全县11家供热公司全部补办环评手续，其中8家供热公司脱硫、除尘设施和煤棚建设项目已竣工，大大减轻城区大气污染压力。同时加快热力管网建设，积极推进集中供热、“煤改气”、“煤改电”工程建设。成功引进恒泰天然气公司加气站建设项目，2015年已投入试运行；内蒙古西部天然气股份有限公司有关集宁至化德输气管道（商都段）与长盛工业园区分输站建设项目已完成前期工作，将为全县居民燃煤改造、工业企业清洁能源替代提供有力保证。通过集中供热和清洁能源替代，加快供热和工业燃煤小锅炉淘汰，中谷奶牛公司和县第二中学已完成煤改电建设，全县淘汰10蒸吨以下燃煤锅炉10台，新增集中供热管网1万延长米、供热面积15万平方米。

【水污染防治】 执行最严格的水资源保护制度，及时关闭存在环保隐患的旧水源，规划集中式饮用水水源地保护区5个，水源地保护面积达到8.78平方公里。分别是七台镇不冻河饮用水水源地、七台镇春明街饮用水水源地、十八顷镇、屯垦队镇和玻璃忽镜乡所在地的集中式饮用水水源地保护区。规划备用饮用水水源地1处，位于二号村东南。2016年，重点加强对饮用水水源地及涉水企业的监管，先后出动50多人次，在饮用水水源地设置保护区警示标志、界碑和宣传标语，配套购置垃圾箱等，在重点区域建设视频监控系统。在水污染防治工作中，对全县涉水企业进行事前、事中和事后全过程管理，重点是马铃薯加工企业管理、田士沟湖水治理和县污水处理厂的建设与管理。截至年底，马铃薯加工企业均建成自备污水处理厂及其配套设施，太美薯业公司、希森薯业公司和科都薯业公司出厂管网都已和县污水处理厂对接，实现达标排放，佰惠生糖业公司自备污水处理厂已通过市环保局验收。根据《商都县重点环保工作实施方案》中责任单位分工及县长指示，由县住建局组织实施污水处理厂事故应急池建设、改造脱泥间输送管道工程，并购置处理能力更大的脱泥设备，从而保证污水处理厂的正常运行，使田士沟湖区生态环境明显改善，田士沟湖水污染问题得到彻底解决。此外，对其他涉水企业均加强日常监管，对于不建设污水处理设施或处理设施不能正常稳定运行的企业，坚决不允许其投产。

【生态建设网格化环境监管】 进一步整合执法资源，提升监管效能，形成属地政府组织实施、环保部门统一监督管理、相关部门各负其责的环境保护监管工作机制，制订印发《商都县环境保护监管网格化管理实施方案》，同时在乌兰察布市政府备案，并在商都县政府网站公开，方案明确网格监管责任人，并按照网格划分监管职责开展日常环境监管。从而在全县建立起“横向到边、纵向到底”的环境保护监管网格化管理体系，建立和完善环境监管执法责任制，实现环境保护监管“全方位、全覆盖、无盲区”，推动环境质量持续改善，有效保障环境安全。2016年，环保局组织矿山企业负责人多次召开会议，先后出动100多人次，加大对各矿山企业的日常监管，有效巩固治理成果。在碎石矿、碎石厂等企业集中整治中，对违法采挖行为严厉处罚，并扣押其装载机等设备，有效制止一些企业乱采乱挖行为和废弃土石随意堆放乱倒行为，同时，针对非煤矿山企业非法开采这一顽疾，商都县环保局会同公安局食品药品环境资源犯罪侦查大队铁腕出击，前后出动50多人次，多次向非法开采、违法排污、破坏生态环境的矿山企业“亮剑”，查处20多家矿山企业，责令18家矿山企业整改，有效遏制破坏生态环境违法行为的发生。

【环保违规项目清理整顿】 依据《关于全面清理整顿环保违规建设项目的通知》(内政办字〔2014〕310号),制定《商都县环保违规建设项目清理整顿工作实施方案》(商政办发〔2015〕80号),并成立清理整顿工作领导小组,组织推动清理整顿各项工作落实。68个环保违规建设项目已全部解决。根据《中华人民共和国环境影响评价法》和建设项目审批运行规则的要求,以建设项目环境影响评价与“三同时”(即防治污染的设施应当与主体工程同时设计、同时施工、同时投入使用)验收为重点,对建设项目严格把关,杜绝违反国家产业政策、浪费资源、严重污染环境和破坏生态的项目进入县内,有大气污染的化工项目一律不予引进。同时,加强各类建设项目履行国家法律法规情况的监督与管理,所有项目必须履行环境影响评价手续。对不符合国家产业政策的项目,或虽符合产业政策但因选址不当对环境存在较大污染风险的项目,对项目或选址实行提前否决。坚决杜绝先建设后环评或边建设边环评,甚至是只建设不环评的违法行为。

【上级环保督察】 2016年7月14日至8月14日,中央第一环境保护督察组对内蒙古自治区开展为期一个月的环境保护督察,县环保局积极行动,全面部署,加大现场检查执法力度。扎实做好污染防治设施运行情况、污染物排放情况、建设项目“三同时”执行情况、限期治理项目完成情况、生态环境的现场监督检查。对企业进行定期巡查、不定期突击检查,对化工、危险废物、选矿企业实行重点监管,认真开展环境安全隐患排查,对存在有一定环境安全隐患的企业责令落实整改,常抓不懈,及时消除安全隐患,确保环境安全。全局出动环保执法人员400多人次、环保应急车100多台次,扣押偷运废渣车辆和拉运物料未用苫布覆盖车辆90余台次,查处偷排偷放和违法生产企业2家,关停违法矿山企业30家,立案处罚15件,下达各类环保执法文书30余份。通过强化监管执法,顺利完成环境保护督察工作,在中央和自治区督察期间商都县未发生任何环保事件。

【环境污染信访纠纷化解】 环保局通过实施局领导班子轮班负责的接访制度,对重点投诉案件认真研究亲自督办,强化“12369”环保举报热线的投诉受理以及深入企业、社区一线开展调查研究的方式,及时了解群众的环境困难,倾听群众的环境诉求。对群众反映的环境信访案件,不论案件大小都一视同仁,坚持群众利益至上,坚持第一时间到场,能现场解决的问题现场解决,不能现场解决的,承诺限期答复或解决。加强专人督查督办工作,做到事前督查、跟踪督查、限时结案,使群众环境信访问题“件件有落实、事事有回音”。建立定期回访制,对信访人及时回访,征求意见,询问查处结果是否满意,杜绝“案结事了”后不问不管的作风,真正了解群众的心声,排除化解矛盾,达到从源头预防信访案件的发生。2016年,环保局受理环境纠纷案件及群众来信来访20件,已全部结案,投诉总量下降、无群体性上访和无越级上访事件,处理率、结案率均达100%。

【污染物减排】 按照市政府责任状要求,依据商都县《污染物减排工作实施方案》,通过强化结构减排、工程减排和管理减排等手段,完成主要污染物的减排目标。1.水污染物减排工作。2016年,商都县重点减排工程项目是七台镇污水处理厂建设工程和中水回用工程。七台镇污水处理厂由第三方运营,出水水质稳定达标,市环保局给商都县下达2016年化学需氧量减排为130吨,氨氮减排为10吨。2016年,七台镇污水处理厂实际处理规模为9035.8吨/日,年实现减排化学需氧量1039.19吨,氨氮118.13吨,化学需氧量净削减215.04吨,氨氮净削减26.83吨。由此,圆满完成化学需氧量和氨氮的减排任务。2.大气污染物减排工作。加强对七台镇城区集中供热企业的管理，增加集中供热面积替代分散小锅炉；对大气污染物排放重点企业，即各冶炼企业、水泥熟料生产企业、水泥粉磨站和集中供热企业开展专项整治行动；2016年，全县11家供热公司有7家已上脱硫设施，佰惠生糖业公司新建石灰石—石膏湿法烟气脱硫设施。上述重点工程的实施，可将二氧化硫和氮氧化物年度净增量控制在责任目标之内，完成二氧化硫和氮氧化物排放控制目标。

【重点社会工作】 商都县“十个全覆盖”工程开展以后，环保局严格执行县委、县政府提出的领导联系、单位帮扶制度。局领导班全体成员多次深入包扶村听民意、摸实情、解民忧，并把“十个全覆盖”工程和环保局实施的农村环境综合整治相结合，捆绑投入。为10个乡镇配置83个垃圾箱、360辆垃圾手推车，解决农村环境基础设施差、农村人居环境“脏、乱、差”现状，努力改善农村环境质量。积极开展“五城联创”活动，重点为包联的美帝小区、佳馨苑小区更换马路牙石及硬化部分路面、漏雨管，清除门上广告，喷大门漆，安装监控，安装木头休息椅，配置垃圾箱、卫生保洁车，粉刷楼体及院墙，建工具库房。为美帝小区和佳馨苑小区投资60000多元，进行环境综合整治。全力以赴配合县委、县政府做好“精准扶贫”工作，局工作人员进村入户，完成与42户扶贫户的对接和调查摸底工作，同时开展送温暖活动，为帮扶户每户送去两袋大米。

【党风廉政建设】 1.加强领导，健全组织。成立环境保护局党风廉政建设工作领导小组，局长任组长，其他领导为副组长，健全的组织机构和领导体系为党风廉政建设工作顺利开展奠定坚实基础。2.加强教育，提高干部廉政意识。平时认真组织机关干部学习上级领导关于党风廉政建设的谈话及各级纪委关于党风廉政建设的规定要求，提高干部加强党风廉政建设的自觉性，增强廉政意识，从思想上筑牢防线。3.落实措施，认真执行党风廉政建设责任制。为保证这一制度的贯彻实施，采取多项措施，加强组织领导。局党支部坚持将落实责任制作为一项重要工作来抓，局长为责任制第一责任人，担任局廉政责任制领导小组组长，对全局反腐倡廉工作亲自动员、亲自安排部署。重大事项都召开局务会集体决定，不搞一言堂。继续加强制度建设，制订并完善《环保局执法人员行风行为规定》《职工考勤制度》《车辆管理制度》《财务管理制度》《“三重一大”决策制度》等各项管理制度，进一步提升全体干部职工的自我约束能力。将节假日廉政活动作为反腐倡廉的一项重要工作来抓，元旦、春节、五一和中秋、国庆等重要节日期间，局长主持召开专门会议，对抓好“节假日廉政”活动进行周密部署，杜绝单位突击乱发钱，杜绝领导干部接受礼金、购物券等情况的发生。

（谷建军）

商　贸

供销合作

【**基本情况**】商都县供销社为合作经济组织，正科级事业单位，参照公务员管理。直属全资控股企业2个，参股公司3个，入股领办基层供销社有限公司3个。机关内设办公室、业务股、合作指导股3个职能股室。机关编制15人，实配12人，参照公务员管理8人，工勤技能人员1人，事业管理人员3人。

【**商品销售**】年内商品销售总额完成10240万元，农资商品供应额完成2075万元，农副产品销售额完成2648万元，日用品购销额完成5296万元，超额完成市社考核指标。完成大小化肥供应14000吨，其中复合肥7000吨，二铵3000吨，碳铵尿素等4000吨，地膜600吨。领办、创办农牧民专业合作社6个。完善基层供销社3个，新建基层供销社1个，新建综合服务社6个。完善电子商务中心运营工作，创建携农同城配送平台1个。

【**供销社综合改革**】按照自治区、市供销社有关要求，供销社全面推进综合改革工作，通过加强流通基础设施建设，整合多方资源，创新流通模式，培育现代流通主体，发展新型流通业态，提高流通现代化水平。供销社建成农资及日用消费品配送中心1个、农畜产品批发交易市场1个、再生资源回收利用市场1个、基层供销合作社8个、规范的农牧民专业合作社示范社27个、村级综合服务合作社64个、农村电子商务服务站7个。

【**农畜产品购销网络体系构建**】供销社农畜产品购销网络立足全县农牧业生产经营特点和市场建设规划，整合系统内外资源，重点在大宗鲜活农产品主产区、主销区和集散地参与产地专业批发市场和区域性集散市场建设。截至2016年年底，全系统拥有各类农畜产品经营企业18个、农畜产品经营网点86个、大型农畜产品批发交易市场1个。2016年，全系统收购农畜产品达2500万元。

【**日用消费品现代经营网络体系建设**】供销社日用消费品现代经营网络以加盟连锁为主要形式，以区域配送中心为依托，按照“原有门店改造一批，开发闲置资产购买、租赁一批，招商引资一批，销售大户加盟一批，规范完善提高一批”的工作思路，进行乡镇连锁超市和村级综合服务社等农村牧区零售终端改造建设，截至2016年年底，全系统拥有日用消费品配送中心1家、直营店408家、加盟店64家。2016年，全系统完成日用消费品零售额5008万元。

【**再生资源回收利用网络体系打造**】供销社再生资源回收利用网络按照“政府积极引导，社区作为载体，市场机制运行”原则，加强与政府有关部门协调配合，着力推进区域集散市场、综合加工利用基地和再生资源回收利用网点的升级改造。截至2016年年底，全系统拥有再生资源市场和经营企业1个、回收网点8个。2016年，全系统实现再生资源购销总额800万元。

【基层供销合作社改造重组】 按照行政区划和经济区域布局改造重组基层供销合作社8个，发展经营网点84个。改造重组后的基层社通过盘活资产，参与农牧业产业化经营，服务功能和辐射带动能力明显增强。2016年年底，全系统基层社实现销售收入3823万元、利润总额23万元。全系统通过各类基层合作社经济组织，联结带动农牧民2400户，带动农牧民实现收入240万元。

【农牧民专业合作社领办创办】 按照“龙头企业+专业合作社+农牧户”的发展模式，积极组织领办创办各类农牧民专业合作社，经营服务涉及种植、养殖、加工、服务等多个领域，由过去单一的商品流通，逐步向生产加工、土地流转、流通服务、劳动力组织等多种生产要素的合作方式转变。截至2016年年底，全系统组织领办创办农牧民专业合作社27个，入社成员485户，平均每个专业合作社入社成员近18户。2016年，助推农牧民户均实现增收近0.8万元。

【村级综合服务合作社发展】 供销社采取自建与村委会共建、与能人大户联建等方式，发展村级综合服务合作社，通过推广一体化服务、连锁化经营、标准化管理的现代经营管理方式，努力为农牧民生产、生活提供全方位、系列化、一站式服务，不断满足广大农牧民日益增长的生产生活需求。截至2016年年底，全系统建成综合服务合作社64个。

【系统行业协会的改革发展】 围绕地方主导产业和供销社主营业务，组织领办行业协会2个，积极开展行业规划、产品标准、业务培训、信息服务、组织营销和维护权益方面的综合服务，拓展为农牧民服务平台。截至2016年年底，全系统协会联结带动农牧民308户，帮助农牧民实现收入180万元。

【电子商务发展】 供销社顺应“互联网+”发展趋势，加快打造“网上供销合作社”，实现与其他电商平台的差异化竞争。发挥供销合作社联结生产基地和农民专业合作社的优势，发展特色优质农产品交易；发挥农资、大宗农产品等领域传统经营优势，发展农资、大宗商品交易；发挥基层网点数量众多优势，发展新时期“网上双代店”“在线送货郎”，帮助农民开展网上代购代销；发挥合作社联盟合作资源优势，发展跨行业电子商务交易。做大做强做实全县供销电子商务平台，做好与各地专业性、区域性平台对接，发挥供销社整体优势。积极开展电子商务进农村综合示范试点，加快实现网点改造升级，实现线上线下融合发展。2016年，加快实施与电子商务相匹配的线下资源改造工程，依托遍布城乡的综合服务社，拓展网订店取、线下体验、终端配送等多种功能，打通农村电子商务“最后一公里”。同时，供销社还加快发展社会化、专业化的第三方物流平台，为社会各类电商、快递企业下乡进村提供服务。供销社立足系统实际，积极创新农畜产品营销方式，搭建为农服务新载体，构建全县供销系统电子商务体系，发展电子商务工作，开展网络创业行动。2016年1月，为了方便商都县七台镇居民能够快捷享用到放心的生态食材和日用百货，携农电子商务有限公司创办携农网上商城（网上超市），携农网上超市于2016年1月18日正式上线运营，2016年携农电子商务有限公司完成销售收入80多万元。

【“新网工程”建设】 供销社始终把“新网工程”建设作为改革发展的中心工作来抓，不断加大“新网工程”建设力度，努力开展经营创新、组织创新和服务创新，全县“新网工程”体系得到逐步完善，取得明显成效。1.以商都县贸源农资有限公司为龙头的农资经营网络覆盖全县所有乡镇、村；建成农资连锁配送中心1个，仓储面积3000平方米，库容量达0.5万吨，2016年销售额

3800万元。以商都县俊荣商贸有限公司为龙头的全县日用消费品连锁经营网络不断强化，建成日用消费品配送中心1个，占地面积4000平方米，建筑面积2000平方米，现有配送网点400家，年销售收入3000多万元。2.搭建发展平台，组建供销社携农利通农牧民专业合作社联合社。一方面县供销社做为参公单位不能直接参与投资，另一方面发展实体经济，按照上级要求又要参股式控股，提高供销社参与度和控制力。同时，供销社还对基层社大量闲置资产进行盘活。3.按照“小网点、大网络，小超市、大连锁”的工作思路，紧紧围绕“县有配送中心、乡镇有超市、村有便民店”的工作目标，大力推进“新网工程”建设。截至2016年年底，全系统改造、新建农资经营网点86个、日用消费品经营网点408个、农副产品购销网点84个、再生资源经营网点8个，进一步活跃农村市场，保障农民消费安全。同时带动发展基地产品配送业务，系统内商品配送率达到60%以上。在“新网工程”建设活动中，供销社以龙头企业为依托，以配送中心为基础，以骨干业务为先导，以改造、新建、加盟为手段，以统一品种、统一标识、统一价格、统一配送、统一服务“五个统一”为内容，运用现代营销方式，积极整合社会资源，努力打造工业品下乡和农产品进城的双向流通网络体系。同时，积极组织申报争取国家、自治区、市级“新网工程”和“万村千乡工程”等专项扶持资金，有力地推动农资、日用消费品、农副产品、再生资源回收利用“四大网络”的建设。

【日用消费品配送】 供销社认真做好2016年日用消费品配送中心的新建布点工作，结合全县“十个全覆盖”工程推进，做好已建成的配送中心与村级综合服务社便民连锁超市的经营对接，将日用品经营与农资、农畜产品、图书、药品、家电经营结合起来，逐步充实报刊订阅、邮政代办、保险代理等便民服务项目，实现“一网多用、双向流通”。

【信访工作】 供销社点多面广、人员较多、遗留问题多而复杂，因此供销社高度重视信访工作，视其为各项工作的重中之重，一把手亲自过问，分管副主任具体负责，各有关股室协助，制订一整套工作制度和长效管理机制。一有信访信息，便深入第一线，掌握第一手资料，分析情况，从源头治理，尽量把上访事件解决在萌芽状态，彻底改变供销系统上访大户的形象。2016年，供销社接待下岗职工来访8批次、600多人，其中常年上访11人。采取积极措施，加强信访工作。调整组织机构，完善三级信访网络；实行领导包案，落实一岗双责；认真抓好排查，把矛盾化解在萌芽状态；安排人员，实行重点看护。针对上访势头由退休职工转向下岗职工、有可能发生新的上访苗头，供销社认真研究解决办法，协调有关部门妥善处理好新的上访事件，把矛盾解决在基层。

（段永成）

烟草专卖

【基本情况】 商都县烟草专卖局内设办公室、专卖管理股、客户服务部、内管派驻组4个职能股室，在职职工20人，承担着全县801个卷烟零售户的卷烟派送服务和监督管理工作。

【卷烟销售工作】 随着宏观经济发展的新常态，烟草行业受增长速度回落、工商库存增加、结构空间变窄等不利因素制约，给卷烟市场带来的困难日益凸显，影响非常大。为此，商都营销部不等不靠，用坚韧不拔的毅力、永不服输的气魄，真抓实干，实现商都卷烟营销工作稳中有进，进中有为，较好完成上级下达的卷烟销售任务。2016年，单箱销售额23919元/箱，比2015年的23427元/箱提高2.10%；单箱毛利（不含税）为5946元/箱，同比提高7.55%。

【专卖管理】 2016年，全体专卖队伍牢固树立责任意识，加强市场管理，规范市场秩序，挖掘市场潜力，守土有责，营造良好的市场环境。从加强队伍思想建设、组织纪律整顿入手，利用例会培训、业务学习、技能考核等方式，端正思想，提高认识，加强个人修养，促使专卖管理人员有意识地自我提高、自我约束、自我规范，带动专卖队伍素质的整体提升。为提升卷烟市场的管理水平，按照市局专项行动部署要求，制定切实可行的行动方案，坚持全面整治与重点打击相结合、日常监管与随机抽查相结合等方式，不断加大对重点对象的监控力度，外堵内打、全面清理，严厉打击非法制售假冒卷烟活动，大力整顿卷烟市场经济秩序。2016年，查获各类案件99起，其中无证经营案件81起，未在当地烟草专卖批发企业进货案件7起，销售非法生产的烟草专卖品案件11起，查获涉案卷烟2377条，其中假冒卷烟305.7条，涉案总金额25万余元，其中假冒卷烟案值7万余元。

【思想政治教育和干部队伍建设】 强化经常性学习教育，以科学的理论武装干部职工头脑，坚持正确的政治方向，自觉遵守党的路线、方针、政策和市局（公司）党组决策，扎实开展“两学一做”学习教育和“五讲五树”活动，始终以高标准严格要求干部职工，不断加强自身的政治理论修养，确保政治敏锐、思想创新，始终与党的路线和行业发展战略保持高度一致。2016年，始终把强化员工的素质能力作为提升企业竞争力的关键动力，充分利用中心组、党员和职工理论及业务学习等形式，深刻学习党章党规、学习系列讲话、学习领会行业文件精神，使干部职工更加坚定正确的政治方向，不断增强干部自身能力建设，夯实职工理论修养和业务水平。根据员工的能力素质和兴趣特点，人尽其才，鼓励创新意识，发挥主观能动性。强化员工的素质能力教育，采取多种形式对岗位员工进行业务技能培训，坚持集中培训和自学相结合的原则，有效提升员工的素质能力。抓好规章制度的落实，把行业的各项规章制度作为员工行为的基本准则，规范工作流程，引导干部职工按原则、制度、程序办事，真正形成有章可循、痕迹管理的良好局面。

【作风建设】 大力强化干部职工的作风建设，坚持从严要求、实事求是的原则，大力倡导厉行节约，经常深入基层办实事，使工作作风更加扎实。业务部门以市场实际为基础，努力提升客户服务和卷烟营销水平，专卖部门加大假私非卷烟查处力度，探索切合实际的市场日常监管模式，提高市场净化率。进一步畅通投诉举报渠道，提高日常服务质量。加强机关效能建设。对办证、咨询的零售客户，热情接待，积极给予办理相关事项，提高服务水平。经常深入基层一线，搞好调查研究。

【支持地方经济建设工作】 2016年，根据县委、县政府的要求，在“十个全覆盖”工程和“精准扶贫”工作中，班子成员多次深入帮扶的屯垦队镇泉卜子行政村调研，及时了解和解决他们生产生活中遇到的难题，申请帮扶资金1万元帮助村容村貌整治，并组织干部职工分批次深入泉卜子行政村下辖的4个自然村开展精准扶贫工作，高标准完成工作任务。大力支持地方经济建设，及时选派“第一书记”驻村进行“十个全覆盖”工程和“精准扶贫”工作。2016年，在支援地方春节文体活动、帮扶贫困村工作中，累计投入2万多元，圆满完成县委、县政府下达的各项工作任务。积极推进“五城联创”建设工作，按照“五城联创”有关要求和标准，对包联小区采取有力的措施进行亮化、净化和美化，使包联小区的基础设施、环境卫生和公共服务明显提升和改善。积极开展“博爱一日捐”和关爱青少年捐书活动，为市、县两级红十字会捐款合计4000多元，切实履行烟草行业的社会责任。

【党建普法与文明创建活动】 在保证经济平稳运行的基础上，大力夯实各项基础工作。确保营销部各项工作整体推进和有序开展，严格落实国家局、自治区局和市局关于加强基层党组织建设文件要求，按时进行支部换届选举，完善党建体系建设。加强法制宣传教育工作，努力构建新的普法工作体系，将普法工作逐步引向深入，较好履行法制烟草职责。营销部先后多次被评为市、县两级“六五”普法先进集体，普法工作受到地方政府的肯定。积极开展市级文明标兵单位创建活动，2016 年被评定为市级文明单位标兵。

（王学军）

石油销售

【基本情况】 商都经营部有人员 74 人，其中经营部领导 2 人，经营部工作人员 5 人及加油站工作人员 67 人，经营部在县加油站二楼。正常运营加油站 5 座，分布于省际通道、县乡村主干道及城区中心地区，成为商都地区成品油供应主渠道。

【业务经营】 2016 年，面对经营环境错综复杂、低油价激烈竞争、终端需求持续低迷的严峻市场形势，认真分析市场，全面落实分公司年度计划，上下一心，迎难而上，提质增效，轻油销售 30141 吨，非油品销售 125 吨，成品油、非油品销售完成年初预订计划。解决当地 58 人就业问题。

春季、秋季开展消防应急预案及环境应急预案的实战演练；进一步加大隐患排查和整改力度，坚决遏止各类事故的发生；进一步强化安全环保工作的日常管理，严格制度落实，贯彻落实“六大禁令”，严厉查处加油站“三违”行为。对不安全因素制订有效的安全防范措施；加强管理，提高员工自身安全意识和风险识别能力，经营部全年安全零事故。

（杨　艳）

商都县盐业配送中心

【基本情况】 商都县盐业配送中心设立专营部，配送各类盐品，有工作人员 3 人。

【盐业经营】 2016 年，严格按照国务院颁发的《食盐专营办法》规定，主要开展以食盐配送为中心的经营工作，服务全县城乡人民生活、服务全县工农业生产发展，把食盐发送到城乡各地各销售点，特别是偏僻边远地区，不留死角，不漏一处。保证有足够的储备，至少有 3 个月的食盐库存量，全力保障全县食盐供应，确保应急突发之需要。防止不法分子为牟取暴利而贩卖私盐行为，加强市场秩序整顿，打击违法活动，依法监管，与有关部门通力协作，维护和稳定市场。2016 年，购进各类盐 960 吨，其中，食用盐 470 吨，工业盐 120 吨，食品工业盐 250 吨，肠衣用盐 120 吨。销售各类盐 1000 吨，其中，食用盐 550 吨，工业盐 130 吨，食品工业盐 180 吨，肠衣用盐 140 吨。

（刘体平）

财政　税务

财　政

【基本情况】 商都县财政局内设4个准科级建制机构（金融工作办公室、政府采购办公室、农业综合开发办公室、农村综合改革办公室）、19个股室及其10个乡镇财政所。行政编制22人，工勤事业编制99人（其中：10个乡镇财政所46人）。

【公共财政预算执行情况】 1. 公共财政预算收入执行情况。2016年，全县公共财政预算收入完成20165万元，同比增收1814万元，增长9.9%，完成调整预算20150万元的100.1%。其中：税收收入完成15748万元，同比增收817万元，增长5.5%，完成调整预算17300万元的91%，占公共财政预算收入的78%；非税收入完成4417万元，同比增长29.2%，完成调整预算2850万元的155%，占公共财政预算收入的22%。2. 公共财政预算支出执行情况。2016年，全县公共财政预算支出244214万元，同比减少35829万元，下降12.8%，完成调整预算的100%。

【政府性基金收支执行情况】 2016年，政府性基金收入完成4275万元，同比减少6282万元，下降60%，完成年初预算6000万元的71.3%。其中：国有土地使用权出让收入4275万元。政府性基金支出15884万元，同比增加1048万元，增长7.1%，完成调整预算20852万元的77.2%。

【财源建设及支出结构优化】 1. 培植财源，加强征管。坚持以组织收入为中心，积极作为，狠抓财源建设和收入组织，围绕全年收入目标任务，早谋划、早布置、早落实，进一步深化、细化工作方法和措施，对纳税企业进行全面梳理，主动会同国税、地税部门和企业做好相关税收工作，确保各项税收应收尽收，即收即入。2. 积极争取上级资金。根据上级有关政策，有针对性地筛选上报项目，有效提高项目、资金争取的成功率。同时，积极向上反映全县财政困难、民生工程项目等情况，争取上级加大对商都县的转移支付支持力度。2016年，上级下达商都县补助收入229366万元，有效促进全县经济社会发展和各项事业进步。3. 优化支出结构，保障民生。加大基本公共服务特别是教育社会保障与医疗卫生的投入力度，确保财政基本公共服务支出占比达到自治区核定的目标。2016年，全县一般公共服务支出24521万元，占公共财政预算支出10%，有效推进各项民生事业快速发展，民生质量显著提高。4. 深化财政改革，加强预算管理。严格执行新《中华人民共和国预算法》，将增收节支的各项措施落实到具体环节，在支出预算编制上坚持统筹兼顾、突出重点、有保有压，重点保障各项重点支出和民生支出，严格控制行政经费等一般性支出，规范和完善政府采购等各项制度。2016年，全县财政拨款行政及参公事业单位“三公”

经费和会议费支出2164万元，同比下降1.5%。其中：公务接待费443万元，同比下降0.2%；公务用车运行维护费1121万元，同比下降0.1%；公务用车购置费48万元，同比下降31.4%；盘活部门结转结余2年以上专项资金4456万元。评估审查各类工程项目134个，评审金额达153421.93万元，审减8454.88万元，审减率5.51%。全县完成政府采购125批次，实际采购金额29963.12万元，比预算价节约资金2807万元，节约率为8.56%。

【财政收支管理】 1.加强组织征管，完成财政收支任务。关注财政经济运行情况，认真分析影响预算执行的各种因素和条件，准确预测收入，掌握收入动态，采取有效措施及时解决征管工作存在的问题，确保税收应收尽收。加强非税收入征收管理，确保各项非税收入及时入库，增强政府统筹能力。用足用好政策，主动与部门加强工作配合，共同争取上级资金和政策支持，增强财政实力，通过政策引导和资金扶持，巩固基础财源，培育财源后劲。加快支出进度，保障重点支出，实现财政支出按序时进度支出目标要求。2.发挥财政职能，促进经济发展。争取上级财政支持。全面掌握上级支持方向，认真研究上级资金分配政策，加强与上级财政部门的沟通协调，积极反映全县财政的实际困难，2016年，向上级部门争取各类资金13.1亿元。扩大融资规模。财政局向农发行申请15年期扶贫移民贷款1.4亿元；向国家开发银行申请25年期棚户区改造贷款1.1亿元，已到位2000万元；向华夏银行申请2年期贷款3000万元；向建设银行申请15年期项目贷款3亿元，资金已全部到位。支持企业发展。完善服务企业的长效机制，促进企业自主创新和结构调整。落实小微企业优惠政策，切实减轻企业税费负担。3.保障改善民生，支持和谐社会建设。坚持以保障民生为重点，进一步调整和优化财政支出结构，增加公共财政对社会事业投入，促进社会事业全面发展。（1）完善就业和社会保障体系。进一步提高城乡低保对象补助标准、五保对象供养标准、优抚对象待遇；促进城乡务工人员就业、下岗失业人员再就业；全县城乡居民养老保险实现全覆盖。2016年，社会保障支出50925万元，就业支出1346万元，城乡居民养老保险支出21853万元。（2）农业经济稳定发展，农民收入持续增加。2016年，农业综合开发共支出3820万元，扶贫项目实施支出10252万元，新建改建农村公路项目支出263万元；实施“一事一议”财政奖补项目113个，财政奖补资金4595万元；发放的支农惠农补助资金46581.13万元，涉及16个主管部门、9个大类、55项补贴项目。为进一步确保支农惠农资金不折不扣地惠及广大农牧民、社区居民，切实防止虚报、冒领支农惠农资金现象发生，财政局组织10个乡镇财政所的人员对全县应涉及各类补贴资金“一卡通”持有人员进行指纹年检。（3）加大宣传教育，全县惠民工作得到切实保障。2016年，教育支出26669万元，新农合和城镇居民医保财政补助资金12123万元，城乡医疗救助支出1379万元，新建廉租住房、公共租赁住房、棚户区改造及农村危房改造、保障性安居工程等支出14326万元，文化体育与传媒支出1863万元，公共安全支出12140万元。

【学习教育活动】 根据县委的统一部署，认真贯彻落实中央、自治区、市、县委从严治党的部署要求，对照“严以修身、严以用权、严以律己，谋事要实、创业要实、做人要实”的要求，结合财政工作职能，以深入贯彻落实中央“八项规定”为主题，坚持常抓不懈，狠抓各项制度措施落实。

【机关队伍建设】 加强机关队伍建设，切实解决干部队伍中存在“庸懒散奢软”的问题，以强有力的机关作风建设，为全年目标任务的顺利完成提供有力的作风保障和纪律保证。围绕规范财政资金精细化、科学化管理，强化资金监管、权力运行这条主线，在岗位职责、业务流程、制度机制、外部环境等“四个环节”查找风险点，建立廉政风险预警机制、风险管理考核评估机制和内部监督约束机制，加强督促、落实责任，确保资金安全、确保干部安全。

【精准扶贫工作】 成立以局主要领导任组长的精准扶贫工作领导小组，由班子成员带队，按照“六个精准、五个一批”的要求，40名干部包扶三大坝乡董家村的93户贫困户家庭，多次进行一一对接，并发放联系卡到村民手中。为实现精准扶贫工作目标，对该乡2016年考上大学的13个贫困家庭进行走访，详细询问每个家庭的经济和生活状况，并给每位贫困大学生资助价值5000元的笔记本电脑1台；由局干部发起捐赠活动，为包扶贫困户有病的孩子捐款16000多元，表达财政局广大干部职工对贫困家庭的关怀。

【机关事务管理】 加强局机关内外事务管理，保证局机关正常运转。按照“参与政务、管理事务、搞好服务”的要求，紧紧围绕“综合、协调、服务、督办”作文章，做好后勤保障，提高机关工作效率，维持机关及系统的正常运转，完成上级部门及县领导交办的各项工作任务。同时，加强新《中华人民共和国预算法》宣传工作。

【党建工作】 不断加强机关政治思想工作，加强培养党员干部队伍社会主义价值观，树立“立党为公，执政为民”的思想，坚持有所为、有所不为。扎实深入开展党的基本知识学习，把党员干部的思想武装起来，以应对各项繁重复杂工作。继续加强党性教育，坚定理想信念，保持党的纯洁性和先进性。强化纪律意识，切实提高执行力。深入开展治理“庸、懒、散、软”问题工作，对于不履行或者不正确履行工作职责、工作效率低下、工作纪律松弛等行为，进行严格行政问责。督促党员干部职工抵制各种不正之风，保持崇高精神追求，纯洁工作圈、净化生活圈。

【党风廉政建设】 1.坚持以提升能力为核心，以不断提高机关干部队伍素质为基础，以建立健全服务承诺制等各项制度为保证，以完善局岗位责任目标考核机制为动力，加强廉政风险防控管理，不断强化机关干部的服务意识，不断提高服务质量和办事效率，树立财政部门良好形象。2.全面推行行政权力清单制度，确保行政权力依法、公开、规范、高效运行，财政局对现有股室的行政权力进行重新梳理，行政权力共115项，其中：行政许可1项，行政处罚112项，行政裁决2项。3.牢固树立党风廉政建设意识。加强班子成员的党风政纪教育，认真学习预防职务犯罪实施纲要，牢固树立拒腐防变法律意识。通过与股（室）签订党风廉政建设责任书，严格考核落实，树立党风廉政建设责任意识。通过在全局广泛开展理想信念、职业道德和警示教育，增强全局干部拒腐防变自觉性。4.落实“三重一大”决策制度，规范财政事务管理，预防腐败发生，将党风廉政建设落实到财政工作事务上。

【财政改革】 1.继续深化预算管理体制改革。着力提升预算编制的完整性和透明度，实行全口径预算管理，将政府债务收支纳入预算管理。2.推进涉农资金整合工作。出台财政涉农资金整合工作方案，从全县发展的层面进行规划，统筹协调所有涉农项目申报和资金安排，大力支持全县农业产业化发展和社会主义新农村建设。3.推进存量资金清理工作。对历年专项转移支付结转资金进行认真梳理，对沉淀在部门的各类资金财政收回后进行统筹安排支出。4.深入推进国库集中支付改革。5.按照“二上二下”的规范性程序编制县级行政事业单位部门预算，实现一个部门一本预算，预算约束得到进一步强化。

【资金管理】 加强资金管理，促进业务流程规范化管理。为适应社会主义市场经济和公共财政的发展规律，按照科学化、精细化、规范化的要求，逐步建立安全、合理、有效、规范的财政资金运作机制，进一步规范项目资金审批程序，保证财政资金使用安全、高效、透明，从源头上预防和治理腐败，进一步加强对财政资金的监管。

【财政监督检查】 积极开展各类检查，切实整治违规行为。1.认真部署财政内部监督检查。着手对财政所的财务收支、资金拨付、会计基础工作和财政法规政策执行情况进行内部监督检查。2.做好预决算公开情况专项检查工作。根据预算法及上级财政部门的要求，对全县预决算公开情况进行检查，对存在的问题及时整改到位，并进行总结。

【地方政府性债务管理】 严格控制举借新债，加大开展PPP项目工作力度，2016年，有5个项目可行性研究已经完成，等待上报。转贷地方政府债券80967万元。地方政府积极筹措资金，按时还本付息，防范财政风险，维护政府信誉。

【资金拨付审核】 严格按照新《中华人民共和国预算法》以及相关财政资金管理文件的要求，做好资金审核拨付工作，并按要求切实加快财政支出进度。2016年，商都县支出进度各项指标均达到自治区财政厅的要求。

【荣　誉】 集体荣誉：

2016年，县财政局被中共商都县委员会评为先进基层党组织，被乌兰察布市财政局评为税式统计工作三等奖、预算执行评比三等奖，2016年全市财政信息工作先进集体第三名，全市财政系统2016年人事教育统计报表工作先进集体一等奖。

个人荣誉

卢雅娟被县妇联评为巾帼建功标兵；王晓晖获得2016年度全市财政信息工作先进个人及全市财政系统2016年人事教育统计报表工作先进个人一等奖。

（吴　昊）

国　税

【基本情况】 商都县国家税务局内设11个机构：9个行政股室分别是办公室、人事教育股、监察室、税政股、办税服务厅、政策法规股、税源管理一股、税源管理二股、征收管理股，1个直属机构稽查局（副科级）和1个事业单位信息中心。稽查局内设5个股室，分别是办公室、综合选案股、检查股、案件审理股、案件执行股，级别均为副股级。2016年年末，全局人员编制77人（行政编制69人，事业编制8人），实有84人（行政74人，事业10人）。领导干部编制数6人，实有5人。

【税收收入】 始终坚持依法征税、应收尽收，坚决不收过头税，坚决防止和制止越权减免税，坚决落实各项税收优惠政策，积极堵漏增收，加强分析预测，强化风险管控，加大稽查力度，努力化解经济下行压力，首次实现组织收入超亿元大关。2016年，累计组织各项税收12880万元，完成市局收入计划数8900万元的144.7%，比2015年增收4632万元，增幅56.2%。其中，增值税8775万元（含营改增2140万元），消费税1217万元，企业所得税1835元，车辆购置税1053万元。县级公共预算完成2673万元，完成县级公共预算总任务1800万元的149%。

【依法治税】 积极运用劝导、提醒、警示、说理等柔性执法方式，确保税法得到有效执行。加强教育，更新执法理念，积极适应推进依法治国、依法行政的新要求，着力弘扬法治精神，强化税务人员程序意识、权限意识。正确处理执法与服务的关系，牢固树立严格规范、公正执法理念，及时开展行业知识、专项知识培训，确保执法人员熟练掌握执法依据、执法流程，不断提升执法素养。建立税务人员下户执法审批制，未经审批不得下户执法。对确需要进行执法的事项，实行统筹安排，尽可能做到各部门共同进户、统一实施，避免多头下户，尽量减少下户次数。抓“阳光稽查”，开展“营改增”纳税人增值税普通发票专项检查，对全县推开营改增试点纳税人298户进行发票专项检查，其中生活服务业57户、商业零售业147户、其他行业94户的纳税人发票使用情况（重点是辖区内生活服务业和商业零售业纳税人），以及国税机关代开发票、发放发票、缴销发票情况开展专项检查。

【营改增试点】 严格按照全面推开营改增试点工作的要求，与地税局紧密联系、统筹协调、通力合作，准确把握全面推开营改增试点工作的重大意义、指导思想和改革目标，广泛宣传，正确引导，认真做好营改增试点改革前期准备、实施阶段等相关工作，确保5月1日时间节点要求顺利实现税制平稳转换。此次四大行业（包括建筑安装业、房地产业、金融业、生活服务业）地税局移交718户，经调查确认，已办税务登记证369户（一般纳税人11户，属国、地税共管户3户；小规模纳税人358户，属国、地税共管39户），无法找到214户，注销户69户，非正常户40户。截至12月31日，四大行业“营改增”试点纳税人入库税款1599万元，其中建筑安装业1423万元，房地产业5万元，金融业140万元，生活服务业31万元。

【国税地税合作】 按照“做大征管，做实征管，做专征管，做精征管”的思路，依托《国地税合作规范》和《全国税收征管规范》，通过多项措施持续深化国税、地税征管体制改革试点工作，密切国税、地税之间合作，使纳税人真正感受到改革所带来的红利。建立沟通协调机制，国地税召开工作联席会、协调会6次，通报工作情况，协调解决合作中出现的困难和问题10个。由国税局牵头联合举办2期纳税人学堂培训班，对营改增有关内容进行培训，并分别选配业务骨干人员进入城乡居民服务中心开展工作，实现纳税人进一家门办两家事，为纳税人带来极大方便。4月税收宣传月期间，在县祥和广场联合开展税收宣传活动。

【“两学一做”学习教育活动】 坚持将“两学一做”学习教育作为党建工作的龙头任务来抓，全力打造贴近实际、主题突出、内涵丰富、特色鲜明的党建名牌，着力破难题补短板，切实加强党员队伍建设，激活党支部活力。积极采取“广域网＋党建工作”的新模式。在全体党员中开展远程学习教育，推广“两学一做”学习教育好的经验和做法，要求全体党员必须达到思想上先人一步、素质上高人一筹、业绩上高人一等、要求上高人一格的标准，为全局的“两学一做”学习教育带来新风、带来活力。

【纳税服务】 以“改革·合作”为主题，突出便民指向，持续开展便民办税春风行动，把握行动“着重点”、明确措施“落脚点”、抓好规范“关键点”、营造宣传“闪光点”，以聚焦解决纳税人关心关注的问题为重点，围绕拓宽信息查询、实现信息共享推进信息高度聚合，将“便民办税春风行动”每项工作列明行动内容、时间安排、牵头部门和配合单位，确保每项任务有人抓、不落空。在全县范围内推行办税事项“二维码”一次性告知服务，统一生成二维码，在城乡居民服务中心的咨询台摆放印有“二维码”的图标100余册，并利用税企直通车和微信平台等多种渠道加强宣传。对营改增纳税人开展“自定义”税收辅导培训5场次300人次；依托国税地税合作开展联合税务宣传1次，联合评定信用等级评出A级纳税人4户、B级纳税人96户、D级纳税人2户。严格落实首问责任制，结合本地实际，进一步拓展限时办结、预约办税、延时服务24小时自助办税等办税服务制度。在城乡居民服务中心配置自助办税终端，将传统的线下办理的涉税事项拓展为线上线下均能办理。

【精准扶贫、五城联创】 班子成员和驻村第一书记经常深入到精准扶贫包扶村大库伦乡勇进行政村和郭朋行政村，就村级党组织建设、新农村建设情况、“十个全覆盖”工程建设和精准扶贫工作进行调研，帮扶联系村发展经济、抓基础设施建设的同时，选派3名干部到联系村任驻村第一书记，开展精准扶贫工作，尽最大努力为群众办实事、办好事，受到联系乡村干部群众的一致好评。年末由局领导带领部分干部深入到包扶的大库伦乡6个自然村，走访109户贫困户，为每户送去一袋大米，同时还详细了解贫困户家庭近期的生活，认真听取当前生产生活中存在的困难以及今后生产生活方面的打算，扶贫干部们从政策扶贫、实物扶贫、技术扶贫等方面帮助贫困户出主意、想办法，鼓励他们坚定生活信念，树立脱贫致富的信心。根据县政府“五城联创”总体部署，以“马上就干、真抓实干”的精神，扎实做好包联小区的绿化、硬化工作。

【绩效管理、数字人事】 按照上级部门绩效管理工作的要求，充分发挥创造性和主动性，认真吸取以往绩效管理的经验，逐渐建立起一套完善的绩效管理体系，充分发挥绩效管理对贯彻税收政策、提升纳税服务水平、增强组织凝聚力等各方面推动作用。通过绩效管理系统中任务工作逐步开展，责任层层落实，奖励与惩罚并重，在不断总结经验的同时取得绩效管理工作良好的成绩。随着绩效管理工作的开展，逐步形成国税文化和绩效管理共融的绩效管理文化。2016年12月1日，数字人事正式上线后，数字人事常态化稳步推进，初步构建起一种大数据管理理念下的新的干部管理机制，通过日常工作得分形成个人成长账户，与全体人员对比、与同级同类人员对比、与优秀人员对比，认识差距，找准不足，激发干部创先争优动力，在全局上下营造出浓厚的比学赶超氛围。

【党风廉政建设】 坚持以“责任制”为龙头，严格落实“两个责任”，建立健全党组统一领导、党组书记负总责、分管领导分工负责、纪检监察部门组织协调、各部门齐抓共管和全局干部职工共同参与的领导机制和工作机制，并层层签订党风廉政建设责任书，完善责任分解、责任考核、责任追究等配套制度，确保党风廉政建设责任制落到实处。把预防腐败工作融入税务工作全过程，融入税收政策的落实之中，开展税务行政执法规范化、纳税服务规范化、税收征管规范化建设，健全廉政风险防控机制，实行《党风廉政建设责任追究统计表》《党政领导干部问责统计表》《税务系统贯彻落实中央关于改进工作作风八项规定坚决纠正“四风”监督情况月报表》《党风政风监督工作数据统计表》等四项统计表，进一步提高从源头上预防腐败的能力和水平。组织开展理论教育、法制教育、形势政策教育等活动。

【队伍建设】 严字当头，多措并举，切实加强干部作风建设，着力打造一支政治过硬、业务精通、作风优良、勤政廉政的国税干部队伍，进一步推动“两学一做”工作深入开展。将每周二确定为学习教育日，做到学习有计划、有时间、有内容、有笔记。党组班子成员做好表率，在发挥党组、党委和支部作用上狠下功夫。组织各类学习10余次，专题学习《中国共产党纪律处分条例》《习近平为何反复强调“规矩”意识》等重要内容。有计划、有组织、有步骤地组织开展爱国主义、集体主义、职业道德教育。通过“青年文明号”“巾帼文明岗”“行风示范窗口”“服务明星”评比、岗位大练兵等，全面激发全体干部创先争优的积极性、自觉性和主动性。先后举办读书会、慰问老党员等活动，全力打造忠于职守、爱岗敬业、开拓创新、廉洁奉公的国税文化。积极组织参与无偿献血、爱心捐款、志愿者服务、“十个全覆盖”工程、“五城联创”等社会公益活动，培育干部职工高度的社会责任感和无私奉献的精神风貌。

【荣　誉】 2016年3月，商都县国家税务局冀小平被评为乌兰察布市“敬业奉献”道德模范。2016年3月，商都县妇女联合会授予冀小平“商都县三八红旗手”荣誉称号。2016年9月，商都县国家税务局办税服务厅被共青团乌兰察布市委员会授予“青年文明号”荣誉称号。

（高利峰）

地 税

【基本情况】 2016年，根据工作职责要求，按照精简效能的原则，商都县地税局内设6个正股级机构，分别为：办公室5人、人事教育股3人、监察室2人、税政管理股3人、征管和科技发展股2人、收入规划核算股（即纳税服务中心5人）。所属派出机构5个，分别为：社会保险费征收管理分局（内设股室2个，计统征收股3人、征缴管理股15人）、建筑安装业管理税务所（内设股室2个，综合股、业务股1人）、税源管理一所4人、税源管理二所4人、税源管理三所3人。2016年，在职税干63人，协税员8人，退休税干14人。

【税收征管】 2016年，组织各项税费收入32489万元，剔除营业税因素后，同比增收3060万元。其中，税收总收入完成17483万元（不含地方教育费及教育附加费），剔除营业税因素后，同比增收3609万元。社会保险费入库14299万元，同比减少554万元，水利建设基金完成126万元，工会经费51万元。2016年，在供给侧结构性改革及征管体制改革对地方税收产生影响的情况下，为全力抓好组织收入，商都县地税局主要采取以下做法：1.“以点带面”，深化现有税源管理。（1）加强同土地、规划、城建、交通等部门的强力协作，形成机制。（2）加强信息化建设，拓展信息化应用领域，实现信息共享共用。县局同园区管委会、土储中心、财政局等部门实现信息互通。（3）加强与国税部门的信息共享，为完善征管，优化服务提供精准的信息支持。（4）强化风险管理和导向作用，把推进风险应对作为加强税收征管、增加收入的有效途径，尤其是对征管过程中的风险点进行重点监控。2.“双管齐下”，强化房地产行业欠税清理。（1）“税额确认签字”。通过“营改增”前期房地产行业欠税摸底，进一步查清欠税基数，与房地产开发企业签订欠税确认书，确认欠税情况，摸清税源，做好执法风险防范。（2）精心组织，认真实施，扎实开展房地产税收一体化管理工作。加强与国土、建设、规划、房管等部门协同配合，通过向县政府申请，由县政府下发《关于加强房地产税收一体化管理的通知》，围绕办理“土地使用权证”和“房屋产权证”，通过对“三个环节”（征地环节、建安环节、销售环节）和“两个关口”（土地权属转移、房产权属转移）实施全程控管，对房地产业涉及税种实行“先税后证”，保证房产税收足额入库，掌握清理欠税工作的主动权。3.“入户摸底”，切实加强资源税征收管理。（1）通过对每户资源税纳税人实际经营情况进行详细摸底调查，准确掌握企业第一手涉税资料。入户调查同时，加强资源税税收法律、法规等相关政策的宣传和辅导，提高纳税人的纳税遵从度。（2）强化与国税部门信息比对，查找在国税已缴纳增值税、且未登记注册企业，切实查找新增税源，努力做到应收尽收。

【队伍建设】 为主动适应税收新常态，为后期工作储备积蓄力量，县地税局大力开展干部教育培训，改进学风，提升干部素质。1.认真举办干部大讲堂。领导带头讲课，业务骨干轮流授课，重视学习、崇尚业务的新风正气，受到广大税务干部的一致欢迎和好评。2.扎实进行网络教育培训。利用国家税务总局网络教育学院、法宣在线等平台，组织全体税干进行网络学习，并将税务干部学习情况列入年度考核范围。3.组织岗位大练兵、业务大比武。县地税局采取学习工作化，工作学习化，在工作中练兵，在练兵中工作，认真开展“岗位大练兵、业务大比武”，不断提高干部职工的实际操作能力，在全市业务大比武中，商都地税局1名税干获“岗位能手”光荣称号，并入选自治区局人才库。4. 配合市局组织好基层局副科级干部的选拔任用工作。认真做好基层干部思想教育，向干部讲清组织用人价值取向、选人用人标准，教育干部职工向前看，静下心来工作，埋下头来苦干，积极营造风清气正的选人用人环境。

【税制改革】 新一轮税制改革和征管改革已拉开帷幕。为主动适应税收新常态，确保各项改革落到实处、取得实效，强化国地税合作，做好工作衔接对接。1. 实施税制改革，推开“营改增”。根据《财政部　国家税务总局关于全面推开营业税改增值税试点的通知》（财税〔2016〕36号）文件精神，商都县地税局按照自治区局、市局工作要求部署，按照时间节点（2016年5月1日）顺利完成“营改增”工作。2. 拓宽合作渠道，完善合作机制。商都地税局、国税局于2016年6月6日，整建制联合搬迁到商都县城乡居民服务中心，实现纳税人“进一家门，办两家事，一站式办税”的便捷办税体验，打通政策落地“最后一公里”，对接好纳税人“最后一公分”，实现业务办理体验更便捷，征纳成本再降低。3. 积极探索“互联网+税务”服务方式。商都县地税局积极引导和辅导纳税人网上办税，努力实现实体办税、自助办税功能互补。全县范围内158户行政事业单位扣缴的个人所得税申报工作已全部通过网上申报完成，所有行政事业单位个人所得税答疑工作都通过专门微信群进行。

【“两学一做”学习教育活动】 商都县地税局对“两学一做”学习教育精心部署，确保“两学一做”学习教育高标准启动，高质量推进。1. 深入学习，有的放矢。以强化党课为主导，重点打造主题特色党课，进一步扩大学习规模，使教育培训资源惠及每一位普通党员。2. 加强培训，纯洁队伍。商都县地税局邀请县委党校讲师作“两学一做”专题讲座，引导广大税干进一步学懂党章、准则、条例，学实习总书记系列重要讲话精神，做一个有信念、有纪律、有品行、有作为的合格党员。此外，还积极组织党员税干集中进行全市“两学一做”学习教育试卷答题，登陆乌兰察布市党建网进行全市“两学一做”网络考试，拓展学习方式，增加学习兴趣。3. 丰富载体，增强实效。在落实文件传阅学习的基础上，认真组织税干观看专题影片，创新学习形式，丰富学习载体，努力实现党内教育从“关键少数”向广大党员拓展。

【党风廉政建设】 为全面提高干部职工廉政意识，规范税干从政行为，深入落实“为民、务实、清廉”要求，认真贯彻落实全市地税工作暨党风廉政建设工作会议精神，将党风廉政建设放在重要位置，认真落实党风廉政建设责任制，全面推进党风廉政建设工作。1. 细化主体责任，加大问责力度。为使局领导和股所长认真履行主体责任，根据“一岗双责”要求，不仅对违规违纪人员进行处理，而且一并追究分管领导及股所长责任，给予相应处罚。2. 加大宣传教育，提升干部敬畏之心。对党中央、自治区出台的一系列执纪问责的条例，采用单位统一学习、聘请专业教师、网络自学等多种形式加大学习力度，结合上级通报的典型案例，组织干部参观廉政教育基地和观看警示教育短片，切实提升干部的思想意识，使其对党的纪律怀有敬畏之心，从而培养出懂纪律，守纪律的干部职工。做到警钟长鸣，防患于未然。

【重要事件】 4月1日，商都县地税局、国税局联合在商都祥和广场隆重举行税收宣传月首宣日启动仪式。税收宣传月的主题为“聚焦营改增试点、助力供给侧改革”。

4月12日，地税局积极响应县委、县政府号召，组织全体干部职工开展“人道、博爱、奉献”爱心募捐活动，捐款人数达67人次，募集慈善捐款8090元。

4月21日，内蒙古自治区地方税务局召开全区地税系统“两学一做”学习教育动员视频大会，专门就“两学一做”学习教育活动进行宣传动员和工作部署。商都县地税局党组、党支部积极响应，通过深入学习习近平总书记系列重要讲话精神，巩固拓展党的群众路线教育实践活动和“三严三实”专题教育成果，开展“两学一做”学习教育。

5月1日，根据《财政部 国家税务总局关于全面推开营业税改增值税试点的通知》（财税〔2016〕36号）文件精神，商都县地税局按照自治区局、市局工作要求部署，按照时间节点顺利完成“营改增”工作。

6月6日，地税局将办税服务大厅整建制搬迁到商都县城乡居民服务中心。

（冯利民）

金融　保险

金融办

【概　况】2016年，金融办贯彻上级部门指示，紧紧围绕全县重大经济社会发展思路和工作目标，灵活运用国家金融政策，优化金融发展环境，引导金融业加大对实体经济的支持力度，主动创新作为，务实改革担当，积极开展金融改革创新和企业金融风险化解工作。全县金融工作、金融业保持平稳发展态势。

【政银企合作】加强政银企合作，推动地方经济发展。3月18日，由商都县人民政府举办的春季政银企对接会召开，会议邀请50余位当地优秀私营企业家参会，县委常委、常务副县长郭玉广，商都县银监办、商都县工商质量技术监督管理局、包商银行乌兰察布分行商都县支行等负责人参加会议。本次对接会在包商银行和当地企业之间建立起友谊的桥梁，为将来商都县包商银行开展支农支小工作打下坚实基础。金融办将再接再厉，牢记使命，自足当地，放眼发展，为商都县经济发展注入新的活力。

【政府融资】2016年，全县金融形势总体向好，各项工作取得积极进展。截至年底，县政府融资12笔，已到位12.9339亿元。

【小额贷款公司和担保公司监管】在日常监管工作中，金融办坚持以防范社会风险为底线，以引导民间融资健康发展为目标，积极开展日常监管工作。1. 建立信息报送制度。要求小额贷款公司按月报送业务报表，按季报送财务报表，年末报送经中介机构审计的财务报表、经营报表和融资情况报告，重大事项定期和即时报备。2. 加强非现场监管。指定专人对公司报表进行分析、评价，及时反馈监管意见，进行风险提示，加强经营指导，发现问题及时纠正。3. 定期组织巡检。现场检查相关账目、传票、单证及计算机数据系统，必要时到开户行及贷款企业了解资金流向，询问有关情况，做延伸检查。

【金融体系健全】积极引进金融机构，健全金融体系。通过与内蒙古普惠金融研究院合作共建县域金融智慧服务中心，进一步健全全县金融体系，活化商都的金融市场，有效地形成良性竞争，使全县金融形成多元竞争、健康发展的格局，真正惠及民生、造福百姓。

（张　彦）

中国人民银行

【基本情况】中国人民银行商都县支行内设综合业务部、金融管理部、保卫部、综合办公室、纪检监察室，有人员35人，其中正式职工32人，派遣工3人，女职工12人，男职工23人。

【存贷款余额】2016年，继续贯彻落实稳健的货币政策，增强货币实施效果，截至2016年年底，全县人民币存款641713万元，各项贷款237980万元。

【贷款业务】 支持地方经济发展方式转变和经济结构调整，重点加大对“三农”、中小微企业、创业就业、扶贫扶困等产业信贷支持。截至年底，农业银行发放“金融扶贫富民贷款”11411万元，其中“富民贷”6611万元，“强农贷”4800万元；农村信用联社涉农贷款152577万元，其中：农户小额贷款7167户、121841万元，农牧业企业80户、30736万元，马铃薯种植贷款4780万元；农牧业消费贷款10934万元，其他农业生产性贷款188319万元，畜牧业贷款6561元。

（宋永东）

中国农业银行

【基本情况】 中国农业银行商都支行内设综合办公室、信贷管理部、客户部、运营管理部、电子银行部、安全保卫部、“三农”金融部。下设3个经营网点：营业室、新城分理处、城东分理处。在职干部职工60人。

【经营情况】 截至2016年12月31日，全行各项存款135051.92万元，同比增长4398.49万元，其中储蓄存款97548万元，同比增长1202.05万元；对公存款37503.92万元，同比增长3196.44万元；各项贷款17578.65万元，同比增长2762.97万元；实现中间业务收入435.87万元；拨备前利润2105.49万元，拨备后利润1901.08万元。

【信用卡与电子银行业务】 1.信用卡业务各项指标完成情况：截至2016年12月31日，信用卡新增有效客户404户，全年计划1100户，完成36.73%；有效商户新增27户，全年计划15户，完成542.00%；信用卡中间业务收入115.88万元，全年计划94万元，完成123.27%；不良余额83.87万元，不良率为2.35%；2.电子银行业务各项指标完成情况：K码支付活跃新增2588户，全年计划3420户，计划完成率75.67%；掌上银行活跃客户新增1330户，全年计划1710户，计划完成率77.78%；消息服务新增7595户，全年计划6300户，计划完成率120.56%；企业网银新增27户，全年计划16户，计划完成率167.73%，电子银行业务收入121.89万元，全年计划111万元，完成109.81%。

【经营活动】 1.2016年年初，支行提前准备“春天行动开门红”营销活动宣传片和新年用品，对网点进行统一宣传和布置。开展存款有礼相送活动；营造“新春”气氛的网点服务环境；及时维护自助设备，保障节日期间提供正常的金融服务。2.制定《综合营销考核方案》，把全年经营计划逐项落实到网点和相关部门，做到任务落实、责任落实、考核落实。3.细分客户，抓好服务，行领导、客户部门、网点分别承包一部分客户，采取“一对一”或“1+N”营销服务，以高品质服务维护好现有客户，挖掘潜在客户。4.开展存款有礼相送活动。按照2016年春天行动营销方案的要求，及时采购一批宣传品，针对存款一万元以上的客户赠送价值30元的精美礼品，对高端客户逐一拜访，赠送价值90元的礼品。5.在全行范围内积极组织开展“六走进”营销活动，通过走进市场、走进企业、走进社区、走进学校、走进军营、走进乡村，极大提高员工自身营销能力，赢得客户的赞赏，获得营销成果。

【“双基”管理、案件防控】 1.加强“双基管理”即运营“三化三铁”（即标准化、规范化、制度化，铁账、铁款、铁规章）、信贷“三化三无”（即制度化、规范化和精细化，无新发生不良信用、无新增欠息和无新发生展期贷款），除积极参与市分行组织的风险分析例会，与上级行、兄弟行共同探讨业务经营方面的重点工作外，非常重视每月召开一次的风险分析例会，支行“一把手”与分管行长亲自参加，由运营部经理与监管经理具体学习重点制度、新系统上线业务流程、运营管理每日聚焦、市行业务运行情况通报、支行运营管理存在的问题及整改情况等，为全行的业务快速发展和安全运行奠定坚实的运营基础。2. 加强案件防控，为确保全行案件防控工作措施落实到位，将案件风险防控贯穿于整个经营管理全过程，有效堵塞管理漏洞和薄弱环节，严守风险底线，按部门、按业务条线落实防控责任，支行“一把手”与班子成员、网点主要负责人之间，班子成员和分管部门之间签订案件防控责任书，成立案件防控工作领导小组，并定期组织召开党总支会、行长办公会、业务经营分析会等，对发放“三农”贷款领域、柜面运营领域、银行卡和电子产品领域、安全保卫领域、财会领域等业务领域进行重点防控。

【“三农”风险排查】 按照自治区分行《关于在全区农行开展农户贷款业务风险排查工作的通知》的要求，支行成立由支行行长任组长的农户贷款业务风险排查工作领导小组，副组长由两位副行长担任，小组成员为客户部相关人员，领导小组办公室设在客户部。领导小组下设项目实施组，作为办事机构，具体负责支行农户贷款业务风险组织和推进工作。项目实施组由支行分管副行长担任组长，分为三组。本次排查工作实施回避制，客户经理不得参与自己管理客户的访谈和核查工作（管户客户经理可参与领路和引见等工作，支行行长根据辖区内实际情况确定）。严格落实支行行长负责制，支行行长对本辖区内检查结果负直接责任，出现问题同时追究检查组成员检查管理连带责任。本次自查存量农户贷款客户面达到100%，其中实地入户核查比例为40%。支行现场核查的贷款覆盖所有管户客户经理的管户贷款。对剩余客户以录音电话外呼方式核查。

【企业文化建设】 2016年3月8日，支行女职工参加征文比赛，获三等奖。2016年5月4日，在全行开展“五四”青年倡议活动，向奋战在一线的青年员工致以节日问候，激励青年员工立足岗位、奋发向上、开拓进取。2016年12月1日至10日，支行参加总行组织的“大美农行”原创歌曲大赛第一轮初赛，为挖掘农行员工才艺，丰富员工文化生活，深植农行企业文化核心理念和农行精神，创新宣传推广形式。

（赵晓丽）

中国农业发展银行

【基本情况】 中国农业发展银行商都县支行内部机构设置：客户业务部、会计结算部和办公室，全行人员编制14人。

【存贷业务】 截至2016年12月末，支行各项贷款余额41416万元，比年初增加26814万元；各项存款余额53391万元，比年初增加24684万元，各项经营指标均超额完成市分行下达的目标任务。

【支持地方经济贷款】 分别于2016年3月1日和12月26日发放商都县生态脆弱地区易地移民搬迁贷款14210万元和11940万元，用于支持地方扶贫攻坚任务的顺利推进。

加大产业化龙头企业扶持力度，向奥淳酒业公司、京蒙饲料公司发放6000万元和230万元产业化龙头企业贷款，支持企业农牧业产业化发展。

【荣　誉】 2016年，支行党支部被自治区分行评为“先进基层党组织”，刘江虹被自治区分行评为“优秀共产党员”；支行被自治区分行命名为2015—2016年自治区分行“青年文明号”；支行被市银行业协会评为乌兰察布市“银行业文明规范服务先进单位”。

（刘江虹）

农村信用合作联社

【基本情况】 商都县农村信用合作联社内设党委

办公室、综合管理部、人力资源部、计划财务部、信贷管理部、科技信息部、稽核审计部、风险合规部、安全保卫部9个职能部门，下辖27个营业网点，在岗员工296人。

【业务经营】 2016年年末，资产总额为36.39亿元，负债总额35.10亿元，所有者权益1.29亿元。各项存款33.73亿元，各项贷款15.55亿元。各项收入1.92亿元，税前利润1905.48万元。

【信贷投放】 截至2016年年末，累计发放贷款97278.05万元，其中：涉农贷款81593.12万元，精准扶贫贷款10009万元，保障“三农”投入，增强市场活力，促进经济发展。

【存款组织】 针对利率市场化深入推进、国有银行机构下沉、同业竞争加剧和互联网金融冲击的现状，全面加强存款组织工作。通过一系列措施，全年增加存款4.86亿元。

【清收盘活】 通过加强组织领导，加大考核奖惩力度，突出重点，分类处置，综合运用责任清收、岗位清收、依法清收、续贷重组等一系列措施，全年累计清收化解不良贷款10154.08万元。

【内控管理】 整章建制，强化执行，提升制度执行力；实施营业机构员工岗位竞聘，开展全员合规承诺，举办全员合规培训，有效提升全员合规意识，营造良好合规文化；开展“两个加强、两个遏制”回头看专项行动，实施整体轮岗检查；开展安全保卫专项检查整改，实现全年安全稳健运行。

【基础建设】 组建联社团委，加强共青团工作；健全工会组织，开展形式多样的文化活动，增强队伍凝聚力。通过校园招聘录用大学毕业生6人。红旗北路分社迁入新址开业，建设西街分社撤销，网点布局更加合理。增设自主填单设备等便民设施，实现全部网点无线网络覆盖，网点服务更加便捷，服务环境更加温馨。

（张少鹏）

工商银行

【基本情况】 工商银行商都县支行成立于2013年1月，设营业部1个，工作人员14人。

【业务经营】 2016年，商都支行以“提升服务、拓展渠道、精准营销、促进发展”为目的，扎实推进“七大工程”，各项业务稳步发展。截至2016年12月31日，各项存款余额达21210.82万元，较年初减少8526.03万元，其中储蓄存款余额16594.29万元，较年初增加3226.77万元；对公存款余额4616.54万元，较年初减少11752.51万元。主要为财政支付社保资金。截至12月末，各项贷款余额9318.68万元，较年初减少10086.27万元，其中个人贷款余额1414.68万元，较年初减少128万元；公司贷款余额7904万元，较年初减少9957.7万元。人民币理财产品销售额17 413万元，其中代销个人理财17413元，代销个人基金10万元，代销个人寿险52.6万元，代销个人财险445万元，代销个人客户国债85万元，私人银行理财及投资业务1971万元，代销法人理财60万元。新增代发工资5家404户，月累计代发额130万元；新增个人有效客户2930户，其中四星级以上客户新增546户，新增合格商友客户95户，新增信用卡发卡990张，新增特约商户47户，累计发放分期付款1207万元，新增工银信使收费客户数1037户，新增融E行移动端客户数2597户，新增工银E支付客户2034户，新增融E联客户1801户，新增对公结算账户101户，新增对公财智客户101户，新增企业网银证书版客户数18户，二维码商户29户。各项指标均超额完成计划。

（郑　龙）

包商银行

【基本情况】 包商银行乌兰察布商都支行成立于

2015年9月1日，是商都县首家引进的城市商业银行，也是包商银行乌兰察布分行设立的第六家支行，是继乌兰察布市兴和县、丰镇市成立后的第三家县域机构。商都支行设行长1人，市场部人员6人，营业部人员11人。

【业务经营】 2016年年末，资产经营规模余额14861万元；2016年，储蓄存款新增9876万元。2016年年末，理财余额7012万元。2016年年末，支行客户总数10961户，其中大众客户9646户、金卡客户1213户、白金客户90户、私行客户2户。2016年，非货币基金销售16.83万元，期缴保险销售6万元，趸交保险销售173万元。2016年，全年累计发生业务377笔，累计发放贷款7144万元，其中农贷客户发放271笔、金额2571万元，实现全年人均放款125.6笔，人均放款金额2381万元，截至2016年年末，贷款486笔、余额9833.77万元，拓展业务的同时极大地服务当地金融环境。

（渠雅琼）

人寿保险

【基本情况】 人寿保险公司商都县支公司内设办公室、营销服务部、客户服务中心，工作人员8人，营销人员200人。

【保险业务】 2016年，公司认真贯彻落实总公司、分公司政策要求，以“公司发展，员工幸福”为目标，以“加快发展，深化改革，转型升级，防控风险”为指导思想，深入推进“聚力领先，创新超越”的竞争策略，着力推进销售渠道经营管理模式由粗放向专业化、体系化转变；销售团队经营管理模式由内勤主导向内勤督导、外勤主导转变；销售方式由公司平台销售为主向多元化平台销售加队伍自展方向转变；主销产品由单一向多元化转变。

2016年，公司积极开展宣传及企业文化推广工作，营造利于企业发展的良好舆论环境。组织开展“3·15”主题宣传活动，设置宣传展板、发放宣传物料向市民宣传保险知识，塑造良好国寿形象；开展“6·16”客户节宣传活动，摆放工作台、展板、展架、宣传资料等，为广大客户提供业务及各项服务咨询；举办“7·8”全国保险公众宣传日之保险服务进农村进社区志愿者活动，同时借助公众宣传日的有利时机，把保险助推全县脱贫攻坚工作成效作为重点内容进行宣传，全面展示公司履行“守信用、担风险、重服务、合规范”核心价值理念，形成全社会良好的保险宣传舆论环境，提高全民及全社会正确的保险理念和保险意识。

2016年，公司为七台镇、大库伦乡、卯都乡3个乡镇5000多名建档立卡贫困人口办理了意外伤害保险、大额补充医疗保险、住院定额给付团体医疗保险，合计保费约50万元。与卫计局开办了低收入家庭和失独家庭的“三民”爱心保险等政策性业务，解决贫困人口因病致贫、因病返贫的困惑。2016年，累计承保人数51098人，其中，新增承保人数13248人。保险总额7115.58万元。各种保险费收入3557.79万元。其中，意外险保费收入227.13万元，寿险保费收入3330.66万元（其中：个人营销保费收入3077.91万元）。2016年，理赔赔付金额592.29万元，退保金额245.91万元。

（赵迎春）

财产保险

【基本情况】 财产保险公司商都县支公司内设综合部，工作人员3人。

【保险业务】 2016年，财产保险收入总额1485.78万元。其中，企事业财产保险收入16.22万元，家庭财产保险收入2.49万元，机动车保险收入722.37万元，货物运输保险收入3.62万元。2016年，财产保险理赔支付 569.02 万元，理赔率 70.5%。

（张　斌）

农业保险

【基本情况】 安华农业保险商都支公司内设：经理室 2 人、种植险部 2 人、承保部 1 人、理赔部 1 人、养殖险部 1 人，工作人员 7 人。

【保险业务】 2016 年，收取保费 3240.88 万元。1. 商业保险保费收入 503.39 万元，其中车险 430.94 万元，非车险 72.45 万元。2. 种植业保险保费收入 2737.48 万元，粮油作物投保面积 131.04 万亩，其中旱地玉米 22380.80 亩；旱地小麦 478544.52 亩；水地玉米 35549.50 亩；水地小麦 15597.90 亩；旱地马铃薯 81916.20 亩；水地马铃薯 37979.60 亩；甜菜 207977.18 亩；胡麻 124248.40 亩；油菜籽 22809.10 亩；葵花 283369.05 亩；大豆 47.00 亩。总保费 2634.61 万元，其中中央财政承担 40% 为 1053.84 万元，自治区财政承担 40% 为 1053.84 万元，市财政承担 2% 为 52.69 万元，县财政承担 3% 为 79.04 万元，农户自筹 15% 为 395.20 万元。投保农户 29820 户。3. 露地蔬菜共涉及 8 个乡镇，52 个行政村，承保面积 3.04 万亩，保费 102.87 万元。

2016 年，种植业保险保费收入 27374 816.04 元，理赔支付 14555176.85 元；露地蔬菜保险保费收入 1028 721 元，理赔支付 704878 元；2016 年，商业险保费收入 5033890.62 元，理赔支付 940545.9 元。

（曹德志）

科技　教育　体育

教育科技体育局

【基本情况】 商都县教育科技体育局内设办公室、计划财务股、教育股、督导室、师资管理股、学校安全管理股、体育卫生艺术股、科技股8个职能股室，招生办、教研室、资助中心、电教站、勤工办、科技成果推广转化中心6个二级单位，负责全局的各项工作。机关行政编制14人，工勤事业编制16人。科级领导职数6人（1正、5副〈含纪委书记1人〉），二级单位编制36人。

【党建工作】 1.组织建设。坚持“围绕中心抓党建，抓好党建促发展”的工作思路，以加强党的执政能力建设为工作重点，全面系统推进党的思想、组织、作风和制度建设。深入开展全系统党组织和党员评星定级工作，进一步推动基层党组织和党员参照星级标准，自觉对照检视、主动改进提升。2.党建业务。以深入推进“两学一做”学习教育常态化、制度化为抓手，进一步加强思想政治建设，切实强化“四个意识”。全面增强党建工作实效性，局机关坚持每周一集中学习制度。继续完善“三重一大”和“领导干部联系点制度”，积极参与全县“美丽乡村”建设和“精准扶贫”工作。3.廉洁自律。全系统深入开展纪律作风建设，认真学习《中国共产党廉洁自律准则》《中国共产党纪律处分条例》《中国共产党党内监督条例》《中国共产党问责条例》和习近平总书记系列论著、重要讲话精神，进一步增强党员干部廉洁自律意识。4.执纪问责。坚持“党政同责，一岗双责”原则，全面压实主体责任，通过层层签订责任书，逐级落实各级领导班子责任目标。坚持把纪律和规矩挺在前面，切实践行好监督执纪“四种形态”，制订印发《商都县教育科技体育局纪委深入开展查处发生在群众身边不正之风和腐败问题专项治理工作方案》《商都县教育科技体育局“三重一大”决策制度》《商都县教育科技体育局议事规则和决策程序》及《商都县教育科技体育局贯彻落实“三重一大”事项集体决策制度实施办法（试行）》。凡涉及办事程序、重大决策、财务收支、教师权益、招生考试、学生资助等“三重一大”事项都及时向社会公布或公示。5.信访受理。严格按照党纪、政纪和有关规定，切实解决群众合理诉求，实事求是地认真处理好每一件信访案件，做到件件有着落、事事有回音。

【教育脱贫】 认真落实教育脱贫一批工作，全年资助各级各类建档立卡的贫困学生2873人，累计资助金额1363.4975万元。积极开展城乡低保家庭子女入学资助工作，全年资助低保家庭学生390人，资助金额1340万元。继续推进生源地信用助学贷款工作，全年生源地助学贷款大学生累计1403人，贷款金额992.25万元。进一步加大国家新生入学资助工作，全年资助大学新生50人，资助金额3万元。认真落实在校学生国家政策性补贴工作，进一步做好中小学家庭经济困难学生生活补贴及高中国家助学金，尤其做好留守儿童、困境儿童和困境家庭儿童的关怀、帮助工作。积极拓宽渠道，联系机关单位和爱心人士援助贫困学子。

【基础建设】 借助全面改善薄弱学校条件资金和“美丽乡村”建设项目工程资金，为义务教育阶段学校配置760万元设备。通用小学、京蒙幼儿园、朱家村幼儿园、小清华幼儿园及西井子中心校教师周转楼建设完工，其中通用小学、西井子中心校教师周转楼已投入使用；一中风雨活动室已完工，世纪小学综合楼和大库伦中心校教师周转楼主体已完成；一中、二中学生浴室及世纪小学、五中水冲厕所等工程正在内部装修；二中教学楼、综合体育活动室及育苗小学室内足球场已开工兴建。按照全市乡村学校建设规划，加大对6所乡镇学校和1个教学点的标准化建设。全年累计投入7418万元，总建设规模34164.02平方米。

【京蒙帮扶】 根据与北京市平谷区教育委员会签订的对口帮扶协议，继续加大帮扶力度，建立帮扶机制，积极开展物资与师训帮扶活动。

【教学课改】 通过举办全县“好课堂”大赛、邀请课改专家到商都县讲学、开展中小学和幼儿园教学能手评选、召开全县课改推进分析表彰会和选派教师参加自治区、市级比赛等活动，积极构建高效课堂，努力提升教师专业素质，加大推广新课程改革的成功经验和典型做法。

【义务教育】 多次召开义务教育均衡发展工作会议进行安排部署，进一步明确各单位、各部门的工作职责。通过落实义务教育划片招生政策、补充各种实验仪器设备、开展送教下乡和城乡学校结对帮扶等措施，全县各学校间差距进一步缩小。2016年7月和10月，顺利通过自治区和国家两级义务教育均衡发展评估验收。

【教学质量】 2016年高考、中考成绩再创历史新高。全县高考本科上线917人，其中高级中学和职业中学上本科录取分数线326人，占到全县本科上线总人数的36%。高级中学本科上线261人，较2015年相比上升8.2%；职业技术学校蝉联全市对口升学14连冠；中考成绩居全市前列。

【校园足球】 积极开展阳光体育活动，精心筹备各种文体比赛。以“阳光体育、快乐足球”为主题，组织开展“校长杯”和“县长杯”校园足球联赛，并组队参加全市“市长杯”足球联赛。

【体育卫生艺术】 筹备全县中小学生田径运动会、第五届中小学生艺术展演、以“中华魂”为主题的师生知识竞赛与演讲比赛等体育艺术活动。联合县防疫站对全县19所中小学全体学生进行内科、外科、口腔科、五官科及形体、生理功能等常规性体检，及时了解和掌握学生体质健康状况和生长发育情况。

【社会实践】 加强对各学校进行校园蔬菜、经济作物种植和基地建设的指导工作，分批次组织学生深入全县中小学生社会实践基地开展生产劳动、农作物采摘等实践活动，不断提高学生社会实践能力。

【招生考试】 积极构建招生考试工作的规范化管理体系，实施招生考试“阳光工程”，在规范管理、加强监督、严肃考纪等方面狠下功夫，切实维护招生考试工作的公平性和严肃性，积极营造良好的考试环境，顺利完成高考、中考、小学升初中考试、八年级地理生物学业水平测试和高中学业水平测试五大考试工作。

【师资建设】 全年投入资金67.68万元，完成各级各类校长、园长、骨干教师、班主任及其他培训5422人次，其中，利用清华大学扶贫培训计划，派出1名校长驻校培训一周。大力开展《中小学教师职业道德规范》和《中小学班主任工作规定》宣传教育和培训活动。不断推进师德建设工程，全年成功举办2期校长大讲堂、4期励志大讲堂和多次专题报告会。公开招聘幼儿教师、乡村教师、职中和高中部分科目紧缺教师52人。

【教育督导】 制定出台2016年度职业高中、普通高中、初级中学、城镇小学、乡镇中心校和幼儿园教育业务目标考核体系。由督导室牵头，协同相关股室站全年深入学校督导检查8次，列出问题清单127个，并要求各学校针对存在的问题制定相应的整改措施，完成整改报告。聘请“春华教育评估中心”的专家，配合督导室对各级各类学校校长、副校长进行三年任期目标评定。

【校园安全】 分别与各学校、幼儿园签订《安全工作目标责任书》与《校车安全管理责任书》，进一步完善安全制度，严肃责任追究。加大校园安全建设力度，全年投入34万元为全县幼儿园加装消防烟感器，为各学校宿舍安装一键报警装置，并配备安全逃生急救包、警用防护器械、安保服装。广泛开展交通安全、饮食安全、法制进校园、远离毒品等教育主题活动，全年开展各类安全演练96次，书写宣传标语100多条，发放禁毒宣传光盘220套、安全知识影像资料1000余套、安全宣传资料8000多份，受教育师生达100%。对全县中小学、幼儿园相关人员及学生进行安全知识培训，全年组织开展4次针对学校安全管理工作的检查，排查安全隐患167处，整改160处，整改率95.8%，并下达167份安全隐患整改通知书。

【科技服务】 加大科技宣传培训力度，全年举办各类实用技术培训班15期，累计培训农民1万余人，发放科普资料1万余份。服务中建金马公司同山西理工大学建立校企联合研发中心；服务红阳公司申报建设高新技术企业；服务商都县中小学生社会实践基地引进新品种14个、新技术12项等。与中科院合作建立一处占地80亩的科技成果转化基地，转化科技成果12项。

【资源引进】 逐步加大新品种引进力度，并加以示范种植，推广一些产量高、病虫害少的农作物品种和新技术。全年累计引进机械设备150多种，引进蔬菜作物新品种78种，并在小海子镇、七台镇和十八顷镇进行示范推广，示范种植面积153亩，成效初现。

【特派员建设】 全年聘国家“三区”科技人员22人、市级科技特派员12人、县级科技特派员77人，通过经常性举办研修班、学术讲座、科技报告会、科技人才座谈会等，营造“尊重知识、尊重人才”的良好氛围。

【知识产权】 不断完善维权机制、知识产权保护机制和奖励机制。全年组织申请专利117件，其中发明专利18件，完成目标任务150%；专利授权59件，其中发明专利授权6件；完成技术合同登记3件，实现技术合同成交额945万元。新建旱区绿色集约现代农业科技示范园，同时接待两次大型现场会议，即中国科学院科技成果转化现场会与中国农业科学院创新创业示范现场会。

【体育机构建设】 体育社团的组织建设、制度建设、队伍建设和能力建设得到加强，体育社团社会化和实体化进程得到全面推进，群体活动实现有组织、有队伍、有活动、有场地、有经费的整体格局。全年设立多个群体活动站点，并正式成立商都县足球俱乐部，在市足协登记注册。

【指导员培训】 组织开展为期3天的全县三级社会体育指导员培训，参训人员200人，其中农牧民占到20%。积极选派指导员外出培训学习，全年组织人员参加国家社会体育一级和二级指导员培训、国家级足球教练员培训、全市二级社会体育培训和门球教练员培训等近50人次。

【健身工程】 将体育设施建设纳入总体规划，积极为乡村、社区配置25套全民健身路径，为乡村所在地新建活动广场，并添置健身活动器材，促进全县群众体育事业快速发展。

【体育宣传】 大力宣传《中华人民共和国体育法》《全民健身纲要》《内蒙古自治区全民健身

条例》等法律法规，不断扩大全县体育活动人群规模，截至2016年年底，全县体育人口已达41.8%，比2015年同期递增0.29%。

【竞技体育】 持续开展群众体育活动，不断丰富群众业余生活，积极组队参加各项赛事活动并获佳绩。通过各项赛事的参与，全县群众体育竞技水平不断提高。

【对外宣传】 2016年，印发教育信息280期，局机关和各学校累计在《中国教师报》《乌兰察布日报教育导刊》《商都报》等报纸和《内蒙古教育》《乌兰察布教育》等杂志发表新闻稿件和教学论文160多篇，较好展示商都县教育科技体育发展成就。

【重要事件】 4月，组织全县学生开展祭奠革命英烈主题教育活动，举行2016年春季科技创新发展培训会，举行商都县中小学“校长杯”足球赛。

5月，举行读书活动年启动仪式，商都县科技活动周暨第二十一届科普宣传活动周启动，召开“两学一做”学习教育工作推进会，组织全县中小学开展防震、防灾逃生自救演练活动。

10月，召开全县中小学信息技术与实验教学工作会议，举行商都县2016年网络安全宣传周暨金融日宣传活动启动仪式，通过国家义务教育均衡发展认定，举行“扶贫济困、圆梦学子”扶贫项目启动仪式。

11月，学习贯彻中共十八届六中全会精神学习会议，举办教育系统第三期励志大讲堂报告会，开展学校安全大检查及校园周边环境综合治理工作。

12月，对2016年公开招聘的52名新录用教师进行岗前培训，组织实施2017年普通高校招生报名工作，掀起以“结穷亲、帮穷户、拔穷根”为统领的精准扶贫热潮，大力实施精准扶贫工作，乌兰察布市春华评估中心到商都县开展教育业务目标考核验收工作，市课改团队到商都县验收评定市级课改星级示范校。

【荣　誉】 2016年，商都县被授予“教育工作目标考核先进旗县市区”、“教育业务工作目标考核先进旗县市区”、“职业教育工作目标考核先进旗县市区”、“课堂教学改革先进旗县市区”4个荣誉称号，并分列各旗县市区第一名、第一名、第二名和第五名。

组队参加全市“市长杯”足球联赛，取得高中男子组第四名、初中男子组第六名、初中女子组第五名。

商都县8所中小学申报批准为自治区校园足球特色学校。

组队参加乌兰察布市第四届中学生运动会，取得团体总分第三名。

在全国网络方块字大赛、全市中小学中华诗词诵读大赛和第二届汉字听写大赛中，获“最佳组织奖”“优秀组织单位”和全区“十二五”期间汉语言文字工作“先进集体”称号。

商都县中小学社会实践基地被列为自治区级第七批“环境友好教育基地”。

商都县科技特派员工作站被中国技术市场协会授予先进集体金桥奖，其中有7名科技特派员获得国家科技部万名科技人员进村入户特别贡献奖。

参加乌兰察布市鑫茂杯羽毛球公开赛，获旗县组第一名。

参加全市体彩杯青少年乒乓球锦标赛，男女团体均进入四强。

参加全市广场舞、太极拳、太极剑大赛，分别获得团体第三名。

参加内蒙古2016年全区百县健身气功交流比赛，获团体三等奖，男子个人第二名、女子个人第三名。

参加全市中老年乒乓球比赛，获个人单打第四名和第五名。

（李瑞鹏）

文化　旅游　传媒

文化旅游新闻出版广电局

【基本情况】 商都县文化旅游新闻出版广电局内设5个职能股室，人员编制24个，其中行政编9个、工勤事业编15个；下设7个二级单位，事业编制105个。

【基层公共文化建设】 1. 地面无线数字覆盖工程实施情况。到2016年年底，全县新建地面无线数字覆盖工程2处，分别为七台镇地面无线数字发射台、大库伦乡地面无线数字转播台；加上十八顷镇转播台，基本实现全县广播电视地面无线数字信号的全覆盖。8月开始试播，3处地面无线数字信号输送节目22套，该工程实施，提升全县广播电视无线发射装备数字化水平，丰富人民群众收听收看广播电视节目内容。2. 改善电视台装备水平。年初，文广局与北京市平谷区电视台达成协议，拟把平谷区电视台原值近700万元的电视台设备平移到商都县电视台，项目在9月底安装实施并投入使用，该项目完成使商都县电视台装备得到一个质的飞跃。3. 从10月开始，文广局及博物馆投资70余万元在宣传文化中心大楼二楼实施商都县博物馆（民俗展厅、历史展厅）陈列布展升级改造项目工程。该项目计划在2017年5月实施完成并向社会免费开放。4. "村村响"（农村广播村村响）广播工程。全年完成214套"村村响"设备的安装与调试工程，包括213个行政村和1个八股地中心林场的"村村响"广播覆盖。

【村级文化室及广播电视"户户通"工程】 2016年，"十个全覆盖"工程涉及43个文化室配置建设任务。到11月底，全部配送完成。各文化室均设置统一文化室标牌和管理制度，配置棋牌桌椅、音响、锣鼓镲、乐器等文化设施。2016年年底，完成48456套"户户通"，基本实现全县农村牧区广播电视覆盖任务。2016年年底，向上级部门申请"户户通"5000套，用于覆盖查漏补缺和售后服务的维修更换，该批卫星接收机尚未到位。

【文化惠民工程】 文化馆、乌兰牧骑积极开展"百团千场"、"草原文艺天天演"等惠民演出工程，全年累计演出达130余场。

【"四馆"免费开放活动】 文化馆、美术馆、二人台传习所、青少年活动中心免费开设音乐、戏曲、广场舞、美术辅导、太极拳、中老年合唱等多个项目的培训班；图书馆、博物馆免费开放所有场馆，免费办理借书证、免费享受文化信息资源共享工程等，免费参与非物质文化遗产保护与传承体验活动。

【各类专题文化活动】 成功承办2016年商都县春节联欢晚会、元宵节猜谜等系列文化活动；配合完成"4·26"法制宣传、"6·26"禁毒、践行"两学一做"、精准扶贫奔小康、"五城联创"、"十个全覆盖"工程等专题文化活动；参加国家民委机关新春团拜会；参与“一中之声”、“二中之春”、“三八国际妇女节”慰问活动、“3·15”消费者权益日、食品安全月启动仪式等活动；开展“书香商都县·亮丽风景线”2016年草原阅读季启动仪式、“世界知识产权日”和“世界读书日”、“5·18”国际博物馆日、“童心飞扬·梦想起航”庆六一专题音乐会等活动。演员刘玉兰应内蒙古大学艺术学院曹清瑞教授邀请，在呼和浩特乌兰恰特保利剧院参加母校“瑞玉清流赋新声·曹瑞清师生音乐会”，并演唱《军中飞来一只百灵鸟》《芦花》等，受到与会师生及观众赞誉；县文化馆辅导并参加县公安局赴市公安局举行的庆祝建党95周年“颂党情，铸警魂”歌咏比赛，获三等奖；在全市2016“鹏亚杯”安代舞暨广场舞展演中，县文化馆选送的剧目获得二等奖；演员陆进宇、姚轶慧参加自治区文化厅举办的“亮丽内蒙古”——2016年全区声乐比赛，双双获得“优秀歌手”称号；演员陆进宇参加在巴彦淖尔市乌拉特前旗举行的“走进爬山调艺术之乡”暨第二届西部民歌会，演唱的《走西口的人儿回来了》取得优秀表演奖；在第二届“艺苑秋韵”全市群众小戏、小品文艺展演中，县文化馆（非遗传习所）选送的东路二人台小戏《大美“五城”》获“优秀剧目奖”，文化馆获得“优秀组织奖”。演员刘玉兰、杨景泽等9人参加中国影视歌手大赛（乌兰察布赛区）取得优异成绩，9人全部进入决赛。另外在7月文广局组织150名露营爱好者与来自全国各地的25000多名露营爱好者，一起在市府集宁参加中国草原避暑之都文化旅游节暨乌兰察布首届中国国际露营大会开幕式。

【民族艺术精品工程】 2016年度，新创舞台艺术作品《喜迎新春》《幸福家园》《老有所养》《十字路口》等9部，恢复经典剧目《五哥放羊》《拜大年》等6个，新编民间舞《亲亲西北风》《大秧歌》等4个，新创蒙古舞《天边》《这片草原》等4个。创作的二人台小戏《十字路口》在“活力商都”微信公众号广为转发，《老有所养》为县卫生计生局年度指定专场演出剧目，新编东路二人台表演唱《幸福家园》首次登上市电视台春节联欢晚会。对2014—2015年度商都县创作的10首“美丽中国梦. 古驿七台情”歌曲进行高规格打造包装，向社会征求意见后公开发行光碟100余张。在参加第二届“艺苑秋韵”全市群众小戏、小品文艺展演中，商都县选送的二人台小戏《大美“五城”》获“优秀剧目奖”、七台镇南门社区选送的小戏《放心》获“优秀表演奖”。在全市第六个精神文明建设“五个一工程”颁奖晚会上，由县委宣传部选送、宋强作词作曲、欧阳文宸演唱的歌曲《儿想回家看看娘》获“五个一工程”优秀奖。

【文物保护工作】 全面加强重点文物保护。1. 编制国家级文物保护单位——《金界壕国家保护项目可研性报告》。组织召开全县长城保护工作会议，成立商都县长城保护机构，聘请王宏伟、庞学功等10名村级干部、村民为全县境内长城段落首批巡查保护员，为他们配发衣服、望远镜等巡查工具，颁发国家统一制式的文物保护员巡查证件，并支付全年巡查、看护补助。2. 在2016年夏天，由自治区文物局李艳阳教授一行对自治区境内“军台驿路”的13处驿站进行调查，并重新对商都县境内阿尔泰军台驿路上的五、六、七、八台的坐标进行定位，明确商都县境内阿尔泰军台驿路上的五、六、七、八台的历史地位和重要意义。还邀请中国人民大学文博系主任魏坚教授及考古调查队，对县境内7个古城进行详细调查与准确断代，首次提出商都县公主城城址的形制与元上都城址结构完全相同的看法。3. 全力推进可移动文物普查工作。到年底，县文物管理所在第一次可移动文物普查中，完成15466套（件）馆藏文物的数据采集、录入、上传工作，是全市唯一一次性通过专家审核的旗县。秦双成被评为自治区级全国可移动文物普查“文物先进工作者”。

4.全面提升博物馆服务水平。县文物所积极联系内蒙古博物院，8月26—27日，将内蒙古博物院流动数字博物馆请进商都县，分别在祥和广场、职业中学等人口密集点开展4场巡展活动。5.非遗保护工作成绩斐然。商都县传统手工制作笼箩艺人刘富，传统手工酿造食醋艺人白敬分别申报为市级非遗项目保护传承人，他们传承的项目被市人民政府命名为2016年度乌兰察布市非遗保护项目。

【文化新闻出版市场监督】 1.强化文化市场日常监管。对全县文化经营单位网吧11家、图书出租出售摊点15家、印刷企业8家、歌舞娱乐场所11家，全部实行年检制，做到合法经营、规范管理。2.积极开展“扫黄打非”专项行动，加强对重点时段重要场所的安全监管。以玻璃忽镜乡瓜坊子行政村为试点悬挂“扫黄打非”领导小组办公室及“扫黄打非”工作站牌匾，并制度上墙。10月初，在育苗小学开展以“拒绝盗版、远离网吧、从我做起”为主题的“扫黄打非”进校园签名活动。开展“扫黄打非”销毁侵权盗版、非法出版物活动，销毁各类非法书籍600余册、光盘100余张。取缔河南售书游商2家，查缴非法出版、盗版、侵权出版物100余册，查获封建迷信等各类非法出版书籍50余册、光盘1000余盘；年内对两家歌舞娱乐场所的违规行为进行行政处罚。开展节假日专项安全生产大检查，与政法委、教育局、公安局、工商局、消防大队、安监局等部门开展联防协同大清查；3.加强执法队伍建设，做好全国文化市场技术监管平台建设。参加自治区、市文化市场行政执法培训会，以及市旅游局举办的旅游执法培训和市、县法制办分别举办的依法行政培训会。对全县文化市场经营户进行培训并与他们签订《责任状》《守法经营承诺书》等。做好全国文化市场技术监管平台和信息报送工作，截至年底，出动执法人次3084次，市场巡查经营单位870家次，报送信息23条，执行简易案卷15宗、处罚案卷6宗。

【广播电视】 1.广播电视事业创新发展。及时准确地宣传中央、自治区、市县各项方针政策，加强宣传工作的创新突破，深入基层、深入群众，为全县建设发展营造良好舆论氛围。全年播出各类新闻880余条、外宣新闻106条，开辟“十个全覆盖”工程、“驻村第一书记风采录”、“精准扶贫”、“五城联创”4个专题报道栏目，制作涉及栏目内容的各类新闻30期，制作大型专题片2部。2.电视台装备及节目制作质量明显提高。年初，文广局与北京市平谷区电视台对口帮扶并达成协议，把北京市平谷区电视台原值近700万元的电视台设备平移到商都电视台，项目于9月底安装完成并投入使用。3.推进电影放映和影院建设。全县农村牧区公益电影放映达3243场次。积极推进大东街影院、凯诺星空2家数字影院建设，大东街影院年底投入使用。

【图书借阅】 县图书馆将免费开放作为工作重点，创新特色，改善服务。全年接待读者1.3万人次，实现图书流通13.7万余册，同时实现与自治区图书馆数字资源共享使用；争取到自治区图书馆帮扶工程1项，拟为商都县投入建设数字“蒙古包”图书馆1处，数字图书“加油站”2处。开展“书香内蒙古，亮丽风景线”2016草原阅读季启动仪式、元宵节猜谜等活动；与县乌兰牧骑一道深入乡镇学校、社区和军营等，开展送文化、送图书活动。向乡镇文化站、行政村文化室免费赠送《习近平总书记系列重要讲话读本（2016版）》213本。

【美术笔会展览】 县美术馆以“文化艺术传播传承的阵地、文化产业繁荣经营的市场、商都对外宣传的窗口”为目标，积极开展多项美术笔会及各类会展活动，全年接待参观人员6000余人次，举办大型书画笔会10次。接待中国当代著名画家马海方教授——荣宝斋·马海方国画培训采风团，走进商都县，举办马海方、王永鑫工作室在商都县美术馆落成揭牌仪式。马海方教授、王永鑫副局长在商都县及屯垦队镇泉子沟采风视频被中央电视台——天下收藏栏目播出。举办“纪念中国共产党成立95周年暨红军长征胜利80周年书画展”及“传承商道文化·展现古驿新风”为主题的展览等活动。年度征集书画作品257幅。举办全县中小学书林苑书法培训班。开展第一次全国美术品普查工作收集作品320余幅，上报国家数据库212件（套），上报藏品率为117.78%，超额完成国家要求上报的数据，在全国已完成藏品美术馆中排名第十三位。

【文化旅游】 推进旅游休闲目的地工程打造。按照“文化为魂、旅游为体、商业为力”的“文商旅”一体发展模式，借助北京与张家口联合举办冬奥会契机、乌兰察布市“中国草原避暑之都”品牌效应，结合“美丽乡村旅游扶贫工程”重点村项目，发挥商都县与张家口地区山水相邻、人脉相亲的优势，加大宣传推介和区域合作力度，包装打造独具特色的旅游项目和旅游线路。

2016年重点打造特色旅游景点、景区项目建设，主要景点景区：小庙子嘎查巴达木图旅游景区建设工程，包括观礼台、景区大门、古村落复建等工程，重点是续建古村落仿古工程建设。不冻河生态旅游风景区续建工程，有慧都寺、人工湖、自驾游停车场、假山、雕塑等，同时申报完成不冻河生态旅游风景区为国家AAA级旅游景区。七彩湖（田士沟村）水上游乐园，已投资300余万元，兴建红色教育基地、码头等，购置水上游乐器械，其他大型水上游乐项目由内蒙古冬瓜投资有限公司规划投资兴建。大石架冰川石林地质公园，已与投资企业签订了项目建设投资意向合同。乡村生态旅游建设情况，公主城开工建设万亩苗圃育苗基地、采摘园、自驾游场地。七台镇大土城开工建设，完善度假村“十个全覆盖”工程、文物保护项目等。还积极打造“美丽乡村旅游扶贫工程”重点村项目，分别为七台镇永顺堡村、十八顷镇东营子村、七台镇骆驼盘村、大黑沙土镇大青沟坊子村、七台镇北大村、小海子镇八十五号村、小海子镇水泉梁村。

2016年，全县着力打造特色乡村自驾游旅游业。以张库大道和呼满通道为主干道，以七台镇为中心，向东西南北旅游主要景点辐射，精心组织打造三条精品旅游线路。主要包括：第一条线路［七台镇—七彩湖（田士沟）—南湖公园—民俗博物馆—军民绿化基地—绿娃有机瓜菜种植采摘基地—不冻河生态旅游文化基地—德立海草原度假庄园］；第二条线路［七台镇—五台海—小庙子（巴达木图）旅游景区—宏达农业观光采摘基地—公主城苗圃（公鸡山）］；第三条线路［七台镇—八股地水库—八台遗址（大拉子乡北渠子村）—大石架冰川石林地质公园］。

文旅新广局配合北京城之旅杂志社完成出版《古驿七台正当时》商都旅游专刊。在张商公路两侧设立9块大型文化与旅游融合发展宣传牌，从不同角度宣传展示商都文化、历史、民俗等文化旅游发展的新理念新品牌。

【重要事件】 1月1日，由县委宣传部、文旅新广局和紫木林文化传播工作室承办的“纸上乾坤”乔丽剪纸艺术展在碧洲家园紫木林文化传播工作室开展，此次迎新年剪纸艺术展共展出乔丽的大小剪纸艺术作品30幅。

1月12—18日，商都县群众艺术协会、东路二人台传习所精心选送的小戏《幸福家园》赴市府集宁参与全市2016春晚排练及录制工作，县文艺工作者首次参与市级春晚文化活动。

1月15—18日，县文广局副局长王文涛、副主任王润忠赴江西省南昌市参加全国中蒙俄“一带一路”茶道文化交流座谈会。

1月20日，七台镇规划新建“地面无线数字覆盖”新塔安装工程开始，4月11日进入铁塔最后冲刺组装阶段，7月上旬组装完工并进入天线组装阶段；8月14日开始试播报。

2月2日，国家级新闻媒体央视3套记者在县委宣传部副部长、商都报社社长葛海陪同下，在商都县采录非物质文化遗产——东路二人台、剪纸等传承技艺，自治区级非遗传承人高乐美，弟子李祥、王慧，紫木林文化传播工作室剪纸艺术家乔丽等进行展示与表演。

2月3日晚，"古驿新韵·同心筑梦"——2016年商都县迎新春文艺晚会在商都县青少年活动中心举行，晚会由15个节目组成，乌兰察布市电视台进行全程录制。

2月22日，商都县2016元宵节猜谜活动在宣传文化中心楼前小广场举行。此次猜谜活动准备300份次谜语，由文化馆、美术馆、图书馆承办。

3月15日，"3·15"国际消费者权益日纪念活动在祥和广场举行。县委常委、宣传部部长熊威等领导出席，副县长张云在活动中讲话。县文旅新广局、食药监局、卫生和计生局及部分企业和个体工商户代表参加。县乌兰牧骑表演精彩节目。

3月24日，美丽乡村富民工程北大村、三个井村、喇嘛板村、田士沟村等8个行政村经提请县发改局后逐级上报到自治区文化厅、发改委，拟每村申请100万元建设资金。县委副书记、县长曹凯宏，副县长张云，文广新局局长王利赴自治区开展对接工作。

3月30日，商都县非物质文化遗产项目2项，以及代表性传承人8人，上报到市非物质文化遗产办公室，准备参加评选第七届市级非物质文化遗产项目及代表性传承人。4月14日，《乌兰察布市人民政府关于公布全市第七批非物质文化遗产项目名录及传承人的通知》确定：商都县推荐的传统技艺"酿醋技艺"、"笼箩制作技艺"等2项为非遗项目，进入乌兰察布市第七批非物质文化遗产项目名录。

4月18日，根据县人民政府县长曹凯宏指示精神，文旅新广局正式接收商都县规划展览馆。经过规划装修，拟建设成为"古驿七台民俗博物馆（暂定）"，向社会免费开放。

4月21日，在第十六个"世界知识产权日"和第二十一个"世界读书日"到来之际，商都县文化市场综合执法大队、商都县图书馆联合举办年度活动启动仪式。焚烧非法出版物600余册、光盘100余张。图书馆在"4·23"世界读书日前夕走上街头，开展读书系列活动，希望人们走进图书馆。

△　市文广新局副局长哈斯、科长牛瑞峰陪同自治区文博界5名专家，到商都县博物馆对馆藏可移动文物进行鉴定，鉴定一级文物1件、三级文物9件。市群艺馆副馆长达林太一行5人随专家组，对商都县自治区级非物质文化遗产传承人高乐美、郭友山2位老先生实地采访，对东路二人台遗漏内容进行抢救性补录。对商都县2016年度申遗项目"白源牌"醋酿造车间酿醋技艺实地考核。

4月26日，县文旅新广局局长王利赴北京市参加招商引资对接会，会上，着重介绍商都县文化旅游资源优势，并对《政府工作报告》中提及的"七馆合一"新建项目进行解读。

4月29日，依据内蒙古文物局《关于为全国第一次可移动文物普查工作成果展览提供相关文物和资料的通知》精神，文物所田少君、秦双成护送一级文物1件、三级文物宋代钱币3枚，赴市局准备参加5月18日在内蒙古博物院召开的全国第一次可移动文物普查内蒙古成果展。

5月4日，针对"十个全覆盖"工程实施中对文物的破坏现象，分管局长王文涛、文物所所长田少君，以及文化市场综合执法大队、文物所工作人员一行，赴西井子镇大土城村、大黑沙土镇公主城，进行实地立案调查。

5月13日，为响应县委、县政府关于全县干部职工共同参与“十个全覆盖”工程的号召，在先期派出驻村工作队深入包联小海子镇丰韩村、三十四号村、六号地、水泉梁、西大井和头号村，协助危房改造、精准扶贫的基础上，文旅新广局全体干部出动赴丰韩村、六台河村，开展对点帮扶和义务劳动活动。

5 月 17 日，地面无线覆盖工程——大库伦差转台地面天线安装完毕，塔架安装完工，信号输送进入调试阶段。

5 月 29 日，根据县政府会议精神，“书香商都县 · 亮丽风景线”2016 全民阅读活动正式启动，会议确定县人民政府为主办单位，县文旅新广局为承办单位，县教育局、司法局、妇联、团委等为协办单位，活动季 5—8 月，以创办品牌阅读、提升全民阅读供给等为目的，全面提升商都县人民精神文化生活。

6 月 3 日，依据乌兰察布市文化局有关要求，县文化馆、乌兰牧骑完成全市地方戏曲剧种普查工作，东路二人台在普查之列。

6 月 17 日，商都县东路二人台传习所上报 2016 年度上半年创演剧目 21 个，其中，二人台小戏 13 个（新编 7 个），恢复经典剧目 6 个，民间舞 4 个（现代舞 1 个，蒙古舞 3 个）。

6 月 21 日，县美术馆举办庆祝中国共产党成立 95 周年第一场书法笔会，商都县书画界部分名人席宽富、张静云等 10 余人参加此次书画笔会。

6 月 24 日，在“6 · 26”世界禁毒日到来之际，由商都县禁毒委员会主办，各成员单位参与的“6 · 26”世界禁毒日宣传活动在祥和广场举行，活动通过设立咨询台、摆放禁毒展板、发放宣传资料、文艺演出的形式广泛宣传《中华人民共和国禁毒法》《禁毒条例》相关法律法规知识，以及毒品的种类及其对人体的严重危害，教育广大群众要远离毒品，提高识毒、拒毒、防毒意识，自觉与吸毒行为作斗争。乌兰牧骑演职人员以歌舞、小品等表演形式，演绎毒品的危害。

5 月 25 日，内蒙古图书馆办公室主任刘晓峰一行 4 人，到商都县图书馆进行“三区”服务人员交接会。拟将内蒙古图书馆创新惠民工程“数字文化走进蒙古包”和“彩云服务”在商都县安家落户。刘晓峰一行在副局长王日刚的陪同下，实地调查商都县七台镇鹿王社区、十八顷镇小庙子嘎查图书室建设情况，并表示将力所能及给予帮助。

5 月 29 日，内蒙古自治区首届文化产业博览会在首府呼和浩特举行，县文旅新广局局长王利、副局长王文涛等出席开幕式并参观展览。

7 月 10 日晚，中国草原避暑之都文化旅游节暨乌兰察布首届中国国际露营大会在集宁体育场开幕，商都县副县长张云、文旅新广局领导及 150 名露营爱好者参与活动。

7 月 15 日，由副局长王日刚、王岭，文化综合执法大队队长张建亮、副队长王绍红和副主任科员曹子孝，带领县文旅新广局股室长及二级单位领导组成的精准扶贫工作组，赴小海子镇头号村、三十四号村和西大井村进行帮扶对接。

7 月 20 日，全市文化产业工作座谈会在市局举行，县文旅新广局副局长王文涛、股长张自丰参加会议。商都县不冻河水上人家乐园逐级申报自治区级农家乐，由文旅新广局开始上报。

7 月 23 日，全市“炫舞夏都”——乌兰察布市 2016“鹏亚杯”安代舞暨广场舞展演在市府集宁举行，商都县选送的节目获表演二等奖。

7 月 29 日至 8 月 2 日，首届乌兰察布市文化产业博览会在集宁区国际皮革城拉开帷幕。商都县组织的奥淳酒、刺绣、笼箩等文化产品参与展示。

8 月 1 日晚，“红色记忆 · 幸福集宁”大型主题晚会在市府集宁举行，著名歌唱家阎维文、祖海、吕薇、刘大成等明星云集登台献艺，县乌兰牧骑新聘演员、中央电视台“越战越勇”栏目组银话筒获得者欧阳文宸演唱歌曲《欢迎你到乌兰察布》。

8月5日，曹进雄先生收藏晋剧剧本捐赠仪式在商都县文旅新广局会议室举行。曹进雄先生共捐赠各类剧本91册（破损程度不一），给文化馆收藏。

8月6—8日，商都县首届“水漩杯”蒙晋冀羽毛球邀请赛在商都县体育馆举行。来自蒙晋冀三地21支代表队参加比赛，比赛设男双、女双、混双三个项目，商都县派出3支代表队参加本次邀请赛所有项目角逐。经过紧张激烈的角逐，河北省宣化羽协获得市级组比赛冠军，商都县代表队获得县级组比赛冠军。

8月8日，在全国第八个“全民健身日”到来之际，以“强健体魄·健康生活·共享幸福”为主题的2016年商都县社区健身操大赛于8月8日上午在祥和广场举行。来自全县14个社区、33个代表队参加活动。比赛一、二、三等奖各有所归。

8月6—10日，“亮丽内蒙古”2016年全区声乐比赛在阿拉善盟金色胡杨音乐厅举行。商都县乌兰牧骑演员陆进宇、姚轶慧胜出，获自治区级“优秀歌手”称号。

8月12日，全县公共文化服务管理平台暨乡镇文化站长培训会举行，各乡镇文化站长、文化骨干等参加。会议向乡镇（行政村）文化站（室）赠送《习近平总书记系列重要讲话读本（2016版）》213本；对全区公共文化服务管理平台填报工作进行系统培训。

8月14日，商都县不冻河景区慧都寺举行大雄宝殿上梁祈福吉祥大法会。

8月20日，“走进爬山调艺术之乡”暨第二届西部民歌会在巴彦淖尔市乌拉特前旗落幕，商都县乌兰牧骑选送歌手陆进宇演唱的《走西口的人儿回来了》取得优秀表演奖。

8月19—21日，第二届“艺苑秋韵”全市群众小戏、小品文艺展演在集宁上演。商都县选送的东路二人台小戏《大美“五城”》获“优秀剧目奖”、南门社区选送的二人台小戏《放心》获“优秀表演奖”，县文化馆获得“优秀组织奖”。

8月26—27日，内蒙古博物院流动数字博物馆走进乌兰察布、走进商都在祥和广场、职业中学、棚户区等4个人口密集点开展为期两天的巡展活动。

8月27—28日，县文旅新广局局长王利一行赴北京市平谷区广播电视台参观学习，并参加平谷区电视台对商都县电视台捐赠仪式，平谷区广电部门捐赠的物品有摄像机、电脑、灯光、监视器等，价值约1500万元。9月2日，北京市平谷区广播电视台技术部工程师到商都县调研捐赠机械安装方案，预计有700多万元的机械设备可利用或安置到商都县广播电视台播报系统中。

8月31日，商都县“共同传递正能量、文化共筑中国梦”为主题的文艺展演在金三角社区廉租小区上演。有自编、自导、自演快板《十个全覆盖》《夸商都》。著名歌手欧阳文宸演唱原创歌曲《儿想回家看看娘》。

9月22日，由国家、自治区、市级组成的三级“村村响”、地面无线数字覆盖工程验收组到商都县进行验收，工程全部为优级工程。

9月30日，商都县“共同传递正能量，文化共筑中国梦”迎国庆进军营文化惠民行动在县武警中队举行，演出持续两个小时，有独唱《强军战歌》《当你的秀发拂过我的钢枪》等脍炙人口的军歌，也有和武警战士共同合唱的《为了谁》等。县图书馆给武警战士留下一部分书，供他们业余阅读。

10月1日，“喜迎国庆暨纪念红军长征胜利80周年”书画展在商都县美术馆展出，本次展览展出130余幅作品，均由商都县书法爱好者创作。

10月13日，内蒙古群艺馆基层公共文化活动培训基地授牌仪式在商都县文旅新广局大楼前举行。

10月13—14日，全县第五届中小学生艺术展演在青少年活动中心举行，全县所有中小学校组队参加大合唱、重唱、朗诵、器乐和小品等方面才艺展示。

11月2日，商都县“社会关爱见真情 文艺感召育新人”为主题的帮教慰问演出活动在县拘留所进行。副县长、公安局党委书记、局长王晓东，公安局政委闫佩和文旅新广局局长王利，以及拘留所全体民警和34名被拘留人员观看演出。演出前图书馆向拘留所捐赠1000册图书。

11月15日，按照内扫黄打非办文件精神，县扫黄打非领导小组依据扫黄打非进基层实施方案，在玻璃忽镜乡及瓜坊子行政村成立扫黄打非基层工作站。

11月16日，由自治区、市两级旅游部门组成评估领导小组，对商都县不冻河生态旅游度假苑进行评估，评估组先是对不冻河生态旅游度假苑基础设施建设实地考核；之后听取项目负责人汇报，具体景区星级考评待结果公示后向社会公布。

11月28日，内蒙古自治区旅游局网站发布，全区拟新批准26家国家AAAA和AAA级旅游景区，商都县不冻河旅游生态旅游区作为全市唯一一家被推荐AAA级旅游景区，在公示之列。

11月29日，2017年“巨弘杯”“我要上春晚”颁奖晚会在青少年活动中心举行，有60个（首）节目参演，经过两天4场比赛，最后21个节目分获一、二、三等奖及优秀表演奖。

12月2日，在全市第六个精神文明建设“五个一工程”颁奖晚会上，由县委宣传部选送的宋强作词作曲、欧阳文宸演唱的歌曲《儿想回家看看娘》获“五个一工程”优秀奖。

12月30日，市局副局长谢宝林为组长的全市宣传文化安全生产大检查一行5人对商都县进行安全生产大检查。

【荣　誉】 集体荣誉：

7月，由市文新广局、集宁区政府主办、市群艺馆承办的“炫舞夏都”——乌兰察布市2016“鹏亚杯”安代舞暨广场舞展演，商都县选送的剧目获得“二等奖”；

8月，由市委宣传部、文新广局主办，市群艺馆、集宁区文化局承办的第二届“艺苑秋韵”全市群众小戏、小品文艺展演中，商都县选送的东路二人台小戏《大美“五城”》获“优秀剧目奖”，县文化馆获得“优秀组织奖”。

个人荣誉：

3月，秦双成被评为自治区级全国可移动文物普查“文物先进工作者”。

8月，乌兰牧骑演员陆进宇、姚轶慧在阿拉善盟金色胡杨音乐厅参加自治区文化厅举办的“亮丽内蒙古”——2016年全区声乐比赛中获“优秀歌手”称号；

8月，“走进爬山调艺术之乡”暨第二届西部民歌会在巴彦淖尔市乌拉特前旗举行，县乌兰牧骑选送的歌手陆进宇演唱的《走西口的人儿回来了》取得优秀表演奖。

（王振杰）

报　社

【基本情况】 商都报社设社长1人，副社长空缺，办公室主任1人（派任驻村第一书记），编辑5人，发行员2人。专属媒体《商都报》为周刊，年编发56期，其中专版12期，增刊3期。年总发行量3000份。《商都报》为4开4版，其中第一版为要闻版，第二版为综合新闻版，第三版为政治文化版，第四版为综合信息版。2016年，报社记者除完成《商都报》采写任务外，共在自治区、市党报党刊刊发新闻稿件353篇、新闻图片96幅。

【重点工作】2016年,《商都报》围绕全县开展的“两学一做”学习教育实践活动和精准扶贫工作，在报纸上开设“两学一做”进行时、“扶贫一线”等专栏，及时跟踪报道全县“两学一做”学习教育实践活动和精准扶贫进展情况。采写编发《全县“两学一做”推进会召开》《大力实施九大扶贫工程　坚决打赢精准脱贫攻坚战》等重要新闻。报纸继续开设“驻村第一书记风采”专栏，连续报道“驻村第一书记”立足岗位、忘我工作的感人事迹。配合全县民生工程实施,《商都县廉租住房出售和租赁管理实施暂行办法》及“商都县第一批公租房申请公示花名”等在《商都报》增刊公示，取得良好社会效益。

【典型宣传】开设“青春风采”栏目，配合团县委报道全县广大团员青年干事创业的感人事迹。编发诸如《凝聚青春力量　服务中心大局》《强化技术实力　坚持创新发展》等新闻稿件，加大了新闻宣传的感召力。

【特设栏目】《商都报》开设“十八届六中全会精神解读”专栏，刊发县委党校教师的相关解读文章，强化对中共十八届六中全会精神的宣传报道力度。

《商都报》特别采写《纷呈亮点满豫鲁　宝贵真经益水漩》《中国通用技术集团董事长许宪平一行来我县调研》《我县召开电子商务进农村工作推进会》等专题报道，向全社会宣传商都县强化内引外联、大力发展县域经济的有力举措。

（赵　玺）

广播电视网络局

【基本情况】内蒙古广播电视网络集团有限公司商都分公司成立于2011年11月，工作人员19人。

【业务工作】集团公司根据工信部联合十四部委下发的《关于实施“宽带中国”2015专项行动的意见》和国务院办公厅《关于加快高速宽带网络建设推进网络提速降费的指导意见》，结合自治区“村村通广播电视通讯工程”要求和集团公司业务发展和市场需求，决定实施光纤到户工程的建设。2016年，商都分公司开始实施“光进铜退”，用光纤代替铜缆，逐步实现光纤入户。公司开始对商都县老旧小区进行光纤改造，新建小区优先光纤建设。电缆变光缆对有线电视信号传输在用户体验上相同，速度由8兆提升到20兆，费用却逐步降低。由于有线电视机顶盒为四合一机顶盒，自带无线路由器功能，用户家里也简洁很多。光纤用户正在逐步增加。

2016年，乌兰察布市入选国家2016年电信普遍服务试点城市，公司经过招投标后，第一批试点和第二批试点均中标。商都县的6个镇4个乡和其中的209个村，都将于2017年开始进行光纤网络覆盖。公司将通过光纤网络将乌兰察布市和商都县两级政府的当地节目顺利进入村中百姓家，党和政府的政策、新闻通过有线电视荧幕传递到广大村民的心中。通过第一批电信普遍服务建设在2017年年底达到行政村通宽带比例为95%。

内蒙古广播电视网络集团有限公司从服务于乌兰察布市经济建设和社会发展的宗旨出发，结合广电网络公司“十三五”规划发展战略和工作实际，在广泛调研、深入论证、收集和整理大量的基础数据，并充分听取乌兰察布市相关委、办、局和广电网络乌兰察布分公司的意见和建议后，委托国家新闻出版广电总局广播科学研究院对乌兰察布市广电网络公共文化服务与信息化建设项目进行可行性研究，通过《乌兰察布市广电网络公共文化服务与信息化建设》项目的可行性论证报告。为乡、镇、村开通公共文化服务项目，包括会议培训系统、监控系统、公共Wi-Fi系统。通过公务文化服务与信息化及电信普遍服务的工程建设，构建广电网络服务云，建设广播电视有线无线覆盖网，搭建广播电视公共文化服务平台、宽带乡村互联网服务平台、信息化服务支撑平台。有利于加快构建广播电视现代公共文化服务体系，保障人民群众基本公共文化权益，有利于拉动经济发展，创造就业岗位，最终达到显著的经济和社会效益。

（孙飞虎）

新华书店

【概　况】 内设教材教辅发行部、城乡市场开发部、门市部、财务部，工作人员 14 人。2016 年，教材教辅发行 727.28 万元，一般图书、政治读物发行 37.02 万元。

（王　清）

医疗卫生

卫 生

【基本情况】 2016年，县直医疗单位：县医院、中医院、疾控中心、卫生监督所、妇幼保健计划生育服务中心，全县医疗卫生工作人员777人，其中医疗卫生技术人员625人。

【医药卫生体制改革】 1.现代医院管理体制初步形成。成立由政府县长任主任的公立医院管理委员会，出台《商都县县级公立医院管理委员会章程》和《落实公立医院经营管理自主权实施意见》，明确两所县级公立医院人事管理、绩效工资分配、预算执行等经营管理自主权。进一步完善绩效考核工作制度，调动工作人员积极性，提升医疗服务水平。县、乡、村三级医疗机构药品及医用耗材全部实行网上采购，药品实行零差率销售。完成两所公立医院院长聘任工作。2.医疗服务价格改革逐步推进。按照《商都县医疗服务价格改革推进工作方案》，两所公立医院均调整医疗服务价格，并通过与医保政策有效衔接，严格控制医疗费用的不合理增长。按病种付费的医保支付方式改革正在进行。

【基层医疗卫生服务】 1.医疗卫生基础设施建设得到加强。2016年，县公共卫生服务中心大楼和中医院残疾人康复中心已投入使用。县医院成功评定为二级甲等医院，预计2017年6月中旬搬迁新址。年内新建21所村卫生室，全县村卫生室总数达到213所，实现“一村（村委会）一室（卫生室）”的覆盖目标。2.全县家庭医生签约服务顺利实施。认真开展家庭医生签约服务，基本公共卫生服务补助新增的5元全部用于乡村医生签约服务。制定出台《关于全面实施家庭医生签约服务的通知》，明确签约服务内涵、收费标准、激励约束办法、推进团队签约等内容。优先为65岁以上老年人、0—6岁儿童、孕产妇、慢性病患者、残疾人、重性精神疾病患者、贫困人口、计生家庭等重点人群提供基本公共卫生与基本医疗服务。全县城镇居民家庭医生签约率达到31%，乡村居民家庭医生签约率达到81.5%，建档立卡贫困人口和计划生育特殊家庭签约率达到100%。2016年，城乡居民县域内就诊率达到80.1%，同比提高7.2%。3.综合执法力度不断加强。以公共场所、生活饮用水、医疗市场、消毒产品、传染病防治等为重点，强化日常监督执法。联合公安、食药等部门开展整治“两非”专项行动。集中开展打击非法行医专项行动，检查各级各类医疗机构60余户次，责令整改15户次。在开展声势浩大的整治医疗市场专项活动中，查处无证行医27家，并移交司法机关合力查处。2016年，小海子镇、三大顷乡2个乡镇成功创建自治区级卫生乡镇，商都县成功创建市级卫生旗县。

【传染病防控及卫生应急处置】 全年报告传染病357例，传染病发病率为105/10万，报告病种11

种，前5位的疾病分别是肝炎、布病、梅毒、结核病和流感。1. 重大传染病防控常抓不懈。强化春秋两季鼠疫监测，以早发现、早报告、早处理鼠间疫情为基础，确保不发生人间鼠疫为目标。扩大监测面积，提高监测质量，深入细致地开展鼠疫监测工作。年内未发生鼠疫疫情。2. 基础免疫能力不断提升。卡介苗等10种疫苗接种率均达到99%以上。认真完成AFP疑似病例的零报告。同时，有序开展二类疫苗的接种工作。3. 人间布病防控取得实效。开展以主动筛查、入户宣教和行为干预为主，免费诊治为辅的人间布病防控工作。对高危人群进行血清学检测，定点医院对布病患者实施免费治疗。4. 卫生应急反应和处置能力明显提升。完善卫生应急预案，强化卫生应急队伍建设，及时开展突发事件紧急医学救援工作。根据《中华人民共和国突发事件应对法》和《全国卫生部门卫生应急管理工作规范（试行）》的规定，制定《商都县卫计局突发公共卫生事件应急处理工作规范》，明确各工作部门和机构的应急职能分工，制定各类突发公共卫生事件监测、报告和处理标准、内容、程序等，全年没有突发公共卫生事件发生。

【医疗精准扶贫】 在县医疗健康精准扶贫领导小组的指导下，制定《商都县健康精准扶贫实施方案》和《商都县医疗健康精准扶贫实施方案补充通知》等文件。核定因病致贫贫困人口3678人，其中因大病致贫514人。完成16460名建档立卡贫困人口的免费健康体检，查出患病人员3772人，需要长期治疗和康复的慢性病人2079人。针对慢性病贫困患者长期用药费用较高的现状，采取上门送药、个人承担20%的办法，有效减轻患者的就医、用药负担。

【蒙中医药事业拓展】 为促进蒙中医特色专科建设，县政府出台《商都县扶持中医药发展政策意见》，县卫计局制定《商都县中医药特色优势重点专科建设方案》，县中医院制定《中医药特色优势重点专科建设三年规划和年度计划》。县卫生计生局挂牌成立蒙中医药管理局，由1名副职领导专门负责中医药管理工作。2016年，县中医院建筑面积8000平方米的康复中心大楼投入使用后，新增核磁等大型医疗设备，标准化建设进一步完善。制定出台《中医药人才引进培养的绿色通道和优惠政策》后，2015年、2016年中医院自主招聘医技人员24人，先后派出14名医护人员到外北京同仁医院、内蒙古医科大学附属医院等多家医院进行培训学习，有效提高诊疗水平。落实医保和新农合对蒙医中医机构的倾斜政策，将针灸等16项中医特色诊疗项目全部纳入医保或新农合住院报销范围，并保留中药饮品加成、不计入药占比。

计划生育

【妇幼保健与计划生育服务】 完成妇幼保健和计生技术服务机构整合，妇女、儿童获得更加优质便捷的基本公共卫生计生服务。全县孕产妇系统管理率达93.3%，住院分娩率达100%，婴儿死亡率为3.3‰，5岁以下儿童死亡率为4.6‰。免费婚检和免费孕前优生健康检查率分别达到80%和85%，全县常住孕产妇叶酸服用率95%以上，随访率达100%。

【计划生育服务管理】 1. 全面两孩政策有序实施。成立由政府分管副县长任组长的全面两孩政策实施领导小组，取消二胎审批，实行由乡镇计生办发放一孩、二孩“生育服务证”，并进行生育登记。同时，建立住院分娩、出生医学证明信息对比机制和人口出生预警机制，确保人口信息上报准确，及时掌握评估全县人口发展形势。2016年，全县出生人口1518人，其中现居住地出生1066人，流出地出生452人，人口出生率为4.4‰，全县死亡人口1354人，死亡率为3.9‰，自然增长率为0.4‰。出生男孩763人，出生女孩755人，出生人口性别比为101。符合政策出生1501人，出生符合政策率98%，现居已婚育龄妇女采取节育措施25722人，全县综合避孕节育率达到91%。2.流动人口基本公共服务均等化得到加强。制定出台《流动人口卫生计生基本公共服务均等化实施方案》，进一步健全流动人口健康档案，流动人口健康教育工作有序开展。流动人口儿童预防接种率达到99%，流动人口传染病报告率和报告及时率均达到100%，流动人口计划生育技术服务率达到95%。在鹿王、都山街2个社区建立均等化服务示范点，设置必要的流动人口服务站室，流入人口较多的鹿王社区还设置流动人口驿站。全县10个乡镇全部运行流动人口网上管理平台，重点对象协查反馈接收率均达到92%以上。3.出生人口性别比综合治理有效开展。在严格执行《严禁非医学需要的胎儿性别鉴定和选择性别的人工终止妊娠的规定》的同时，出台《商都县综合治理出生人口性别比工作方案》。卫生计生局协调有关部门积极开展"两非"整治工作。抓住"5·29"协会纪念日、"7·11"世界人口日等重要时间节点，开展"关心女性幸福、关爱妇幼健康""圆梦女孩志愿行动"等一系列宣传教育活动和专题讲座，提升广大群众"男女平等"的思想意识，促进出生人口性别比治理的有效开展。4.家庭发展工作初见成效。认真落实农牧区部分计生家庭奖励扶助制度等各类计生优惠政策。年内累计发放各类奖励扶助资金228万元。积极开展幸福家庭创建工作，年内启动"幸福工程——救助贫困母亲行动"项目，救助贫困母亲45人；在青春期健康教育基地举办教育讲座15期。依托社区服务开展养老照护工作。为100名留守儿童发放救助金5万元。树立都山街社区"新家庭计划"示范点。全县评选幸福家庭示范户11户。

（冯亚伟）

乡　镇

七台镇

【基本情况】 七台镇是商都县委、县政府所在地，地处集二线边缘，集通铁路、呼满省际通道平行横贯全镇，道路四通八达。全镇辖地面积283.72平方公里，其中城区建筑面积36.44平方公里，耕地面积11.3万亩（其中水浇地3.3万亩），林地面积12.5万亩（其中退耕还林地4.9万亩），天然草场21.5万亩。有大小畜2.5万头只。全镇有17个村委会，56个自然村，20个社区居委会。总户数39155户，总人口79030人，约占全县总人口的四分之一。在全镇人口中，以汉族为多数，有蒙古、回、满、藏族等少数民族。

七台镇机构设置：党政综合办、经济发展办、卫生和计划生育服务站、农业综合服务站、林业工作站、畜牧兽医工作站、文化科技服务站、水利工作站、劳动和社会事务保障事务所、国土资源所、扶贫工作站，编制总人数镇机关115人，社区213人。

【经济社会发展】 2016年，马铃薯种植面积2.7万亩，冷凉蔬菜种植面积2.5万亩，甜菜种植面积1.3万亩。扩建生猪养殖场1处，美丽乡村建设涉及15个村委会、45个自然村，其中28个示范村、14个达标村、3个一般村。工程实施新建主房1967间，维修主房1416间、附房230间。在村容村貌整治中，对村庄内的残墙断壁、破旧院落进行拆除，累计拆除外出户闲置危旧主房4523间、危旧附房415间；新建院墙58.73千米、花栏墙35.17千米，街巷硬化65.4千米，铺设甬道13.16千米，进一步改善村容村貌。完成人工造林1400亩，巩固历年退耕还林工程6400亩。全镇计划生育综合节育率达92.4%；参加新型农村合作医疗28800人，参合率达98%。参加社会养老保险11580人，60岁以上已享受养老保险的有6374人。截至2016年12月，全镇城镇低保5121户、8934人，农村低保2934人、边缘户626人、直补户1065人。

【党建工作】 镇党委始终坚持建设学习型党组织，重点抓好领导班子中心组理论学习，建立健全周二集中学习制度，同时开展各类主题培训。加强党员队伍建设，借助村级“两委”换届的契机，选强配优“两委”班子，班子成员的年龄结构、文化程度有所改善；注重培养发展新党员，不断壮大党员队伍，2016年，全镇发展党员13人，批准预备党员转为中共正式党员38人，已列入重点培养的入党积极分子127人。认真落实“三会一课”制度，完善基层党建例会制度，建立领导包村制度，针对各村具体情况，要求包村领导定期进村入户，开展调查研究，帮助各村理清工作思路，制订党建工作计划，协调解决具体困难和问题。积极参与村级组织建设，协助村党支部建立完善和落实村级各项规章制度，健全规范党组织生活，规范工作运行规程。

加强阵地建设，推进“三有一化”。在县委、县政府的大力支持下解决了祥和、菜场2个社区无办公用房问题，将祥和社区搬入原人口计生委楼，新建菜场社区办公活动场所。为进一步改善社区的办公活动条件，解决社区面积狭小、不达标这一问题，将文化社区、永泰社区搬入原房产局楼进行办公活动。同时，对都山街、祥和、菜场等社区以及骆驼盘村、永顺堡、三个井村进行高标准打造，为党建现场会的召开做好准备。为了给居民提供更优质的信息服务、建设智慧社区，在镇便民服务大厅建立指挥中心，各社区建立智慧平台，社区的信息录入工作已经完成。在加强阵地建设的同时，健全各项功能设施，真正把组织活动场所建设成为党员教育的阵地、居民活动的场所、服务居民的窗口。

（高志军）

小海子镇

【基本情况】 小海子镇政府位于商都县城东南15公里处，辖28个村民委员会和1个社区、98个村民小组，有社会户数15378户、35823人，常住户数6467户、18036人。辖区总面积452.04平方公里，平均海拔1400多米，年降雨量350毫米左右，地处两省（内蒙古、河北）、三县（商都、兴和、尚义）的交接地段。商（商都）—张（张家口）公路横贯全境，境内资源富集，能源充足，交通便利，信息便捷。全镇有耕地16.5万亩，其中水地面积12万亩，人均水地近4亩，主导产业以蔬菜和马铃薯为主，有着“北国江南”的美誉。

内设行政机构：党政综合办、社会事务办；事业机构：农业综合服务站、畜牧兽医站、国土资源所、水利服务站、文化科技信息服务站、食品药品监督所、财政所及便民服务大厅。

【农牧业生产】 突出主导产业，推进规模布局、进行标准化、系统化经营。在八十五号、向阳、宋家村、麻尼卜等村发展蔬菜种植面积3.8万亩；依托佰惠生糖业公司这一龙头企业，在麻尼卜、梁宏村、下井、水泉梁等25个村委会甜菜种植面积累计达到3万亩。马铃薯种植面积、商品薯面积达到5万亩，专用薯面积达到2万亩。同时大力发展设施农业，在六台社区发展大棚温室20座，打造全县一流的农业产业示范园区，加快推进舍饲畜牧业发展，在抓好奶牛、肉羊、生猪、肉鸡传统养殖业的基础上，积极探索发展特色养殖业。

【精准扶贫工作】 从实际出发，把全镇“回头看”精准扶贫通过“两公示一公告”识别出的1143户2739人，通过“五个一批”途径即发展生产、易地搬迁、生态补偿、发展教育和社会保障分别脱贫。以扶持对象精准、项目安排精准、资金使用精准、措施到户精准、因村派人（派驻第一书记）精准、脱贫成效精准为目标，按户制定2016—2019年精准扶贫规划方案，实现精准扶贫“两不愁、三保障”，2016年实现255户575人脱贫的目标。

【惠民工程】 引导社会支持、发动群众参与，全面完成“十个全覆盖”工程建设任务。坚持“三个结合”原则，实现“两确保、两满意”目标，采取规划先行、因地制宜、分类实施、统筹推进、建管并重、求真务实、合力攻坚的工作机制。2016年，实施危房改造3279户，其中新建2899户，维修375户，购买置换5户。街巷硬化111.71公里。安全饮水新建1处，维修4处，解决1583人饮水安全问题。实施“户户通”175户。新建和改造14个卫生室、14个文化活动室、41个便民连锁超市。同时进行村庄整治，拆除危房7052间，新建和维修附房3210间，新建院墙195.66千米、花栏墙92.6千米、人畜分离墙48千米、甬道6.08万平方米、公厕20座，绿化0.5

万平方米，新建广场3处；村委会办公场所新建3处、维修7处。

【社会事业】 落实好农村公益事业“一事一议”财政奖补项目；在林业生态建设工作中，按时保质完成2016年6000亩人工造林和人工种草项目。计划生育工作通过落实优惠政策和创新优质服务，有效地稳定低生育水平。教育工作认真落实“两免一补”政策，教学质量和管理水平得到有效提高。卫生工作坚持“预防为主，防治结合”的原则，健全完善镇、村二级服务网络，增强服务效果。新型农村合作医疗社会人口参合率达到97%。科技工作以推广应用适用技术为重点，全年举办各类培训班培训2500多人次。人武工作在加强基层民兵组织建设的同时，圆满完成2016年征兵任务。信访维稳工作以平安建设为目标，制定方案，落实责任，健全制度，加大矛盾纠纷等不稳定因素的排查解决力度，特别是对群众反映强烈的“热点”和“难点”问题及时召开会议进行专题研究，确保矛盾化解在萌芽状态。努力促进社会基本公共服务均等化，文化体育、广播电视、民族宗教等社会事业取得长足发展，公共服务水平不断提升。

【社会治理】 加强社会治理创新，不断提高社会管理水平，实现“特殊人群服务管理、重点地区综合管理、信息网络建设管理、社会组织自身管理”全覆盖。正确处理好不同利益群体之间的关系，努力构建和谐的干群关系，深化信访源头防范和化解，加强不稳定因素的分析和研判，继续坚持领导干部接访和包案制度，强化信访事项化解帮扶工作，加大重点信访案件办理推进的督查、通报和问责力度，量化信访工作考核指标；全面推行重大决策事项稳定风险评估，高度重视群体性事件的预防和处置，着力加强重大敏感时期的维稳工作；切实做好防范和处理邪教工作；创新基层治理机制，增强城乡社区服务功能，充分发挥群众参与社会管理的基础作用。深入开展领导干部接访下访活动，深化平安建设，进一步完善社会治安防控体系，严密防范和依法打击各类违法犯罪活动，有效应对和处置突发公共事件，保障人民生命财产安全；高度重视安全生产工作，认真落实好“一岗双责”“党政同责、失职追责”，建立健全安全生产工作责任机制，严防重特大安全事故发生。

【民主法治建设】 推进民主政治建设。主动接受人大监督，积极配合人大主席团、人大代表依法履职。充分发挥工会、妇联、共青团等人民团体桥梁纽带作用。深化党务公开、政务公开、村务公开，加强党内监督、民主监督、法律监督、舆论监督，让权力在阳光下运行。全镇党员干部做执行政治纪律和作风建设的示范者、带动者。进一步强化底线意识、红线意识、宗旨意识和自律意识，讲大局、讲政治、讲原则、守规矩，认真践行“三严三实”，做到警钟长鸣，防微杜渐，树立服务型政府新形象。依法行政，全力推动依法治镇，以规范和约束公权力为重点，自觉接受人大和社会舆论的监督。坚持依法办事，用法治思维和法治方式推动发展、化解矛盾、维护稳定，使领导干部依法行使权力成为新常态。科学施政，继续推进政府信息公开，加快政府职能转变，更好地服务群众。高效服务，实现运行规范化，提高执行力，扎实解放思想，强化督查督办机制，确保政治清明、政令畅通、政策落实。

（李　强）

十八顷镇

【基本情况】 十八顷镇政府位于商都县七台镇东部30公里处。全镇辖25个村委会、2个社区，61个村民小组，其中，小庙子嘎查是全县唯一的蒙古族聚居地。全镇有社会户数11753户、社会人口26705人，其中种地户数4067户，种地人口12392人。全镇辖地面积436.56平方公里，耕地面积11.8万亩，其中水浇地5.2万亩，林草地42万亩。

内设机构：行政机构：党政综合办、社会事务办。事业机构：农业综合服务站、人口和计划生育服务站、林业工作站、文化科技信息服务站、畜牧兽医站、国土资源所、水利服务站、食品药品监督管理所、财政所。

【农牧业现代化建设】 2016年，以农民持续增收为核心，加快推进农牧业现代化建设。正确认识“三农”工作在富民强村进程中的重要作用，围绕农业、突出农业、突破农业，以“农”字当头。重点引进并依托龙头企业，打通农业发展瓶颈制约，培育壮大优势产业，努力解决农业大而不强的问题。依托商都县城的美国蓝威斯顿、希森薯业公司，继续加强马铃薯种植基地建设。全镇马铃薯种植面积3万亩；依托佰惠生糖业公司，加快糖菜种植基地建设，种植糖菜2.5万亩；借助项目扶持，加快节水灌溉工程建设，建成膜下滴灌0.2万亩。促进全镇养殖业多元化、规模化发展。推广“三化两贮”技术，抓好饲草粉碎、加工、贮存工作，重点发展以草定畜、草畜平衡的畜牧业。加强注重畜种改良工程，提高肉羊的商品率和个体效益。继续抓好牲畜疫病防治和科学饲养水平，特别是加大布病防控力度，控制布病在人间畜间的传播，促进畜牧业健康稳定发展。

【生态和基础设施建设】 2016年，继续加强生态和基础设施建设，不断提高可持续发展能力。坚持把生态和基础设施建设作为改善农牧业生产条件、增加农民收入和实现可持续发展的根本大计来抓，实现经济发展和生态恢复“双赢”目标。在继续组建镇禁牧执法大队、选聘充实村级管护人员、切实加大禁牧管护力度、巩固生态建设成果的基础上，全面完成县下达的二轮退耕建设工程任务，并完成人工造林3600亩、封山育林2000亩，完成巩固退耕还林工程6000亩。切实做好村庄的绿化，加大对镇政府所在地及小庙子嘎查旅游区、“十个全覆盖”工程村及互助幸福院的绿化力度，完成县下达的多年生牧草种植任务。同时，高度重视林草管护工作，提高林草保存率、覆盖率。认真抓好全年全面禁牧工程，进一步发挥林草管护人员的作用，依据管护情况兑现工资，落实奖罚措施，提高管护人员责任意识；突出抓好全年林草地防火工作，严格监控野外用火，杜绝失火毁林毁草事件的发生。

【美丽乡村建设】 继续以“十个全覆盖”工程建设为契机，全力推进美丽乡村建设。2016年，实施“十个全覆盖”工程投资1.5亿元，新建泉脑子、脑营子、大公司、西伙房、郝家村、郭头村6个示范村，续建十八顷、八家村、三十顷、胡家村、杨七红村、东营子、袁家村、大五号、小庙子9个示范村，新建七甲房、汉诺堡、邢家村、渠家村4个达标村，续建红红梁、侯家村等21个达标村。面对危房改造和村容村貌整治建设的重点和难点，开展发动宣传、调查摸底工作，按照《十八顷镇2016年“十个全覆盖”工程实施方案》《十八顷镇2016年农村闲置危旧房拆除办法》及相关政策、法规进行广泛宣传，以村为单位召开各类会议，安排专人集中进行现场宣传和政策解答，并组织镇村干部深入农户家中，面对面动员宣传，使相关政策家喻户晓。同时开展摸底调查，全面了解农户家庭基本信息情况，梳理分析数据、分类登记造册，建立台账，并适时对调查摸底情况进行核实，及时上报全村农户住房情况明细。在调查摸底的基础上，充分尊重群众意愿，与拆除户签订拆房协议，确保如期完成外出户闲置危房拆除任务。

各村委会把危房改造和村容村貌整治建设作为“十个全覆盖”工程落实责任主体，村委会书记是第一责任人。危房改造和村容村貌整治建设由各村委会组织实施。包村领导干部负责指导和帮助村委会完成工程建设任务。在工程实施中，科学规划到位。坚持“先规划，后建设”的原则、综合考虑撤点并村、人口转移、产业发展、长远变迁等方面的因素。严格按程序做好农危改等资料，做好村庄现状图、建设规划图、街巷硬化规划图和建设内容表、资金筹措表、任务分解表“三图三表”到村、明白卡到户，并与工程建设同步推进。建设任务到位。大力实施危房改造工程，特别是解决好散居五保户、低保户、贫困残疾户和其他贫困户“四个对象”最基本的安全住房问题。宣传工作到位。通过全面宣传动员，让群众从根本上了解这项惠民政策。规划设计、施工建设、管理维护整个过程，都让群众参与，使群众真正成为建设家园的主力军。资金保障到位。用好用活、统筹整合专项资金，确保工程建设一步到位，建一个成一个。积极筹办第四届巴达木图民族文化节，进一步扩展牧家游的经营范围，紧紧围绕牧民生产生活，推出一批原生态蒙古族服装、饮食及各种传统活动项目，以原汁原味的蒙古文化体验活动吸引游客。努力建设十八顷镇以特色瓜果采摘、民族风情体验为框架的特色旅游区。

【精准扶贫工作】 以精准扶贫工作为突破，加快扶贫攻坚建设。坚持把脱贫攻坚作为头号民生工程来抓，按照扶贫对象、项目安排、资金使用、措施到户、因村派人、脱贫成效“六个精准”的要求，在实施“五个一批”脱贫工程上持续发力，精准扶贫。1. 严格按照程序扎实做好建档立卡，核准底数，精准识别。按照国家制定的统一的扶贫对象识别办法，完善规模控制、精准识别、动态管理机制，采取按收入倒排、公示公告的方式，逐村逐户开展拉网式摸底排查和精确复核，以收入为依据，设置排除指标，对 2014 年建档扶贫对象再次摸底识别，并纳入扶贫信息网络管理系统。严格审核各村上报的贫困户名单，确保建档立卡户是真贫困，确保做到扶真贫。2. 建立帮扶制度。对家庭没有劳动能力的农村生活困难户，给予农村最低生活保障扶持，根据有关政策切实做到“应保尽保”。对有劳动能力和劳动意愿的低收入户，明确具体的到户帮扶措施和年度目标，采取各种扶贫开发方式和方法，扎实开展针对性的帮扶。3. 建立帮扶台账。各村建立本村的结对帮扶台账，帮扶台账有帮扶责任人、帮扶措施、年度目标、帮扶投入、实施过程、实施结果和扶贫对象户收入变动等内容和指标。4. 强化领导，落实责任，各村把精准扶贫列入重要议事日程。坚持抓好扶贫开发重大问题的研究、难点问题的协调，出实招、办实事、求实效，推动精准扶贫取得更大成效。全镇识别贫困人口 1923 人。

【社会事业发展】 大力发展各项社会事业，推动经济社会协调发展。继续加大对教育工作支持力度，改善办学条件，集中力量办好寄宿制小学，确保经济困难家庭、留守儿童平等就学。继续健全和完善镇、村两级卫生服务网络建设，提升医疗服务水平，同时加强对传染病、地方病的防预和控制；继续抓好新型合作医疗政策落实。在方便群众方面上有新举措。计划生育充分注重国策宣传、利益导向、服务关怀工作，积极探索新形势下流动人口管理方式，把计划生育工作纳入法制化管理轨道。加大适用科技的推广应用力度，努力提升科技的贡献率；发挥好镇文化站、“草原书屋”、户户通电视接收设备的作用，丰富群众文化生活，提高群众文化素养。同时，继续重视和加强武装、民族宗教、妇女儿童和残疾人等工作，努力实现各项社会事业全面协调发展。

【社会管理创新】 创新社会管理，推进民主法制建设和精神文明建设。加强社会管理和社会服务工作，切实维护全镇的和谐稳定。全面落实信访维稳工作主体责任，加大矛盾纠纷排查化解力度。减少信访总量，努力杜绝群体上访、越级非正常上访的发生。加强社会治安综合治理，坚决打击各类违法犯罪行为。全面开展平安镇、平安村创建活动，不断完善公共安全防控和社会治安防控体系建设，不断提高广大群众的安全感和满意度。全面落实安全生产“一岗双责”和生产经营单位主体责任制，切实抓好工矿企业的安全监管，持续打击非法违法生产经营行为，坚决遏制重大事故的发生。充分发挥镇食药所职能作用，严厉打击各类食品药品违法经营行为，确保饮食用药安全。全面推进依法治镇水平和精神文明建设，落实基层民主管理制度，提高村民自治水平。切实做好“六五”普法总结验收工作，重点抓好机关、学校、农村的普法宣传，提高全民法律素质。在全镇深入持久地开展文明机关、文明村组、文明户等形式多样的精神文明创建活动，提升全民文明水准。

【自身建设】 加强政府自身建设，努力建设人民满意的服务型政府。新形势新任务对镇政府自身建设提出新要求，准确把握经济发展新常态和人民群众新期盼，解放思想，实事求是，勇于负责，敢于担当，努力建设务实创新、廉洁高效、人民满意的服务型政府。坚持依法行政。严格依照法定权限和程序行使职权，自觉接受人大和社会公众的监督。加强群众路线教育实践活动整改深化和长效机制建设，坚决纠正不作为、乱作为、慢作为。积极推进政府工作法治化，让一切政府行为逐渐步入法治化轨道，努力提高政府的公信力和执行力。切实转变作风。巩固和深化群众路线教育实践活动成果，严防“四风”反弹。坚决贯彻中央八项规定及上级配套规定，积极开展“两学一做”活动，深入开展调查研究，改进文风会风，减少不必要应酬，集中力量谋发展，解难题，办实事。始终保持奋发有为、敢于担当、真抓实干的精神状态和工作作风。大力推进廉政建设，加强组织纪律建设，把“守纪律、讲规矩”摆在更加突出位置，做到“四有”，即心中有党、心中有民、心中有责、心中有戒。严格落实党风廉政建设主体责任和“一岗双责”，坚持用制度管权、管人、管事，严格执行厉行节约、反对浪费的有关规定，把公共财政资金纳入法治化、程序化管理，始终牢记公款姓公，一分一厘不能乱花；公权为民，一丝一毫不能私用，自觉做到公私分明，克己奉公。加强干部队伍管理，严格执行请销假制度，对上班脱岗、工作期间玩电脑游戏和吃拿卡要等违规现象“零容忍”，树立法治、高效、廉洁的政府形象。

（李　慧）

大黑沙土镇

【基本情况】 大黑沙土镇政府位于商都县城东部60公里处，是全县最东部的一个镇，地处两省（即内蒙古、河北省）五县（即商都县、化德县、张北县、康保县、尚义县）交汇点，北邻化德县朝阳镇，东与康保县、张北县毗邻，南与尚义县接壤，207省道依镇而过。全镇地势平坦，总辖地面积417.93平方公里，有耕地面积16.8万亩，其中水浇地面积4.9万亩。全镇累计完成退耕还林（草）面积62666亩，完成农防林3300亩、人工种草30666亩、人工造林5000亩、飞播造林2400亩、围封自然草场14500亩、封山育林8000亩。全镇有石英石、煤炭、森林、盐等矿产资源。全镇辖29个村委会、56个自然村，总户数13336户，社会人口32194人，实有7051户19191人，种地户数6473户17628人。常年居住17332人，外出16653人。有中心小学1所，另有卫生院、司法所、派出所、财政所、食药所、信用社、电信所、邮政所。

大黑沙土镇行政机构设置为“三办”，即：党政综合办公室、经济发展办、社会事务办公室。事业机构设置为“三站”，即：农业综合服务站、人口和计划生育服务站、文化科技信息服务站，上划“两站一所”，即：林业工作站、动物疫病防控中心、国土资源所。核定行政编制27人，事业编制30人，增加上划“两站一所”事业编制9人，核定科级领导职数7人。主任3人。

【现代农业提质增效】 2016年，实现农业总产值1.13亿元，同比增长12.3%。全年农作物种植面积16.8万亩，其中粮食种植面积5.3万亩，总产量1.3万吨；马铃薯、蔬菜、糖菜、葵花四大主导产业种植面积达11.5万亩，占总播面积的68.4%，年产量15.09万吨，较2015年提升5%。全年生猪出栏13000头、肉羊6万只、肉牛8000头，肉类总产量861吨。河南雏鹰集团公司落户镇内，主体工程已竣工，并将投产运营，运营后将带动全镇原有5处小型养猪场的发展，促进八角淖村特种养殖场开工建设。同时鼓励支持已建成4处肉鸡厂扩规提档，尽快恢复养殖。全镇通过开发式扶贫及“十个全覆盖”工程建设，投入600万元实施3个村中低产田改造项目，项目规划头号、东升、东风3个村，新增水地面积3000亩。节水农业设施建设不断增强，促进农业产业化进程。全镇完成土地流转面积18000多亩，旧村复垦面积103亩，新增耕地60亩。全年发放良种补贴717万元、农资综合直补989万元。

【镇村面貌变化显著】 2016年，全镇实施“十个全覆盖”工程建设，完成固定资产投资1.7亿元。改造主房2980间、附房2913间；新建院墙126千米、花栏墙60千米、人畜分离墙30千米、甬道1万平方米、公厕13座，街巷硬化81.5公里；修“村村通”公路7条78公里，通村公路覆盖全镇90%以上；新建和改造标准化卫生室19个；建设文化活动室29个，并统一配置文化器材29台（套）；建设便民连锁超市29个；新建村级文化活动广场2处22000平方米。同时拆除危旧住房、附房1万多间、危旧院墙15万延长米。并对村周边主要路段进行绿化，绿化面积达2900平方米。解决全镇2700户8300人安全饮水问题。投入100多万元，改造朝阳河、大营子2个村2.5公里的河道，使这两个村彻底避免了洪涝灾害给群众带来的财产损失。2016年，在重点规划种植好公主城万亩苗圃基础上，完成人工造林1500亩，生态环境得到全面改善。

【精准扶贫成果明显】 高度重视精准扶贫工作，通过精准识别，全镇确定建档立卡贫困农户2499户6109人，贫困发生率为18%。“精准扶贫”通过社会兜底扶持1252人，其中享受低保837人，享受直补415人。通过教育扶持291人。通过发展生产扶持1199人。通过易地搬迁及小村整合扶持8个村民小组185户，全部进行整村搬迁，确保“搬得出，留得住，能就业，有保障”。红卫、大青沟坊子、西十大股已完工共涉及102户196间，并签订搬迁协议随时准备入住；芷芨滩、毛忽庆两村共计129间主体已完工，待2017年装修入住，涉及83户129间。通过光伏发电帮扶贫困，涉及贫困户493户882人。在1个市直单位、16个县直单位帮扶的基础上，结合全镇实际，从镇属各单位选派党员、干部48人，共495名帮扶工作人员，建立29个扶贫工作队，与全镇贫困人口1264户、2814人结对帮扶。从扶持政策、金融贷款、信息提供等方面给予支持，调动他们致富的积极性，从而使其带动更多贫困户脱贫致富。2016年，全镇精准扶贫累计投入资金671万元，使29个村委会242户464人脱贫摘帽。

【社会事业统筹推进】 着力改善医疗卫生条件，村卫生所标准化建设率达100%，为全镇2814名贫困人口免费体检。健全完善镇、村二级服务网络，增强服务效果。大力宣传倡导新型农村合作医疗，全年参合人数2.7万人，参合率达98%。社会保障工作稳中有升，城乡居民社会养老保险工作持续开展，已参保登记人数15106人，缴费率100%；顺利完成低保动态调整，发放各类低保金、五保金1365万元，救济款1407万元，惠及农民7000多人。优先发展计划生育、教育事业，计划生育工作通过落实奖励扶助优惠政策和创新优质服务，有效稳定优生优育的低生育水平。教育工作认真落实“两免一补”政策，不断改善提高学校的软硬件建设，2016年，为中心校安装洗浴室2间，为教师和学生创造有利的卫生环境，教学质量和管理水平得到有效提高。科技工作以推广应用适用技术为重点，全年举办各类培训班培训1500多人次。人武工作在加强基层民兵组织建设的同时，圆满完成征兵任务。努力促进社会基本公共服务均等化，为13个村委会活动广场新安装体育健身器材30多台套，文化体育、广播电视、民族宗教等社会事业取得长足发展，公共服务水平不断得到提升。社会管理规范有序，全镇大局和谐稳定。高度重视初信初访，落实矛盾纠纷和信访积案包保制度，设立信访大厅，并派镇司法所专人驻守，全年调解处理各类信访矛盾纠纷27起，调处率达100%。安全生产常抓不懈，常态化开展安全生产大检查，全镇安全态势总体平稳。加强食品药品监管，食品药品安全得到有效保障。

【自身建设不断加强】 坚决贯彻执行中央“八项规定”，廉政制度有效落实；强化机关效能建设，制订完善大黑沙土镇领导干部管理工作机制，促进干部作风明显好转。全面推行“532”工作法，使项目建设更加透明公开，老百姓的知情权、参与权、决定权、监督权得到充分保障。不断完善镇村两级便民服务中心（点）建设，提高政府效能，树好政府形象；加强干部驻村入户制度建设，培养干部求真务实精神，干部队伍办事效率、服务意识得到明显提升。全镇开展“两学一做”学习教育活动以后，镇党委力促“两学一做”专题学习活动开展取得实效。专门印发《中国共产党廉洁自律准则》和《中国共产党纪律处分条例》原文到每个党员干部手上，制作专门的学习记录本800多本，充分利用“三严三实”专题教育实践活动平台，利用每周工作例会之机，由镇主要领导带头领学，并结合实际展开讲解和讨论。镇分管领导和联系村领导牵头开展跟踪督查、随机检查学习笔记等，及时了解掌握各村党支部学习贯彻情况，及时交流做法经验，推动学习贯彻工作落实，以“促学”力促全镇党员干部达到合格党员的标准和要求。2016年，圆满完成镇第四次党代会换届选举工作。优化村干部年龄和学历结构，吸收培养年轻有为的后备干部，全镇新发展机关年轻党员2人、农牧民党员4人，增强干部队伍活力。2016年，投资100多万元为二喇嘛、红卫、八角淖、大黑沙土4个村委会新建活动场所2处19间，哈北嘎、朝阳河、杨柳湾3个村委会进行扩建。全镇29个村支部阵地基本达到标准化建设，购置新的会议桌和桌椅板凳，室内办公设施全部配套，图表上墙、软件齐全，极大地改善基层组织活动场所工作环境，基层组织服务能力进一步加强。党风廉政建设工作，按照民主集中制原则，谨慎用权。实行明确分工，责任到人，统一协调，重大工作决策集体研究决定，实现责、权、利有机统一。特别是在“三重一大”问题上，广大群众关注度较高的五保、低保、“十个全覆盖”工程、扶贫工程等政策的落实上，都必须以党委会、党政联席会、党员大会、村民小组评议会的形式作出决定，做到公正、公平，群众满意，接受群众监督，严明党的政治纪律和组织纪律。经费上大力压缩“三公”经费支出，扎实推进机关效能建设。进一步完善从严管理干部队伍的制度和相应的奖惩机制，以此推动形成人心思干、人心思进的政治生态，使每个干部产生一种“等不起”的责任感、“慢不得”的紧迫感、“退不下”的危机感、“坐不住”的使命感，激发干部干事创业、改革创新的积极性。实行阳光政务，建立健全惩治和预防腐败体系，完善重大事件报告制度、公示制度、谈话制度、监督制度、述职述廉制度等，规范从政行为，严明党的政治纪律和组织纪律。此外，大力支持妇联、共青团等各类群团组织开展工作，统战、人防、科技等各项事业也取得长足进步。

（张建英）

屯垦队镇

【基本情况】屯垦队镇地处商都县中北部，镇政府距县城25公里，全镇辖地面积580.81平方公里，辖村委会27个、自然村105个。社会户17491户，总人口39715人，其中常住3726户、11777人。耕地面积207816亩，其中水地面积6.2万亩，水地中膜下滴灌2.16万亩，喷灌圈55个近3.2万亩。2016年6月末大小畜存栏48910头只，其中：大畜3451头，小畜42549只，猪2910口。2016年，全镇退耕还林（草）面积45780亩，补贴金额524.11万元，粮食直补面积207816亩，补贴金额：综合补贴7498016元、直补1065079元（亩均41元）；农业保险参保面积180639亩，金额1721607元（亩均9.53元）。屯垦队镇有寄宿制中心小学1处，有学生159人。

内设行政机构：党政综合办、社会事务办；事业机构：农业综合服务站、畜牧兽医站、国土资源所、水利服务站、文化科技信息服务站、食品药品监督所、财政所及便民服务大厅。全镇现有干部及退休人员131人，其中公务员27人，行政提前离岗3人，事业在岗32人，未上岗1人，离岗培训2人，提前离岗4人，离岗内退6人，提前退休56人，正常退休19人，遗属28人。

【经济建设和社会发展】2016年，屯垦队镇党委、政府在县委、县政府的正确领导下，以党的群众路线教育实践活动为契机，深入贯彻落实科学发展观，认真学习中共十八大和十八届三中、四中、五中全会精神，开展“两学一做”学习教育活动，立足本镇实际，团结和依靠全镇各级干部和广大人民群众，以结构调整和转变发展方式为主攻方向，大力发展设施农业和生态农业，加快“建设美丽乡村”工程进度及“精准扶贫”项目的稳步推进，高度关注民情民意，推进全镇经济社会各项事业的全面发展。新打机电井210眼，建成膜下滴灌工程田2.58万亩，建成喷灌圈40套，面积近3.2万亩；完成人工造林1.5万亩，封山育林5000亩，补植补种退耕还林地1.5万亩，全年完成农村危房改造948户，新建房屋1816间，街巷硬化24公里，新建8个村委会办公场所已经全部投入使用，争取资金600多万元新修和改扩建“村村通”公路达40余公里；2016年，全部解决人、畜的安全饮水问题，新增低保户2682户、直补476人；全镇享受五保435人、低保6614人；在二道洼等村共建成幸福院10处，房舍均已正常利用。2016年，在二道洼村和顺成公司村新建文化活动广场各1处，已投入使用，极大地丰富了群众的业余文化生活，提供了活动平台。已在屯垦队村、仝家村、顺成公司、前海子等村建成公厕8座，在街道两侧新铺硬化砖块1100多平方米，新换路沿石554延长米。社会养老保险全面铺开，60周岁以上有6324人领取了养老保险金，16—59周岁有16516人参加了农村养老保险；全镇新型农村合作医疗参保人数31124人，在村人口100%参人。2016年，镇卫生院又为1560名60岁以上老人免费体检，及时了解老人们的健康状况，实现社会化的全覆盖。

【精准扶贫工作】2016年是实施“精准扶贫”的重要一年，有233户515人脱贫，因病返贫户2户7人，全镇在原有基础上加大对扶贫项目的监管与保障力度，以确保在下一个实施“精准扶贫”年度更健康有序地发展奠定坚实的基础。

（王树文）

西井子镇

【基本情况】西井子镇政府距商都县城40公里，全镇辖31个村民委员会、89个村民小组，社会户数14317户，总人口32920人，在村4859户、10691人。形成以汉族为主体、蒙古族等民族并存的居住格局。全镇辖地面积493.99平方公里，总耕地面积19.2万亩（其中水浇地5600亩），有林地面积 20.9 万亩，林草覆盖率达 43%。

【设施农业】2016 年，全镇累计种植马铃薯达 8 万亩，其中种植旱作覆膜马铃薯 1.5 万亩，种植膜下滴灌马铃薯 4500 亩。糖菜种植面积达 2000 亩。由于人大干、天帮忙，全镇种植业喜获丰收，成为农民增收的主要产业。同时，大力发展农民专业合作社，通过搞活土地经营权流转，使农民真正从土地中解放出来，把土地从家庭分散经营中整合起来，发展多种形式的规模化、集约化经营。

【科学养殖】2016 年，全镇累计肉羊年饲养量达 12 万只，出栏肉羊 6 万只，虽然受市场价格影响，养羊收入明显低于往年，但是由于市场需求的波动性和农民多年养羊产业积累潜力很大，特别是入冬以后羊肉价格有所回升，养殖肉羊仍是全镇脱贫致富的重要产业和渠道所在。积极促进养猪业发展，2016 年，全镇生猪饲养量达到 1.2 万口。狠抓春秋两季疫病防治工作，有效控制布病在人间畜间的传播和蔓延。同时，向县发改局争取项目为大木匠村新建标准化棚圈 60 间，为今后畜牧业发展奠定了基础。

【乡村建设工程】2016 年是“十个全覆盖”工程实施的关键建设年。按照县委、县政府要求，每个行政村所在地和沿线沿路按示范村建设、30 户以上自然村按达标村建设、30 户以下自然村采取移民搬迁或按一般村建设的标准，加大工程覆盖面。2016 年，在完成 2015 年 17 个行政村的 23 个自然村续建工程基础上，在 19 个行政村 31 个自然村开工实施“十个全覆盖”工程。力争实现五块石等 11 个较小的自然村整合搬迁。建设过程中启动规划先行、统筹推进、建管并重的工作机制。2016 年，实施危房改造 1200 户，其中新建 1000 户，维修 200 户。街巷硬化 50 公里。新建和改造 12 个卫生室、12 个文化活动室、15 个便民连锁超市，新建 3 个广场。同时进行村庄整治，拆除危房 6000 间，新建村委会办公场所 5 处，维修村委会房舍 3 处。沿线沿路村庄美化村庄出入口，保留和翻新西井子村有历史渊源的旧建筑风格，全面提升全镇对外形象。

【生态建设】坚持生态、经济、社会“三效合一”的原则，继续巩固和加强生态建设。2016 年，全镇新完成雨季造林 2500 亩，完成人工种草 1 万亩；完成退耕补植补造 5000 亩。并加强往年人工造林工程的管护力度。持续落实县委、县政府关于禁牧的一系列政策要求，组群散牧毁林毁草现象得到遏制；镇政府专门成立应急抢险小分队，配备相应的装备，大力宣传和制止野外用火，提高干部群众防火意识，保护来之不易的生态建设成果。

【精准扶贫工作】按照中央“六个精准”“五个一批”精准扶贫精准脱贫策略，2016 年年初，全镇精准识别出贫困户 1105 户、2652 人。其中，发展生产脱贫 469 人，发展教育脱贫 357 人，社会兜底脱贫 672 人，易地搬迁扶贫 1340 人（其中包括教育扶持脱贫重叠人口 186 人）；2016 年，脱贫 220 户 553 人。扎实开展单位包村、干部包户的“一对一”“一对多”帮扶工作，全镇领导、干部深入所帮扶的贫困家中开展“送温暖、献爱心、拉感情”活动，受到贫困户的一致好评。

【社会事业】教育工作全面落实“两免一补”政策，积极开展兑现教育扶贫政策，确保贫困家庭的学生按时就读，持续加大教育投入，年内，为寄宿制小学新建 700 平方米的教师周转房。卫生工作继续坚持“预防为主、防治结合”的原则，加大对传染病、地方病的预防和控制，村级卫生室条件和服务水平明显增强，农民新型医疗保险参合率达到 90% 以上，因病致贫、因病返贫和看不起病现象明显下降。计划生育工作全面落实生育关怀政策和全面放开二胎生育的新政策，不断完善更新人口信息平台，加强对育龄人群服务管理。镇食药所干部经常深入各村，进行食品、药品监测，群众的食品、药品质量得到初步保障。调购新品种、推广新技术、应用大型农机具已成为广大农民的共识，科技贡献率逐年提高。通过不断完善配备村文化室的设备，文化室功能明显增强，群众文化生活日益丰富多彩。夏季征兵工作顺利完成，6名适龄青年光荣入伍。同时切实加强民族宗教、妇女儿童权益保护和弱势群体的保障工作，促进了经济社会全面协调发展。

【“两学一做”学习教育活动】 2016年，根据县委、县政府的统一部署和要求，镇党委将“两学一做”教育实践活动作为本年度党建工作重中之重来抓，召开党委会议和动员会专门研究和部署全镇“两学一做”学习教育工作；下发《中国共产党章程》、《习近平同志系列重要讲话精神读本》（2016年版）及《准则》、《纪律处分条例》等学习辅导资料1000余册。在全镇党员中开展手抄党章100天，默写入党誓词，撰写心得体会，开展专题研讨，进行学习测试等工作，通过以讲促学、以写促学、以评促学、以考促学，推动每名党员实学实做。2016年，投入资金180多万元，为西井子等11个村新建办公用房78间1830平方米，为朝阳等8个村改扩建办公用房，整顿转化“三类支部”3个，2个二类支部升级为一类支部，创建示范村党支部5个。在31个村设立便民服务室。同时，努力抓好党员队伍建设。年内，发展农民党员5人，培养入党积极分子50人，选配6名优秀干部到村担任支部书记和第一书记。

【党建工作机制】 1.认真落实党建工作责任制。切实抓好党建工作责任制和“双述双评”制度的落实，与各党支部签订党建工作目标责任书。建立健全“抓书记、书记抓”的工作机制，将基层组织建设作为村级工作和村支部书记绩效考核的重要内容，并与绩效补贴挂钩。2.完善干部教育培训制度，努力建设学习型党组织。以镇党校为阵地，镇村联动，开展多层次的基层党员干部教育培训活动。学习贯彻中共十八大和十八届三中、四中、五中、六中全会精神，社会主义核心价值观等内容，先后组织12次中心组学习会、5次基层党支部书记专题培训班，深入开展学习先进典型事迹大讨论。通过讨论，全体干部的大局意识、服务意识、担当精神明显增强。3.完善干部管理激励机制。认真学习新修订的《中国共产党廉洁自律准则》和《中国共产党纪律处分条例》，围绕好干部“二十字”标准，从严推进党员干部管理，对干部不作为、乱作为、慢作为进行专项整治。4.完善党内政治生活制度。先后完善《镇党委会议事决策规则》等8项制度，严格“三会一课”制度、开展民主评议党员和党员评星定级，出台处置不合格党员的意见。通过开展“评星定级”活动，共评选出三类支部3个，二类支部17个，一类支部12个，优秀党员58人。

【党风廉政建设】 坚持把党风廉政建设和反腐败工作纳入全镇总体布局，成立由党委书记任组长的工作领导小组，制定年度党风廉政建设和反腐败工作实施意见，镇党委多次召开会议专题研究部署反腐倡廉工作。班子成员带头落实中央八项规定和自治区、市、县相关配套规定，认真组织学习新修订的《党员干部纪律处分条例》。积极支持纪委工作，强化执纪监督，并专门设立谈话室、信访接待室、办公室和举报电话。投入4万多元，配备办公设施。1—12月，全镇接待群众来访80多人次，受理信访举报案件2件，接上级交办案件1件，立案1件，结案1件，1人受到党纪处理。

（张明成）

大库伦乡

【基本情况】 大库伦乡位于商都县北端，乡政府距县城45公里，北面分别与锡林郭勒盟的苏尼特右旗、镶黄旗接壤，东、西分别与卯都乡、西井子镇毗邻，南与屯垦队镇相连，该乡是2006

年乡镇机构改革时由原大库伦、八股地、章毛勿素3个乡合并而成。全乡辖地总面积524.82平方公里，境内矿产资源丰富，有硅石、萤石等矿产资源。全乡辖19个村民委员会、74个村民小组，社会总户数12640户，社会人口27712人，其中常住2786户、7130人。全乡有耕地面积125031亩，其中水浇地14578.21亩。

机构设置：党政综合办、社会事务办、经济发展办，农业综合服务站、林业工作站、人口与计划生育服务站、文化科技服务站、水利服务站、动物监督管理所、国土资源所、财政所、食品药品管理所。单位人数：在岗在编53人（行政编27人，事业编26人），离岗内退8人，退休人员63人。

【经济发展概况】 2016年，经济实力不断增强，全乡地区生产总值达到7500万元，其中种植业产值3800万元，养殖业产值3700万元；人均纯收入4500元，较2015年增长25%。

【农牧业产业化建设】 在农业基础设施建设上，大力发展现代农业，全乡喷灌面积9196亩，覆膜田5500亩，膜下滴灌3575亩。全乡种植马铃薯5万亩、杂豆杂粮0.4万亩、蚕豆0.4万亩、葵花1.78万亩、优质牧草5600亩。结合禁牧工作，大力推行舍饲养殖。2016年，全乡舍饲养殖肉羊10.3万只，年出栏13万只，收入达到5000多万元。积极争取上级专项资金加强农业基础设施建设，2016年，利用县财政局农开办的节水增粮专项资金为二股地、滑家村、库伦图3个村委会开发水地8000亩。利用县水利局坡改梯专项资金为大库伦、二股地、滑家村进行坡改梯8300亩，新增水地2100亩。继续抓喷灌圈、膜下滴灌、覆膜种植建设工程，2016年，落实覆膜田1000亩，种植膜下滴灌面积500亩。继续保持和稳定马铃薯种植规模，并在库伦图建成2000亩马铃薯精品示范田，推广种植糖菜2100亩，糖菜种植逐步实现由点到面的转变。

【社会事业发展】 深入开展“吉祥草原”惠民计生行动，全面兑现计划生育奖励扶助政策。计划生育工作实现监管与服务并重、奖励与处罚并举，逐渐从监管向服务过渡，有效地提高人口出生素质和生育水平。实施农村电影进万家活动和广播电视村村通工程，不断提高农民群众的文化生活。改建扩建乡卫生院，引进先进医疗设备改善医疗条件，从根本上改变农民群众就医难的现状；全面实施农村新型合作医疗，全乡参合人数达到20780人，参合率达到98%。截至2016年年底，全乡有五保328人、低保4142人、现金直补558人、扶贫直补57人，全年度发放补助资金1563.1万元。在社会保障和改善民生方面，以社会救助为主，进一步加快建立完善的社会保障体系，着力解决好民生问题，重点抓乡民生服务大厅建设，配齐工作人员，配置大厅设备，制定工作职责和在岗值班制度。充分体现民生服务大厅面向群众、服务群众的宗旨，为广大农民群众的咨询和办理日常事务提供平台；搞好社会福利事业，进一步提高集中供养和散居五保户的生活水平；进一步扩大种植业保险覆盖范围，最大限度减少因自然灾害带来的农业损失，及时兑现生态建设、粮食直补等国家政策性补贴资金。

【基础设施建设】 “三到村三到户”工程建设，确定大库伦、二股地、古城子、八股地4个村委会为扶贫攻坚重点村，制定扶贫攻坚发展规划，进行扶贫开发和产业扶持。“十个全覆盖”工程建设，2016年涉及19个村委会、48个自然村（其中续建2015年的10个村，2016年新建的38个村）。按照优先发展主干公路两侧村庄的工作思路，“三到村三到户”和“十个全覆盖”工程捆绑实施。积极协助县交通局完成大库伦、二股地、滑家村、古城子4个村委会的村庄街巷硬化工程，全乡硬化街巷21.5公里。总投资420万元，实施村容村貌整治工程，涉及大库伦、韩家村、石豁子、二股地、滑家村、大井子、平地泉、南沟子8个村委会。总投资53万元，为郭朋村委会建设文化活动室。

（谷宾阁）

玻璃忽镜乡

【基本情况】 玻璃忽镜乡地处商都县中部，乡政府距离县城30公里，全乡辖地面积442.42平方公里，有村委会14个、自然村62个，社会户11647户，总人口27275人。境内有石英石、萤石等矿。

2006年机构改革时行政设置三办：党政综合办22人、经济发展办2人、社会事务办3人，事业设置五站一所：农业综合服务站14人、林业工作站5人、文化服务站5人、畜牧兽医站1人、人口和计划生育服务站12人、国土资源所2人。后因工作需要，2011年增设安检站1人、2012年增设群众工作站1人、2014年增设水利工作站3人，2016年增设环卫所1人。

【基础设施建设】 改善农村基础设施，新农村建设硕果累累。紧紧围绕农村发展、农业增效、农民增收的工作目标，以新农村建设为重点，加强农村基础设施建设，加快特色农业发展步伐，农民增收稳步增长。1.重点打造新农村示范村。2016年，投入8000多万元，打造8个示范村，各示范村全面完成改水、改房、改厕、绿化、硬化等工程，建设各具特色的活动广场，展现新时代农村的形象。2.抓好粮食生产。全年实现粮食作物种植生产面积132000亩，产量9200多吨，其中规模种植水地马铃薯面积22000亩、葵花面积14000亩、糖菜面积11000亩，共计47000亩，产值1880万元。3.培育规模、特色畜牧业。全乡肉羊养殖户达400多户，肉羊养殖46000只，蛋鸡养殖5000只。

【农牧业生产】 农牧业生产实现新突破，农民收入稳步增长。坚持现代农业发展方向，不断加快设施农业和节水农业的建设步伐，全乡有喷灌圈种植面积11套0.8万多亩，有膜下滴灌种植面积3.6万亩。种植业方面积极推进蔬菜、糖菜、马铃薯和葵花等主导产业的发展。全乡蔬菜、糖菜和马铃薯种植面积达4.7万亩，占总耕地面积的30%，其中糖菜种植面积1.1万亩，马铃薯种植面积达2.2万亩，葵花种植面积达1.4万亩。形成以呼满路、商化路、押卯路和玻屯路为主线的优势作物的种植区。畜牧养殖业方面以突出肉羊、生猪和蛋鸡三大产业为主，加大畜种改良力度，加快出栏周期，努力促进农民增收。1.加大棚圈建设力度，争取项目资金21多万元，重点在陈家梁、冀家村为35户养殖户新建棚圈35间。2.充分利用改良配种技术，积极推广肉羊杂交和人工授精技术，改良率逐年提高；3.全力抓好牲畜疫病防治和科学饲养水平，特别是加大布病防控力度，积极组织开展春、秋防疫灭病大会战，控制布病在人畜间的传播，对4.6万只羊进行了采血化验，发现并扑杀布病羊69只，有效防止牲畜疫情的发生蔓延，促进畜牧业健康稳定发展。2016年，全乡肉羊（牛）存栏4.6万只头，生猪饲养量达到1300多口，蛋鸡饲养量0.5万多羽。农民养殖业纯收入占总收入的30%以上。林业生态建设方面坚持把生态和基础设施建设作为改善农牧业生产条件、增加农民收入和实现可持续发展的根本大计来抓，实现经济发展和生态恢复"双赢"的目标。2016年，全乡完成人工造林3750亩、围栏封育1000亩。同时认真落实县委、县政府禁牧政策要求，加大禁牧舍饲和林草管护力度，群散乱牧现象得到有效遏制，依法保护了生态建设成果。

【民生建设】 民生建设迈出新步伐，幸福指数不断攀升。始终将民生福祉放在和谐社会建设的突出位置，不断提升全乡人民的幸福指数。社保方面。截至年底，全乡16—59岁新型农村养老保险参保8752人，共缴养老金210万元，60岁以上已享受新型农村养老保险待遇4354人；享受农村社会低保2788人、边缘户467人、散居五保户213人、集中供养五保户32人、重度残疾103人，享受现金直补1175人。惠农补贴方面。通过惠农一卡通，全年共发放粮食综合补贴885.76万元、退耕还林草补贴358.46万元。认真落实“十个全覆盖”工程。2016年是“十个全覆盖”工程实施的关键之年，按照县委、县政府总要求，并结合乡情实际，把每个村委会所在村和公路沿线自然村按照示范村标准建设，30户以上自然村按照达标村标准建设，30户以下自然村采取移民搬迁和并村的模式进行新村建设，在工程的深度和广度上都较前两年有很大扩展。在完成2015年13个村委会的18个自然村续建工程基础上，2016年又在14个村委会的49个自然村实施“十个全覆盖”工程，共实施危房改造1076户，其中新建主房1982间、附房823间；维修主房267间、附房1284间；新建院墙5万延长米、花栏墙26000延长米和人畜隔离墙32000延长米；实施街巷硬化29公里和新修通村水泥路牛家洼—呼海路、郝家洼—呼满路、押卯路—三号—九股地—元山子—押卯路14.2公里；在贲红沟、万昌元、喇嘛勿拉、章盖营、郝家洼5个村实施人畜饮水改造工程，解决320户群众的吃水难问题；安装户户通广播网络设备1200套，新建和完善标准化卫生室2个，新建文化活动室2处，新建便民连锁超市4个。同时进行村容村貌整治，拆除危房5000多间，对二吉淖、头号等2个村委会阵地进行修缮。所有这些都极大地改善群众的生产生活环境，得到广大群众的交口称赞。全力抓好脱贫攻坚工作。按照上级的要求，全乡精准识别建档立卡贫困户880户2016人，并按照“五个一批”分类扶持计划，确定易地搬迁扶贫924人（其中包括教育扶持脱贫重叠人口58人），教育扶持脱贫185人，发展生产脱贫1362人，社会保障兜底258人。年内实现147户308人如期脱贫，达到“两不愁，三保障”。

【社会事业】 社会事业取得新成效，各项事业齐头并进。教育工作全面落实“两免一补”政策，积极开展爱心助学和对口帮扶活动，确保经济困难家庭学生、留守儿童就学，持续加大教育投入，集中力量办好寄宿制小学。积极促进玻璃忽镜乡中心校通过国家义务教育均衡发展达标验收；卫生工作继续坚持“预防为主，防治结合”的原则，加大对传染病、地方病的预防和控制，在完成各村标准卫生室建设的基础上，配齐配强医务人员，并加强对各卫生室的管理，促使其发挥作用。计划生育工作大力宣传婚育新政策，全面落实各项奖励优惠政策。同时，综治、食药监督、科技文化、民族宗教、妇联等工作都取得新进步。

【党建工作】 深入开展党建活动，全面加强党的建设。2016年，党委换届选举工作坚持“有利于工作开展，有利于方便群众，有利于巩固基层政权”的原则，结合实际，选举产生新一届党委班子。选举产生党委委员8人，大专以上学历8人，占总数的100%。女性1人。配备专职组织委员，专抓组织工作。一批政治素质高、发展能力强、工作作风实、群众基础好、善于做新形势下群众工作的优秀人才走上党委领导岗位。

乡党委全面落实从严治党“1+3”制度体系，扎实推进“实心工程”密切联系服务群众常态化工作。坚决执行中央八项规定和自治区、市、县配套规定，建立健全各项制度，坚决按制度办事。机关纪律和干部工作服务水平全面提升。按照“五好”党委和“五好”支部建设要求，认真抓好乡党委和各支部自身建设。乡党委抓党建促脱贫攻坚工作成效明显。全乡14个村级支部，都配齐“两委”班子、党组织带头人、驻村第一书记，经费保障落实到位，活动场所、办公设备齐全。在全乡14个村党支部和党员中开展评星定级工作，并收到良好效果。

【"两学一做"教育活动】 把"两学一做"学习教育作为在广大党员中开展经常性教育、加强党的思想政治建设的重要举措和部署。乡党委精心谋划，周密安排，扎实做好学习教育工作。1.及早传达作部署。全县"两学一做"工作会议后，乡党委立即召开党委会传达学习会议精神。要求乡、村两级党组织按照县委统一部署，把"两学一做"学习教育作为全年党建工作的龙头任务，深入分析全乡党员队伍建设中存在的突出问题，有针对性地设置学习教育载体，创新教育方式、精心组织实施。做到时间明确、任务明确、措施明确、责任明确，确保学习教育顺利推进，取得实效。2.深入座谈听意见。县委"两学一做"学习教育方案下发后，乡党委利用实施"十个全覆盖"工程、每天进村入户的机会，召开党员、群众座谈会，实地了解党员队伍突出问题，听取党员干部对开展"两学一做"学习教育的意见建议。

【廉政建设】 深入贯彻落实廉政实施纲要及两个条例，经常性开展党纪法规教育，严肃查处腐败现象的发生。在精神文明建设方面，深入实施《公民道德建设实施纲要》，在全乡深入广泛开展文明单位、学校、村庄创建活动，教育引导广大农民反对封建迷信，改变落后观念，摒弃陈规陋习，消除"黄、赌、毒"等社会丑恶现象，开展好媳妇、好妯娌、好公婆等评比创建活动，倡导健康文明的生活方式，和谐稳定局面进一步巩固。

（李文贵）

卯都乡

【基本情况】 卯都乡地处商都县北部，乡政府距离县城60公里，北与锡林郭勒盟镶黄旗接壤，东与化德县相连，西与大库伦乡、南与玻璃忽镜乡为邻。全乡辖地面积281.34平方公里，有村委会13个、自然村41个，社会户6895户，总人口15619人。境内有白泥、石英石等矿。

2016年，通过党代会选举，新增1名党委委员，经过机构重新调整和人员变动，在编人员共35人，其中行政人员19人（包括乡纪委3人），事业人员16人。党委的6人（包括书记、副书记、人大副主席、武装部长、纪检书记、党委委员），政府的3人（政府乡长1人和政府副乡长2人），党政综合办8人（乡任办公室主任1人，人大、纪检、组织、宣传干事1人，团委书记1人，妇联主席1人，综治干事1人，统计1人，纪检干事2人），经济发展办2人；农业综合服务站3人，人口和计划生育服务站3人，水利服务站3人，林工站2人，文化科技服务站3人，国土资源所1人，畜牧兽医站1人。

【经济社会发展】 2016年，全乡种植马铃薯3.1万亩、葵花2000亩、糖菜2000亩。完成生态建设面积16块、5215亩。加大禁牧力度，发放禁牧等宣传资料1523份。计划生育工作实现监管与服务并重、奖励与处罚并举，有效稳定低生育水平，全乡符合政策生育率达到95%，人口出生率控制在4.9‰以内。农村最低生活保障制度进一步有效落实，按照村民评议、张榜公布、民政审核等程序，落实到人，全乡享受低保人数达到2863人、五保供养168人、现金直补178人、社会兜底60人、低保另类管理22人，真正让鳏寡孤独者得到党的温暖和政府的关怀。及时全额兑现粮食直补、低保、五保、农业保险、养老保险等各项惠民资金近500万元。扶贫工作有序推进，实现年度脱贫目标。

【美丽乡村建设】 2016年，全力推进"十个全覆盖"工程，新建主房1607间、附房1453间、院墙49606延长米，街巷硬化20.8公里。乡村道路"村村通"项目完成卯都—新井子—三面井，卯都—大石架—卯都坊—新围子—团结的乡村道路硬化工程，两条道路全长22公里。完成玻璃忽镜—卯都段通乡公路升级改造工程28公里。完成卯都、二道渠、泉子沟3个村庄的美化、亮化、硬化工程，安装路灯35盏；硬化路肩41960平方米。完成卯都、二道渠2个村绿化工程1000亩，种植松树11万株、高杆杨1万株，柳树、金桃、金叶榆等1200株。完成村容村貌整改工程，拆除危旧用房5630间，清理垃圾8600立方米。建成体育广场2个，安装体育健身器材2套，丰富了群众文化生活。

【精准扶贫工作】 2016年，精准扶贫工作全面深入开展，通过包扶领导干部的认真对接，建档立卡精准识别贫困户563户1417人，根据因人而异的扶贫措施，脱贫92户，231人，及时救助在读大、中、小学生576人，为贫困户发放救济款物近30万元，扶贫工作仍在紧张有序推进。

（张　福）

三大顷乡

【概　况】 三大顷乡于2012年6月经自治区人民政府批准设立，商都县对部分行政区划进行调整后设立三大顷乡。全乡辖9个村民委员会、55个村民小组，辖地面积369.86平方公里，二轮土地承包后耕地面积123361亩，实际种植面积48087亩。耕地因土地流转25831亩、工程用地77亩而减少。退耕还林（草）22739亩，京津风沙源工程面积25396亩，其他1231亩。社会户数7175户，社会人口16006人。乡政府驻地二倴店，乡境南邻兴和县，西与察右后旗交错，北与西井子镇、东与七台镇接壤，集商公路、呼满通道、集通铁路穿境而过，区位优越，交通便捷，是商都通向外界、外界了解商都的南大门。

三大顷乡核定行政编制30人，事业编制30人，增加上划“两站一所”事业编制9人，核定科级领导职数7人，主任3人。行政机构设置为“三办”，即：党政综合办、经济发展办、社会事务办。事业机构设置为“三站”，即：农业综合服务站、人口和计划生育服务站、文化科技信息服务站，上划“两站一所”，即：林业工作站、动物疫病防控中心、国土资源所。

【农牧业生产】 2016年，坚持把培育“两菜一薯”作为促进农村经济快速发展的重要举措来抓，种植业结构逐步趋于合理。全乡发展订单甜菜6000多亩，蔬菜种植面积达到5000亩。种植马铃薯18000亩，其中膜下滴灌3500亩、喷灌2000亩，总产量达2.6万吨。继续推进标准化规模养殖，腾博养殖有限公司蛋鸡存栏达到40万只，年产蛋量达到2900吨；万福标准化奶牛养殖园区存栏奶牛600头，润江肉羊养殖场存栏肉羊2000多只，养殖业标准化生产水平逐步提高。年末，全乡大小畜存栏3.5万头只，饲养量达到7.8万多头只。

【乡村建设工程】 截至2016年年底，“十个全覆盖”工程任务全部完成，并认真组织开展“十个全覆盖”工程自检验收工作，全面总结“十个全覆盖”工程总体建设情况。1.强化组织，全面摸排。由各包村领导任组长、包村干部为成员的自检验收小组，对全乡每一个行政村、自然村采取“地毯式”实地检查，听取各村关于“十个全覆盖”工程建设情况汇报，全面掌握各村“十个全覆盖”工程建设的总体情况。2.细化标准，仔细排查。自检验收小组利用近1个月的时间，深入到全乡9个行政村、44个自然村，对各村“十个全覆盖”各项工程的覆盖情况、完成项目的管护情况和精细化项目的进展情况等方面工作进行全面细致的检查和汇总。3.查缺补漏，立行整改。对于自检过程中发现的工程质量不达标、环境整治不合格、精细化工程不到位等问题，自检验收小组现场与各村沟通，确保全乡在“十个全覆盖”工程验收工作中不落后、不丢分。

【精准扶贫工作】 2016年，始终坚持把精准扶贫工作作为工作的重中之重，统一思想认识，强化组织领导，特别在10月16日全县干部大会后，按照精准扶贫、精准脱贫的要求，全面动员，迅速行动，重新进村入户分析致贫原因并找准帮扶突破口，结合实际认真制定帮扶措施，狠抓工作落实，确保各项工作顺利开展、有序推进。截至年底，共完成453户的脱贫任务。1.严格按照规模分解、初选对象、公示公告、结对帮扶、制定计划、填写手册、数据录入、联网运行、数据更新等九个步骤，按照相应的时间节点，完成639户1496人和5个贫困村识别的建档立卡工作。2.启动精准扶贫驻村包扶工作以后，共选派9个驻村第一书记和26个包扶单位（其中自治区级1家：内蒙古财经大学；市级2家：市信访局和市农发行；县直单位22家和乡政府1家），帮扶干部235人，帮扶全乡639户贫困户1496人（市直单位帮扶162户386人，县直单位帮扶444户1029人，乡政府帮扶33户81人）。3.在县扶贫办的指导下，扎实推进精准扶贫软件资料建设工作，确保精准扶贫档案的规范管理、准确系统，并且确保扶贫手册、三本账、信息采集表、台账和系统的信息数据保持一致。逐村逐户进行重新核实信息，并邀请县扶贫办2名工作人员指导整理规范软件资料。

【民生改善】 2016年，始终把保障和改善民生作为一切工作的出发点和落脚点，努力让发展成果最大限度地惠及广大群众。认真落实各项惠农政策，及时兑现了退耕还林、粮食直补等各类补贴，有效增加广大农民的政策性收入。坚持完善新型农村合作医疗制度，参合人数达到12000人，户籍人口参合率达到80%，广大群众“看病难、看不起病”的问题得到有效解决。积极开展低保对象清理整顿，取消不符合条件的低保对象20人，认定低保对象2520人，实现动态管理下的应保尽保。加人社会救助、大病救助和教育救助力度，为1892户低收入家庭每户发放冬季取暖补贴600元。加强养老保险工作，全乡16至59周岁参保缴费3450人，参保率达到95%。

【社会管理】 立足社会和谐稳定，切实加强和创新社会管理。严格落实领导包案和联合接访制度，积极开展矛盾排查化解，有效解决社会纠纷，做到信访案件察案有结果、件件有落实。加强社会治安综合治理，深入开展平安创建活动，提高了群众的安全感。坚持不懈地抓好安全生产，加强对矿山、食品、药品的安全监管，营造安全和谐的社会环境。民族宗教、民兵预备役、妇女儿童等项工作得到加强，全乡和谐稳定局面得到进一步巩固。

【自身建设】 2016年，特别是“两学一做”学习教育活动开展以后，在县委、县政府的正确领导下，乡党委、政府积极安排部署，团结带领全乡党员干部群众，扎实推进基层党建工作，并取得一定成效。学习党章党规，加强党性教育。学习系列讲话，强化理论武装。加强思想政治建设，强化理论武装，不断深化习近平总书记系列重要讲话的学习，以之武装头脑、指导实践、推动工作。

学习典型案例，受警醒学榜样。通过反面典型警示，教育党员、干部防微杜渐、拒腐防变。党员、干部自觉参加现场警示教育，吸取教训、受警醒、明底线、知敬畏，加强主观世界改造，主动在思想上划出红线、在行动上明确底线。

在县委组织部的指导下，乡党委高度重视，严格按照上级要求，扎实开展党组织和党员星级创评工作。召开两次会议，专题研究评星定级工作。结合实际制定的实施方案并细化评分标准。乡党委成立评星定级领导小组，坚持公平、公正原则，严格程序，规范操作，切实加强对评星定级工作的领导和评议。按照边评定边总结边提高的原则，强化舆论宣传，充分利用各种手段，广泛宣传“评星定级”工作中取得的好经验，将形成的好制度长期坚持下去，推动“评星定级”工作不断深入发展，从而建立党建工作常抓常新的长效机制；在活动中，强化评星结果运用，引导各党支部结合自身实际，创新星级评定工作动态管理，探索建立具有各自特色的长效机制，努力做到目标内容、实践载体、考评标准和推进过程具体化。以党组织和党员的评星定级工作推动各项工作开展；由党组织负责人亲自抓、总负责、认真谋划，抓好落实，切实加强对该项工作的领导和指导，保证活动取得实效。为做好基层党员档案信息排查工作，乡党委组织各村党支部参加业务培训，强调档案排查工作的重要性、紧迫性，学习党员档案材料的组成、整理档案过程中需要重点排查的项目、入党时间记载情况、党员身份存疑情况、组织认定情况等。培训结束后，立即开展档案排查工作，以乡机关会议室作为档案审阅固定场所，设定工作时间，严肃工作纪律，确保排查摸底工作有序推进，按时按质完成任务。

（方海彦）

2016年商都县规模以上企业简介

（排名不分先后）

商都佰惠生糖业有限公司

商都佰惠生糖业有限公司位于商都县小海子镇农牧产业园，占地面积550亩，总投资3亿元人民币，公司于2013年10月正式投产。2016年，公司又投资1.3亿元，对制糖车间进行技术改造，新增原糖加工、砂糖生产线，新建4400平方米化糖间一座、4200平方米糖库一座。

公司主要产品为绵白糖、白砂糖、原糖，副产品为糖蜜及颗粒粕。项目设计能力为日处理甜菜4000吨，年加工甜菜50万吨，年加工原糖20万吨，年产绵白糖6.5万吨、颗粒粕3万吨、糖蜜3万吨。年可实现产值6亿元、利税近1亿元，同时能解决600人就业问题。

公司加大科技种植、机械规范种植率，强化服务管理，提高服务水平，上连市场，下联农户，形成有完整竞争力的产业链。生产能力和经济效益逐年提高，各项经济技术指标、一次产品合格率处于同行业领先水平，被中国糖业协会评为全国甜菜制糖厂“成品糖优级品一次合格率（100%）标杆企业”，2015年通过ISO 22000：2005食品安全管理体系认证。

内蒙古商都硅鑫冶金化工有限责任公司

内蒙古商都硅鑫冶金化工有限责任公司（以下简称公司）成立于2004年，公司位于乌兰察布市商都县工业园区内，占地面积100亩，拥有12500千伏安矿热炉两台，主要产品为镍铁，年生产能力为25000吨，注册资本500万元，为私人股份投资企业，其中：王坚辉所占股份为255万元（51%），张宪广所占股份245万元（49%）。2012年底，公司总资产达8800万元，2010年实现销售收入1.2亿元，2011年实现销售收入3.3亿元，2012年实现销售收入2.2亿元。2010年实现净利润1100万元，2011年实现净利润2800万元。公司现有员工268人，各类高级人才30多人。2016年实现销售收入4亿元，实现税金1000余万元。公司一直秉承“技术立企、以人为本”的核心理念，始终把技术作为发展的第一推动力，不断追求研发深度，持续提升自主创新能力，多次被评为纳税大户及乌兰察布市重点民营企业称号。

国电龙源风电有限公司商都分公司

国电龙源风电有限公司商都分公司项目位于商都县境内，建设规模为49.5兆瓦，风电机组优先选用兆瓦级以上机组设备。

项目总投资45435万元，资本金占项目总投资的20%，为9087万元，由龙源电力集团公司内蒙古风电项目筹建处自有资金解决，其余资金申请银行贷款解决。

国电商都县光伏发电有限公司

国电商都光伏发电有限公司项目位于商都县十八顷镇梁家村南，项目占地面积3000亩，总投资11.3亿元，分两期建设100兆瓦光伏电站。

项目一期建设的主要工程有：容量为50兆瓦光伏发电站，11688平方米升压站及824平方米综合楼、386平方米电控楼等附属工程，总投资5.6亿元。

项目二期建设的主要工程有：容量为50兆瓦光伏发电站，800平方米综合楼、180平方米备件库及材料库各一座，总投资5.7亿元。

一、二期均已并网发电。

国电光伏发电有限公司二期

项目名称：国电蒙电乌兰察布市商都县二期50兆瓦光伏发电项目。项目业主：国电蒙电新能源投资有限公司。项目建设规模：50兆瓦光伏发电项目。主要建设内容：光伏组件拟选用规格为245瓦多晶硅组件，204000块。总投资及资金来源：项目总投资51056.57万元，其中：国电蒙电新能源投资有限公司自筹资金20%，其余资金由该企业申请银行贷款解决。建设地点：乌兰察布市商都县十八顷镇梁家村，站址距离商都县城约30千米。建设期限：2013年12月—2015年12月。于2015年底完成并入网发电。

商都县基源镍钴有限公司

商都县基源镍钴有限责任公司成立于2007年2月，是一家从事镍铁（铁合金）生产的私营企业，法人代表：李建恒，资产总额7300万元，厂区占地面积55030平方米，生产占地面积4740平方米，生活占地面积1692平方米。公司现有两台12500千伏安矿热炉，年产镍铁（铁合金）2万吨，职工180人、管理人员15人。

商都县集美新碳材科技发展有限公司

商都县集美新碳材科技发展有限公司创建于2008年3月，位于商都县七台镇工业园区，占地面积60亩。注册资金1400万元，总投资达6000万元。有100平方米办公楼一座、3000平方米石墨化车间两座、1000平方米库房一座、1000平方米封闭式包装车间两座、纯化炉4台、石墨化炉10台、4000千伏安整流变压器1台、6000千伏安整流变压器1台，现有员工75人，其中高级管理人员6人、科研人员5人，公司于2010年通过ISO9001质量管理体系认证。

公司是一家专业从事石墨化热处理的企业，拥有科学成熟的安全高温提纯法工艺技术，可加工中间相碳微球类、针状焦类、石油焦类系列锂离子电池负极材料，各相同性高端石墨材料，航空、航天碳碳复合材料，核石墨材料。质量指标稳定可靠，均处于国内领先地位。公司与国内著名的锂电池负极材料生产商上海杉杉集团、台湾中钢碳素公司、深圳贝特瑞公司、中国航天四十三研究所等保持了长期友好的合作，尤其是公司与上海杉杉集团进行技术合作，利用附近原材料的优势，立足国内市场，保持行业领先，同时还积极拓展海外市场，加强与其他企业和行业的合作，是目前国内及自治区最佳的高端石墨化综合加工基地。

内蒙古蒙都农牧业有限责任公司

内蒙古蒙都农牧业有限责任公司始建于2006年4月，注册资本800万元，实收资本800万元，为自然人独资有限责任公司。公司位于乌兰察布市商都县七台镇红星街27号，有职工120人。公司占地35000平方米，各类建筑面积3000平方米，主要有2000吨恒温库1间，日冻结能力60吨急冻库2间，日加工3000头牛羊标准化屠宰流水线一条和5000亩天然草场及肉羊养殖基地各1处。

公司大力开发新产品，打造绿色品牌，主要产品有“蒙都”羔羊卷肉、羔羊后腿肉、元宝肉等30余品种，其产品远销北京、天津、河北、上海、山西、江苏等国内20多大中城市。

公司在市场疲软、金融危机的环境下，努力开拓市场，挖掘潜力，分别同杭州巴多赫有限公司签订肉食品购销合同300吨，同北京京宏远肉业有限公司签订肉食品购销合同250吨，同张家口绿野肉食品有限责任公司签订肉食品购销合同450吨，还与山西、天津等企业签订购销合同1300吨，可实现销售收入5000余万元。

商都县民宇水泥有限责任公司

商都县民宇水泥有限责任公司建于2005年6月，位于商都县七台镇工业园区。为充分发挥商都县石灰石资源优势、增强市场竞争力，2009年，公司投资4.4亿元，建设日产2500吨水泥的熟料生产线2条，生产的水泥熟料主要销往内蒙古二连、镶黄旗，河北张家口等地，并出口到蒙古国。

2016年可加工水泥熟料150万吨，年销售收入4.5亿元，利税4500万元，安排300余人就业。

商都县瑞泰冶金有限公司

商都县瑞泰冶金有限公司位于商都县工业园区，占地面积170亩，总投资1.8亿元，新建2×2500千伏安镍铁矿热炉及附属工程。

项目于2013年6月开工，建设主要工程有：2×25500千伏安镍铁矿热炉，2600平方米综合办公楼及附属设施。已建成1台矿热炉并试生产。

项目全部建成达产后，年可实现销售收入7.5亿元，利税8000万元，安排就业300多人。

根据该公司的生产运行情况，于2016年年底成功列入县规模以上企业的行列。

乌兰察布市鑫盛太阳能科技有限公司

乌兰察布市鑫盛太阳能科技有限公司位于商都县十八顷镇郝家村，项目总投资2.74亿元，占地面积1.66平方公里，建设30兆瓦光伏农业科技大棚棚顶电站项目。

乌兰察布市鑫盛太阳能光伏农业科技大棚棚顶电站项目于2014年8月开工，建设的主要内容：将103680块峰值功率为290瓦多晶硅光伏组件铺设在1038个农业科技大棚顶，装机容量为30兆瓦，建设110千伏升压站1座，综合办公用房等附属配套工程。2015年年底正式建成，提前完成建设目标。

2016年1月投产开始发电，根据该企业的运行情况，年产值达2000万元以上，于2016年年底正式入库成为县规模以上企业。2017年将为商都县工业经济增加新的经济增长点。

（张　云）

附 录

重要文件目录

商党办发：

1. 商党办发〔2016〕1号（2016年2月17日）《会议纪要》县委书记靳前斌主持召开自治区党委第八巡视组反馈意见整改推进工作会，就做好巡视组反馈意见建议整改工作进行安排部署。

2. 商党办发〔2016〕13号（2016年2月20日）关于印发《2016年全县党风廉政建设和反腐败工作要点》的通知。

3. 商党办发〔2016〕15号（2016年3月1日）关于印发《县纪委对县委常委会成员进行监督工作方案》的通知。

4. 商党办发〔2016〕16号（2016年3月1日）关于《落实重点信访事项领导包案的通知》。

5. 商党办发〔2016〕20号（2016年3月15日）关于印发《切实加强和改进全县公务接待工作实施办法》的通知。

6. 商党办发〔2016〕26号（2016年3月23日）关于《成立商都县委统一战线工作领导小组的通知》。

7. 商党办发〔2016〕36号（2016年3月30日）关于《对“十个全覆盖”工程重点村监督检查的情况通报》。

8. 商党办发〔2015〕40号（2016年4月21日）关于《深入开展三级示范抓引领推进联系服务群众常态化工作的实施意见》。

9. 商党办发〔2016〕69号（2016年4月25日）中共商都县委办公室印发《关于在全县党员中开展“学党章党规、学系列讲话，做合格党员”学习教育实施方案》的通知。

10. 商党办发〔2016〕60号(2016年6月13日)关于上报《清退2015年度上级党内涉密文件》的报告。

11. 商党办发〔2016〕69号（2016年7月4日）关于上报《中共商都县委2016年上半年度落实党风廉政建设主体责任工作情况》的报告。

12. 商党办发〔2016〕91号（2016年10月18日）关于《做好党的十八届六中全会期间全县维稳信访工作》的通知。

商党发：

1. 商党发〔2016〕2号（2016年1月11日）《中共商都县委常委会关于召开“三严三实”专题民主生活会的方案》。

2. 商党发〔2016〕3号（2016年1月11日）《中共商都县委常委“三严三实”民主生活会征求意见情况报告》。

3. 商党发〔2016〕4号（2016年1月12日）《关于调整第十二届县委常委分工的通知》。

4. 商党发〔2016〕5号（2016年1月23日）关于贯彻落实《乌兰察布市委、乌兰察布市人民政府贯彻落实〈内蒙古自治区党委、自治区人民政府关于打赢脱贫攻坚战的决定〉的意见》的实施意见。

5. 商党发〔2016〕6号（2016年1月27日）《关于成立商都县脱贫攻坚作战指挥部的通知》。

6. 商党发〔2016〕7号（2016年1月27日）《中共商都县委常委班子“三严三实”专题民主生活会情况报告》。

7. 商党发〔2016〕9号（2016年2月17日）《关于同意成立侨联组织的批复》。

8. 商党发〔2016〕11号（2016年2月14日）《关于自治区党委第八巡视组对商都县巡视情况反馈意见的通报》。

9. 商党发〔2016〕14号（2016年3月2日）《关于调整第十二届县委常委分工的通知》。

10. 商党发〔2016〕15号（2016年3月2日）《关于2016年党风廉政建设和反腐败工作重点任务的分解意见》。

11. 商党发〔2016〕16号（2016年3月8日）《关于进一步加强对党政正职监督管理工作的实施意见》。

12. 商党发〔2016〕17号（2016年2月26日）印发《关于加强社会治安防控体系建设的实施细则》。

13. 商党发〔2016〕20号（2016年3月29日）《关于自治区党委第八巡视组反馈意见整改落实情况的报告》。

14. 商党发〔2016〕25号（2016年5月6日）《关于商都县产业扶贫情况的报告》。

15. 商党发〔2016〕27号（2016年5月19日）《关于自治区党委第八巡视组反馈意见整改落实情况的通报》。

16. 商党发〔2016〕30号（2016年4月9日）中共商都县委员会关于印发《中共商都县委常委会2016年工作要点》的通知。

17. 商党发〔2016〕37号（2016年7月9日）《中共商都县委员会关于调整第十二届县委常委分工的通知》。

18. 商党发〔2016〕34号（2016年6月6日）关于印发《2016年商都县廉政风险防控工作要点》的通知。

19. 商党发〔2016〕48号（2016年8月10日）《关于调整商都县脱贫攻坚作战指挥部组成人员的通知》。

20. 商党发〔2016〕50号（2016年10月16日）关于印发《商都县2016年惩治和预防腐败工作要点》的通知。